수학·사회·과학 교과서가 **검정 교과서**로 바뀌었습니다.
**열공 전과목 단원평가**로 대비하세요.

✔ 다양한 검정 교과서 자료와 문제

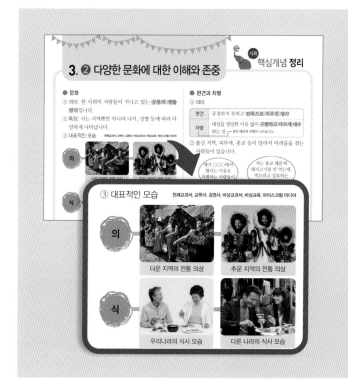

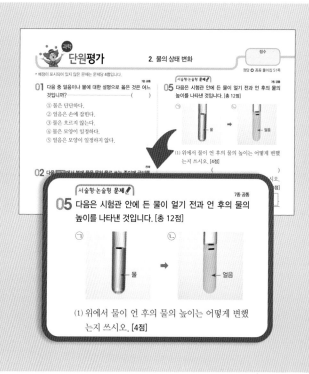

**Chunjae**
**Makes**
**Chunjae**

▼

## 열공 전과목 단원평가 3-2

| | |
|---|---|
| **편집개발** | 김주남, 김현주, 윤순란, 박나현 |
| **디자인총괄** | 김희정 |
| **표지디자인** | 윤순미, 장미 |
| **내지디자인** | 박희춘, 이혜진 |
| **본문 사진 제공** | 게티이미지코리아, 국립경주박물관, 국립민속박물관, 뉴스뱅크, 셔터스톡, 야생생물연구회, 연합뉴스, 픽스타 |
| **제작** | 황성진, 조규영 |
| **발행일** | 2023년 8월 1일 2판  2023년 8월 1일 1쇄 |
| **발행인** | (주)천재교육 |
| **주소** | 서울시 금천구 가산로9길 54 |
| **신고번호** | 제2001-000018호 |
| **고객센터** | 1577-0902 |

전과목

# 단원 평가

## 3·2

# 구성과 특징

" 전과목 단원학습을

## 국어

- 용어 중심 개념 정리
- 시험에 자주 나오는 제재·지문 선정

## 수학

- 출제율 높은 대표 유형 문제
- 풀이 과정 중심의 서술형·논술형 문제 수록
- 10종 검정 교과서 주요 개념과 문제

## 사회

- 풍부한 시각 자료로 이해를 돕는 개념 학습
- 사진, 지도 자료를 활용한 다양한 유형의 문제
- 11종 검정 교과서 주요 개념과 문제

## 과학

- 꼭 알아야 할 핵심 개념 정리
- 탐구 활동 중심의 서술형·논술형 문제 수록
- 7종 검정 교과서 주요 개념과 문제

## 가장 효과적으로! "

### STEP 1 핵심개념 정리
각 단원의 핵심만 뽑아 쏙쏙!

### STEP 2 쪽지시험
핵심 내용을 쪽지시험으로 바로바로 확인!

### STEP 3 단원평가
단원평가를 반복하여 풀면 어떤 유형의 문제라도 척척!

### STEP 4 서술형·논술형 문제
서술형·논술형 문제까지 풀면 어려운 문제도 술술!

## 단원평가 휘어잡기!

검정 교과서 완벽 반영했어요!

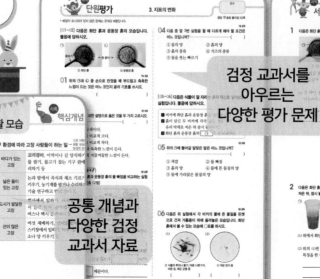

검정 교과서를 아우르는 다양한 평가 문제

공통 개념과 다양한 검정 교과서 자료

# 차례

## 3·2

# 국어

## 단원별 중요 내용을 알아볼까?

| 단원명 | 중요 내용 | 단원명 | 중요 내용 |
|---|---|---|---|
| **1. 작품을 보고 느낌을 나누어요** 6쪽 | 표정, 몸짓, 말투를 떠올리며 작품 읽기<br><br>"너는 내가 무섭지 않니?" → 궁금한 표정<br>→ 높고 빠른 말투<br><br>인물의 말과 행동을 살펴보고 인물에게 어울리는 표정, 몸짓, 말투 떠올리기 | **6. 마음을 담아 글을 써요** 51쪽 | 마음을 전하는 글 쓰기<br><br>누구와 어떤 일이 있었는지, 어떤 마음을 전하고 싶은지, 바라는 점은 무엇인지 솔직하게 쓰기 |
| **2. 중심 생각을 찾아요** 15쪽 | 중심 생각을 찾는 방법<br>문단의 중심 문장, 글의 제목, 글에 있는 사진이나 그림을 살펴 중심 생각 찾기<br><br>중심 문장 · 제목 · 사진, 그림 → 중심 생각 | **7. 글을 읽고 소개해요** 60쪽 | 독서 감상문을 쓰는 방법<br><br>책 내용 · 읽게 된 까닭 · 인상 깊은 부분 · 생각과 느낌<br><br>책을 읽게 된 까닭, 책 내용, 인상 깊은 부분, 책을 읽은 뒤에 든 생각이나 느낌 쓰기 |
| **3. 자신의 경험을 글로 써요** 24쪽 | 인상 깊은 일로 글 쓰기<br><br>언제, 어디에서, 누구와 있었던 일인지, 어떤 마음이 들었는지 써야 해. | | |
| **4. 감동을 나타내요** 33쪽 | 감각적 표현을 찾으며 시나 이야기 읽기<br><br>재미있는 표현이나 새로운 표현을 찾아보세요.<br>흉내 내는 말<br>빗대어 표현하기 | **8. 글의 흐름을 생각해요** 69쪽 | 글의 흐름을 생각하며 내용 간추리기<br><br>아침에 · 밤에 · 다음 날<br>시간의 흐름<br>첫째 · 둘째 · 끝으로<br>일의 차례 |
| **5. 바르게 대화해요** 42쪽 | 언어 예절을 지키며 대화하기<br><br>할아버지, 어떤 음식을 좋아하세요?<br><br>웃어른께는 높임 표현을 써서 대화하기 | **9. 작품 속 인물이 되어** 78쪽 | 알맞은 표정, 몸짓, 말투로 극본 읽기<br><br>호랑이: 나그네님, 제발 문고리를 따고 문짝을 좀 열어 주십시오.<br><br>• 표정: 불쌍한 표정<br>• 몸짓: 공손한 몸짓<br>• 말투: 간절한 말투 |

# 1. 작품을 보고 느낌을 나누어요

◉ **표정, 몸짓, 말투에 주의하며 말하면 좋은 점**

① 듣는 사람에게 자신의 생각을 정확하게 전달할 수 있습니다.

② 듣는 사람에게 자신의 느낌을 더 실감 나게 전달할 수 있습니다.
　　　　　　　　　　실제로 체험하듯 생생하게 ←

| | |
|---|---|
| 정말 미안해. | 정말 미안해. |
| × | ○ |
| • 빈정거리는 표정<br>• 고개를 쳐든 몸짓 | • 풀이 죽은 표정<br>• 어깨를 움츠린 몸짓 |
| → 말하는 내용과 표정이나 몸짓이 알맞지 않아 사과하는 마음이 잘 느껴지지 않음. | → 말하는 내용에 어울리는 표정과 몸짓이어서 미안한 마음이 잘 느껴짐. |

◉ **만화 영화를 보고 표정, 몸짓, 말투의 특징 알기**

① 인물이 처한 상황을 생각하며 만화 영화를 봅니다.

② 인물의 표정, 몸짓, 말투에 주의하며 인물의 마음을 생각해 봅니다.

**장금이가 처음으로 수라간 상궁을 보는 장면**

수라간에서 오신 분들이다.

[마음] 놀라움과 호기심을 느낌.
[표정] 눈을 크게 뜨고 입을 벌리며
[몸짓] 몸을 앞으로 기울이며
[말투] 높고 빠른 목소리로

◉ **인물의 표정, 몸짓, 말투에 주의하며 만화 영화를 보면 좋은 점**

① 만화 영화의 줄거리를 이해하는 데 도움이 됩니다.

② 인물의 표정, 몸짓, 말투에서 재미를 느낄 수 있습니다.

③ 만화 영화를 더 재미있게 볼 수 있습니다.

「미미 언니 자두」

과일 사러 온 거야, 언니 얘기하러 온 거야?

미미는 어른들이 엄마를 '미미 엄마'가 아닌 '자두 엄마'로만 부르자 섭섭해합니다.

찡그린 표정과 팔짱을 낀 몸짓에서 불만스러운 미미의 마음이 잘 느껴져.

◉ **인물에게 알맞은 표정, 몸짓, 말투를 생각하며 작품 읽기**

① 일어난 일을 생각하며 이야기를 읽습니다.

② 인물이 한 말과 행동을 살펴봅니다.

③ 이야기의 장면에서 인물의 표정과 몸짓, 말투를 떠올려 봅니다.

「거인 부벨라와 지렁이 친구」

부벨라는 발 근처 땅바닥을 자세히 들여다 보았어요. 땅속에서 지렁이 한 마리가 고개만 빠끔히 내밀고는 말을 하고 있었어요. ……

"너는 내가 무섭지 않니?"

**부벨라의 표정, 몸짓, 말투 떠올리기**

| ❂ 놀란 표정 | ❂ 쪼그려 앉은 몸짓 | ❂ 목소리를 높이며 |
|---|---|---|

**쪽지시험**

❶ 마음속 감정이 겉으로 드러난 모습을 ☐☐이라고 합니다.

❷ 같은 말이라도 말하는 사람의 표정, ☐☐, 말투에 따라 그 뜻이 다르게 전달될 수 있습니다.

❸ 표정, 몸짓, 말투에 주의하며 만화 영화를 보면 인물의 마음을 잘 알 수 있습니다. ( ○ / × )

❹ 이야기 속 인물의 표정, 몸짓, 말투를 떠올리려면 인물이 한 말과 행동을 살펴보아야 합니다. ( ○ / × )

\* 배점이 표시되어 있지 않은 문제는 문제당 **4점**입니다.

**[01~02] 다음 두 그림을 보고 물음에 답하시오.**

❍ 먼저 들어온 친구가 문을 잡아 준 상황   ❍ 친구의 우유를 엎지른 상황

**01** ❶과 ❷에서 말하는 이의 표정을 선으로 이으시오.

(1) ❶ •

(2) ❷ •

• ① 활짝 웃는 표정

• ② 화를 내는 표정

• ③ 미안해하는 표정

**02** ❶과 ❷에서 말하는 이는 어떤 말을 하였을지 쓰시오.

(1) ❶: ( )   (2) ❷: ( )

**03** 다음 중 미안한 마음이 잘 느껴지는 표정이나 몸짓에 ○표를 하시오.

(1)

( )

(2)

( )

**[04~05] 다음 만화 영화를 보고 물음에 답하시오.**

❍ 장금이가 요리 재료들을 받아 내자 아이들이 박수를 치는 장면

❍ 강아지 때문에 국수가 엉망이 되자 장금이가 궁녀에게 꾸중을 듣는 장면

**04** ❶과 ❷에 어울리는 장금이의 표정을 보기 에서 찾아 기호로 쓰시오. [6점]

보기

ㄱ   ㄴ   ㄷ

(1) ❶: ( )   (2) ❷: ( )

**05** 다음과 같은 장금이의 표정, 몸짓, 말투는 ❶과 ❷ 중 중요! 어느 것에 어울리는지 구분해 보시오. [6점]

(1) 고개를 숙이며 ( )

(2) 미소를 지으며 ( )

(3) 낮고 작은 목소리로 ( )

(4) 빠르고 높은 목소리로 ( )

**[06~10] 다음 만화 영화를 보고 물음에 답하시오.**

과일 사러 온 거야, 언니 얘기 하러 온 거야?

미미

미미는 어른들이 엄마를 '자두 엄마'로만 부르고 자두 언니 이야기만 하자 ㉠ .

자두야! 왜 그랬어?

자두

자두는 미미를 돋보이게 하고 싶어서 학예회에서 일부러 자신의 무대를 망칩니다.

㉡

미미가 학예회에서 인기상을 타자 자두와 친구들이 축하해 줍니다.

**06** ❶에서 미미의 표정과 몸짓은 어떠한지 **보기** 에서 찾아 번호를 쓰시오.

> **보기**
> ① 찌푸린 표정  　 ② 깜짝 놀란 표정
> ③ 팔짱을 낀 몸짓  　 ④ 머리를 긁적이는 몸짓

(1) 표정: (　　　　)　 (2) 몸짓: (　　　　)

**07** ❶에서 표정과 몸짓으로 보아 미미의 마음은 어떠하였을지 ㉠에 들어갈 내용을 쓰시오. [6점]

(　　　　　　　　　　　　　　　)

**08** 다음과 같이 말하는 미미에게 어울리는 말투는 어느 것입니까? (　　　)

언니랑 같이 다니고 싶지 않아!

① 진지한 말투
② 속삭이는 말투
③ 소리치는 말투
④ 맑고 고운 말투
⑤ 낮게 가라앉은 말투

**09** 학예회에서 자두가 자신의 무대를 망친 까닭은 무엇입니까? (　　　)

① 미미에게 화가 나서
② 학예회가 재미없어서
③ 인기상을 타고 싶어서
④ 미미를 돋보이게 하려고
⑤ 무대가 마음에 안 들어서

✎ 서술형·논술형 문제

**10** ❸에서 자두의 표정과 몸짓으로 보아 ㉡에서 자두가 무슨 말을 하였을지 쓰시오. [8점]

(　　　　　　　　　　　　　　　)

**11** 인물의 표정, 몸짓, 말투에 주의하며 만화 영화를 보면 어떤 점이 좋은지 **보기** 에서 알맞은 말을 골라 써넣으시오. [6점]

> **보기**
> 의견　　　 재미　　　 까닭　　　 줄거리

(1) 만화 영화의 (　　　　　)을/를 이해하는 데 도움이 된다.
(2) 인물의 표정, 몸짓, 말투에서 (　　　　　) 을/를 느낄 수 있다.

**12** 이야기 속 인물의 표정, 몸짓, 말투를 생각할 때 살펴볼 것과 거리가 먼 것은 어느 것입니까? (　　　)
중요!

① 인물의 말　　　 ② 인물의 행동
③ 인물의 마음　　 ④ 인물이 사는 곳
⑤ 인물이 처한 상황

[13~16] 다음 글을 읽고 물음에 답하시오.

> 부벨라는 거인이에요. 모든 사람이 부벨라를 무서워했는데 이 자그마한 목소리의 주인공만은 예외였어요.
>
> ㉠부벨라는 발 근처 땅바닥을 자세히 들여다보았어요. 땅속에서 지렁이 한 마리가 고개만 빠끔히 내밀고는 말을 하고 있었어요.
>
> 이번에는 부벨라가 말을 시작했어요.
>
> "난 부벨라야. 네 이름은 뭐니?"
>
> ㉡"이제야 뭔가 제대로 되네. 나는 지렁이라고 해."

**13** 모든 사람이 부벨라를 무서워한 까닭은 무엇입니까?

→ 부벨라가 _____

**14** 부벨라는 누구를 만나 이야기하고 있습니까?

( )

**15** ㉠에서 떠오르는 부벨라의 몸짓으로 알맞은 것은 어느 것입니까? ( )

① 춤을 추는 몸짓
② 두 팔을 든 몸짓
③ 고개를 쳐든 몸짓
④ 쪼그려 앉은 몸짓
⑤ 한쪽 발을 든 몸짓

**16** ㉡과 같이 말하는 지렁이의 표정으로 알맞은 것은 어느 것입니까? ( )

① 겁에 질린 표정
② 깜짝 놀란 표정
③ 귀찮아하는 표정
④ 용기 있고 당당한 표정
⑤ 눈물을 글썽이는 표정

[17~20] 다음 글을 읽고 물음에 답하시오.

> ㉮ "지렁이들은 멀리 다니지 않으니까 어쩌면 다른 집 정원의 흙을 좋아할 것 같구나. 진흙파이를 만들어 주면 어떻겠니?"
>
> ㉠"아, 그게 좋겠네요! 하지만 어디에서 흙을 구하죠?"
>
> "잠깐 여기서 기다려 봐라."
>
> 그러더니 정원사는 돌아서서 집 안으로 들어갔어요.
>
> ㉯ 정원사는 접시를 들고 다시 집 밖으로 나왔어요. 그리고는 천천히 움직이며 정원 세 곳에서 각기 다른 종류의 흙을 접시에 담은 뒤, 접시를 부벨라에게 건네주었어요.
>
> "지렁이 친구가 정말 좋아할 거야."
>
> ㉡"고맙습니다, 고맙습니다."
>
> 부벨라는 얼마나 기쁜지 눈물이 나올 것만 같았어요. 정말 오랜만에 누군가가 부벨라에게 친절을 베풀어 주었거든요.

**17** 정원사는 지렁이에게 무엇을 만들어 주라고 하였습니까?

( )

**18** ㉠에 어울리는 몸짓은 어느 것입니까? ( )

① 한 손을 든 몸짓
② 무릎을 치는 몸짓
③ 고개를 젓는 몸짓
④ 허리를 숙이는 몸짓
⑤ 머리를 긁적이는 몸짓

**19** 정원사는 어떤 마음씨를 가졌습니까? [6점]

( )

서술형·논술형 문제

**20** ㉡과 같이 말하는 부벨라의 표정, 몸짓, 말투는 어떠할지 쓰시오. [10점]

(1) 표정: ( )
(2) 몸짓: ( )
(3) 말투: ( )

\* 배점이 표시되어 있지 않은 문제는 문제당 4점입니다.

**[01~03] 다음 인물의 표정을 보고 물음에 답하시오.**

**01** ㉠~㉢에서 느껴지는 인물의 마음을 선으로 이으시오.

(1)㉠ •

(2)㉡ •

(3)㉢ •

•① 궁금한 마음

•② 미안한 마음

•③ 반가운 마음

**02** ㉠과 같은 표정을 짓고 있는 친구가 할 수 있는 말로 어울리는 것은 어느 것입니까? (　　　)

① 죄송합니다.
② 큰일 났구나!
③ 정말 미안해.
④ 안녕, 반가워!
⑤ 많이 다치진 않았니?

**03** ㉡과 같은 표정을 짓고 있는 친구가 다음과 같은 말을 할 때 어울리는 말투에 ○표 하시오.

> 미안해. 내 잘못이야.

(1) 작고 낮은 목소리 (　　　)
(2) 높고 빠른 목소리 (　　　)

서술형·논술형 문제✐

**04** 표정, 몸짓, 말투에 주의해서 말해야 하는 까닭은 무엇인지 쓰시오. [10점]

_____

_____

**[05~07] 다음 만화 영화를 보고 물음에 답하시오.**

◐ 장금이는 수라간에서 온 상궁과 궁녀들을 보고 호기심을 느낍니다.

◐ 궁에 들어가는 시험을 볼 수 있게 된 장금이는 뒷산에 홀로 올라 돌아가신 어머니를 떠올립니다.

**05** ❶에서 장금이의 표정에 대해 바르게 짐작한 것은 어느 것입니까? (　　　)

중요! 

① 눈썹과 이마를 찌푸리고 있을 것이다.
② 두 눈을 감고 하품을 하고 있을 것이다.
③ 눈물을 글썽이며 미소를 짓고 있을 것이다.
④ 두 눈을 크게 뜨고 입을 벌리고 있을 것이다.
⑤ 눈썹을 치켜세우고 입술을 찡그리고 있을 것이다.

**06** ❷에서 장금이의 표정으로 보아 장금이의 마음은 어떠하겠습니까?

(　　　　　　　　　　　　　)

**07** ❶과 ❷에서 다음과 같은 장금이의 말에 어울리는 말투를 선으로 이으시오.

❶ 수라간요? •

•① 높고 빠른 목소리

❷ 엄마, 궁에 갈 수 있게 됐어요. •

•② 가늘고 떨리는 목소리

[08~12] 다음 만화 영화를 보고 물음에 답하시오.

언니랑 같이 다니고 싶지 않아!

미미는 학교 친구와 선생님이 언니 자두에게만 관심을 기울이자 화가 납니다.

그게 정말이야?

자두는 미미가 자신보다 더 유명해지고 싶어서 몰래 발레를 배웠다는 것을 알게 됩니다.

자두야! 왜 그랬어?

자두는 미미를 돋보이게 하고 싶어서 학예회에서 일부러 자신의 무대를 망칩니다.

학예회에서 인기상을 탄 미미는 자두와 화해합니다.

**08** 미미가 화가 난 까닭은 무엇입니까? (　　　)

① 미미가 자두의 언니여서
② 사람들이 미미만 칭찬해서
③ 미미가 발레를 잘하지 못해서
④ 사람들이 미미를 귀찮게 해서
⑤ 사람들이 자두에게만 관심을 가져서

**09** 미미는 언니보다 더 유명해지기 위해 어떤 생각을 하였겠습니까?

'(　　　　　)를 배워서 학예회에서 인기상을 타면 언니보다 더 유명해질 수 있을 거야!'

**10** **2**와 같은 자두의 표정에서 어떤 마음을 느낄 수 있습니까? [6점]

(　　　　　　　　　)

**11** **2**~**3**에서 자두는 어떤 생각을 하였겠습니까?
(　　　)

① 학예회가 즐거웠으면 좋겠다.
② 미미가 따라다니는 것이 귀찮다.
③ 미미가 발레를 그만두었으면 좋겠다.
④ 내가 학예회에서 인기상을 타야겠다.
⑤ 미미가 학예회에서 인기상을 탔으면 좋겠다.

**12** **4**와 같은 인물들의 표정에서 어떤 마음을 알 수 있습니까?

(　　　　　　　　　)

[13~14] 다음 글을 읽고 물음에 답하시오.

"정말 웃기지도 않네. 우리 지렁이들은 젠체하고 ┌→ 잘난 척하고
살지 않아. 우리는 그냥 지렁이야."
㉠ "너는 내가 무섭지 않니?"
"왜 너를 무서워해야 하는데?"
"내가 너보다 훨씬 덩치가 크니까."
부벨라는 당연하다는 듯이 대답했어요.
"무슨 그런 말도 안 되는 소리가 다 있어? 이 세상 모든 것이 다 나보다 커. 만약 나보다 큰 것들에게 말 붙이기를 겁냈다면 난 계속 입을 다물고 살아야 했을걸."

**13** 상대가 나보다 덩치가 크다고 해서 무서워할 필요가 없다고 생각하는 인물은 누구입니까?

(　　　　　　　　　)

**14** ㉠과 같이 묻는 부벨라의 표정으로 가장 알맞은 것은 어느 것입니까? (　　　)
중요!

①　　　　　　　②　　　　　　　③

**[15~20] 다음 글을 읽고 물음에 답하시오.**

㉮ 정원사는 접시를 들고 다시 집 밖으로 나왔어요. 그리고는 천천히 움직이며 정원 세 곳에서 각기 다른 종류의 흙을 접시에 담은 뒤, 접시를 부벨라에게 건네주었어요.

　㉠"지렁이 친구가 정말 좋아할 거야."
　㉡"고맙습니다, 고맙습니다."
　부벨라는 얼마나 기쁜지 눈물이 나올 것만 같았어요. 정말 오랜만에 누군가가 부벨라에게 친절을 베풀어 주었거든요.

㉯ 부벨라는 손을 들어 정원사를 가리켰어요. 그러자 손이 점점 더 간지러워지고 따뜻해졌어요. 그리고 깜짝 놀랄 만한 일이 벌어졌어요. 갑자기 정원사가 허리를 꼿꼿하게 펴더니 똑바로 선 거예요. 정원사는 한 발자국 한 발자국 내디며 보다가 덩실덩실 춤을 추었어요.
　정원사가 웃으며 큰 소리로 외쳤어요.
　㉢"이제 하나도 아프지가 않아!"

㉰ 부벨라가 지렁이를 식탁에 내려놓자, 지렁이는 이리저리 기어 다니다가 바나나케이크를 보았어요. 그리고는 식탁을 마저 둘러본 후 물었어요.
　㉣"이 안에는 뭐가 들어 있니?"
　"물어보지 않으면 어쩌나 했어!"
　부벨라는 그렇게 말하고는 과장된 몸짓으로 뚜껑을 들어 올렸어요. 지렁이는 신이 나서 진흙파이 속으로 파고들어 갔어요. ㉤지렁이가 다시 위로 올라왔을 때에는 머리 위에 나뭇잎 조각이 얹어져 있었어요.

**15** 이야기에서 일어난 일을 순서대로 나열하시오.

> ① 부벨라가 지렁이를 식탁에 내려놓았다.
> ② 정원사가 부벨라에게 흙을 담아 주었다.
> ③ 부벨라가 정원사의 허리를 낮게 해 주었다.
> ④ 지렁이는 부벨라가 대접한 진흙파이를 먹었다.

( 　　 ) → ( 　　 ) → ( 　　 ) → ( 　　 )

**16** 정원사의 말 ㉠과 부벨라의 말 ㉡에 모두 어울리는 표정은 어느 것입니까? ( 　　 )

① 우는 표정　　② 웃는 표정　　③ 심심한 표정
④ 화가 난 표정　⑤ 실망한 표정

**17** ㉮~㉰에서 떠올릴 수 있는 부벨라의 몸짓을 찾아 선으로 이으시오.

(1) ㉮ •　　　　•① 고개를 연신 숙이는 몸짓

(2) ㉯ •　　　　•② 무언가를 집어 올리는 몸짓

(3) ㉰ •　　　　•③ 손가락을 들어 어딘가를 가리키는 몸짓

서술형·논술형 문제

**18** 정원사의 말 ㉢에 어울리는 표정, 몸짓, 말투를 쓰시오.　[10점]

(1) 표정: _____

(2) 몸짓: _____

(3) 말투: _____

**19** ㉰에서 지렁이가 ㉣과 같이 물었을 때 부벨라는 어떠한 마음이 들었겠습니까? ( 　　 )

① 답답한 마음
② 궁금한 마음
③ 실망스러운 마음
④ 걱정스러운 마음
⑤ 반갑고 설레는 마음

서술형·논술형 문제

**20** ㉤에서 지렁이가 다음과 같은 표정을 짓고 있다면 어떤 말을 하였을지 상상하여 쓰시오. [10점]

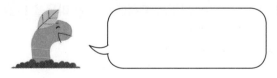

**1** 내 필통을 떨어뜨린 친구가 다음과 같이 사과하였을 때 나는 어떤 마음이 들지 각각 쓰시오. [8점]

(1) 네 필통을 떨어뜨려서 정말 미안해.

(2) 어라, 필통이 떨어졌네? 미안해~

(1) _____

_____

(2) _____

_____

**2** 만화 영화 「장금이의 꿈」의 다음 장면에서 장금이의 표정, 몸짓, 말투를 살펴보았습니다. 장금이의 마음은 어떠할지 쓰시오. [8점]

장금이는 임금님 친척 분의 혼례 잔치 구경을 왔다가 수라간에서 온 상궁을 처음 보게 됩니다.

수라간요?

?

[장금이의 표정] 눈을 크게 뜨고 입을 벌리며
[장금이의 몸짓] 몸을 앞으로 기울이며
[장금이의 말투] 높고 빠른 목소리로

↓

[장금이의 마음] _____

**3** 다음 상황에서 미미의 말에 어울리는 표정과 말투를 쓰시오. [8점]

자두의 동생 미미는 엄마와 함께 시장에 왔습니다. 시장에서 만난 어른들은 엄마를 '미미 엄마'가 아닌 '자두 엄마'라고만 부릅니다. 그리고 모두들 언니 자두 이야기만 합니다.

과일 사러 온 거야, 언니 얘기 하러 온 거야?

(1) 표정: _____

(2) 말투: _____

**4** 다음과 같은 상황에서 내가 미미라면 선생님께 어떤 말을 하였을지 쓰시오. [8점]

미미가 이마를 다쳐서 선생님께 갔을 때 선생님은 "자두 동생 왔구나."라고 말했습니다. 자신을 보고 미미라고 부르지 않고 자두 동생이라고 부르는 사람들 때문에 미미는 너무 속상해서 울었습니다.

미미

_____

_____

_____

**1** 「장금이의 꿈」의 한 장면입니다. 궁녀와 장금이는 각각 어떤 표정을 짓고 있을지 쓰시오. [8점]

장금이네 강아지 몽몽이가 혼례 잔치에서 뛰어다니는 바람에 잔치에 쓸 국수가 모두 엉망이 되고, 장금이는 궁녀에게 꾸중을 듣습니다.

> 고마운 줄 알아! 다른 상궁님 같았으면 너희는 옥살이야!

> 죄송합니다.

○ 궁녀          ○ 장금이

(1) 궁녀: _____

(2) 장금이: _____

**2** 다음은 「의 좋은 형제」 이야기의 한 장면입니다. ㉠에 알맞은 표정이나 몸짓, 말투 등을 쓰시오. [6점]

> 해설: 서로의 집에 몰래 볏단을 옮겨 놓으려던 형제는 서로 얼굴을 알아보고 깜짝 놀랐습니다.
>
> 형: ( ㉠ ) 아우야, 네가 볏단을 옮겨 놓았구나!
>
> 아우: ( 놀라서 뛰어가며 ) 형님, 형님도 볏단을 옮겨 놓으셨군요.
>
> 이웃 사람: ( 흐뭇한 표정으로 ) 저렇게 의좋은 형제는 또 없을 거야!

_____

_____

**[3~4]** 다음 글을 읽고 물음에 답하시오.

> 지렁이는 신이 나서 진흙파이 속으로 파고들어 갔어요. 지렁이가 다시 위로 올라왔을 때에는 머리 위에 나뭇잎 조각이 얹어져 있었어요. 마치 모자를 쓴 듯 말이에요.
>
> 부벨라가 물었어요.
>
> "특별한 대접을 받았으면 고맙다고 해야 정상 아니니?"
>
> 지렁이는 부벨라를 뚫어져라 쳐다보다가 온몸이 흔들릴 정도로 호탕하게 웃으며 말했어요.
>
> ㉠"어쩐지 네가 좋아질 것 같아."
>
> 부벨라와 지렁이는 차를 마시면서 즐거운 시간을 보냈어요. 두 친구는 시간 가는 줄 모르고 이야기꽃을 피웠답니다.
>
> ㉡부벨라는 자기만 보면 무서워서 도망을 치는 사람들을 볼 때마다 어떤 기분이 드는지 지렁이에게 솔직하게 털어놓았어요. 사실 부벨라는 파리 한 마리도 해치지 못했거든요.

**3** ㉠에서 지렁이는 어떤 표정을 짓고 있을지 쓰시오. [6점]

_____

**4** ㉡에서 부벨라가 하였을 말을 완성하고, 그 말을 할 때 부벨라의 표정이나 말투는 어떠할지 쓰시오. [각 5점]

| | |
|---|---|
| (1) 부벨라가 한 말 | "나만 보면 무서워서 도망을 치는 사람들을 볼 때마다 난 _____ _____ " |
| (2) 부벨라의 표정이나 말투 | |

# 2. 중심 생각을 찾아요

## ⊛ 아는 내용이나 겪은 일과 관련지어 글을 읽으면 좋은 점

① 글의 내용을 기억하기가 쉽습니다.
② 글의 내용을 더 쉽게 이해할 수 있습니다.
③ 글의 내용에 더 흥미를 느끼게 됩니다.
④ 글을 읽으면서 그 모습을 잘 상상할 수 있습니다.

친구들과 닭싸움 놀이를 한 적이 있어서 「닭싸움 놀이」의 내용을 이해하기 쉬웠어.

## ⊛ 아는 내용이나 겪은 일과 관련지어 글 읽기

① 글을 읽을 때 자신이 알고 있는 내용을 생각하며 글을 읽습니다.
② 자신이 알고 있는 내용이나 경험, 알고 있는 내용과 다른 내용을 비교해 새롭게 안 내용을 생각하면서 글을 읽습니다.

안전하게 과학 실험을 해요

…… 장난을 치다가 유리로 만들어진 실험 기구가 깨지면 날카로운 유리 조각이 생겨 이 유리 조각에 사람이 다칠 수 있습니다. 또 장난을 치다가 알코올램프가 바닥에 떨어지면 과학실에 화재가 발생할 수도 있습니다. 그러므로 ……

→ 새롭게 안 내용
알코올램프가 떨어지면 화재가 발생할 수 있다는 것을 알게 되었어.

## ⊛ 글을 읽고 중심 생각을 찾는 방법 알기

→ 글쓴이가 글 전체에서 말하고 싶은 생각

① 문단의 중심 문장을 찾아보고 중심 생각을 간추립니다.
② 글의 제목을 보고 무엇에 대해 쓴 글인지 생각합니다.
③ 글에 있는 사진이나 그림을 보고 글쓴이의 중심 생각을 찾습니다.

## ⊛ 글을 읽고 중심 생각 찾기

① 주요 내용을 중심으로 각 문단의 중심 문장을 정리해 봅니다.
② 제목과 관련해 글쓴이의 생각을 말해 봅니다.
③ 글에 있는 사진이나 그림을 보고 글쓴이의 생각을 말해 봅니다.
④ 중심 생각을 한 문장으로 써 봅니다.

• 「갯벌을 보존해야 하는 까닭」의 중심 생각 찾기 예

문단의 전체 내용을 대표하는 중심 문장을 찾아보고

제목을 보고 무엇에 대해 쓴 글인지 짐작해 보고

### 갯벌을 보존해야 하는 까닭

첫째, 갯벌은 다양한 생물이 살 수 있는 장소입니다. 갯벌에 물이 들어오기도 하고 빠지기도 하면서 생물이 살기에 적합한 환경을 만듭니다. 그래서 게, 조개, 갯지렁이, 불가사리, 물고기 같은 여러 가지 생명체가 삽니다. 또한 갯벌은 철새들이 휴식하거나 번식하려고 이동하는 중간에 머물며 살기도 하는 장소입니다.

사진이나 그림을 보고 어떤 내용인지 생각해 보아요.

↓

중심 생각

갯벌이 주는 좋은 점을 알고 갯벌을 잘 보존해야 한다.

### 쪽지시험

❶ 아는 내용이나 겪은 일과 관련지어 글을 읽으면 글의 내용을 이해하기 쉽습니다. ( ○ / × )

❷ 글쓴이는 글 전체 내용을 가장 잘 전할 수 있는 내용을 ☐☐ 으로 정하기 때문에 제목을 보면 무엇을 쓴 글인지 미리 알 수 있습니다.

❸ 문단 내용을 대표하는 문장을 ( 중심 / 뒷받침 ) 문장이라고 합니다.

❹ 글쓴이가 글 전체에서 말하고 싶은 생각을 ☐☐☐☐ 이라고 합니다.

\* 배점이 표시되어 있지 않은 문제는 문제당 **4점**입니다.

**01** 아이들은 어떤 놀이와 관련된 경험을 말하였는지 선으로 이으시오.

(1) 소이: 설날에 우리 가족은 윷놀이를 했어.

• ①

(2) 효린: 민속촌에 놀러 갔을 때 제기차기를 했었어.

• ②

(3) 형욱: 민속 박물관에 가서 직접 팽이치기를 해 본 적이 있어.

• ③

**서술형·논술형 문제**✏️

**02** 다음 사진을 보고 사진과 관련된 아는 내용이나 겪은 일을 떠올려 쓰시오. [8점]

_____

_____

_____

**[03~05] 다음 글을 읽고 물음에 답하시오.**

고정된 줄을 뛰어넘는 줄넘기는 발목 높이에서 시작해 만세를 하듯 두 팔을 든 높이까지 합니다. 누가 더 높은 줄을 넘을 수 있는지 겨루는 놀이랍니다. 혼자서 줄넘기를 할 때에는 앞으로 뛰기, 손 엇걸어 뛰기, 이단 뛰기 같은 여러 놀이 방법이 있습니다. 긴 줄 넘기도 다양한 방법으로 할 수 있는데, 노래에 맞추어 놀이를 하는 특징이 있습니다.

**03** 두 사람 중 고정된 줄을 뛰어넘는 줄넘기를 하여 이긴 사람은 누구이겠습니까? [5점]

(1) 무릎 높이까지 줄을 뛰어넘은 정효 ( )

(2) 두 팔을 든 높이까지 줄을 뛰어넘은 도영

( )

**04** 긴 줄 넘기의 특징은 무엇입니까? [5점]

• ☐☐☐ 에 맞추어 놀이를 한다.

**05** 글을 읽고 관련된 경험을 떠올린 사람은 누구입니까?

두준: 설날에 친척들과 연날리기를 했어.
해영: '꼬마야 꼬마야 뒤를 돌아라' 하는 노래를 부르며 줄넘기를 한 적이 있어.

( )

**[06~08] 다음 글을 읽고 물음에 답하시오.**

닭싸움 놀이는 한쪽 다리를 들어 올려 두 손으로 잡고, 다른 다리로 균형을 잡아 깨금발로 뛰면서 상대를 밀어 넘어뜨리는 놀이입니다. 준비물이 필요하지 않고 놀이 방법이 간단해 요즘도 어린이는 물론 청소년과 어른도 즐기는 놀이입니다.

'닭싸움'은 두 사람이 겨루는 모습이 닭이 싸우는 것과 비슷하다고 해서 지어진 이름입니다. 닭싸움 놀이는 한 발로 서서 하므로 '외발 싸움', '깨금발 싸움'이라고도 부르고, 무릎을 부딪쳐 싸운다고 해서 '무릎 싸움'이라고도 부릅니다. 닭싸움 놀이는 두 명이 할 수도 있고 여러 명이 할 수도 있습니다.

**06** 어떤 놀이에 대해 설명하는 글입니까?

(1) (　　　　)　　(2) (　　　　)

**07** 이 놀이에 대한 설명으로 알맞지 <u>않은</u> 것은 무엇입니까? (　　　　)

① 놀이 방법이 간단하다.
② 준비물이 필요하지 않다.
③ 한 발로 서서 해서 '무릎 싸움'이라고도 한다.
④ 두 명이 할 수도 있고 여러 명이 할 수도 있다.
⑤ 어린이, 청소년, 어른 모두가 즐기는 놀이이다.

**08** 이 글을 읽고 새롭게 안 내용에 대해 말한 사람은 누구입니까? [5점]

> 우정: 닭싸움이라는 이름이 어떻게 하여 지어졌는지 알게 되었어.
> 기진: 닭싸움 놀이를 해 본 적이 없어서 놀이 방법이 잘 이해되지 않았어.

(　　　　　　　　)

**[09~12] 다음 글을 읽고 물음에 답하시오.**

(가) 어린이들은 과학 실험을 하면서 호기심이 생기고 평소에 품었던 궁금증을 해결합니다. 또 실험을 하면서 탐구 능력을 키우기도 합니다. 과학 실험을 하면 이와 같은 좋은 점이 있지만 안전사고가 발생하는 경우도 있습니다. 그러므로 안전하게 과학 실험을 하려면 과학 실험 안전 수칙을 확인하고 실천해 안전사고의 위험을 줄여야겠습니다.

(나) 첫째,　　ㄱ　　께서 계시지 않을 때에는 과학 실험을 하지 않습니다. 과학실에는 조심히 다루어야 할 실험 기구와 위험한 화학 약품이 많습니다. 선생님의 말씀에 따라 실험 기구나 화학 약품을 다루어야 사고가 나는 것을 예방할 수 있습니다.

**09** 과학 실험을 하면 좋은 점은 무엇인지 모두 고르시오. (　　,　　)

① 과학 성적을 높일 수 있다.
② 탐구 능력을 키울 수 있다.
③ 안전사고가 발생할 수 있다.
④ 화학 약품을 사용하지 않을 수 있다.
⑤ 호기심이 생기고 궁금증을 해결할 수 있다.

**10** 　ㄱ　에 들어갈 알맞은 말을 쓰시오. [5점]

(　　　　　　　　)

**11** 이 글의 내용을 뒷받침할 수 있는 과학 실험 안전 수칙으로 알맞은 것의 기호를 쓰시오. [5점]

> ㉮ 과학실에서는 절대 장난을 치면 안 됩니다.
> ㉯ 실험이 끝나면 사용한 실험 기구나 화학 약품은 책상 위에 그대로 둡니다.

(　　　　　　　　)

**12** 과학 실험 중 안전사고를 예방하려면 어떻게 해야 하겠습니까? [6점]

· |　　　　　　　　　　|을 잘 지킨다.

**[13~16] 다음 글을 읽고 물음에 답하시오.**

⑦ 갯벌에 가 본 적이 있나요? ㉠갯벌에서 무엇을 보았나요? 바닷물이 빠져나가는 썰물 때에 육지로 드러나는 바닷가의 편평한 곳을 갯벌이라고 불러요. 바닷물이 육지로 밀려오는 밀물 때 갯벌은 바닷물로 덮여 있어 보이지 않지만 자연과 사람에게 여러 가지 도움을 줍니다.

⑭ 어민들은 갯벌에서 수산물을 키우고 거두어 돈을 법니다. 어민들은 갯벌에서 조개나 물고기, 낙지 따위를 잡아 팝니다. 또 갯벌은 생물이 살기에 좋은 환경이므로 어민들이 바다 생물들을 직접 키우기도 합니다. 이것을 양식이라고 하는데, 양식은 농민들이 밭이나 논에서 농작물을 키워 파는 것과 비슷합니다.

**13** ㉠에 대한 답을 한 가지 써 보시오. [5점]

(             )

**14** 갯벌이 보이는 때는 언제입니까?

( 밀물 / 썰물 ) 때

**15** 글 ⑭를 통해 알 수 있는 것은 무엇입니까? [5점]

(1) 갯벌이 사람에게 주는 좋은 점    (     )
(2) 갯벌이 생물에게 주는 나쁜 점    (     )

<서술형·논술형 문제✎>

**16** '양식'은 무엇인지 쓰시오. [7점]

_____

_____

**[17~20] 다음 글을 읽고 물음에 답하시오.**

**날씨를 나타내는 토박이말**

⑦ 겨울 날씨를 나타내는 토박이말에는 '가랑눈', '진눈깨비', '함박눈', '도둑눈' 같은 말이 있다. 겨울에는 눈이 와야 겨울답다고 한다. 같은 눈이라도 눈의 생김새나 크기에 따라 그 이름이 다르다. '가랑눈'은 조금씩 잘게 부서져서 내리는 눈을 말한다. 가늘게 가루처럼 내리는 비를 '가랑비'라고 하는 것과 같다. 비가 섞여 내리는 눈은 '진눈깨비', 굵고 탐스럽게 내리는 눈은 '함박눈', 밤에 사람들이 모르게 내린 눈은 '도둑눈'이라고 한다. 이 도둑눈은 사람들 몰래 왔다는 뜻을 담은 말이다.

⑭ 이처럼 계절에 따라 알고 쓰면 좋은 토박이말이 ㉠많다. 우리가 우리말의 말뜻을 배우고 익혀 제대로 쓰는 일에 더욱 힘을 쏟을 때, 더 아름답고 넉넉한 우리말과 우리글을 쓸 수 있게 될 것이다.

**17** 제목을 보고 짐작할 수 있는 글쓴이의 생각은 무엇일지 쓰시오. [7점]

중요!

• 날씨를 나타내는 토박이말이 _____

**18** ㉠과 서로 뜻이 반대인 말은 무엇입니까? (     )

① 작다     ② 적다     ③ 다양하다
④ 무진장하다   ⑤ 어마어마하다

**19** ⑦문단의 중심 문장을 찾아 밑줄을 그으시오. [5점]

중요!

**20** ⑦문단의 내용과 관련 있는 사진에 ○표 하시오.

(1)

(2)

(       )      (       )

**01** 전통 놀이와 관련된 경험을 말한 사람은 누구입니까?

설날에 텔레비전으로 씨름 경기를 하는 모습을 본 적이 있어.

우리는 겨울에 가족들 모두 스키장에 가서 재미있게 놀았어.

동훈        수란

(                              )

**[02~03] 다음 글을 읽고 물음에 답하시오.**

줄넘기에는 혼자 하는 줄넘기, 두 사람이 긴 줄 끝을 잡고 돌리면 다른 사람이 그 줄을 넘는 긴 줄넘기, 줄 양 끝을 두 사람이 잡고 있으면 다른 사람이 줄을 뛰어넘는 놀이가 있습니다.

고정된 줄을 뛰어넘는 줄넘기는 발목 높이에서 시작해 만세를 하듯 두 팔을 든 높이까지 합니다. 누가 더 높은 줄을 넘을 수 있는지 겨루는 놀이랍니다. 혼자서 줄넘기를 할 때에는 앞으로 뛰기, 손 엇걸어 뛰기, 이단 뛰기 같은 여러 놀이 방법이 있습니다. 긴 줄 넘기도 다양한 방법으로 할 수 있는데, 노래에 맞추어 놀이를 하는 특징이 있습니다.

**02** 이 글에 소개된 혼자서 하는 줄넘기 놀이 방법 세 가지를 쓰시오.

(              ,              ,              )

**03** 이 글의 내용으로 알맞으면 ○표, 틀리면 X표 하시오.

| (1) 혼자 하는 줄넘기는 반드시 노래에 맞추어 놀이를 한다. | |
|---|---|
| (2) 줄넘기에는 혼자 하는 줄넘기, 긴 줄 넘기, 줄 뛰어넘는 놀이가 있다. | |

**[04~06] 다음 글을 읽고 물음에 답하시오.**

(가) 과학실에서는 절대 장난을 치면 안 됩니다. 과학실에는 깨지기 쉽거나 위험한 실험 기구가 많습니다. 장난을 치다가 유리로 만들어진 실험 기구가 깨지면 날카로운 유리 조각이 생겨 이 유리 조각에 사람이 다칠 수 있습니다. 또 장난을 치다가 알코올램프가 바닥에 떨어지면 과학실에 화재가 발생할 수도 있습니다. 그러므로 과학실에서는 장난을 치지 말고 진지한 자세로 실험을 해야 합니다.

(나) 실험할 때 책상에 바짝 다가가지 않습니다. 실험하다가 만약 실험 기구가 넘어지면 깨진 기구의 조각이나 기구 속 화학 약품이 주변에 튈 수 있습니다. 이때 책상에 바짝 다가가 앉아 있으면 다칠 수 있습니다. 그러므로 실험을 할 때에는 책상에 너무 바짝 다가가 앉지 않고 실험 기구와 어느 정도 거리를 유지하면서 실험을 하는 것이 안전합니다.

**04** 과학 실험 안전 수칙을 정리하시오.

• 과학실에서는 절대 (1) [        ] 을 치면 안 된다.

• 실험할 때 (2) [        ] 에 바짝 다가가지 않는다.

**05** 글의 내용을 보아 과학 실험 안전 수칙을 지켜야 하는 까닭은 무엇이겠습니까? [5점]

• [        ] 한 과학 실험을 하기 위해서

**서술형·논술형 문제**

**06** 이 글을 읽고 새롭게 안 내용을 한 가지 쓰시오. [8점]

_____

_____

**[07~09] 다음 글을 읽고 물음에 답하시오.**

> (가) 첫째, 갯벌은 다양한 생물이 살 수 있는 장소입니다. 갯벌에 물이 들어오기도 하고 빠지기도 하면서 생물이 살기에 적합한 환경을 만듭니다. 그래서 게, 조개, 갯지렁이, 불가사리, 물고기 같은 여러 가지 생명체가 삽니다. 또한 갯벌은 철새들이 휴식하거나 번식하려고 이동하는 중간에 머물며 살기도 하는 장소입니다.
>
> (나) 둘째, 어민들은 갯벌에서 수산물을 키우고 거두어 돈을 법니다. 어민들은 갯벌에서 조개나 물고기, 낙지 따위를 잡아 팝니다. 또 갯벌은 생물이 살기에 좋은 환경이므로 어민들이 바다 생물들을 직접 키우기도 합니다. 이것을 ☐☐☐(이)라고 하는데, ☐☐☐은/는 농민들이 밭이나 논에서 농작물을 키워 파는 것과 비슷합니다.

**07** 갯벌이 자연과 사람에게 주는 도움과 관련이 <u>없는</u> 것의 기호를 쓰시오. [5점]

> ㉠ 농민들은 농작물을 키워 팔아 돈을 벌 수 있다.
> ㉡ 어민들은 수산물을 키우고 거두어 돈을 벌 수 있다.
> ㉢ 다양한 생물이 살기에 적합한 환경을 만들어 제공한다.

( )

**08** 글 (나)의 빈칸에 공통으로 들어갈 알맞은 말은 무엇입니까? ( )

① 양식　　② 낚시　　③ 농사
④ 추수　　⑤ 수확

**09** 이 글의 뒤에 이어질 내용으로 알맞은 내용은 무엇입니까?

(1) 갯벌이 주는 다른 여러 가지 도움을 알려 주는 글 ( )

(2) 갯벌을 개발하여 땅을 더 늘렸을 때의 좋은 점에 대해 강조하는 글 ( )

**10** 글의 중심 생각을 찾는 방법을 모두 고르시오.
( , , )

① 글의 제목을 살펴본다.
② 글에 쓰인 한자어를 살펴본다.
③ 문단의 중심 문장을 살펴본다.
④ 글 속 사진이나 그림을 살펴본다.
⑤ 글에서 가장 긴 문장을 살펴본다.

**[11~13] 다음 글을 읽고 물음에 답하시오.**

> 날씨를 나타내는 토박이말
> ㉠계절별로 날씨와 관련이 있는 토박이말을 알아보자. 토박이말은 ㉡우리말에 본디부터 있던 말이나 그것에 더해 새로 만들어진 말이다. 다른 말로 순우리말, 고유어라고도 한다. 옛날부터 우리 할아버지, 할머니께서 만들어 써 오신 말이 토박이말이다. 이 가운데에는 봄, 여름, 가을, 겨울의 날씨를 나타내는 말도 많은데 어떤 말들이 있는지 알아보자.

**11** ㉠과 같이 문단의 내용을 대표하는 가장 중요한 문장을 무엇이라고 하는지 쓰시오. [5점]

( )

**12** 다음 중 ㉡에 해당하지 <u>않는</u> 것에 ○표 하시오.

> 고유어　　　　외래어
> 토박이말　　　순우리말

**13** 글의 제목을 보고 글쓴이의 생각을 바르게 짐작한 사람은 누구인지 이름을 쓰시오.

> 가람: 날씨를 나타내는 토박이말이 많다는 것을 알리려는 것 같아.
> 매리: 날씨를 나타내는 토박이말을 한자어로 바꾸는 방법에 대해 알려 주려는 것 같아.

( )

**[14~17]** 다음 글을 읽고 물음에 답하시오.

가을 날씨를 나타내는 토박이말에는 '건들바람', '건들장마', '무서리', '올서리', '된서리' 같은 말이 있다. 여름이 지나고 가을이 되면 서늘한 바람이 불고 늦가을이 되면 서리가 내린다. 이른 가을날, 가볍고 부드럽게 건들건들 부는 서늘한 바람을 '건들바람'이라고 한다. 이 무렵, 비가 쏟아져 내리다가 번쩍 개고 또 오다가 개는 장마를 '건들장마'라고 한다. 늦가을, 수증기가 땅이나 물체 표면에 얼어붙은 것을 '서리'라고 한다. 처음 생기는 묽은 서리를 '무서리'라고 하는데, '물+서리'로 무더위와 같은 짜임이다. 다른 해보다 일찍 생기는 서리를 '올서리'라고 하고, 늦가을에 아주 되게 생기는 서리를 '된서리'라고 한다.

**14** 가을 날씨를 나타내는 토박이말이 <u>아닌</u> 것은 무엇입니까? (　　　　)

① 올서리　　　② 된서리　　　③ 도둑눈
④ 건들바람　　⑤ 건들장마

**15** '무서리'에서 '무'는 무엇을 뜻하는 말입니까?

(　　　　)

① 물　　　　　② 땅　　　　　③ 비
④ 바람　　　　⑤ 하늘

**16** '올서리'와 '된서리' 중 먼저 생기는 서리는 무엇입니까? [5점]

(　　　　　　　)

서술형·논술형 문제 ✏

**17** 가을 날씨를 나타내는 토박이말을 넣어 짧은 문장을 쓰시오. [10점]

_____

**18** 서로 뜻이 반대인 낱말을 찾아 선으로 이으시오. [6점]

(1) 같다　　·　　　·㉠ 서다

(2) 덥다　　·　　　·㉡ 다르다

(3) 앉다　　·　　　·㉢ 춥다

**19** 서로 뜻이 반대인 낱말을 넣어 대화하고 있습니다. 성하는 무엇이라고 말했을지 빈칸에 알맞은 말을 쓰시오. [6점]

나는 마을 도서관이 어디인지 알아.

나는 마을 도서관이 어디인지 _____.

하준　　　　　　　　　　　성하

(　　　　　　　　　　　　　　　)

**20** 다음 글을 읽고 ㉠, ㉡에 알맞은 말을 넣어 문단의 중심 문장을 완성하시오. [6점]

㉠ 에는 사람들이 성별에 따라 다른 옷을 입었지만 ㉡ 에는 자신이 좋아하는 옷을 입는다. 옛날에 남자는 아래에 바지를 입고 위에는 저고리와 조끼, 마고자를 입었다. 그리고 춥거나 나들이를 갈 때에는 겉에 두루마기를 입었다. 여자는 아래에 속바지와 치마를 입고 위에는 저고리를 입었다. 여자도 두루마기를 입지만 남자가 입는 두루마기와 모양이 달랐다. 오늘날에는 남자와 여자의 옷차림을 엄격하게 구분하지 않는다. 대신 각자 좋아하는 옷을 입기 때문에 옷차림이 사람에 따라 다르다.

(1) ㉠: (　　　　　　) 　(2) ㉡: (　　　　　　)

**1** 진하와 같이 전통 놀이를 했던 경험을 떠올려 써 보시오. [8점]

나는 공원에서
연날리기를 즐겁게
했어.

진하

_____

_____

_____

**2** 다음 글의 내용을 어떻게 이해하였는지 정리해 보시오. [10점]

> 줄넘기에는 혼자 하는 줄넘기, 두 사람이 긴 줄 끝을 잡고 돌리면 다른 사람이 그 줄을 넘는 긴 줄 넘기, 줄 양 끝을 두 사람이 잡고 있으면 다른 사람이 줄을 뛰어넘는 놀이가 있습니다.
>
> 고정된 줄을 뛰어넘는 줄넘기는 발목 높이에서 시작해 만세를 하듯 두 팔을 든 높이까지 합니다. 누가 더 높은 줄을 넘을 수 있는지 겨루는 놀이랍니다. 혼자서 줄넘기를 할 때에는 앞으로 뛰기, 손 엇갈려 뛰기, 이단 뛰기 같은 여러 놀이 방법이 있습니다. 긴 줄 넘기도 다양한 방법으로 할 수 있는데, 노래에 맞추어 놀이를 하는 특징이 있습니다.

(1) 글의 내용을 이해하기 ( 쉬웠다 / 어려웠다 ).

(2) 이해하기 쉬웠거나 어려웠던 까닭:

_____

_____

**3** 다음 글을 읽고 글의 중심 생각을 쓰시오. [10점]

> ### 날씨를 나타내는 토박이말
>
> ㈎ 계절별로 날씨와 관련이 있는 토박이말을 알아보자. 토박이말은 우리말에 본디부터 있던 말이나 그것에 더해 새로 만들어진 말이다. 다른 말로 순우리말, 고유어라고도 한다. 옛날부터 우리 할아버지, 할머니께서 만들어 써 오신 말이 토박이말이다. 이 가운데에는 봄, 여름, 가을, 겨울의 날씨를 나타내는 말도 많은데 어떤 말들이 있는지 알아보자.
>
> ㈏ 봄 날씨를 나타내는 토박이말에는 '꽃샘추위', '꽃샘바람', '소소리바람' 같은 말이 있  다. 이른 봄, 꽃이 필 무렵에 찾아오는 추위를 '꽃샘추위'라고 한다. 여기서 '샘'은 시기, 질투라는 뜻이다. 그래서 '꽃샘추위'는 꽃이 피는 것을 시샘하듯 몰아닥친 추위라는 뜻이 된다. 꽃샘추위 때 부는 바람은 '꽃샘바람'인데, 이보다 차고 매서운 바람은 '소소리바람'이다.
>
> ㈐ 여름 날씨를 나타내는 토박이말에는 '마른장마', '무더위', '불볕더위' 같은 말이 있다.
>
> ㈑ 가을 날씨를 나타내는 토박이말에는 '건들바람', '건들장마', '무서리', '올서리', '된서리' 같은 말이 있다.
>
> ㈒ 겨울 날씨를 나타내는 토박이말에는 '가랑눈', '진눈깨비', '함박눈', '도둑눈' 같은 말이 있다.
>
> ㈓ 이처럼 계절에 따라 알고 쓰면 좋은 토박이말이 많다. 우리가 우리말의 말뜻을 배우고 익혀 제대로 쓰는 일에 더욱 힘을 쏟을 때, 더 아름답고 넉넉한 우리말과 우리글을 쓸 수 있게 될 것이다.

**[1~2]** '과학 실험 안전 수칙'과 그림을 보고 물음에 답하시오.

> 과학 실험 안전 수칙
> • 과학실에서는 절대로 뛰거나 장난치지 않는다.
> • 과학실 안에서는 음식을 먹으면 안 된다.
> • 화학 물질 냄새를 직접 맡거나 맛을 보면 안 된다.

**1** 과학 실험 안전 수칙을 지키지 않은 학생 한 사람을 골라 번호를 쓰고, 그 친구가 지키지 않은 안전 수칙은 무엇인지 쓰시오. [8점]

| | |
|---|---|
| (1) 과학 실험 안전 수칙을 지키지 않은 학생 | |
| (2) 지키지 않은 안전 수칙 | |

**2** 앞으로 자신이 지킬 일을 생각하며 자신만의 과학 실험 안전 수칙을 만들어 써 보시오. [8점]

_____

_____

**[3~4]** 다음 글을 읽고 물음에 답하시오.

> (개) 옛날에는 신분에 따라 옷차림이 달랐지만 오늘날에는 직업이나 유행에 따라 다른 경우가 많다. 옛날에는 양반과 평민의 신분에 따라 옷차림이 달랐다. 양반 가운데에서 남자는 소매가 넓은 저고리와 폭이 큰 바지를 입었고, 여자는 폭이 넓고 긴 치마를 입었다. 평민 가운데에서 남자는 비교적 폭이 좁은 저고리와 바지를 입었고, 여자는 폭이 좁은 치마를 입었다. 그리고 평민이 입는 치마 길이는 양반보다 짧은 편이었다. 하지만 오늘날에는 직업이나 유행에 따라 옷을 입는 경우가 많다. 또 사람들이 입는 옷 종류도 옛날보다 더 다양해졌다.
>
> (내) 옛날에는 자연에서 얻은 실로 짠 옷감으로 옷을 만들었지만 오늘날에는 합성 섬유로 옷을 만드는 경우가 ⊙많다. 우리 조상은 식물이나 누에고치에서 실을 뽑아 옷감을 얻었다. 식물에서 뽑은 실로 짠 옷감으로는 삼베·모시·무명 따위가 있고, 누에고치에서 뽑은 실로 짠 옷감으로는 비단이 있다. 오늘날에는 옛날처럼 자연에서 얻은 실로 옷감을 짜기도 하지만 공장에서 만든 합성 섬유에서 옷감을 더 많이 얻는다.

**3** 옛날과 오늘날의 옷차림을 비교하여 빈칸에 알맞은 내용을 써넣으시오. [10점]

| | 옛날 | 오늘날 |
|---|---|---|
| 신분 | (1) | 직업이나 유행에 따라 다른 경우가 많다. |
| 옷감 종류 | 자연에서 얻은 실로 짠 옷감으로 옷을 만들었다. | (2) |

**4** ⊙과 서로 반대되는 뜻의 낱말을 넣어 짧은 문장을 쓰시오. [8점]

_____

# 3. 자신의 경험을 글로 써요

## ◉ 기억에 남는 일에 대해 이야기 나누기

① 자신이 어떤 일을 겪었는지 떠올려 봅니다.

② 자신이 떠올린 일 가운데에서 기억에 남는 일을 간단히 정리해 봅니다.

③ 기억에 남는 일에 대한 생각이나 느낌을 써 봅니다.

가족과 공원에 가서 놀면서 기쁜 마음이 들었기 때문에 기억에 남아.

→ 기억에 남는 일을 정리해 보면 자신이 한 일을 되돌아볼 수 있습니다.

## ◉ 자신의 경험에서 인상 깊은 일을 글로 쓰는 방법 알기

① 겪은 일 가운데에서 어떤 일을 글로 쓸지 정합니다.

② 쓸 내용을 정리합니다.

• 언제, 어디에서, 누구와 있었던 일인지 정리합니다.

• 무슨 일이 있었는지 자세히 떠올립니다.

• 어떤 마음이 들었는지 생각합니다.

③ 글을 씁니다.

• 띄어쓰기에 주의하며 글을 씁니다.

> **띄어쓰기 방법**
>
> ❶ 낱말과 낱말 사이는 띄어 쓰되, '이/가, 을/를, 은/는, 의'와 같은 말은 앞말에 붙여 씁니다.
>
> ❷ 마침표( . )나 쉼표( , ) 뒤에 오는 말은 띄어 씁니다.
>
> ❸ 수를 나타내는 말과 단위를 나타내는 말 사이는 띄어 씁니다.

④ 고쳐쓰기를 합니다.

└─ 잘못된 띄어쓰기나 표현을 고칩니다.

## ◉ 인상 깊은 일로 글 쓰기

① 자신이 경험한 일 가운데에서 인상 깊은 일을 떠올려 봅니다.

② 인상 깊은 일 한 가지를 골라 정리해 봅니다.

③ 정리한 내용을 바탕으로 하여 인상 깊은 일을 글로 써 봅니다.

> 현장 체험학습 가는 날
>
> 지난주 월요일에 우리 반은 희망 목장으로 현장 체험학습을 갔다.……
>
> 치즈 만들기 체험장에서는 치즈와 관련된 영상을 보았다. 영상을 보고 나서 본격적으로 치즈 만들기를 시작했다.……
>
> 현장 체험학습은 새로운 것을 체험할 수 있어서 좋다. 다음에 또 오고 싶다.

제목은 가장 하고 싶은 말이 무엇인지 생각해서 정해요.

언제, 어디에서, 누구와 무슨 일이 있었는지 써요.

어떤 마음이 들었는지 써요.

## ◉ 자신이 쓴 글을 고쳐 쓰기

① 쓴 글에서 고쳐 써야 할 점을 점검해 봅니다.

• 있었던 일을 자세히 썼는가?

• 어떤 생각이나 느낌이 들었는지 썼는가?

• 친구들이 이해하기 쉽고 재미있는 표현을 썼는가?

② 고쳐 써야 할 점을 바탕으로 글을 고쳐 씁니다.

고쳐쓰기를 하면 내가 전하고자 한 내용을 효과적으로 표현했는지 확인할 수 있어.

잘못된 띄어쓰기나 표현을 고칠 수 있어.

**쪽지시험**

❶ 기억에 남는 일을 떠올려 정리할 때 생각이나 느낌은 쓰지 않습니다. ( ○ / × )

❷ 글을 쓸 때 규칙에 따라 어떤 말을 앞말과 띄어 쓰는 일을 [ ][ ][ ][ ] 라고 합니다.

❸ 마침표나 쉼표 ( 앞 / 뒤 )에 오는 말은 띄어 씁니다.

❹ 고쳐쓰기를 하면 자신이 전하고자 하는 내용을 효과적으로 표현했는지 확인할 수 있습니다. ( ○ / × )

\* 배점이 표시되어 있지 않은 문제는 문제당 **4점**입니다.

**[01~03] 다음 글을 읽고 물음에 답하시오.**

> 지난 주말에 남동생과 할아버지 댁에 놀러 갔다. ㉠할아버지 댁 감나무에는 빨갛게 익은 감들이 주렁주렁 열려 있었다. ㉡나는 할아버지, 남동생과 함께 긴 막대기로 조심스럽게 감을 땄다. ㉢감을 따는 것은 참 재미있었다. ㉣다음엔 친구들과 함께 감을 따 보고 싶다.

**01** 글의 내용으로 알맞지 <u>않은</u> 것은 무엇입니까?

( )

① 할아버지 댁에서 감을 땄다.
② '나'는 지난 주말에 감을 땄다.
③ 딴 감을 가족들과 맛있게 먹었다.
④ 할아버지 댁 감나무에 감이 열려 있었다.
⑤ '나'는 남동생, 할아버지와 함께 감을 땄다.

**02** 글쓴이가 감을 딴 일에 대해 글로 쓴 까닭은 무엇이겠습니까?

(1) 감을 따는 일은 매일 겪는 일이라 익숙해서
( )

(2) 감을 딴 일이 평소에 겪는 일과 달리 기억에 남아서
( )

**03** ㉠~㉣ 중 글쓴이가 겪은 일에 대한 생각이나 느낌을 쓴 부분을 모두 찾아 기호를 쓰시오. [5점]

( , )

**[04~05] 다음 그림을 보고 지수가 겪은 일은 무엇인지 쓰시오. [각 5점]**

**04**

• 수영장에서 ( )을 했다.

**05**

• 추석에 친척들과 할머니 댁에 모여 ( )을 만들어 먹었다.

**06** 기억에 남는 일을 정리하면 좋은 점에 대해 <u>잘못</u> 말한 사람은 누구입니까? [5점]

기억에 남는 일을 자세히 떠올릴 수 있어.
용진

기억에 남는 일을 글로 쓸 수 있어.
진희

기분 좋았던 일만 기억할 수 있어.
규영

( )

**[07~08] 다음을 보고 물음에 답하시오.**

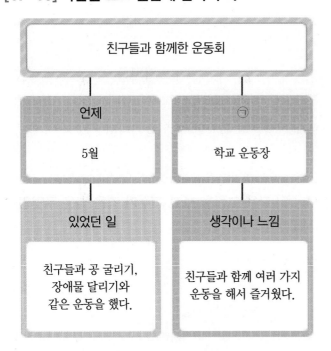

친구들과 함께한 운동회

| 언제 | ㉠ |
|---|---|
| 5월 | 학교 운동장 |

| 있었던 일 | 생각이나 느낌 |
|---|---|
| 친구들과 공 굴리기, 장애물 달리기와 같은 운동을 했다. | 친구들과 함께 여러 가지 운동을 해서 즐거웠다. |

**07** 어떤 겪은 일에 대해 정리한 것입니까?

(1) (　　　　) (2) (　　　　)

**08** ㉠에 들어갈 알맞은 말에 ○표 하시오. [5점]

| 왜 | 어떻게 | 어디에서 |
|---|---|---|

**09** 자신의 경험에서 인상 깊은 일을 글로 쓸 때 가장 먼저 할 일은 무엇인지 기호를 쓰시오. [5점]

> ㉠ 고쳐쓰기를 한다.
> ㉡ 쓸 내용을 정리한다.
> ㉢ 겪은 일을 떠올려 본다.

(　　　　　　　　　　)

**10** 글로 쓸 내용을 정리하는 방법으로 알맞지 <u>않은</u> 것에 ×표 하시오. [5점]
중요!

| (1) 언제, 어디에서, 누구와 있었던 일인지 정리한다. | |
|---|---|
| (2) 무슨 일이 있었는지 자세히 떠올린다. | |
| (3) 어떤 마음이 들었는지 드러내지 않도록 주의한다. | |

**[11~13] 다음 서연이가 하루 동안 겪은 일을 보고 물음에 답하시오.**

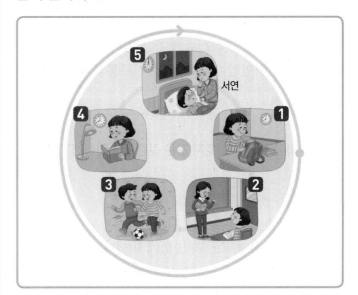

서연

**11** 서연이가 겪은 일 중 어떤 일에 해당하는지 번호를 쓰시오. [5점]

(1) 집에서 책을 읽었다. (　　　　)
(2) 학교에 갈 준비를 했다. (　　　　)

**12** 서연이가 겪은 일 중 한밤중에 일어난 일은 무엇입니까? [6점]

• 한밤중에 동생이 _____

서술형·논술형 문제 ✎

**13** 자신이 서연이라면 서연이가 겪은 일 중 어떤 일을 글로 쓰고 싶은지 쓰시오. [8점]

_____

**[14~15]** 다음 대화를 보고 물음에 답하시오.

서연아, 너는 여러 가지 겪은 일 가운데에서 왜 ⟨ㄱ⟩ 을 골라서 글을 쓰려고 하니?

동생이 아팠을 때에는 평소와 다른 ⟨ㄴ⟩ 이 들었거든. 평소에 동생이 장난꾸러기처럼 보여서 밉기도 했는데 아프니까 잘 못해 준 것이 생각나서 미안한 마음이 들었어. 그래서 그 마음을 써 보고 싶었어.

**14** ⟨ㄱ⟩ 에 들어갈 알맞은 말은 무엇입니까?

(1) 동생이 아팠던 일 ( )
(2) 동생과 싸웠던 일 ( )

**15** ⟨ㄴ⟩ 에 들어갈 말로 알맞은 말을 한 가지 쓰시오.
중요! [5점]

( )

**[16~19]** 다음 글을 읽고 물음에 답하시오.

"주혁이가 열이 많이 나는구나. 아무래도 장염에 걸린 것 같다. 이번 가을에만 두 번째네."
아빠께서 걱정스럽게 말씀하셨다. 주혁이는 얼굴을 찡그리며 힘들어했다. 아빠께서 병원에 갈 채비를 하시는 동안 나는 주혁이 옆에 앉아 있었다.
"ⓐ누나,나 아파."
주혁이가 눈물이 그렁그렁한 얼굴로 말했다.
"병원 다녀오면 금방 나을 거야."
나는 주혁이의 이마에 차가운 물수건을 얹어 주었다.
마음이 아팠다. 동생이 얼른 나았으면 좋겠다.

**16** 글쓴이가 겪은 일은 무엇입니까? [5점]

• [ ] 이/가 아파서 걱정을 했다.

서술형·논술형 문제

**17** 글쓴이가 겪은 일에 대한 생각이나 느낌을 쓴 부분을 찾아 쓰시오. [7점]

_____

_____

**18** ⓐ에서 띄어 써야 할 곳에 ∨표를 하시오. [5점]
중요!

누나,나 아파.

**19** 이 글의 제목으로 가장 어울리는 것에 ○표 하시오.

(1) 동생이 아파요 ( )
(2) 동생이 싫어요 ( )
(3) 아빠께 야단맞은 날 ( )

**20** 띄어쓰기를 바르게 하면 좋은 점은 무엇인지 모두 고르시오. ( , )

① 문장을 길게 쓸 수 있다.
② 글씨를 예쁘게 쓸 수 있다.
③ 모르는 낱말의 뜻을 짐작할 수 있다.
④ 글을 읽는 사람이 편하게 읽을 수 있다.
⑤ 전하고자 하는 뜻을 정확히 전할 수 있다.

* 배점이 표시되어 있지 않은 문제는 문제당 4점입니다.

[01~02] 다음 그림을 보고 지수가 겪은 일 중 어떤 일에 대해 말한 것인지 번호를 쓰시오.

**01**  동네 수영장에서 수영을 배웠던 일이 기억에 남아.

( )

**02** 추석에 친척들과 함께 송편을 만들었었어.

( )

**03** 기억에 남는 일을 떠올려 정리하였습니다. 빈칸에 들어갈 알맞은 말을 쓰시오. [8점]

중요!

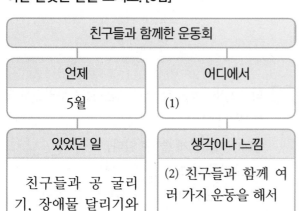

| 친구들과 함께한 운동회 | |
|---|---|
| 언제 | 어디에서 |
| 5월 | (1) |
| 있었던 일 | 생각이나 느낌 |
| 친구들과 공 굴리기, 장애물 달리기와 같은 운동을 했다. | (2) 친구들과 함께 여러 가지 운동을 해서 _____ |

[04~06] 다음 그림을 보고 물음에 답하시오.

동생이 아팠을 때에는 평소와 다른 느낌이 들었거든. 평소에 동생이 장난꾸러기처럼 보여서 밉기도 했는데 아프니까 잘 못해 준 것이 생각나서 ⊙ 마음이 들었어. 그래서 그 마음을 써 보고 싶었어.

서연

**04** 서연이가 하루 동안 겪은 일은 무엇인지 한 가지 쓰시오. [7점]

_____

**05** 서연이의 말을 보아 서연이는 하루 동안 겪은 일 중 어떤 일을 글로 쓰려고 하는지 번호를 쓰시오.

( )

**06** ⊙ 에 들어갈 서연이의 마음을 나타내는 말로 알맞은 것은 무엇입니까? ( )

① 즐거운 ② 미안한
③ 신나는 ④ 행복한
⑤ 재미있는

**07** 기억에 남는 일을 정리하면 좋은 점을 바르게 말한 친구의 이름을 쓰시오. [5점]

힘들었거나 슬픈 일을 쉽게 잊을 수 있어.

기억에 남는 일을 자세히 떠올릴 수 있어.

기훈

영지

(          )

[08~09] 다음 글을 읽고 물음에 답하시오.

"주혁이가 열이 많이 나는구나. 아무래도 장염에 걸린 것 같다. 이번 가을에만 두 번째네."

아빠께서 걱정스럽게 말씀하셨다. 주혁이는 얼굴을 찡그리며 힘들어했다. ㉠아빠께서 병원에 갈 채비를 하시는 동안 나는 주혁이 옆에 앉아 있었다.

"누나, 나 아파."

㉮주혁이가눈물이 그렁그렁한 얼굴로 말했다.

"병원 다녀오면 금방 나을거야."

㉡나는 주혁이의 이마에 차가운 물수건을 얹어 주었다.

㉢마음이 아팠다. 동생이 얼른 나았으면 좋겠다.

**08** ㉠~㉢ 중 글쓴이가 겪은 일에 대한 생각이나 느낌을 쓴 부분은 무엇입니까? [5점]

(          )

**09** ㉮를 다음과 같이 띄어 쓰려고 합니다. 어떤 규칙에 따라 띄어 쓴 것인지 빈칸에 들어갈 알맞은 말에 ○표 하시오. [5점]

㉮주혁이가∨눈물이

낱말과 낱말 사이는 띄어 쓰되, '[    ], 을/를, 은/는, 의'와 같은 말은 앞말에 붙여 쓴다.

( 이/가 , 것/수 )

[10~11] 다음 문장을 읽고 물음에 답하시오.

㉠ 예쁜 신 한켤레를 샀다.
㉡ 나는 친구들을 사랑합니다.
㉢ 비빔냉면은 매콤하고, 물냉면은 시원하다.

**10** ㉠~㉢을 다음 표에 나누어 기호를 쓰시오. [6점]

| (1) 띄어쓰기가 바른 문장 | (2) 띄어쓰기가 틀린 문장 |
| --- | --- |
| | |

서술형·논술형 **문제** ✎

**11** 문제 10의 (2)에 고른 문장을 바르게 고쳐 쓰시오. [8점]

_____

[12~13] 다음 그림에 어울리는 문장에 ○표 하시오.

**12**

(1) 나물 좀 줘. (     )
(2) 나 물 좀 줘. (     )

**13**

(1) 아기가 오리를 보았다.
(     )
(2) 아기 가오리를 보았다.
(     )

**14** 인상 깊은 일을 글로 쓰는 방법입니다. 마지막에 할 일은 무엇인지 빈칸에 들어갈 알맞은 말에 ○표 하시오.

① 겪은 일 중에서 어떤 일을 글로 쓸지 정합니다.
② 쓸 내용을 정리합니다.
③ 글을 씁니다.
④ ( 글쓰기 / 요약하기 / 고쳐쓰기 )를 합니다.

**[15~16] 다음 그림을 보고 물음에 답하시오.**

봄에 있었던 일

여름에 있었던 일

가을에 있었던 일

주혁

**15** 주혁이가 겪은 일은 무엇인지 빈칸에 알맞은 말을 넣어 정리하시오. [각 3점]

(1) ☐ 에 친구들과 희망 목장에서 피자 만들기 체험을 했다.

(2) 여름에 가족들과 ☐ 에 놀러 갔다.

서술형·논술형 문제✏️

**16** 주혁이가 가을에 겪은 일을 보고 빈칸에 알맞은 내용을 써넣으시오. [6점]

| 언제, 어디에서, 누구와 있었던 일인가요? | • 언제: 가을에<br>• 어디에서: 과수원에서<br>• 누구와: 친구들과 |
| --- | --- |
| 무슨 일이 있었나요? | |
| 어떤 마음이 들었나요? | 신기하고 재미있었다. |

**17** 인상 깊은 일을 글로 쓸 때 주의할 점이 <u>아닌</u> 것은 무엇입니까? ( )

중요!

① 알맞은 제목을 붙인다.
② 띄어쓰기를 바르게 한다.
③ 어려운 표현을 많이 쓴다.
④ 있었던 일을 자세히 쓴다.
⑤ 그때의 느낌을 잘 표현한다.

**[18~20] 다음 글을 읽고 물음에 답하시오.**

지난주 월요일에 우리 반은 희망 목장으로 현장 체험학습을 갔다. 희망 목장에서는 내가 좋아하는 피자와 치즈를 만들 수 있다. 학교에서 출발해서 시간이 흘러 드디어 목장에 도착했다. 도착하자마자 피자 만들기 체험장에 들어갔다. 우리는 모둠별로 의자에 앉았다. 먼저, 밀가루 반죽을 동그랗게 만들고 여러 가지 재료를 그 위에 올려놓았다. 피자가 구워질 동안 우리는 치즈 만들기 체험장에 갔다.

치즈 만들기 체험장에서는 치즈와 관련된 영상을 보았다. 영상을 보고 나서 본격적으로 치즈 만들기를 시작했다. 조몰락조몰락하며 치즈를 만드는 모습이 체험장을 가득 채웠다. 친구들은 모두 밝은 표정으로 신바람이 나 있었다. 현장 체험학습은 새로운 것을 체험할 수 있어서 좋다. 다음에 또 오고 싶다.

**18** 현장 체험학습을 간 장소는 어디입니까?

( )

**19** 치즈 만들기 체험장에서 한 일은 무엇무엇입니까?

( , )

① 피자를 구웠다.
② 피자를 먹었다.
③ 치즈를 만들었다.
④ 치즈와 관련된 영상을 보았다.
⑤ 밀가루 반죽을 동그랗게 만들었다.

**20** 이 글에 가장 어울리는 알맞은 제목은 무엇입니까?

( )

① 우리 반
② 지난주 월요일
③ 다음에 또 오고 싶다
④ 겪은 일을 글로 쓰기
⑤ 현장 체험학습 가는 날

**1** 자신이 지난 일 년 동안 겪은 일 중 기억에 남는 일을 떠올려 네 가지를 쓰시오. [12점]

| (1) 봄에 있었던 일 | (2) 여름에 있었던 일 |
|---|---|
|  |  |

| (3) 가을에 있었던 일 | (4) 겨울에 있었던 일 |
|---|---|
|  |  |

**2** 1에서 쓴 일 가운데에서 가장 기억에 남는 일을 다음 표에 정리하시오. [15점]

(1) 기억에 남는 일

(2) 언제

(3) 어디에서

(4) 있었던 일

(5) 생각이나 느낌

[3~4] 서연이가 하루 동안 겪은 일을 보고 물음에 답하시오.

서연

**3** 서연이가 하루 동안 겪은 일은 무엇인지 정리하시오. [10점]

| (1) ① |  에 갈 준비를 했다. |
|---|---|
| (2) ② |  에서 공부를 했다. |
| (3) ③ | 친구와 ☐ 을/를 했다. |
| (4) ④ | 집에서 ☐ 을/를 읽었다. |
| (5) ⑤ | 동생이 _____ |

**4** 서연이가 겪은 일과 자신이 겪은 일 가운데에서 비슷한 일과 다른 일은 무엇인지 쓰시오. [10점]

| (1) 비슷한 일 |  |
|---|---|
| (2) 다른 일 |  |

**[1~2] 다음 글을 읽고 물음에 답하시오.**

> ㉠"아이고, 배야."
> 동생 주혁이가 끙끙 앓는 소리에 잠에서 깼다.
> "열이 39도가 넘잖아! 배도 많이 아파하고, 큰일이네."
> 걱정스럽게 말씀하시는 아빠의 목소리도 들렸다. 나는 눈을 비비고 자리에서 일어났다.
> ㉡"아빠, 무슨 일이에요?"
> 나는 주혁이 머리맡에 앉아 계신 아빠 옆으로 다가갔다.
> "주혁이가 열이 많이 나는구나. 아무래도 장염에 걸린 것 같다. 이번 가을에만 두 번째네."
> 아빠께서 걱정스럽게 말씀하셨다. 주혁이는 얼굴을 찡그리며 힘들어했다.
> 아빠께서 병원에 갈 채비를 하시는 동안 나는 주혁이 옆에 앉아 있었다.
> ㉢"누나, 나 아파."
> 주혁이가 눈물이 그렁그렁한 얼굴로 말했다.
> "병원 다녀오면 금방 나을 거야."
> 나는 주혁이의 이마에 차가운 물수건을 얹어 주었다.
> 마음이 아팠다. 동생이 얼른 나았으면 좋겠다.

### 1 ㉠~㉢을 바르게 띄어 쓰시오. [12점]

| | |
|---|---|
| (1) ㉠ | " _____ " |
| (2) ㉡ | " _____ " |
| (3) ㉢ | " _____ " |

### 2 이 글에 어울리는 알맞은 제목을 쓰시오. [8점]

| |
|---|
| |

### 3 우리 반 소식지를 만들려고 합니다. ㉮와 같이 우리 반에서 있었던 일을 떠올려 써 보시오. [10점]

㉮ 3~4월

개학식 때 새 친구를 만났다.

○월

있었던 일:

| (1) 언제 | |
|---|---|
| (2) 있었던 일 | |

### 4 다음 우리 반 소식지를 보고 겪은 일에 대한 생각이나 느낌을 써넣어 소식지를 완성하시오. [10점]

> **독서 잔치**
> 우리 반에서는 국어 시간에 독서 단원을 배우고 나서 독서 잔치를 열었다. 1학기에 한 번, 2학기에 한 번 했다. 특히 1학기에 처음으로 우리 모둠끼리 책을 읽고 모둠 협동화를 그려서 전시했는데 반응이 정말 좋았다. _____
> – 나천재 기자

_____
_____

# 4. 감동을 나타내요

## ❂ 감각적 표현을 사용하여 느낌 나타내기

① 대상을 보고, 듣고, 냄새 맡고, 만지며 관찰하여 봅니다.

② 대상에 대한 느낌을 어떻게 표현하면 좋을지 생각해 봅니다.

③ 관찰한 대상에 대한 느낌을 감각적 표현을 넣어 말하여 봅니다.

대상에 대한 느낌 표현하기 ⟮예⟯

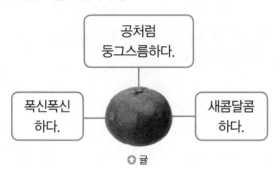

공처럼 둥그스름하다.

폭신폭신 하다.

새콤달콤 하다.

✿ 귤

## ❂ 감각적 표현을 사용하면 좋은 점

① 어떤 대상의 느낌을 재미있게 나타낼 수 있습니다.

② 감각적 표현을 말하기 위해 대상을 더 자세히 관찰할 수 있습니다.

## ❂ 시를 읽고 여러 가지 감각적 표현 말하기

① 시에 나타난 감각적 표현을 찾습니다.

② 감각적 표현의 의미를 생각하여 봅니다.

③ 감각적 표현에 주의하며 시에 대한 생각이나 느낌을 말하여 봅니다.

시 「감기」에 나타난 감각적 표현 찾기 ⟮예⟯

내 몸에 ──── 감기에 걸려 열이 나는 상태를 나타내는 감각적 표현
불덩이가 들어왔다.

ㅡ뜨끈뜨끈. ──→ 감기 걸린 모습을 생생하게 나타내는 표현

불덩이를 따라
몹시 추운 사람도 들어왔다.

ㅡ오들오들

## ❂ 이야기를 읽고 생각이나 느낌 표현하기

① 사건의 흐름을 살펴보며 이야기의 내용을 파악합니다.

② 이야기에 나타난 감각적 표현을 찾아봅니다.

③ 이야기에 대한 생각이나 느낌을 말하여 봅니다.

이야기 「진짜 투명 인간」에 나타난 감각적 표현 ⟮예⟯

| 초록색 | 맨발로 걸을 때 발가락 사이로 살살 삐져나오는 촉촉한 풀잎 |
|---|---|
| 붉은색 | 할아버지 밭에서 나는 토마토 맛 |
| 푸른색 | 옆집 수영장에서 헤엄치는 것 |
| 흰색 | 여름에 푹 자고 열 시쯤에 일어났을 때 |

## ❂ 느낌을 살려 시 쓰기

① 시로 쓸 대상을 정하여 자세히 관찰해 봅니다.

② 대상을 떠올리고 그 느낌을 정리해 봅니다.

• 대상을 떠올리고 그 느낌을 생각나는 대로 써 봅니다.

• 대상을 떠올리고 그 느낌을 소리나 모양을 흉내 내는 말을 사용하여 표현합니다.

• 대상을 떠올리고 그 느낌을 다른 대상에 빗대어 표현해 봅니다.

대상의 느낌을 다른 대상에 빗대어 표현하기 ⟮예⟯

고슴도치처럼 따가운 밤송이

• 대상을 노래하듯이 표현해 봅니다. ──→ 시의 내용을 짧은 글로 쓴다.

③ 생각한 내용을 바탕으로 하여 시를 써 봅니다.

생각한 내용을 시로 표현하기 ⟮예⟯

| 운동장으로 뛰쳐나가는 소리가 우르르 쿵쾅하고 들린다. | ➡ | 우르르 쿵쾅, 운동장으로 뛰쳐나가는 소리 |
|---|---|---|

쪽지시험

❶ ( 이어 주는 말 / 감각적 표현 )을 사용하면 대상의 느낌을 재미있게 나타낼 수 있습니다.

❷ 대상의 느낌을 다른 대상에 빗대어 나타낸 것도 감각적 표현입니다. ( ◯ / × )

❸ ( 시 / 이야기 )를 쓸 때에는 대상을 노래하듯이 표현해 봅니다.

* 배점이 표시되어 있지 않은 문제는 문제당 4점입니다.

**01** 오른쪽 대상의 느낌을 표현한 말은 무엇입니까? (     )

① 미끌미끌     ② 보들보들
③ 요리조리     ④ 거칠거칠
⑤ 왁자지껄

**02** 오른쪽 그림에 어울리는 표현을 골라 ◯표 하시오.

(1) 공이 뒤뚱뒤뚱 구른다.          (     )
(2) 아이들이 공을 뻥 찬다.          (     )
(3) 아이들이 엉금엉금 뛴다.        (     )

[03~05] 다음 그림을 보고 물음에 답하시오.

**03** 가~다에서 대상을 관찰한 방법을 선으로 이으시오.

(1) 가 ·          ·① 소리를 들었다.

(2) 나 ·          ·② 눈으로 보았다.

(3) 다 ·          ·③ 손으로 만져 보았다.

**04** 나와 관련 있는 표현은 무엇입니까? (     )

① 쿵쾅쿵쾅          ② 아삭아삭
③ 말랑말랑          ④ 새콤달콤
⑤ 달가닥달가닥

서술형·논술형 문제✏

**05** 다음 대상은 다의 상자 안에 있는 사물입니다. 여자아이가 어떻게 표현하였을지 감각적 표현을 사용하여 쓰시오. [10점]

_____

_____

**06** 오른쪽 대상에 대한 느낌을 알맞게 표현한 친구의 이름을 쓰시오. [6점]

중요!

지영: 먹어 보면 새콤달콤해.
정현: 바나나처럼 둥그스름해.
수진: 만져 보면 바위처럼 말랑말랑해.

(                    )

**07** 대상을 감각적 표현으로 나타내면 좋은 점을 두 가지 고르시오. (     ,     )

① 내 생각을 숨길 수 있다.
② 내 생각을 예의 바르게 전할 수 있다.
③ 대상의 느낌을 재미있게 표현할 수 있다.
④ 대상의 느낌을 생생하게 표현할 수 있다.
⑤ 띄어쓰기를 바르게 하지 않아도 느낌을 전할 수 있다.

**[08~11] 다음 시를 읽고 물음에 답하시오.**

> **감기**
>
> 내 몸에
> 불덩이가 들어왔다.
> ─뜨끈뜨끈.
> 불덩이를 따라
> 몹시 추운 사람도 들어왔다.
> ─   ㉠   .
>
> 약을 먹고 나니
> 느릿느릿,
> 거북이도 들어오고
> 까무룩,
> 잠꾸러기도 들어왔다.

**08** '내'가 힘들어하는 까닭은 무엇입니까? (        )

① 감기에 걸려서          ② 잠이 오지 않아서
③ 날씨가 너무 더워서    ④ 날씨가 너무 추워서
⑤ 사이가 안 좋은 친구가 집에 놀러와서

**09** 열이 많이 나는 것을 몸에 무엇이 들어왔다고 표현하
중요! 였습니까? [6점]

(                              )

**10**   ㉠   에 알맞은 표현은 무엇입니까? (        )

① 뻘뻘          ② 첨벙첨벙          ③ 오들오들
④ 엉금엉금      ⑤ 후드득후드득

**11** 몸에 잠꾸러기가 들어왔다고 한 까닭은 무엇입니까?
(        )

① 학교에 가기 싫어서
② 늦잠을 자고 싶어서
③ 감기약을 먹고 몹시 졸려서
④ 너무 늦은 시간까지 책을 읽어서
⑤ 너무 추워서 이불 밖으로 나가기 싫어서

**[12~14] 다음 시를 읽고 물음에 답하시오.**

> 강가 고운 모래밭에서
> 발가락 옴지락거려
> 두더지처럼 파고들었다.
>
> 지구가 간지러운지
> 굼질굼질 움직였다.
>
> 아, 내 작은 신호에도
> 지구는 대답해 주는구나.
>
> 그 큰 몸짓에
> 이 조그마한 발짓
> 그래도 지구는 대답해 주는구나.

**12** 말하는 이는 무엇을 하고 있습니까? (        )

① 두더지를 간질이고 있다.
② 강에서 헤엄을 치고 있다.
③ 큰 삽으로 땅을 파고 있다.
④ 두더지와 함께 땅을 파고 있다.
⑤ 강가 모래밭에 발을 넣고 있다.

**13** 이 시에서 모래가 움직이는 모습을 표현한 흉내 내는
말을 찾아 쓰시오.

(                              )

**14** 이 시에서 말하는 지구의 대답은 무엇입니까? (        )

① 강물의 흐름
② 모래의 움직임
③ 두더지의 움직임
④ 시원하게 부는 바람
⑤ 강물이 흐르는 소리

**[15~18] 다음 글을 읽고 물음에 답하시오.**

㈎ "조금 전에 어떻게 저란 걸 아셨어요? 앞이 보이지 않으시면서요."

아저씨는 웃으며 말했어요.

"그래, 난 태어날 때부터 앞을 보지 못했지. 그 대신 어릴 적부터 다른 감각들이 아주 발달되어 있단다. 촉각, 후각, 미각, 청각 이런 것들 말이야. 아까 네가 현관문을 열 때 너희 집 냄새와 네 바지가 구겨지는 소리, 그 밖에 설명하기 애매한 것들로 너란 걸 알았어."

㈏ 나는 간식을 먹다가 결심했어요.

아저씨에게 색깔을 가르쳐 주기로요.

블링크 아저씨에게 알려 주기 위해 나는 색깔을 떠올리는 것을 찾아봤어요.

가장 초록색인 것은 맨발로 걸을 때 발가락 사이로 살살 삐져나오는 촉촉한 풀잎이에요.

가장 붉은색인 것은 할아버지 밭에서 나는 토마토 맛이에요.

㈐ 나는 아저씨를 풀밭에 데려가 걸었어요.

그러자 아저씨는 아코디언을 가져와 즉석에서 딱 초록색인 곡을 연주했어요.

이건 우리 사이의 놀이가 되었어요.

나는 아저씨에게 색깔을 알려 주려고 애를 썼고, 아저씨는 내게 색깔을 연주해 주려고 애를 썼어요.

**15** 아저씨는 집에 온 사람이 '나'라는 것을 어떻게 알았는지 두 가지를 고르시오. ( , )

① '나'의 집 냄새를 맡아서
② '나'의 기침소리를 들어서
③ '내'가 오는 것을 눈으로 보아서
④ '나'의 엄마가 전화로 알려 주어서
⑤ '나'의 바지 구겨지는 소리를 들어서

**16** '내'가 생각한 가장 초록색인 것은 무엇입니까? [6점]

• 맨발로 걸을 때 발가락 사이로 살살 삐져나오는 촉촉한 ( )

**17** 할아버지 밭에서 나는 토마토 맛은 무슨 색깔입니까?
중요! ( )

① 흰색
② 주황색
③ 붉은색
④ 검은색
⑤ 파란색

서술형·논술형 문제✎

**18** '나'와 아저씨는 어떤 놀이를 하였는지 쓰시오. [10점]

_____

_____

**[19~20] 다음 시를 읽고 물음에 답하시오.**

천둥소리

하늘에 사는 아이들도
체육 시간이 있나 보다

우르르 쿵쾅,
운동장으로
뛰쳐나가는 소리

**19** 천둥소리를 흉내 내는 말을 찾아 쓰시오. [6점]
( )

**20** 이 시에서 천둥소리가 무엇과 같다고 표현하였습니까? ( )

① 아이들이 다투는 소리
② 비행기가 지나가는 소리
③ 강아지들이 크게 짖는 소리
④ 아이들이 수업이 끝나고 교문 밖으로 나가는 소리
⑤ 하늘에 사는 아이들이 운동장으로 뛰쳐나가는 소리

**[01~02] 다음을 보고 물음에 답하시오.**

**01** 다음은 **가**, **나** 중 무엇에 어울리는 표현인지 기호를 쓰시오.

> 푹신푹신, 보들보들

(          )

**02** 다음은 **가**, **나**를 표현한 말입니다. 빈 곳에 알맞은 말을 보기에서 찾아 쓰시오.

> **보기**
>
> 눈, 공, 기차, 번개, 고슴도치

(1) **가**: (      )처럼 새하얀 곰 인형
(2) **나**: (      )처럼 둥근 사과

**03** 오른쪽 그림에 어울리는 감각적 표현을 한 가지 쓰시오.

(          )

 서술형·논술형 문제✏️

**04** 오른쪽 대상의 느낌을 감각적 표현을 사용하여 쓰시오. [10점]

_____

_____

**[05~07] 다음 시를 읽고 물음에 답하시오.**

> **감기**
>
> 내 몸에
> 불덩이가 들어왔다.
> ─뜨끈뜨끈.
> 불덩이를 따라
> 몹시 추운 사람도 들어왔다.
> ─오들오들.
>
> 약을 먹고 나니
> 느릿느릿,
> 거북이도 들어오고
> 까무룩,
> 잠꾸러기도 들어왔다.
>
> 내 몸에
> 너무 많은 것들이 들어왔다.
> 그래서
> 내 몸이 아주 무거워졌다.

**05** 이 시에서 '나'의 몸에 들어왔다고 한 것이 <u>아닌</u> 것은 무엇입니까? (     )

① 불덩이          ② 거북이
③ 달팽이          ④ 잠꾸러기
⑤ 몹시 추운 사람

**06** 감기약을 먹고 나서 어떻게 되었다고 하였는지 두 가지를 고르시오. (    ,    )

① 추워졌다.
② 몹시 졸렸다.
③ 몸이 무거워졌다.
④ 감기가 말끔하게 나았다.
⑤ 목소리가 나오지 않았다.

**07** 이 시를 낭송할 때 어울리는 목소리를 쓰시오. [6점]

(          )

**[08~10] 다음 시를 읽고 물음에 답하시오.**

> 강가 고운 모래밭에서
> 발가락 옴지락거려
> 두더지처럼 파고들었다.
>
> 지구가 간지러운지
> ㉠굼질굼질 움직였다.
>
> 아, ㉡내 작은 신호에도
> 지구는 대답해 주는구나.
>
> 그 큰 몸짓에
> 이 조그마한 발짓
> 그래도 지구는 대답해 주는구나.

**08** 말하는 이가 있는 장소는 어디입니까? (　　　)

① 놀이동산
② 강가 모래밭
③ 단풍이 물든 산속
④ 아파트에 있는 놀이터
⑤ 사람들이 많이 있는 해수욕장

**09** ㉠은 어떤 모습을 표현한 것입니까? (　　　)

① 재빨리 움직이는 모습
② 전혀 움직이지 않는 모습
③ 느리게 조금씩 움직이는 모습
④ 하늘에 둥실둥실 떠다니는 모습
⑤ 높은 곳에서 아래로 떨어지는 모습

**10** ㉡은 무엇입니까? [6점]

• 발가락으로 (　　　　　　　)을/를 파고든 것

**[11~13] 다음 글을 읽고 물음에 답하시오.**

> ㉮ "그러면 아저씨는 뭐가 보여요? 검은색이요? 아니면 흰색이요?"
> "아무것도 없는 게 보여."
> "그게 무슨 말이에요?"
> "에밀, 넌 네 무릎으로 뭐가 보이니?"
> "아무것도 안 보여요."
> "나도 마찬가지야. ㉠내 눈은 네 무릎처럼 본단다."
> ㉯ 나는 간식을 먹다가 결심했어요.
> 아저씨에게 색깔을 가르쳐 주기로요.
> 블링크 아저씨에게 알려 주기 위해 나는 색깔을 떠올리는 것을 찾아봤어요.
> 가장 초록색인 것은 맨발로 걸을 때 발가락 사이로 살살 삐져 나오는 촉촉한 풀잎이에요.
> 가장 붉은색인 것은 할아버지 밭에서 나는 토마토 맛이에요.
> 가장 푸른색인 것은 옆집 수영장에서 헤엄치는 것이에요.

**11** ㉠의 뜻은 무엇입니까? (　　　)

① 아주 잘 보인다.
② 아무것도 보이지 않는다.
③ 가까이 있는 것만 보인다.
④ 색깔을 잘 구분하지 못한다.
⑤ 움직이지 않는 것만 보인다.

**12** '나'는 블링크 아저씨에게 무엇을 가르쳐 주기로 결심하였습니까?

(　　　　　　　　　　　　)

**13** '내'가 생각한 가장 푸른색인 것은 무엇입니까? [6점]

중요! (　　　　　　　　　　　　)

**[14~18]** 다음 글을 읽고 물음에 답하시오.

⑦ 난 할아버지네 토마토를 블링크 아저씨 집에 가져갔어요.

아저씨는 맛있게 먹었어요.

"이건 붉은색이에요."

내가 말했어요. 그러자 아저씨는 피아노 한 곡을 쳤어요.

"나한테는 이게 붉은색이란다!"

진짜였어요. 왜 그런지 설명하기는 어렵지만 딱 붉은색인 곡이었어요.

나는 아저씨를 풀밭에 데려가 걸었어요.

그러자 아저씨는 아코디언을 가져와 즉석에서 딱 초록색인 곡을 연주했어요.

⑨ 엄마는 내 피아노 실력이 늘었다고 좋아했어요.

그럴 수밖에요. 난 블링크 아저씨가 돌아오면 세상 모든 색을 들려주려고 많이 연습했으니까요.

어느 날, 학교에서 돌아온 나는 눈이 휘둥그레졌어요.

진짜 투명 인간을 봤거든요.

투명 인간은 거실에 앉아 엄마와 얘기하고 있었어요.

얼굴을 붕대로 칭칭 감은 것이 책과 똑같았어요.

"에밀, 네 피아노 실력이 늘었다며?"

블링크 아저씨의 목소리였어요. 나는 말문이 막혔어요.

"블링크 아저씨는 외국에서 다른 사람에게서 안구를 기증받아 수술을 받고 돌아오셨어."

엄마가 말했어요.

**14** '나'는 블링크 아저씨에게 붉은색을 설명하기 위해 무엇을 가지고 갔습니까? (        )

① 딸기　　　② 사과　　　③ 토마토
④ 빨간색 옷　　⑤ 빨간색 색연필

**15** '나'는 블링크 아저씨에게 초록색을 설명하기 위해 어디로 갔습니까?

(                    )

**16** 블링크 아저씨는 색깔을 어떻게 표현하였습니까?

(        )

① 시로 썼다.
② 그림으로 그렸다.
③ 악기로 연주하였다.
④ 몸짓으로 나타냈다.
⑤ 표정으로 나타냈다.

서술형·논술형 **문제**✍

**17** 다음 일의 결과가 되는 일을 쓰시오. [10점]

'나'는 블링크 아저씨에게 세상 모든 색을 들려주고 싶었다.

_____

_____

**18** 투명 인간은 누구였는지 쓰시오.

(                    )

**19** 밤송이에 대한 느낌을 다른 대상에 빗대어 표현하려고
**중요!** 합니다. (        )에 알맞은 대상을 쓰시오. [6점]

(                    )처럼
따가운 밤송이

**20** 시를 쓰는 방법을 두 가지 고르시오. (        ,        )

① 긴 글로 표현한다.
② 감각적 표현을 쓴다.
③ 어려운 낱말을 사용한다.
④ 내용과 관련 없는 제목을 붙인다.
⑤ 소리나 모양을 흉내 내는 말을 사용한다.

[1~2] 다음 시를 읽고 물음에 답하시오.

**지구도 대답해 주는구나**

강가 고운 모래밭에서
발가락 옴지락거려
두더지처럼 파고들었다.

지구가 간지러운지
굼질굼질 움직였다.

아, 내 작은 신호에도
지구는 대답해 주는구나.

그 큰 몸짓에
이 조그마한 발짓
그래도 지구는 대답해 주는구나.

**1** 이 시에 쓰인 감각적 표현을 생각하며 다음 물음에 답하시오. [각 6점]

| | |
|---|---|
| (1) 말하는 이가 말한 작은 신호는 무엇입니까? | |
| (2) 지구가 대답해 준다고 표현한 까닭은 무엇입니까? | |

**2** 이 시처럼 지구가 살아 있다고 생각한 경험을 쓰시오. [10점]

> 보기
> 등산을 갔을 때 산새 소리를 들으니 지구가 나를 반겨 주는 것 같았다.

_____

_____

[3~4] 다음 글을 읽고 물음에 답하시오.

㈎ 나는 잠시 망설이다 말했어요.
 "그러면 아저씨는 뭐가 보여요? 검은색이요? 아니면 흰색이요?"
 "아무것도 없는 게 보여."
㈏ 나는 간식을 먹다가 결심했어요.
 아저씨에게 색깔을 가르쳐 주기로요.
 블링크 아저씨에게 알려 주기 위해 나는 색깔을 떠올리는 것을 찾아봤어요.
 가장 초록색인 것은 맨발로 걸을 때 발가락 사이로 살살 삐져나오는 촉촉한 풀잎이에요.
 가장 붉은색인 것은 할아버지 밭에서 나는 토마토 맛이에요.
 가장 푸른색인 것은 옆집 수영장에서 헤엄치는 것이에요.
 가장 흰 것은 여름에 푹 자고 열 시쯤에 일어났을 때예요.

**3** '내'가 블링크 아저씨에게 색깔을 알려 드리기 위해 어떻게 색깔을 떠올렸는지 각각 쓰시오. [각 3점]

| | |
|---|---|
| (1) 초록색 | |
| (2) 붉은색 | |
| (3) 푸른색 | |
| (4) 흰색 | |

**4** 만일 자신이 '나'라면 블링크 아저씨에게 다음 색깔을 어떻게 가르쳐 주고 싶은지 쓰시오. [각 6점]

| | |
|---|---|
| (1) 갈색 | |
| (2) 주황색 | |

[1~2] 다음 시를 읽고 물음에 답하시오.

### 감기

내 몸에
불덩이가 들어왔다.
―뜨끈뜨끈.
불덩이를 따라
몹시 추운 사람도 들어왔다.
―오들오들.

약을 먹고 나니
느릿느릿,
거북이도 들어오고
까무룩,
잠꾸러기도 들어왔다.

내 몸에
너무 많은 것들이 들어왔다.
그래서
내 몸이 아주 무거워졌다.

**1** 보기 와 같이 이 시에 쓰인 감각적 표현을 한 가지 쓰시오. [8점]

> 보기
> 감기에 걸려 열이 나는 상태를 몸에 불덩이가 들어왔다고 표현하였다.

_____

_____

**2** 이 시에서 파란색으로 쓰인 낱말을 빼고 읽을 때와 넣고 읽을 때, 느낌이 어떻게 다른지 쓰시오. [8점]

_____

_____

[3~4] 다음 시를 읽고 물음에 답하시오.

### 천둥소리

하늘에 사는 아이들도
체육 시간이 있나 보다

우르르 쿵쾅,
운동장으로
뛰쳐나가는 소리

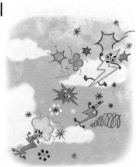

**3** 이 시에서 천둥소리를 무엇에 빗대어 표현하였는지 쓰시오. [8점]

_____

_____

**4** 3번 문제에서 답한 것 이외에 천둥소리를 무엇에 빗대어 표현할 수 있는지 쓰시오. [10점]

_____

_____

**5** 보기 와 같이 대상을 떠올리고 그 느낌을 소리나 모양을 흉내 내는 말을 사용하여 쓰시오. [12점]

> 보기
>
> | 떠올린 대상 | 밤송이 |
> |---|---|
> | 흉내 내는 말을 사용하여 표현하기 | 뾰족뾰족 따가운 밤송이 |

| (1) 떠올린 대상 | |
|---|---|
| (2) 흉내 내는 말을 사용하여 표현하기 | |

# 5. 바르게 대화해요

◉ **대화할 때 고려해야 할 점 떠올리기**

① 상대가 누구인지 생각합니다.

② 대화하는 목적이 무엇인지 생각합니다.

③ 어떤 대화 상황인지 생각합니다.

④ 상대가 웃어른일 때에는 높임 표현을 사용합니다.

⑤ 상대의 기분을 생각합니다.

아픈 친구를 도와주는 것을 보니 진영이는 마음이 참 따뜻하구나!

→ 높임 표현을 사용함.

고맙습니다.

◐ 웃어른과의 대화

◉ **대상에 따라 알맞은 높임 표현을 사용해 말하기**

① 상황에 어울리는 말을 해야 합니다.

② 대상에 따라 알맞은 높임 표현을 사용해야 합니다.

③ 상대를 바라보고 상대의 말을 존중하며 대화해야 합니다.

→ 사과주스는 사물이므로 높임 표현을 사용하지 않음.

사과주스 나오셨습니다.

사과주스 한 잔 주세요.

할아버지께서 사과주스를 먹고 있어요.

할아버지 지금 뭐 하시니?

→ 어머니와 할아버지께 높임 표현을 사용해야 함.

◉ **전화할 때의 바른 대화 예절 알기**

① 전화로 대화할 때에는 자신이 누구인지 밝히고 상대가 누구인지 확인합니다.

② 상대의 상황을 헤아려 봅니다.

③ 상대의 얼굴을 보지 않고 이야기하므로 더 공손하게 말합니다.

④ 공공장소에서는 작은 목소리로 말합니다.

> **전화 대화의 특징**
> • 전화를 거는 사람과 받는 사람이 있습니다.
> • "여보세요?"처럼 자주 사용하는 말이 있습니다.
> • 듣고 있음을 나타내는 말을 해야 합니다.
> • 상대가 상황을 볼 수 없기 때문에 정확하고 구체적으로 표현해야 합니다.
> • 직접 만나지 않아도 멀리 있는 사람과 소식을 전할 수 있습니다.
> • 자신이 누구인지 밝혀야 합니다.

여보세요, 민지 있나요?

제가 민지인데 누구신가요?

지원

민지

전화를 건 지원이가 자신이 누구인지 밝히지 않아 민지가 전화를 건 사람이 누구인지 모르는 상황이에요.

지원이는 "여보세요, 저는 민지 친구 지원이예요. 민지 있나요?"라고 말해야 해요.

◉ **상황에 어울리는 표정과 말투로 대화하기**

① 상황에 어울리는 표정, 몸짓, 말투로 대화합니다.

② 대상에 따라 알맞은 높임 표현을 사용해 대화합니다.

③ 언어 예절을 지키며 대화합니다.

**쪽지시험**

❶ 친구와 대화할 때에는 높임 표현을 사용합니다. ( ○ / × )

❷ 공공장소에서 전화 통화를 할 때에는 ( 큰 / 작은 ) 목소리로 말합니다.

❸ 전화로 대화할 때에는 자신이 누구인지 밝히고 상대가 누구인지 확인합니다. ( ○ / × )

\* 배점이 표시되어 있지 않은 문제는 문제당 4점입니다.

**[01~04] 다음 대화를 읽고 물음에 답하시오.**

> ㈎ 엄마: 진수야, 몸은 좀 괜찮니?
> 진수: 엄마, 어제보다 많이 좋아졌어. 내일은 학교에 갈 거야.
> ㈏ 수정: 여보세요?
> 진수: 수정이니? 나, 진수야. 수정아, 내일 준비물이 뭐야?
> 수정: 풀이랑 가위야.
> 진수: 그리고…….
> 수정: (전화를 뚝 끊는다.)

**01** 대화 ㈎에서 진수는 누구와 대화를 나누고 있는지 쓰시오.

( )

**02** 대화 ㈎에서 진수가 잘못한 점은 무엇입니까? ( )

① 높임 표현을 사용하지 않은 점
② 상황에 맞는 말을 하지 않은 점
③ 질문에 알맞은 대답을 하지 않은 점
④ 자신이 생각을 분명히 전하지 않은 점
⑤ 상대의 말을 듣지 않고 자기 할 말만 한 점

**03** 대화 ㈏에서 언어 예절을 지키지 않은 사람의 이름을 쓰시오.

( )

**서술형·논술형 문제**

**04** 03번 문제에서 답한 사람이 잘못한 점을 쓰시오. [10점]

_____

_____

**[05~07] 다음 대화를 보고 물음에 답하시오.**

> 진영아, 네가 그린 그림 정말 멋지다!
>
> ㉠
>
> 가   진영

> 아픈 친구를 도와주는 것을 보니 진영이는 마음이 참 따뜻하구나!
>
> ㉡
>
> 나

**05** 대화 **가**, **나**에서 진영이는 둘 다 어떤 마음이 들었겠습니까? ( )

① 슬픈 마음
② 고마운 마음
③ 미안한 마음
④ 불쾌한 마음
⑤ 원망스러운 마음

**06** ㉠, ㉡에 알맞은 말을 각각 쓰시오. [각 4점]

| (1) ㉠ | |
|---|---|
| (2) ㉡ | |

**07** 06번 문제에서 답한 것처럼 같은 뜻이지만 형태가 다르게 말하는 까닭을 알맞게 말한 친구의 이름을 쓰시오.

> 지우: 대화를 나누는 장소가 다르기 때문이야.
> 현철: 듣는 사람이 친구인 경우와 선생님인 경우로 다르기 때문이야.

( )

**[08~09] 다음 대화를 보고 물음에 답하시오.**

공부도 열심히 하고 친구들과 즐겁게 지내요.

승민아, 학교생활 어떠니?

승민

**08** 승민이의 대화 태도로 알맞은 것은 무엇입니까?
( )

① 화난 표정으로 대화하고 있다.
② 상대의 눈을 바라보지 않고 있다.
③ 상대의 기분을 생각하지 않고 있다.
④ 공손하지 않은 태도로 대화하고 있다.
⑤ 상대의 말을 잘 들으며 대화하고 있다.

**09** 이 대화와 같이 승민이가 높임 표현을 사용하여야 하는 대상에 ○표 하시오.

친구 / 동생 / 문구점 주인아저씨

**10** 다음 대화에서 ㉠을 높임 표현을 사용하는 방법에 맞
중요! 게 고쳐 쓰시오. [6점]

사과주스 ㉠나오셨습니다.

사과주스 한 잔 주세요.

• 나오셨습니다 → ( )

**[11~13] 다음 대화를 읽고 물음에 답하시오.**

(가) (전화벨이 울린다.)
  민지: 여보세요?
  지원: 여보세요, 민지 있나요?
  민지: ㉠제가 민지인데, 누구신가요?
  지원: 나, 지원이야.
(나) 지원: 나, 아까 학교 앞 문구점에서 미술 준비물
    을 샀는데 망가져 있어.
  민지: 뭐가? 물감
  에 구멍이 났니?
  아니면 물통?
  지원: 아니, 물통
  에 물이 샌다고.

지원    민지

**11** 민지가 ㉠과 같이 말한 까닭은 무엇입니까? ( )
  ① 주위가 너무 시끄러워서
  ② 지원이가 작은 목소리로 말하여서
  ③ 지원이가 자신이 누구인지 밝히지 않아서
  ④ 지원이가 한꺼번에 너무 많은 말을 하여서
  ⑤ 지원이가 듣고 있음을 나타내는 말을 하지 않
    아서

**12** 대화 (나)에서 지원이가 말한 망가진 미술 준비물은 무
  엇인지 쓰시오.

  ( )

**13** 민지가 망가진 미술 준비물이 무엇인지 한 번에 알지
  못하였던 까닭은 무엇입니까? ( )
  ① 전화가 도중에 끊어져서
  ② 지원이가 너무 빠르게 말하여서
  ③ 지원이가 구체적으로 설명하지 않아서
  ④ 민지가 숙제를 하면서 전화 통화를 하여서
  ⑤ 민지가 텔레비전을 보면서 전화 통화를 하여서

**[14~16] 다음 대화를 읽고 물음에 답하시오.**

> (전화벨이 울린다.)
> 예원이 언니: 여보세요?
> 수진: 예원아! 우리 내일 어디에서 만나서 놀기로 했지?
> 예원이 언니: (생각) 나는 예원이 언니인데……. 누구지?

**14** 수진이는 누구에게 할 말이 있습니까?

( )

**15** 수진이는 누구에게 말을 하고 있습니까?

( )

**16** 수진이가 잘못한 점 두 가지는 무엇입니까?
중요! ( , )

① 늦은 밤에 전화를 걸었다.
② 전화번호를 확인하지 않았다.
③ 자신이 누구인지 밝히지 않았다.
④ 상대가 누구인지 확인하지 않았다.
⑤ 전화를 끊겠다는 말을 하지 않고 끊었다.

**서술형·논술형 문제**

**17** 다음에서 남자아이가 전화 대화를 하며 잘못한 점을 쓰시오. [10점]

> (지하철 소리)
> 남자아이: (큰 목소리로) 하하! 그래. 너 이번 주에 뭐 하니? 우리 이번 주에 축구할래?

_____

_____

**[18~20] 다음 대화를 읽고 물음에 답하시오.**

> ㈎ 선생님: 이번 주 금요일까지 우리 주위 사람들이 좋아하는 음식을 조사해 오세요.
> ㈏ 미나: 할아버지, 가장 좋아하시는 음식이 ㉠
> 할아버지: 음식? 어떤 음식?
> 미나: 불고기, 김밥 같은 음식요.
> 할아버지: 응, 할아버지는 된장찌개가 최고야.
> ㈐ 남동생: 누나, 뭐 해? 나랑 놀자.
> 미나: 참, 민철아! 너, 가장 좋아하는 음식이 ㉡
> 남동생: 에이, 누난 그것도 몰라?
> 미나: 하하, 맞아. 우리 민철이는 통닭을 가장 좋아하지!

**18** 선생님께서 금요일까지 조사해 오라고 한 것은 무엇입니까? ( )

① 김밥을 만드는 방법
② 주위에서 가장 맛있는 음식점
③ 주위에 있는 사람들이 좋아하는 책
④ 주위에 있는 사람들이 좋아하는 색깔
⑤ 주위에 있는 사람들이 좋아하는 음식

**19** 미나는 대화 ㈏, ㈐에서 누구와 대화하였는지 각각 쓰시오.

| | |
|---|---|
| (1) ㈏ | |
| (2) ㈐ | |

**20** ㉠, ㉡에 알맞은 말을 선으로 이으시오. [6점]

(1) ㉠ •      • ① 뭐야?

(2) ㉡ •      • ② 뭐예요?

* 배점이 표시되어 있지 않은 문제는 문제당 4점입니다.

**01** 오른쪽 그림에서 남자아이가 잘못한 점은 무엇입니까? (　　)

가위 좀 빌려줄래?

안 돼. 내가 쓸 거야.

① 반말로 말하였다.
② 너무 큰 목소리로 말하였다.
③ 상대의 기분을 생각하지 않았다.
④ 사물에 높임 표현을 사용하였다.
⑤ 질문에 알맞은 대답을 하지 않았다.

**02** 다른 사람과 대화할 때 고려해야 할 점을 알맞게 말한 친구의 이름을 쓰시오.

현호: 상대의 말은 듣지 않고 자신이 하고 싶은 말만 하면 돼.
민영: 대화하는 목적과 대화 상황을 생각해서 대화를 나누어야 해.

(　　　　　　　　　　)

**[03~04] 다음 대화를 보고 물음에 답하시오.**

할아버지 지금 뭐 하시니?

할아버지께서 사과 주스를 　㉠　.

**03** 남자아이가 높임 표현을 사용하여야 하는 대상 두 가지에 ○표 하시오. [6점]

엄마 / 할아버지 / 사과주스

**04** 　㉠　에 알맞은 말은 무엇입니까? (　　)

중요!
① 먹고 있어
② 먹고 계신다
③ 드시고 계세요
④ 드시고 있단다
⑤ 먹고 있습니다

**[05~07] 다음 대화를 읽고 물음에 답하시오.**

㉮ (전화벨이 울린다.)
민지: 여보세요?
지원: 여보세요, 민지 있나요?
민지: 제가 민지인데, 누구신가요?
지원: 나, 지원이야.
㉯ (전화벨이 울린다.)
예원이 언니: 여보세요?
수진: 예원아! 우리 내일 어디에서 만나서 놀기로 했지?
예원이 언니: (생각) 나는 예원이 언니인데……. 누구지?

**05** 대화 ㉮, ㉯에서 전화를 건 사람의 이름을 각각 쓰시오. [각 3점]

(1) ㉮: (　　　　　　　　　　)
(2) ㉯: (　　　　　　　　　　)

**06** 05번 문제에서 답한 두 사람이 공통으로 잘못한 점은 무엇입니까? (　　)

① 큰 목소리로 말했다.
② 통화를 너무 길게 하였다.
③ 높임 표현 사용하지 않았다.
④ 자신이 누구인지 밝히지 않았다.
⑤ 상대가 누구인지 확인하지 않았다.

서술형·논술형 문제✏

**07** 대화 ㉯의 수진이의 말을 전화할 때의 바른 대화 예절에 맞게 고쳐 쓰시오. [10점]

_____

_____

**08** 전화 대화의 특징으로 알맞지 <u>않은</u> 것은 무엇입니까?
( )

① 전화를 거는 사람과 받는 사람이 있다.

② 듣고 있음을 나타내는 말을 하지 않는다.

③ "여보세요?"처럼 자주 사용하는 말이 있다.

④ 전화를 건 사람은 자신이 누구인지 밝힌다.

⑤ 직접 만나지 않아도 멀리 있는 사람과 소식을 전할 수 있다.

**[09~10] 다음 대화를 읽고 물음에 답하시오.**

> 지수: 정아야, 어제 우리 반 회의에서 책 당번을 정하기로 했잖아. 내 생각에는 책 당번을 일주일에 한 번씩 바꾸는 건 잘못된 것 같아. 각자 맡고 있는 역할도 있는데 일주일 동안 책을 관리하는 건 너무 힘들어.
>
> 정아: 응. 그런데……
>
> 지수: 내 생각에는 하루에 한 번씩 책 당번을 바꾸는 게 맞아. 회의 시간에 강력하게 말했어야 하는데, 내가 괜히 의견을 말 안 했나 봐. 내일 선생님께 다시 한번 말씀드려 볼까?
>
> 정아: (생각) 내 생각에는 하루에 한 번씩 바꾸면 친구들도 헷갈리고, 책 관리가 안 될 수도 있다고 말하고 싶었는데. 지수는 계속 자기 말만 하네.

**09** 이 전화 대화에 대한 설명으로 알맞지 <u>않은</u> 것은 무엇입니까? ( )

① 정아는 지수의 생각에 동의하고 있다.

② 지수는 자신의 생각을 분명히 전하고 있다.

③ 책 당번을 정하는 문제에 대하여 대화하고 있다.

④ 정아는 지수에게 자신의 생각을 말하지 못하고 있다.

⑤ 지수는 하루에 한 번씩 책 당번을 바꾸어야 한다고 생각하고 있다.

**10** 이 전화 대화에서 상대의 상황은 헤아리지 않고 계속 자신이 할 말만 한 사람의 이름을 쓰시오. [6점]
( )

**[11~13] 다음 대화를 읽고 물음에 답하시오.**

> (전화벨이 울린다.)
>
> 유진: 여보세요?
>
> 할머니: 유진이냐? 할머니다.
>
> 유진: 네, 할머니! 안녕하세요?
>
> 할머니: 그래. 여기는 괜찮은데, 요즘 한국은 많이 덥지?
>
> 유진: 네, 많이 더워요.
>
> 할머니: 네 엄마는?
>
> 유진: 시장에 장 보러 가셨어요.
>
> 할머니: 엄마 오시면 할머니가 이번 토요일에 한국에 간다고 전해 다오.
>
> 유진: 네. (전화를 끊는다. 전화 끊는 소리 "찰칵 뚜뚜뚜……")
>
> 할머니: ㉠<u>세 시까지 공항에 데리러 오라고 말해야 하는데</u>……

**11** 전화를 건 사람과 받은 사람을 각각 쓰시오.

(1) 전화를 건 사람: ( )

(2) 전화를 받은 사람: ( )

**12** ㉠에서 할머니의 마음은 어떠하겠습니까? ( )

① 기쁘다. ② 흐뭇하다.

③ 겁이 난다. ④ 당황스럽다.

⑤ 안심이 된다.

서술형·논술형 문제

**13** 할머니께서 12번 문제에서 답한 마음이 든 까닭은 무엇인지 쓰시오. [10점]

_____

_____

[14~20] 다음 장면을 보고 물음에 답하시오.

엄마는 비가 와서 어두운 날에는 검은색 옷보다 밝은색 옷을 입으라고 하셨습니다.

강이는 엄마의 말씀을 듣고 노란색 옷을 입고 노란색 우산을 챙겼습니다.

엄마는 우산으로 얼굴을 가리지 말고 땅을 보고 걷지 않기를 당부하셨습니다.

훈이가 강이의 노란색 옷을 보고 유치원생 같다고 놀렸습니다.

강이는 훈이가 차가 오는지 보지 않고 횡단보도로 뛰어가는 것을 보았습니다.

아저씨는 훈이가 검은색 옷을 입고 있어서 잘 보이지 않았다고 하였습니다.

**14** 강이의 엄마는 강이에게 어떤 색 옷을 입으라고 말씀하셨습니까?

• (            ) 옷을 입으라고 하셨다.

**15** 장면 **가**, **나**에 나타난 강이의 표정을 바탕으로 강이의 생각을 골라 기호를 쓰시오.

> ㉠ 노란색 옷을 입기 싫다.
> ㉡ 노란색 옷을 입어서 기분이 좋다.

(            )

**16** **라**에서 강이의 마음은 어떠하겠습니까? (     )

① 기쁘다.       ② 신난다.
③ 유쾌하다.     ④ 속상하다.
⑤ 만족스럽다.

**17** 강이가 **라**에서 16번 문제에서 답한 마음이 든 까닭은 무엇입니까? (     )

① 훈이와 재미있게 놀아서
② 우산이 망가져 비를 맞아서
③ 훈이가 유치원생 같다고 놀려서
④ 훈이가 약속 시간을 지키지 않아서
⑤ 훈이가 노란색 옷이 멋지다고 칭찬해 주어서

**18** 훈이에게 일어난 일은 무엇입니까? (     )

① 우산을 잃어버렸다.
② 교통사고가 날 뻔하였다.
③ 강이가 교통사고를 당할 뻔한 것을 보았다.
④ 유치원생 같다며 강이에게 놀림을 당하였다.
⑤ 유치원생이 교통사고를 당할 뻔한 것을 보았다.

**19** **마**에서 강이의 말투로 알맞은 것은 무엇입니까?
중요!                  (     )

① 기쁜 말투       ② 졸린 말투
③ 지루한 말투     ④ 다급한 말투
⑤ 만족스러운 말투

**20** 강이와 훈이는 무엇을 깨달았겠습니까? [6점]

• 비 오는 날에는 (            )을 입어야 한다는 것

**1** 다음 상황에서 진수의 말을 언어 예절에 맞게 바꾸어 쓰시오. [각 6점]

(1)

엄마: 진수야, 몸은 좀 괜찮니?
진수: 엄마, 어제보다 많이 좋아졌어. 내일은 학교에 갈 거야.

_____

_____

(2)

여자아이: 진수야, 내가 가위를 깜빡하고 안 가져왔어. 가위 좀 빌려줄래?
진수: 안 돼. 내가 쓸 거야. 나도 가위가 계속 필요하거든.

_____

_____

**2** 다음 대화 상황에서 아저씨가 '나오셨습니다'가 아니라 '나왔습니다'라고 말한 까닭을 쓰시오. [8점]

사과주스 한 잔 주세요.

사과주스 나왔습니다.

_____

_____

**3** 민지가 지원이의 말을 잘 알아들을 수 있도록 지원이의 말을 바꾸어 쓰시오. [10점]

학교 앞 문구점에서 미술 준비물을 샀는데 망가져 있어.

지원          민지

_____

_____

**4** 인물의 마음에 어울리는 몸짓, 말투를 쓰시오. [각 5점]

안돼!

| 상황 | 친구가 차가 오는지 보지 않고 횡단보도로 뛰어가는 것을 보고 놀라는 상황 |
|---|---|
| 마음 | 놀라면서 당황함. |
| 표정 | 놀라면서 당황하는 표정 |
| 몸짓 | (1) |
| 말투 | (2) |

**1** 승민이는 지난 주말에 서점에 책을 사러 갔습니다. ㉠, ㉡에 들어갈 대답하는 말을 각각 쓰시오. [각 5점]

| (1) ㉠ | |
|---|---|
| (2) ㉡ | |

**2** 다음 상황에서 전화할 때의 대화 예절을 지키지 못한 사람과 그 사람이 잘못한 점을 쓰시오. [12점]

| (1) 전화할 때의 대화 예절을 지키지 못한 사람 | |
|---|---|
| (2) 잘못한 점 | |

**[3~4] 다음 대화를 읽고 물음에 답하시오.**

> (가) 선생님: 이번 주 금요일까지 우리 주위 사람들이 좋아하는 음식을 조사해 오세요.
> 미나: 선생님, 주변 사람이면 누구를 말하는 건가요?
> 선생님: 가족, 친척, 이웃처럼 가까운 사람을 말한단다.
> (나) 미나: 할아버지, 가장 좋아하시는 음식이 뭐예요?
> 할아버지: 음식? 어떤 음식?
> 미나: 불고기, 김밥 같은 음식요.
> 할아버지: 응, 할아버지는 된장찌개가 최고야.
> (다) 남동생: 누나, 뭐 해? 나랑 놀자.
> 미나: 참, 민철아! 너, 가장 좋아하는 음식이 뭐야?
> 남동생: 에이, 누난 그것도 몰라?
> 미나: 하하, 맞아. 우리 민철이는 통닭을 가장 좋아하지!

**3** 미나가 할아버지와 남동생에게 좋아하는 음식을 어떻게 물어보았는지 찾아 쓰시오. [각 4점]

| (1) 할아버지 | |
|---|---|
| (2) 남동생 | |

**4** 미나가 아버지에게 좋아하는 음식을 어떻게 물어볼지 쓰시오. [8점]

_____

_____

# 6. 마음을 담아 글을 써요

국어

⚬ **다른 사람에게 자신의 마음 전하기**
┌→ 상대의 기분을 생각하며 진심으로 말하는 것이 중요합니다.

① 화가 났을 때에는 하고 싶은 말이 있어도 잠깐 멈춥니다.

② 말하기 전에 이 말을 하면 상대의 기분이 어떨지 생각합니다.

③ 말할 때에는 상대의 마음을 헤아리며 자신의 생각과 마음을 말합니다.

⚬ **마음을 전한 경험 떠올리기** 예

| 마음을 전한 상황 | 전한 마음 |
|---|---|
| 어려운 수학 문제가 잘 풀려서 짝에게 기분이 좋다고 말했다. | 즐거운 마음 |
| 아침에 봉사하시는 녹색 어머니회 회원분께 감사하다고 말씀드렸다. | 고마운 마음 |
| 학교에서 싸운 친구에게 사과를 했다. | 미안한 마음 |

⚬ **인물의 마음을 짐작하는 방법**

① 이야기 속 인물이 한 일이나 겪은 일을 살펴봅니다.

② 인물의 생각, 말이나 행동을 살펴봅니다.

「꼴찌라도 괜찮아!」

"난 운동회가 정말 싫어!"

기찬이는 교문 밖으로 후다닥 달려 나갔어요. 그때 이호가 소리쳤어요.

"저것 봐. 달리기도 엄청 느려!"

친구들이 손뼉을 치며 깔깔 웃었어요.

| 기찬이가 겪은 일 | 달리기를 못한다며 이호와 친구들이 놀림. |
|---|---|
| 기찬이의 마음 | 예 속상하고 외로움. |

⚬ **친구에게 사과하는 쪽지를 쓸 때 주의할 점**

① 상대의 마음을 헤아려 씁니다.

② 부드러운 말투로 씁니다.

③ 장난처럼 말하듯이 쓰지 않아야 합니다.

④ 정성껏 바른 글씨로 진심을 담아 써야 합니다.

자신의 마음을 솔직하게 써요.

부드러운 말투로 쓰는 것이 좋아요.

⚬ **다른 사람에게 마음을 전하는 글을 쓰는 방법**

① 누구와 어떤 일이 있었는지 씁니다.

② 어떤 마음을 전하고 싶은지 자신의 감정을 솔직하게 씁니다.

③ 앞으로 바라는 점이 무엇인지 씁니다.

• 「화해하기」에서 주은이가 되어 쪽지 쓰기 예

원호야, 안녕. 나 주은이야.

교실에서 활동할 때 네게 예의 없이 행동하고는 제대로 사과하지 못했어. 그리고 사과할 때 툭툭 치면서 말해서 많이 기분 나빴지? ─ 있었던 일

미안한 마음에 네게 미안하다는 말을 하려고 했는데, 쑥스러운 마음이 많이 들어서 그런 행동을 했나 봐. 미안해. ─ 전하고 싶은 마음

예의 있게 행동하고 용기를 내서 제대로 사과를 할게. 앞으로 친하게 지내자. ─ 앞으로 바라는 점

어른께 쓸 때에는 높임 표현에 맞게 써요.

## 쪽지시험

**①** 말할 때에는 상대의 ( 마음 / 나이 )을/를 헤아리며 자신의 생각과 마음을 말합니다.

**②** 인물이 한 일이나 겪은 일, 인물의 ☐☐, 말이나 행동을 살펴보면 인물의 마음을 짐작할 수 있습니다.

**③** 친구에게 사과하는 쪽지를 쓸 때에는 장난처럼 말하듯이 씁니다. ( ○ / × )

**④** 어른께 마음을 전하는 글을 쓸 때에는 ☐☐ 표현에 맞게 씁니다.

\* 배점이 표시되어 있지 않은 문제는 문제당 **4점**입니다.

**[01~03] 다음 그림을 보고 물음에 답하시오.**

**1**

**2**

**3** 가을 현장 체험학습

**4**

**01** 그림 **1**에는 어떤 상황이 나타나 있는지 ○표 하시오.

(1) 동생과 함께 설거지를 했다. ( )
(2) 이웃집 아주머니께서 주시는 음식을 받았다.
( )

**02** 그림 **2**의 말하는 아이는 어떤 마음을 전해야 합니까?
( )

① 기쁜 마음 ② 화난 마음 ③ 미안한 마음
④ 부러운 마음 ⑤ 홀가분한 마음

**03** 각 말에 어울리는 그림의 번호를 쓰시오. [각 2점]
(1) "와, 신난다!" ( )
(2) "빨리 나아야 해." ( )
(3) "맛있게 잘 먹겠습니다." ( )

**04** 미안한 마음을 전한 경험을 말한 사람은 누구인지 쓰시오.

세정: 동생에게 청소를 도와줘서 고맙다고 말했어.
다연: 전학을 가는 친구에게 보고 싶을 거라고 말했어.
우진: 학교에서 다툰 친구에게 미안하다고 사과한 적이 있어.

( )

**[05~06] 다음 그림을 보고 물음에 답하시오.**

**05** 그림 **1**에서 어떤 일이 일어났습니까? [5점]

• 달리기를 하다가 한 친구가 ☐☐☐☐☐.

**06** 그림 **2**의 빈칸에 들어갈 말로 알맞지 <u>않은</u> 것은 무엇입니까? ( )
중요!

① 괜찮니?
② 다친 데는 없니?
③ 넘어져서 아프겠다.
④ 나는 달릴 때 기분이 좋아.
⑤ 많이 아프면 내가 가방을 들어 줄게.

**07** 인물의 마음을 짐작하기 위해 살펴볼 내용이 <u>아닌</u> 것은 무엇입니까? (　　　)

① 인물의 말　　　　② 인물의 이름
③ 인물의 행동　　　④ 인물이 한 일
⑤ 인물이 겪은 일

**[08~10] 다음 글을 읽고 물음에 답하시오.**

"규리야, 얼른 일어나. 학교 가야지!"
엄마 목소리가 귀에 울려 퍼졌다.
"5분만요." / "지금 안 일어나면 지각이야."
엄마 손이 이불을 걷어 냈다.
㉠"아이참! 엄마, 알았다고요."
나는 눈을 비비며 부스스 자리에서 일어났다. 차가운 물로 세수를 하자, 졸음이 싹 달아났다. 아침밥을 먹는 둥 마는 둥 하고 서둘러 집을 나섰다.
마음이 바빠져서 거의 뛰다시피 걸었다. 덕분에 1교시 시작하기 직전에 교실에 들어갈 수 있었다.
"규리야, 왜 이렇게 늦었어? 걱정했잖아."
짝 민호가 핀잔 투로 말했다.
"그랬어? 늦잠 자는 바람에……."

**08** '내'가 한 일이나 겪은 일은 무엇입니까? (　　　)

① 반찬 투정을 했다.
② 민호와 함께 학교에 갔다.
③ 아침밥을 못 먹고 학교에 갔다.
④ 엄마께서 깨우셔서 억지로 일어났다.
⑤ 1교시가 시작한 다음 교실에 들어갔다.

서술형·논술형 문제✏️

**09** ㉠에서 짐작할 수 있는 '나'의 마음을 쓰시오. [10점]

_____

**10** 민호가 '나'를 걱정한 까닭을 쓰시오. [6점]

• '내'가 학교에 [　　　　　　　] 때문이다.

**[11~13] 다음 글을 읽고 물음에 답하시오.**

㉮ 1교시는 사회 시간이었다. 우리 지역의 자랑거리를 조사해서 발표하는 시간이었다.
우리 모둠 발표자는 나였다. 앞 모둠 발표가 거의 끝나 가자 나는 가슴이 콩닥콩닥 뛰기 시작했다.
'어쩌지? 실수하면 안 되는데……'
발표 내용이 갑자기 뒤죽박죽되는 느낌이었다.
우리 모둠 차례가 되었고 겨우겨우 발표를 끝내고 자리로 돌아왔다. 얼른 이 시간이 지나가면 좋겠다고 생각했다.
㉯ 집으로 가는 길에 놀이터를 지나게 되었다.
"멍멍!"
어디선가 강아지 소리가 들려왔다.
자세히 보니 옆집 수호네 엄마께서 강아지를 데리고 산책을 나오셨다. 너무너무 반가웠다. 수호네 강아지는 털이 하얗고 조그만 강아지여서 내가 아주 귀여워한다. 나는 수호 엄마께 반갑게 인사한 뒤에 수호네 강아지의 하얀 털을 조심조심 쓰다듬어 주었다.

**11** 1교시에 '나'의 가슴이 콩닥콩닥 뛴 까닭은 무엇입니까? (　　　)

① 시험을 봐서
② 자리를 바꾸기로 해서
③ 발표할 차례가 다가와서
④ 달리기 시합을 하기로 해서
⑤ 제비뽑기로 발표자를 뽑기로 해서

**12** '나'는 어디에서 수호네 엄마를 만났습니까? [5점]

(　　　　　　　　　　　　　　)

**13** 글 ㉮와 ㉯에서 '나'의 마음이 어떻게 변했는지 알맞게 늘어놓은 것은 무엇입니까? (　　　)
중요!

① 반가운 마음 → 화나는 마음
② 불안한 마음 → 반가운 마음
③ 신나는 마음 → 화나는 마음
④ 불안한 마음 → 부끄러운 마음
⑤ 화나는 마음 → 부끄러운 마음

**[14~17] 다음 글을 읽고 물음에 답하시오.**

㈎ 이호는 손을 뒤로 뻗어 기찬이를 재촉했어요.

"꾸르르륵……!"

그때 이호의 배 속에서 천둥처럼 큰 소리가 났어요. 이호는 갑자기 가로질러 뛰쳐나갔어요. 더 이상 참을 수가 없었던 거예요!

백군의 마지막 선수와 청군의 세 번째 선수 기찬이가 같은 자리를 뛰고 있었어요. 이호가 화장실에 가 버리는 바람에 기찬이의 다음에는 아무도 없었어요.

㈏ 그런데 기찬이가 한 바퀴를 더 도는 게 아니겠어요? 그때 이호가 휴지를 들고 헐레벌떡 뛰어왔어요. 친구들은 그제야 이마를 탁 쳤어요.

"뭐야, 이긴 게 아니야?"

"그것도 한 바퀴나 차이 나게 진 거야?"

이호는 머리를 긁적이며 멋쩍게 웃었어요.

"어디 갔다 왔어!"

기찬이는 이호에게 배턴을 넘겨주었어요.

**14** 이호가 갑자기 가로질러 뛰쳐나간 까닭은 무엇이겠습니까? (　　　)

① 엄마께서 오셔서　　② 화장실이 급해서
③ 기다리기 지루해서　　④ 선생님께서 부르셔서
⑤ 달리기에 자신이 없어서

**15** 이호가 뛰쳐나간 다음, 기찬이는 어떻게 행동했습니까? (　　　)

① 천천히 걸어갔다.
② 이호를 따라서 달려갔다.
③ 다른 친구가 대신 달리게 했다.
④ 자리에 멈춰 서서 이호를 기다렸다.
⑤ 이호가 올 때까지 달리기를 끝까지 했다.

**16** 경기 결과는 어떠했습니까?

• 기찬이네 편이 한 바퀴 차이 나게 ( 졌다 / 이겼다 ).

**17** 글 ㈏에 나타난 인물의 마음을 알맞게 짐작한 것에 ○표 하시오.

중요!

⑴ 친구들 – 이호가 잘 달려서 기쁘다. (　　　)
⑵ 기찬 – 달리기를 하다가 넘어져서 속상하다. (　　　)
⑶ 이호 – 기찬이와 친구들에게 미안하고 부끄럽다. (　　　)

**[18~20] 다음 장면을 보고 물음에 답하시오.**

주은이의 행동에 화가 난 원호

◀ 주은이가 딱지치기를 하다가 마음대로 되지 않자 "다시 해!", "집에 갈 거야." 와 같은 예의 없는 말과 행동을 함.

미안해, 미안하다고. 됐냐?

◀ 주은이의 표정이나 분위기, 말한 내용이나 행동이 사과하는 것처럼 느껴지지 않아서 원호는 사과를 받지 않음.

**18** 장면 **1**에서 일어난 일을 쓰시오. [6점]

• 주은이가 딱지치기를 하다가 　　　　 말과 행동을 했다.

**19** 장면 **1**에서 원호의 마음은 어땠습니까? (　　　)

① 미안하다.　　② 부끄럽다.
③ 질투 난다.　　④ 화가 난다.
⑤ 자랑스럽다.

〔서술형·논술형 **문제**〕

**20** 장면 **2**에서 원호가 사과를 받지 않고 가 버린 까닭은 무엇일지 쓰시오. [10점]

_____

_____

**[01~03] 다음 그림을 보고 물음에 답하시오.**

**01** 그림 **1**에는 어떤 상황이 나타나 있습니까? (　　　)

① 엄마와 함께 등산을 했다.
② 공원에서 술래잡기를 했다.
③ 약속 시간에 늦어서 뛰어갔다.
④ 운동회 때 이어달리기를 했다.
⑤ 친구와 함께 놀이 기구를 탔다.

**02** 그림 **2**에서는 말하는 아이는 어떤 마음을 전할 수 있는지 두 가지 고르시오. (　　, 　　)

① 고마운 마음
② 뿌듯한 마음
③ 화나는 마음
④ 걱정하는 마음
⑤ 위로하는 마음

**03** 각 그림에 어울리는 말을 찾아 기호를 쓰시오. [6점]

> ㉠ 고맙습니다.
> ㉡ 정말 미안해.
> ㉢ 빨리 나아야 해.
> ㉣ 나한테 왜 그러니?

(1) 그림 **1**: (　　　　　　　)
(2) 그림 **2**: (　　　　　　　)

**[04~06] 다음 글을 읽고 물음에 답하시오.**

> ㉠1교시는 사회 시간이었다. 우리 지역의 자랑거리를 조사해서 발표하는 시간이었다.
> 우리 모둠 발표자는 나였다. ㉡앞 모둠 발표가 거의 끝나 가자 나는 가슴이 콩닥콩닥 뛰기 시작했다.
> ㉢'어쩌지? 실수하면 안 되는데…….'
> 발표 내용이 갑자기 뒤죽박죽되는 느낌이었다.
> 우리 모둠 차례가 되었고 겨우겨우 발표를 끝내고 자리로 돌아왔다. 얼른 이 시간이 지나가면 좋겠다고 생각했다.

**04** '나'는 무엇에 대해 발표했는지 쓰시오.

· 우리 지역의 □□□□□

**05** ㉠~㉢ 중에서 '나'의 마음을 짐작할 수 있는 내용이 **아닌** 것의 기호를 쓰시오.
중요!
(　　　　　　　　　　)

**06** 이 글에 나타난 '나'의 마음은 어떠합니까? (　　　)

① 반갑다.　　　　② 행복하다.
③ 자신 있다.　　　④ 걱정스럽다.
⑤ 만족스럽다.

서술형·논술형 **문제** ✏

**07** 자신의 하루를 되돌아보고, 하루 동안 일어난 일과 그때의 마음을 쓰시오. [12점]

| (1) 언제 | (2) 일어난 일 | (3) 그때의 마음 |
|---|---|---|
|  |  |  |

**[08~11] 다음 글을 읽고 물음에 답하시오.**

⑦ 선생님께서는 민호가 리코더를 연주하는 것을 보시더니 내게 말씀하셨다.

"규리야, 네가 민호 좀 도와주렴."

나는 음악 시간 내내 민호의 리코더 선생님이 되었다.

"규리야, '솔' 음은 어떻게 소리 내니?"

"응, 내가 가르쳐 줄게."

민호는 가르쳐 주는 대로 잘 따라 했다.

"아, 이렇게 하는 거구나. 고마워, 규리야."

민호가 잘하자 나도 덩달아 기분이 좋아졌다.

⑭ 집으로 가는 길에 놀이터를 지나게 되었다.

"멍멍!" / 어디선가 강아지 소리가 들려왔다.

자세히 보니 옆집 수호네 엄마께서 강아지를 데리고 산책을 나오셨다. 너무너무 반가웠다.

**08** 글 ⑦는 언제 있었던 일인지 쓰시오.

( )

**09** '내'가 민호의 리코더 선생님이 된 까닭은 무엇입니까?

( )

① 잘난 체를 하고 싶어서
② 민호가 도와달라고 부탁해서
③ 민호와 친하게 지내고 싶어서
④ 민호와 함께 시험을 봐야 해서
⑤ 선생님께서 민호를 도와주라고 하셔서

**10** 글 ⑦에 나타난 인물의 마음을 선으로 이으시오. [6점]

(1) '나' ・ ・① 고맙다.

(2) 민호 ・ ・② 자랑스럽다.

**11** 글 ⑭에서 '내'가 반가운 마음이 든 까닭에 ○표 하시오.

(1) 수호네 집에 놀러 가서 ( )

(2) 강아지와 함께 산책을 해서 ( )

(3) 놀이터에서 친구네 강아지를 만나서 ( )

**[12~14] 다음 글을 읽고 물음에 답하시오.**

⑦ 기찬이네 반 친구들은 걱정이 앞섰어요. 청군은 이미 반 바퀴나 뒤처지고 있었어요.

"진 거나 마찬가지야! 다음엔 거북이 나기찬인걸!"

아무도 기찬이를 응원하지 않고 딴전을 부렸어요. 기찬이는 이를 악물고 뛰었어요.

⑭ 백군의 마지막 선수와 청군의 세 번째 선수 기찬이가 같은 자리를 뛰고 있었어요. 이호가 화장실에 가 버리는 바람에 기찬이의 다음에는 아무도 없었어요. 그런데 누군가 기찬이를 가리키며 소리쳤어요.

"어? 나기찬이 이기고 있어!"

백군의 마지막 선수와 같이 달리고 있는 기찬이를 보고 친구들이 착각을 한 거예요.

⑭ 기찬이는 어리둥절했어요. 친구들이 목청껏 자신의 이름을 부르고 있었으니까요. 기찬이는 눈을 질끈 감고 발바닥에 불이 나도록 내달렸어요.

**12** 글 ⑦에서 기찬이가 달릴 때 친구들은 어떤 행동을 했습니까? ( )

① 딴전을 부렸다.
② 교실로 들어갔다.
③ 큰 소리로 응원했다.
④ 기찬이와 함께 달렸다.
⑤ 다음 경기 연습을 했다.

**13** 기찬이의 다음에 달릴 선수는 누구였는지 쓰시오. [5점]

( )

**14** 친구들은 어떤 착각을 했습니까? ( )

① 기찬이가 이기고 있다.
② 백군 선수가 넘어졌다.
③ 이호가 화장실에 갔다.
④ 백군이 청군을 앞질렀다.
⑤ 이호가 기찬이 대신 뛰고 있다.

**[15~17]** 다음 장면을 보고 물음에 답하시오.

◀ 주은이가 딱지치기를 하다가 마음대로 되지 않자 "다시 해!", "집에 갈 거야."와 같은 예의 없는 말과 행동을 함.

주은이의 행동에 화가 난 원호

미안해, 미안하다고. 됐냐?

◀ 주은이의 표정이나 분위기, 말한 내용이나 행동이 사과하는 것처럼 느껴지지 않아서 원호는 사과를 받지 않음.

**15** 장면 **1**에서 원호가 화가 난 까닭은 무엇입니까?
( )

① 주은이가 원호를 밀쳐서
② 친구들이 원호를 무시해서
③ 친구들이 주은이를 놀려서
④ 주은이가 원호의 딱지를 빼앗아서
⑤ 주은이가 예의 없는 말과 행동을 해서

**16** 주은이는 원호에게 어떤 마음을 전했습니까? ( )

① 기쁜 마음 ② 미안한 마음
③ 반가운 마음 ④ 행복한 마음
⑤ 위로하는 마음

**17** 장면 **2**에서 주은이가 한 말을 원호의 마음을 헤아리
중요! 는 말로 고쳐 쓴 것에 ○표 하시오.

(1) 그런 일로 화를 내니? 내가 사과할 테니까 화
풀든지. ( )

(2) 원호야, 내가 예의 없이 행동해서 화가 많이 났
지? 정말 미안해. ( )

**[18~20]** 다음 글을 읽고 물음에 답하시오.

우리 학교 전교 어린이회에서는 2학기를 맞이해 10월에 어떤 행사를 하면 좋을지 의논했습니다. 회의 시간에 각 학년 학생들은 각자 하고 싶은 행사를 많이 추천해 주었습니다. 그 가운데에서 전교 어린이회에서는 '마음을 전하는 우리 반' 행사를 함께하기로 결정했습니다.

10월 넷째 주에 '마음을 전하는 우리 반'이라는 이름으로 각 반에서 행사를 합니다. '마음을 전하는 우리 반'은 자신의 마음을 다른 사람에게 전하는 행사입니다. 이때에는 친구들뿐만 아니라 주위 사람들에게 고마운 마음, 존경하는 마음, 미안한 마음 따위를 전할 수 있습니다. 전하는 방법은 다양하지만 예쁜 종이에 마음을 담아 손 편지를 써서 전하자는 의견이 많았습니다.

**18** '마음을 전하는 우리 반' 행사는 누가 정했습니까?
( )

① 제비뽑기로 뽑았다.
② 3학년 학생이 추천했다.
③ 선생님께서 정해 주셨다.
④ 전교 어린이회에서 결정했다.
⑤ 학생들이 투표를 해서 골랐다.

**19** '마음을 전하는 우리 반' 행사에 대한 설명으로 알맞지
않은 것은 무엇입니까? ( )

① 10월 넷째 주에 한다.
② 각 반에서 행사를 한다.
③ 주위 사람들에게 마음을 정한다.
④ 선물을 주며 마음을 전하자는 의견이 많았다.
⑤ 고마운 마음, 존경하는 마음, 미안한 마음 따위
를 전한다.

**서술형·논술형 문제**

**20** 자신이 이 행사에 참여한다면 누구에게 어떤 마음을
전하고 싶은지 쓰시오. [11점]

_____

_____

**[1~2] 다음 글을 읽고 물음에 답하시오.**

3교시는 내가 가장 좋아하는 음악 시간이었다. 나는 여러 가지 악기를 잘 다루고 노래도 잘 부르는 편이다. 오늘 음악 시간에는 리코더를 연주했다. 내 짝 민호는 리코더 연주가 서툴다. 선생님께서는 민호가 리코더를 연주하는 것을 보시더니 내게 말씀하셨다.

"규리야, 네가 민호 좀 도와주렴."

나는 음악 시간 내내 민호의 리코더 선생님이 되었다.

"규리야, '솔' 음은 어떻게 소리 내니?"

"응, 내가 가르쳐 줄게."

민호는 가르쳐 주는 대로 잘 따라 했다.

"아, 이렇게 하는 거구나. 고마워, 규리야."

민호가 잘하자 나도 덩달아 기분이 좋아졌다.

**1** 규리가 음악 시간에 한 일은 무엇인지 쓰시오. [8점]

_____

_____

**2** 이 글에 나타난 민호와 규리의 마음을 짐작하여 쓰시오. [10점]

| (1) 민호의 마음 | ☐를 가르쳐 주어서 규리에게 고마운 마음 |
|---|---|
| (2) 규리의 마음 | |

**[3~4] 다음 장면을 보고 물음에 답하시오.**

◀ 주은이가 딱지치기를 하다가 마음대로 되지 않자 원호에게 예의 없는 말과 행동을 함.

◀ 주은이가 제대로 사과하지 않아서 원호가 사과를 받지 않고 가 버림.

◀ 주은이가 원호에게 쪽지를 주며 다시 사과함.

**3** 주은이가 원호에게 사과를 한 까닭은 무엇이겠는지 쓰시오. [8점]

_____

_____

**4** 다음은 장면 **3**에서 주은이가 원호에게 준 쪽지입니다. 주은이가 되어 쪽지를 완성하시오. [10점]

원호야, 안녕. 나 주은이야.
교실에서 활동할 때 네게 예의 없이 행동하고서는 제대로 사과하지 못했어. 그리고 사과할 때 툭툭 치면서 말해서 많이 기분 나빴지?

_____

_____

예의 있게 행동하고 용기를 내서 제대로 사과할게. 앞으로 친하게 지내자.

**[1~2]** 다음 그림을 보고 물음에 답하시오.

**1** 그림 **1**과 **2**에는 어떤 상황이 나타나 있습니까? [7점]

| (1) 그림 **1** | 여러 명이 같이 [　　　]를 하다가 한 명이 넘어졌다. |
|---|---|
| (2) 그림 **2** | |

**2** 자신이 그림 **2**의 말하는 아이라면 어떤 말을 할지 쓰시오. [8점]

_____

_____

**[3~4]** 다음 글을 읽고 물음에 답하시오.

㉮ 운동회에 나갈 선수를 뽑기로 했어요. 모두 들뜬 마음으로 선생님의 말씀에 귀 기울였어요.
　"제비뽑기로 선수를 뽑자. 누구나 한 경기씩 나갈 수 있도록 말이야."
㉯ 기찬이는 '이어달리기'가 쓰인 쪽지를 뽑았어요. 울상이 된 기찬이를 보고 친구들이 몰려들었어요.
　"안 봐도 질 게 뻔해!"
　"어떡해! 이어달리기가 가장 점수가 높은데!"

**3** 선생님께서는 왜 운동회에 나갈 선수를 제비뽑기로 뽑자고 하셨는지 쓰시오. [6점]

_____

_____

**4** 이 글에 나타난 기찬이와 친구들의 마음을 짐작하여 쓰시오. [12점]

| (1) 기찬이의 마음 | |
|---|---|
| (2) 친구들의 마음 | |

**5** 마음을 전하고 싶은 일을 떠올리고 상대에게 하고 싶은 말을 정리하여 쓰시오. [12점]

| (1) 마음을 전할 사람 | |
|---|---|
| (2) 전하고 싶은 마음 | |
| (3) 상대에게 하고 싶은 말 | |
| (4) 앞으로의 각오나 다짐 | |

# 7. 글을 읽고 소개해요

→ 책 내용을 오래 기억할 수 있고 친구들과 더 친해지는 기회가 될 수 있습니다.

◉ **글을 읽고 친구에게 소개하면 좋은 점**

① 새로운 사실을 알려 줄 수 있습니다.

② 읽은 글의 내용을 잘 정리할 수 있습니다.

③ 소개하면서 친구들과 많은 이야기를 나눌 수 있습니다.

④ 자신이 관심 있는 분야를 더 다양하게 생각할 수 있습니다.

• 글을 읽고 소개한 경험 말하기 예

◉ **책을 소개하는 여러 가지 방법**

| | |
|---|---|
| 책 보여 주며 말하기 | 책을 직접 보여 주며 제목, 내용, 인상 깊은 부분 등을 소개합니다. |
| 새롭게 안 내용을 그림으로 보여 주며 소개하기 | 책을 읽고 새롭게 안 내용을 정리해 그림으로 보여 주며 소개합니다. |
| 노랫말을 바꾸어 소개하기 | 노랫말을 책을 소개하는 내용으로 바꾸어 부릅니다. |
| 책 보물 상자를 만들어 소개하기 | 책 내용과 관련된 물건을 책 보물 상자에 넣고 하나씩 꺼내며 소개합니다. |
| 책갈피를 만들어 소개하기 | 기억에 남는 문장을 책갈피 앞쪽에 씁니다. 그리고 책갈피 뒤쪽에 그 까닭을 써서 책을 소개합니다. |

◉ **독서 감상문**

① 독서 감상문: 어떤 책을 읽고 책 내용과 생각이나 느낌을 정리한 글

② 독서 감상문에 들어가는 내용 → 책에서 모든 내용이나 사건을 다 쓰지 않고 중요한 내용이나 사건을 중심으로 씁니다.

| | |
|---|---|
| 책을 읽게 된 까닭 | 그 책을 어떻게 읽게 되었는지를 씁니다. |
| 책 내용 | 책에 있는 이야기의 줄거리나 책에 담긴 중요한 정보를 씁니다. |
| 인상 깊은 부분 | 책 내용 가운데에서 가장 기억에 남는 부분을 씁니다. |
| 책을 읽은 뒤에 든 생각이나 느낌 | 책을 읽고 나서 떠올린 생각이나 느낀 점을 씁니다. |

「바위나리와 아기별의 우정」

오늘은 학교에서 『바위나리와 아기별』이라는 책을 읽었다. 앞표지에 있는 바위나리와 아기별 그림이 무척 예뻐서 내용이 궁금했기 때문이다. ……

책을 읽게 된 까닭을 썼구나.

◉ **독서 감상문으로 우리 반 꾸미기**

① 나뭇잎 모양의 독서 감상문으로 책 나무 환경판을 만들어 꾸밉니다.

② 독서 감상문을 복도에 전시합니다.

③ 책 보물 상자를 만들어 전시합니다.

• 나뭇잎 모양으로 책 나무 환경판을 만들어 꾸미기 예

**쪽지시험**

❶ 글을 읽고 친구에게 소개하면 읽은 글의 내용을 잘 ☐☐ 할 수 있습니다.

❷ 책을 소개하는 방법에는 '책 보여 주며 말하기, ☐☐☐ 을 바꾸어 소개하기, 책갈피를 만들어 소개하기' 등이 있습니다.

❸ 독서 감상문에는 책을 쓴 사람을 반드시 소개해야 합니다. ( ○ / × )

❹ 독서 감상문에서 책 내용을 쓸 때에는 책에 담긴 ( 중요한 / 모든 ) 정보를 씁니다.

\* 배점이 표시되어 있지 않은 문제는 문제당 4점입니다.

**[01~05] 다음 글을 읽고 물음에 답하시오.**

'앉아서 하는 피구'는 공 하나로 교실에서 쉽게 즐길 수 있는 놀이이다. 먼저 교실에 있는 책상을 모두 뒤로 밀어 가로로 긴 네모 모양으로 피구장을 만든다. 그다음에는 학급 친구 전체를 두 편으로 나누고 두 편 대표가 가위바위보를 해서 먼저 공격할 쪽을 정한다.

규칙은 피구와 같지만 앉은 자세로 하는 것이 특징이다. 공을 굴리는 사람이나 피하는 사람 모두 앉은 자세로 해야 한다. 앉은 자세에서 무릎을 한쪽이라도 펴서 일어나는 자세가 되면 누구든 피구장 밖으로 나가야 한다. 상대를 맞힐 때에는 공을 바닥에 굴려서 맞혀야 한다. 공을 튀기거나 던져서 맞히면 맞은 사람은 밖으로 나가지 않는다. 공을 피할 때에는 옆으로 이동해 피하거나, 무릎을 가슴에 붙여 앉은 자세로 뜀을 뛰어 피할 수 있다.

굴린 공이 아무도 맞히지 못하고 벽에 닿으면, 수비하던 친구가 공을 잡아 공격할 기회를 얻는다. 그러나 굴린 공이 벽에 닿기도 전에 잡으면 공에 맞은 것과 똑같이 밖으로 나가야 한다.

**01** '앉아서 하는 피구'는 어디에서 합니까? ( )

① 교실 ② 옥상 ③ 과학실
④ 도서관 ⑤ 수영장

**02** 피구장은 어떤 모양으로 만듭니까? [5점]

· ☐☐☐ 로 긴 네모 모양

**03** 이 놀이는 피구와 어떤 점이 다르다고 했습니까? ( )

① 공 하나로 하는 놀이이다.
② 앉은 자세로 놀이를 한다.
③ 편을 둘로 나눠서 놀이를 한다.
④ 놀이를 할 때 막대기가 필요하다.
⑤ 두 명씩 짝을 지어서 공을 피한다.

**04** 공을 피하는 방법을 두 가지 고르시오. ( , )

① 옆으로 이동한다.
② 재빨리 일어난다.
③ 굴러오는 공을 발로 찬다.
④ 다리를 한쪽만 펴서 일어난다.
⑤ 무릎을 가슴에 붙여 앉은 자세로 뜀을 뛴다.

**서술형·논술형 문제**

**05** 이 놀이에서 어떤 행동을 하면 밖으로 나가야 하는지 모두 쓰시오. [12점]

_____

_____

**06** 글을 읽고 소개하면 좋은 점에 모두 ○표 하시오.

중요! (1) 새로운 사실을 알려 줄 수 있다. ( )

(2) 읽은 글의 내용을 잘 정리할 수 있다. ( )

(3) 글을 읽지 않아도 모든 지식을 알 수 있다.

( )

**[07~10] 다음 글을 읽고 물음에 답하시오.**

㉮ 캐나다에는 설탕단풍 나무가 많이 자라.

설탕단풍 나무는 캐나다처럼 추운 날씨에 잘 자라거든.

가을에 붉은색으로 단풍이 들면 얼마나 고운지 몰라.

캐나다 사람들은 설탕단풍 나무에서 나오는 즙으로 달콤한 메이플시럽을 만들어 먹기도 해.

그래서 캐나다 사람들은 국기에 빨간 단풍잎을 그려 넣었어.

㉯ 국기에는 그 나라의 전설이 담겨 있어.

멕시코 국기 이야기를 들어 볼래?

어느 날, 아즈텍족이 신의 계시를 받았어.

"독사를 물고 날아가는 독수리가 선인장 위에 앉으면 그곳에 도시를 세워라!"

계시대로 독수리가 내려앉은 곳에 도시를 세웠더니 점점 강해져 아즈텍 제국으로 발전했고, 오늘날의 멕시코가 되었대.

그래서 ㉠나라를 세운 이야기를 국기에 그려 넣은 거야.

**07** 캐나다 사람들은 설탕단풍 나무에서 나오는 즙으로 무엇을 만들어 먹습니까? [5점]

(                  )

**08** 캐나다 사람들이 국기에 빨간 단풍잎을 그려 넣은 까닭은 무엇이겠습니까? (      )

① 캐나다는 날씨가 춥기 때문에

② 캐나다 사람들이 가을을 좋아하기 때문에

③ 캐나다에는 일 년 내내 단풍이 들기 때문에

④ 캐나다 사람들이 빨간색을 좋아하기 때문에

⑤ 캐나다에 설탕단풍 나무가 많이 자라기 때문에

**09** 멕시코 국기에는 무엇이 담겨 있습니까? (      )

① 날씨      ② 노래      ③ 민족

④ 자연      ⑤ 전설

**10** ㉠의 내용은 무엇인지 쓰시오. [6점]

• (1) [      ] 를 물고 날아가는 (2) [      ] 가 선인장 위에 앉자 그곳에 도시를 세웠다는 것이다.

**[11~13] 다음 글을 읽고 물음에 답하시오.**

국기에는 그 나라의 땅이 담겨 있어.

미국 국기에는 줄과 별이 참 많지? 도대체 몇 개인지 한번 세어 볼까? 줄이 열세 개, 별이 오십 개야. 미국이 처음 나라를 세울 때에는 주가 열세 개였대. 열세 개의 줄은 그걸 기념하는 거야. 미국 땅이 점점 커져 주가 생길 때마다 국기의 별이 하나씩 늘어났는데 지금은 주가 오십 개라서 별도 오십 개가 된 거야. 땅과 함께 국기도 변한 거지.

**11** 미국 국기에는 무엇이 있는지 두 가지 고르시오.

(    ,    )

① 달      ② 별      ③ 줄

④ 물결      ⑤ 태양

**12** 미국이 나라를 처음 세울 때에는 주가 몇 개였습니까?

(           ) 개

**13** 미국 국기가 변한 까닭은 무엇입니까? (      )

① 주가 사라졌기 때문에

② 인구가 늘어났기 때문에

③ 대통령이 바뀌었기 때문에

④ 다른 나라와 모양이 비슷했기 때문에

⑤ 땅이 점점 커져 주가 많아졌기 때문에

**[14~16]** 다음 글을 읽고 물음에 답하시오.

---

(가) 오늘은 학교에서 『바위나리와 아기별』이라는 책을 읽었다. 앞표지에 있는 바위나리와 아기별 그림이 무척 예뻐서 내용이 궁금했기 때문이다. 이 책은 바위나리와 아기별의 우정 이야기이다.

(나) 병이 든 바위나리를 간호하던 아기별은 너무 늦게 하늘 나라로 올라가 그 벌로 다시는 바닷가에 내려오지 못했다. 아기별을 기다리던 바위나리는 점점 시들다가 그만 바람이 세게 불어 바다로 날려 갔다. 아기별은 밤마다 울다가 빛을 잃어 바다로 떨어졌다.

(다) 나는 이 책에서 바위나리를 그리워하며 울다가 빛을 잃은 아기별이 하늘 나라에서 쫓겨나 바다로 떨어진 장면이 가장 기억에 남는다. 왜냐하면 살아 있을 때에는 만나지 못하다가 죽은 뒤에야 같이 있을 수 있게 된 것이 너무 슬펐기 때문이다.

(라) 이 책을 읽고 주위에 바위나리처럼 외로운 친구가 있는지 생각해 보았다. 그리고 그 친구에게 아기별과 같은 친구가 되어야겠다는 생각이 들었다.

---

**14** '나'는 어떤 책을 읽었습니까? [5점]

(              )

**15** '나'는 어떤 장면을 인상 깊게 읽었다고 했습니까?
중요!

(     )

① 바위나리가 아기별을 기다리는 장면
② 아기별이 바위나리를 간호하는 장면
③ 아기별이 하늘 나라에서 혼나는 장면
④ 바위나리가 거센 바람에 바다로 날려 간 장면
⑤ 아기별이 하늘 나라에서 쫓겨나 바다로 떨어진 장면

**16** 글 (가)~(라) 중, 책을 읽은 뒤에 든 생각이나 느낌을 중심으로 쓴 문단의 기호를 쓰시오.

글 (        )

---

**17** 독서 감상문에서 책 내용을 소개할 때 주의할 점을 쓰시오. [11점]

_____

_____

---

**[18~20]** 다음 글을 읽고 물음에 답하시오.

---

나는 음악을 좋아한다. 그래서 도서관에 가면 음악에 대한 책을 자주 찾는다. 이번에는 악기에 대한 책을 읽고 독서 감상문을 썼다.

책에는 여러 가지 타악기가 나와 있었다. 트라이앵글, 탬버린, 북, 심벌즈는 내가 이미 알고 있는 타악기였다. 내가 모르는 팀파니와 비브라폰도 있었다. 팀파니는 밑이 좁은 통에 막을 씌운 것인데 두드리면 일정한 소리를 낸다. 비브라폰은 실로폰처럼 생긴 쇠막대를 두드려서 연주하는 악기이다.

책에서 읽은 타악기 가운데에서 마라카스가 가장 기억에 남는다. 마라카스는 '마라카'라는 열매를 말려서 그 속에 말린 씨를 넣고 흔들어서 소리를 낸다. '마라카'라는 열매가 있다니 참 신기했다.

---

**18** '나'는 왜 악기에 대한 책을 읽었습니까?

• ☐☐☐ 을 좋아하기 때문이다.

**19** 책에 나온 악기 중에서 '내'가 몰랐던 악기는 무엇입니까? (     )

① 북        ② 심벌즈        ③ 탬버린
④ 팀파니      ⑤ 트라이앵글

**20** 마라카스에 대한 설명으로 알맞지 <u>않은</u> 것에 ×표 하시오.

⑴ 쇠막대를 두드려서 연주한다. (     )
⑵ 열매와 씨를 말려서 만든 악기이다. (     )
⑶ 책에서 읽은 악기 중 가장 기억에 남는 악기이다.
(     )

\* 배점이 표시되어 있지 않은 문제는 문제당 **4점**입니다.

**[01~06] 다음 글을 읽고 물음에 답하시오.**

(개) '앉아서 하는 피구'는 공 하나로 교실에서 쉽게 즐길 수 있는 놀이이다. 먼저 교실에 있는 책상을 모두 뒤로 밀어 가로로 긴 네모 모양으로 피구장을 만든다. 그다음에는 학급 친구 전체를 두 편으로 나누고 두 편 대표가 가위바위보를 해서 먼저 공격할 쪽을 정한다.

(나) 공을 굴리는 사람이나 피하는 사람 모두 앉은 자세로 해야 한다. 앉은 자세에서 무릎을 한쪽이라도 펴서 일어나는 자세가 되면 누구든 피구장 밖으로 나가야 한다. 상대를 맞힐 때에는 공을 바닥에 굴려서 맞혀야 한다. 공을 튀기거나 던져서 맞히면 맞은 사람은 밖으로 나가지 않는다. 공을 피할 때에는 옆으로 이동해 피하거나, 무릎을 가슴에 붙여 앉은 자세로 뜀을 뛰어 피할 수 있다.

굴린 공이 아무도 맞히지 못하고 벽에 닿으면, 수비하던 친구가 공을 잡아 공격할 기회를 얻는다. 그러나 굴린 공이 벽에 닿기도 전에 잡으면 공에 맞은 것과 똑같이 밖으로 나가야 한다.

결국 공에 맞거나, 일어서거나, 공이 벽에 닿기 전에 잡으면 밖으로 나가야 하는 것이다. 밖으로 나간 친구들은 놀이가 끝날 때까지 지켜본다. 어느 한 편의 친구 모두가 밖으로 나가면 놀이가 끝난다.

**01** 어떤 놀이를 소개한 글입니까? [5점]

( )

**02** 놀이를 하려면 어떤 준비를 해야 합니까? ( )

① 벽에 기대선다.　　② 줄을 준비한다.
③ 짝과 손을 잡는다.　④ 운동장으로 나간다.
⑤ 책상을 모두 뒤로 민다.

**03** 먼저 공격할 쪽은 어떤 방법으로 정합니까? [5점]

• 학급 친구 전체를 두 편으로 나누고 두 편 대표가

　　　　　를 한다.

**04** 놀이의 규칙을 알맞게 이해한 사람은 누구인지 쓰시오.

희수: 상대가 던진 공에 맞으면 밖으로 나가야 해.
도윤: 공을 피할 때에도 앉은 자세로 피하는 거야.
나래: 공이 벽에 닿기 전에 먼저 잡으면 공격할 기회가 생겨.

( )

**05** 이 놀이는 어떻게 해야 끝나는지 ○표 하시오.

(1) 정해진 시간이 지나면 놀이가 끝난다. ( )
(2) 한 명이라도 피구장의 금을 밟으면 놀이가 끝난다. ( )
(3) 어느 한 편의 친구 모두가 밖으로 나가면 놀이가 끝난다. ( )

**서술형·논술형 문제**

**06** 이 글과 같이 자신이 좋아하는 놀이를 한 가지 소개하여 간단하게 쓰시오. [10점]

_____

_____

**07** 글을 읽고 친구에게 소개하면 좋은 점이 <u>아닌</u> 것의 기호를 쓰시오.

ㄱ 새로운 사실을 알려 줄 수 있다.
ㄴ 읽은 글의 내용을 빨리 외울 수 있다.
ㄷ 친구들과 많은 이야기를 나눌 수 있다.

( )

**[08~14] 다음 글을 읽고 물음에 답하시오.**

(가) 멕시코 국기 이야기를 들어 볼래?

어느 날, 아즈텍족이 신의 계시를 받았어.

"독사를 물고 날아가는 독수리가 선인장 위에 앉으면 그곳에 도시를 세워라!"

계시대로 독수리가 내려앉은 곳에 도시를 세웠더니 점점 강해져 아즈텍 제국으로 발전했고, 오늘날의 멕시코가 되었대. / 그래서 나라를 세운 이야기를 국기에 그려 넣은 거야.

(나) 미국 국기에는 줄과 별이 참 많지? 도대체 몇 개인지 한번 세어 볼까? 줄이 열세 개, 별이 오십 개야. 미국이 처음 나라를 세울 때에는 주가 열세 개였대. 열세 개의 줄은 그걸 기념하는 거야. 미국 땅이 점점 커져 주가 생길 때마다 국기의 별이 하나씩 늘어났는데 지금은 주가 오십 개라서 별도 오십 개가 된 거야. 땅과 함께 국기도 변한 거지.

(다) 일본에 나라를 빼앗긴 시대에는 태극기를 마음대로 사용하지 못했어.

일본이 태극기 사용을 금지했거든.

하지만 우리는 독립하려고 열심히 싸울 때마다 태극기를 힘차게 휘날렸어.

마침내 1945년에 나라를 되찾았고, 그동안 무늬가 조금씩 달랐던 태극기는 1949년에 지금의 태극기 모습으로 정해졌어.

우리나라 사람들의 평화를 사랑하는 마음은 태극기의 흰색에 담겨 있어.

태극 문양은 조화로운 우주를 뜻하고, 네 모서리의 사괘는 하늘, 땅, 물, 불을 나타낸 거야.

**08** 나라를 세운 이야기를 국기에 그려 넣은 나라는 어디입니까? [5점]

( )

**09** 아즈텍족이 독수리가 내려앉은 곳에 도시를 세운 까닭은 무엇입니까? ( )

① 독사를 피하려고　　② 선인장을 키우려고
③ 신의 계시를 받아서　④ 다른 나라가 침략해서
⑤ 살고 있던 도시가 무너져서

**10** 미국 국기에 있는 줄은 무엇을 의미합니까? [5점]

• 미국이 처음 나라를 세울 때 있었던 [ ] 의 수

**11** 미국 땅이 점점 커져 주가 생기자 국기는 어떻게 바뀌었습니까? ( )

① 국기의 색을 바꾸었다.
② 국기의 길이가 길어졌다.
③ 국기의 별이 하나씩 늘어났다.
④ 국기에 달 모양을 그려 넣었다.
⑤ 국기의 줄이 하나씩 줄어들었다.

**12** 일본에 나라를 빼앗긴 시대에 태극기를 마음대로 사용하지 못했던 까닭은 무엇입니까? ( )

① 일본이 사용을 금지해서
② 태극기 무늬가 서로 달라서
③ 태극기 가격이 너무 비싸서
④ 독립운동을 할 때만 써야 해서
⑤ 나라를 되찾은 다음에 사용하기로 해서

**13** 태극기에 담긴 뜻을 선으로 이으시오. [6점]

(1) 사괘　　•　　•① 조화로운 우주

(2) 흰색　　•　　•② 하늘, 땅, 물, 불

(3) 태극 문양　•　•③ 평화를 사랑하는 마음

서술형·논술형 문제

**14** 이 글을 친구에게 소개한다면 어떻게 소개하고 싶은지 쓰시오. [9점]

_____

_____

**[15~19] 다음 글을 읽고 물음에 답하시오.**

> 오늘은 학교에서 『바위나리와 아기별』이라는 책을 읽었다. 앞표지에 있는 바위나리와 아기별 그림이 무척 예뻐서 내용이 궁금했기 때문이다. 이 책은 바위나리와 아기별의 우정 이야기이다.
>
> 바위나리는 바닷가에 핀 아름다운 꽃이었다. 하지만 친구가 없어 늘 외로웠다. 어느 날 밤, ㉠아기별이 하늘에서 내려와 둘은 친구가 되었고, 바위나리와 아기별은 밤마다 만나 즐겁게 놀았다.
>
> 그러던 어느 날, 병이 든 바위나리를 ㉮간호하던 아기별은 너무 늦게 하늘 나라로 올라가 그 벌로 다시는 바닷가에 내려오지 못했다. 아기별을 기다리던 바위나리는 점점 시들다가 그만 바람이 세게 불어 바다로 날려 갔다. 아기별은 밤마다 울다가 빛을 잃어 바다로 떨어졌다. 바위나리가 날려 간 바로 그 바다였다.
>
> 나는 이 책에서 바위나리를 그리워하며 울다가 빛을 잃은 아기별이 하늘 나라에서 쫓겨나 바다로 떨어진 장면이 가장 기억에 남는다. 왜냐하면 살아 있을 때에는 만나지 못하다가 죽은 뒤에야 같이 있을 수 있게 된 것이 너무 슬펐기 때문이다. 바위나리는 몸이 아파 아기별을 만나지 못해 너무 슬펐다. 얼마나 슬펐으면 가슴이 미어졌을까?
>
> 이 책을 읽고 주위에 바위나리처럼 외로운 친구가 있는지 생각해 보았다. 그리고 그 친구에게 아기별과 같은 친구가 되어야겠다는 생각이 들었다. 나는 바위나리와 아기별의 우정이 아름다우면서도 안타깝고 슬펐다.

**15** 이 글의 종류는 무엇입니까? (　　　　)

① 시        ② 이야기
③ 전기문      ④ 독서 감상문
⑤ 설명하는 글

**16** '나'는 왜 『바위나리와 아기별』이라는 책을 읽었습니까? [5점]

• 앞표지의 [　　　　] 이 무척 예뻐서 내용이 궁금했기 때문이다.

**17** ㉠ 부분에서 알 수 있는 독서 감상문의 특징은 무엇입니까? (　　　　)

① 책 제목을 쓴다.
② 책 내용을 소개한다.
③ 인상 깊은 부분을 쓴다.
④ 책을 읽게 된 까닭을 쓴다.
⑤ 책을 읽은 뒤에 든 생각이나 느낌을 쓴다.

**18** 책을 읽은 다음 '나'의 마음은 어땠는지 두 가지 고르시오. (　　 ,　　)

① 고맙다.        ② 슬프다.
③ 미안하다.      ④ 안타깝다.
⑤ 지루하다.

**19** ㉮의 기본형을 쓰고, 국어사전에서 그 뜻을 찾아 쓰시오. [6점]

| (1) 기본형 | |
|---|---|
| (2) 뜻 | |

**20** 친구와 독서 감상문을 바꾸어 읽고 느낀 점을 알맞게 말한 사람은 누구인지 쓰시오.

> 영수: 독서 감상문에는 책 내용을 빠짐없이 써야 하는구나.
> 미나: 같은 책을 읽었는데 인상 깊은 부분이 서로 다르구나.

(　　　　　　　　)

**[1~2] 다음 글을 읽고 물음에 답하시오.**

'앉아서 하는 피구'는 공 하나로 교실에서 쉽게 즐길 수 있는 놀이이다. 먼저 교실에 있는 책상을 모두 뒤로 밀어 가로로 긴 네모 모양으로 피구장을 만든다. 그다음에는 학급 친구 전체를 두 편으로 나누고 두 편 대표가 가위바위보를 해서 먼저 공격할 쪽을 정한다.

규칙은 피구와 같지만 앉은 자세로 하는 것이 특징이다. 공을 굴리는 사람이나 피하는 사람 모두 앉은 자세로 해야 한다. 앉은 자세에서 무릎을 한쪽이라도 펴서 일어나는 자세가 되면 누구든 피구장 밖으로 나가야 한다. 상대를 맞힐 때에는 공을 바닥에 굴려서 맞혀야 한다. 공을 튀기거나 던져서 맞히면 맞은 사람은 밖으로 나가지 않는다. 공을 피할 때에는 옆으로 이동해 피하거나, 무릎을 가슴에 붙여 앉은 자세로 뜀을 뛰어 피할 수 있다.

**1** 이 놀이를 하기 전에 준비할 내용을 쓰시오. [6점]

• 교실에 있는 책상을 모두 뒤로 밀어 가로로 긴 네모 모양으로 피구장을 만들고, _____

_____

**2** 이 놀이가 피구와 다른 점을 쓰시오. [9점]

(1) 공을 굴리는 사람이나 피하는 사람 모두 ____

_____

(2) _____

_____

**3** 다음 글에서 국기에 그 나라의 자연이 담겨 있다고 한 까닭을 쓰시오. [10점]

국기에는 그 나라의 자연이 담겨 있어.

캐나다에는 설탕단풍 나무가 많이 자라. 설탕단풍 나무는 캐나다처럼 추운 날씨에 잘 자라거든.

가을에 붉은색으로 단풍이 들면 얼마나 고운지 몰라.

캐나다 사람들은 설탕단풍 나무에서 나오는 즙으로 달콤한 메이플시럽을 만들어 먹기도 해.

그래서 캐나다 사람들은 국기에 빨간 단풍잎을 그려 넣었어.

_____

_____

**4** 다음 글에서 글쓴이가 인상 깊게 읽은 부분은 무엇이라고 했는지 쓰시오. [8점]

㈎ 책에는 여러 가지 타악기가 나와 있었다. 트라이앵글, 탬버린, 북, 심벌즈는 내가 이미 알고 있는 타악기였다. 내가 모르는 팀파니와 비브라폰도 있었다.

㈏ 책에서 읽은 타악기 가운데에서 마라카스가 가장 기억에 남는다. 마라카스는 '마라카'라는 열매를 말려서 그 속에 말린 씨를 넣고 흔들어서 소리를 낸다. '마라카'라는 열매가 있다니 참 신기했다.

책을 읽고 나서 나도 타악기를 하나 만들어 보고 싶다는 생각을 했다. 컵라면 그릇 두 개를 준비하고 두꺼운 종이로 뚜껑을 만들어 붙인다. 바닥을 서로 붙이고 나무젓가락으로 두드리면 소리가 나겠지?

_____

_____

**1** 보기와 같이 글을 읽고 소개한 경험을 한 가지 떠올려 쓰시오. [8점]

보기

우주에 대한 책을 읽고 친구들 앞에서 발표했어.

_____

_____

**[2~3]** 다음 글을 읽고 물음에 답하시오.

우리나라 국기인 태극기도 궁금하지?

일본에 나라를 빼앗긴 시대에는 태극기를 마음대로 사용하지 못했어.

일본이 태극기 사용을 금지했거든.

하지만 우리는 독립하려고 열심히 싸울 때마다 태극기를 힘차게 휘날렸어.

마침내 1945년에 나라를 되찾았고, 그동안 무늬가 조금씩 달랐던 태극기는 1949년에 지금의 태극기 모습으로 정해졌어.

우리나라 사람들의 평화를 사랑하는 마음은 태극기의 흰색에 담겨 있어.

태극 문양은 조화로운 우주를 뜻하고, 네 모서리의 사괘는 하늘, 땅, 물, 불을 나타낸 거야.

**2** 1945년 이전에 태극기를 마음대로 사용하지 못했던 까닭을 쓰시오. [7점]

_____

**3** 이 글을 읽고 새롭게 안 내용을 한 가지 쓰시오. [8점]

_____

_____

**4** 다음 글을 읽고 각 문단에 나타난 독서 감상문의 특징을 쓰시오. [12점]

㉮ 오늘은 학교에서 『바위나리와 아기별』이라는 책을 읽었다. 앞표지에 있는 바위나리와 아기별 그림이 무척 예뻐서 내용이 궁금했기 때문이다.

㉯ 병이 든 바위나리를 간호하던 아기별은 너무 늦게 하늘 나라로 올라가 그 벌로 다시는 바닷가에 내려오지 못했다. 아기별을 기다리던 바위나리는 점점 시들다가 그만 바람이 세게 불어 바다로 날려 갔다.

㉰ 나는 이 책에서 바위나리를 그리워하며 울다가 빛을 잃은 아기별이 하늘 나라에서 쫓겨나 바다로 떨어진 장면이 가장 기억에 남는다. 왜냐하면 살아 있을 때에는 만나지 못하다가 죽은 뒤에야 같이 있을 수 있게 된 것이 너무 슬펐기 때문이다.

㉱ 이 책을 읽고 주위에 바위나리처럼 외로운 친구가 있는지 생각해 보았다. 그리고 그 친구에게 아기별과 같은 친구가 되어야겠다는 생각이 들었다. 나는 바위나리와 아기별의 우정이 아름다우면서도 안타깝고 슬펐다.

| (1) 문단 ㉮ | |
| --- | --- |
| (2) 문단 ㉯ | |
| (3) 문단 ㉰ | |
| (4) 문단 ㉱ | |

# 8. 글의 흐름을 생각해요

## 글의 여러 가지 흐름

① 시간 흐름에 따라 쓴 글

> • 그날 밤도 할아버지는 여느 때처럼 어린이들을 위한 동시와 이야기를 쓰고 있었습니다.
> • 다음 날 밤, 이야기 할아버지 방으로 동네 아이들이 모여들었습니다.

시간을 나타내는 말이 쓰임.

② 일 차례에 따라 쓴 글

> • 첫 번째, 서로 다른 색깔 실 세 가닥을 함께 잡고 매듭을 짓습니다.
> • 두 번째, 셀로판테이프로 매듭 위쪽을 책상에 붙입니다.

차례를 나타내는 말이 쓰임.

③ 장소 변화에 따라 쓴 글

> • 동물원 입구를 지나 가장 먼저 간 곳은 곤충관이었다.
> • 곤충관 바로 옆은 야행관이었는데 주로 밤에 활동하는 동물들이 있는 곳이었다.

장소를 나타내는 말이 쓰임.

## 글의 흐름에 따른 글 읽기 방법

① 시간 흐름에 따라 쓴 글

> 시간 흐름을 생각하며 읽습니다.

② 일 차례에 따라 쓴 글

> 일하는 차례를 파악하며 읽습니다.

③ 장소 변화에 따라 쓴 글 → 체험학습이나 여행을 갔던 일을 쓴 글

> 장소의 바뀜에 주의하며 읽습니다.

> 시간 흐름, 일 차례, 장소 변화를 살펴보며 글을 읽으면 글의 흐름을 잘 알 수 있어요.

## 내용을 간추려 쓰는 방법

① 시간 흐름에 따라 쓴 글은 시간 차례대로 내용을 간추립니다.

② 일 차례를 설명한 글은 일하는 차례가 잘 드러나게 간추립니다.

③ 장소가 바뀌면서 사건이 변하는 글은 이동한 장소와 각 장소에서 겪은 일을 중심으로 간추립니다.

• 장소 변화에 따라 글 간추리기 예

「주말여행」

> • 맨 처음 도착한 고창 관광지는 고인돌 박물관이었다. 고인돌 박물관에서는 영화와 유물들을 보면서 고인돌의 역사를 알 수 있었다.
> • 다음으로 간 곳은 동림 저수지 야생 동식물 보호 구역이었다. ~ 아주 많은 수의 철새는 아니었지만 간간이 물 위로 날아오르는 가창오리들을 구경할 수 있었다.

 간추리기

> 맨 처음 고인돌 박물관에 가서 고인돌의 역사를 알았고, 다음으로 간 동림 저수지에서는 가창오리들을 구경했다.

## 내용을 간추릴 때 주의할 점

① 시간 표현을 사용합니다.

② 순서를 나타내는 말을 사용합니다.

③ 이어 주는 말을 잘 사용합니다.
   예 그리고, 그래서

④ 중요한 부분을 메모합니다.

⑤ 흐름이 분명하게 드러나도록 간추립니다.

**쪽지시험**

1 '그날 밤, 다음 날 밤'은 ( 시간 / 장소 )을/를 나타내는 말입니다.

2 일 차례에 따라 쓴 글은 일하는 ( 까닭 / 차례 )이/가 잘 드러나게 간추립니다.

3 '마당, 마루 밑, 방 안' 등은 차례를 나타내는 말입니다. ( ○ / × )

\* 배점이 표시되어 있지 않은 문제는 문제당 4점입니다.

**01** 다음 낱말들은 무엇을 나타내는 말입니까? (          )

> 먼저, 두 번째, 세 번째, 다음으로, 끝으로

① 일          ② 시간          ③ 차례

④ 장소          ⑤ 원인과 결과

**[02~04] 다음 글을 읽고 물음에 답하시오.**

그날 밤도 할아버지는 여느 때처럼 어린이들을 위한 동시와 이야기를 쓰고 있었습니다. 잠시 바람을 쐬러 마당으로 나왔다가 순식간에 벌어진 일이었지요. 할아버지는 어쩔 줄 몰랐습니다.

"어, 이야기 할아버지 아니세요? 어쩌다 이렇게 작아지셨어요?"

할아버지만큼 커다란 베짱이가 말을 건넸습니다. 할아버지는 그제야 세상이 크게 변한 게 아니라 할아버지가 작게 줄어들었음을 알았습니다.

"글쎄, 나도 잘 모르겠다. 마당에 처음 보는 작은 열매가 있기에 먹어 보았을 뿐인데……."

베짱이는 할아버지 말을 듣고 이마를 '탁' 치며 말했습니다.

"그건 아마 '커졌다 작아졌다' 마법 열매였을 거예요! 그걸 한 알 더 먹어야 본래 크기로 돌아올 수 있어요."

**02** 그날 밤 할아버지에게 무슨 일이 생겼습니까?

• 몸이 (                              ).

**서술형·논술형 문제** ✏

**03** 문제 02번의 까닭은 무엇인지 쓰시오. [10점]

_____

**04** 할아버지에게 생긴 일을 해결하기 위해서는 무엇을 먹어야 합니까? [6점]

(                              )

**[05~06] 다음 글을 읽고 물음에 답하시오.**

세 가닥 땋기는 머리를 땋을 때 많이 쓰는 방법입니다. ㉠먼저, 왼쪽 첫 번째 그림과 같이 실 세 가닥을 나란히 폅니다. 두 번째, 왼쪽 빨간색 실을 가운데 파란색 실 위로 올립니다. 그러면 왼쪽 실이 가운데로 오고, 가운데 실이 왼쪽으로 가게 됩니다. 세 번째, 오른쪽 노란색 실을 가운데로 온 실 위에 올립니다. 다시 처음처럼 왼쪽으로 간 실을 가운데로, 오른쪽으로 간 실을 가운데로 올립니다. 이 방법을 계속 반복하면 실이 땋아집니다.

**05** 이 글은 어떤 흐름에 따라 쓴 글입니까? (          )

중요!

① 일 차례          ② 시간 흐름

③ 장소 변화          ④ 의견과 까닭

⑤ 원인과 결과

**06** 글의 흐름으로 보아, ㉠과 바꾸어 쓸 수 있는 말은 무엇입니까? (          )

① 끝으로          ② 첫 번째

③ 다음으로          ④ 마지막으로

⑤ 그리고 나서

**[07~10] 다음 글을 읽고 물음에 답하시오.**

실 팔찌는 종류에 따라 다양한 모양이 있는데, 그중에서 가장 ㉠간단한 모양의 실 팔찌를 만들어 봅시다.

실 팔찌 만들기의 준비물은 매우 간단합니다. 서로 다른 색깔 털실 세 줄, 셀로판테이프만 있으면 됩니다. 실은 굵을수록 엮기 쉬우므로 굵은 실을 준비하고 길이는 손목 둘레의 서너 배 정도로 자릅니다.

㉮첫 번째, 서로 다른 색깔 실 세 가닥을 함께 잡고 매듭을 짓습니다. 실의 3~4센티미터를 남겨 두고 실 세 가닥을 한꺼번에 잡아 작은 원을 만듭니다. ㉯그 뒤 짧은 쪽 실 세 가닥을 아까 만든 원 쪽으로 집어넣고 당기면 쉽게 매듭을 지을 수 있습니다.

㉰두 번째, 셀로판테이프로 매듭 위쪽을 책상에 붙입니다. 셀로판테이프는 실 팔찌를 만드는 동안 실이 움직이거나 꼬이지 않게 고정하는 역할을 합니다.

**07** 이 글은 무엇에 대해 쓴 글입니까? [6점]

( )

**08** 실 팔찌를 만들 때 필요한 준비물 두 가지를 고르시오.

( , )

① 연필
② 고무줄
③ 셀로판테이프
④ 색종이 세 장
⑤ 서로 다른 색깔 털실 세 줄

**09** ㉮~㉰ 중에서 이 글의 내용을 간추릴 때에 꼭 필요한 내용이 <u>아닌</u> 것의 기호를 쓰시오. [5점]

( )

**10** ㉠과 뜻이 비슷한 낱말은 무엇입니까? ( )

① 작은
② 예쁜
③ 쉬운
④ 어려운
⑤ 비슷한

**[11~14] 다음 글을 읽고 물음에 답하시오.**

(가) 어떻게 감기약을 먹어야 좋을까요?

먼저, 병원에서 의사와 충분하게 상담한 뒤 자신의 증세에 맞는 감기약을 처방받습니다. 어른들이 먹는 감기약이나 언제 샀는지 모르는 감기약을 먹으면 오히려 더 큰 병에 걸릴 수도 있습니다.

(나) 감기약은 끝까지 먹는 게 좋습니다. 감기약을 먹다가 몸이 나았다고 생각해 그만 먹으면 안 됩니다. 중간에 마음대로 감기약을 먹지 않으면 감기가 더 심해지거나 나중에 감기약을 먹어도 낫지 않을 수 있으므로, 의사가 처방한 날짜만큼 먹어야 합니다.

(다) 감기약을 먹을 때에는 물과 함께 먹어야 합니다. 우유나 녹차, 주스와 같은 다른 음료와 함께 먹어서는 안 됩니다.

**11** 다음 빈칸에 알맞은 말을 쓰시오.

• 이 글은 ( )을 올바르게 먹는 방법에 대해 쓴 글이다.

**12** 이 글의 특징으로 알맞은 것의 기호를 쓰시오. [5점]

㉮ 일을 하는 차례가 나타나 있다.
㉯ 일을 하는 까닭이 드러나 있다.
㉰ 일을 할 때의 주의할 점을 알려 준다.

( )

**13** 감기약을 먹을 때에는 무엇과 함께 먹어야 합니까?

( )

서술형·논술형 **문제**

**14** (나)의 중요한 내용을 간추려 쓰시오. [10점]

_____

_____

**[15~17] 다음 글을 읽고 물음에 답하시오.**

㉮ 우리 가족은 할머니 생신을 맞아 주말에 여행을 다녀왔다. 여행지는 전라북도 고창으로 예전에 텔레비전 여행 방송에서 본 기억이 있어서, 가기 전부터 많이 설레었다.

토요일 아침 일찍 출발해서, 맨 처음 도착한 고창 관광지는 고인돌 박물관이었다. 고인돌 박물관에서는 영화와 유물들을 보면서 고인돌의 역사를 알 수 있었다.

㉯ 다음으로 간 곳은 동림 저수지 야생 동식물 보호 구역이었다. 동림 저수지는 겨울 철새가 많이 찾는 곳으로 우리 가족도 혹시 철새 떼의 춤을 볼 수 있을까 하는 기대로 방문해 보았다. 그곳에서 여러 가지 설명을 읽어 보았는데, 고창군 전 지역은 2013년부터 유네스코 생물권 보존 지역으로 지정되어 환경을 해치는 행위를 해서는 안 된다는 안내도 있었다. 아주 많은 수의 철새는 아니었지만 간간이 물 위로 날아오르는 가창오리들을 구경할 수 있었다.

**15** '나'는 어느 도시로 여행을 갔습니까?

(                    )

**16** 이 글을 간추릴 때에는 무엇에 주의하며 간추려야 합니까? (        )

① 차례를 나타내는 말과 일 차례
② 장소 변화와 각 장소에서 한 일
③ 계절을 나타내는 말과 계절 변화
④ 시간을 나타내는 말과 시간 흐름
⑤ 이어 주는 말과 일이 일어난 까닭

**17** 다음은 어디에서 한 일을 간추려 쓴 것입니까?

> 고인돌의 역사를 알았다.

(                    )

**[18~20] 다음 글을 읽고 물음에 답하시오.**

어제 과학 관찰 보고서를 쓰려고 동물원에 갔다. 내 보고서 주제는 '날개가 있는 동물'로, 동물원의 많은 동물 가운데에서도 날개가 있는 동물을 찾아 관찰하는 것이다. 날씨가 추워서 야외 관람관은 문을 닫은 곳이 많아서 주로 실내 관람관에서 관찰했다.

동물원 입구를 지나 가장 먼저 간 곳은 '곤충관'이었다. 곤충관에는 여러 지역의 곤충들이 전시되어 있었는데, 날개가 있는 동물로 나비와 벌, 메뚜기와 같은 곤충들이 있었다. 곤충관에서 가장 관심이 갔던 곤충은 톱사슴벌레이다. 톱사슴벌레는 몸 색깔이 갈색이고 톱날 모양의 큰턱이 있다. 원래 밤에 활동하는 곤충이지만 참나무 수액을 먹으려고 낮에도 돌아다니기 때문에, 먹이를 먹는 톱사슴벌레를 볼 수 있었다. 톱사슴벌레가 나뭇가지 꼭대기에 올라가서 날개를 펴고 날아가는 모습이 멋있었다.

**18** '내'가 쓸 보고서의 주제는 무엇입니까?

· [          ]가 있는 동물

**19** 곤충관에서 가장 관심 있었던 곤충은 무엇입니까?

(          )

① 벌             ② 나비
③ 메뚜기         ④ 무당벌레
⑤ 톱사슴벌레

**20** 문제 19번의 곤충을 관찰한 내용을 간추려 쓴 글입니다. (        )에 들어갈 말을 알맞게 쓰시오. [6점]
중요!

> 톱사슴벌레는 (               )이 갈색이고 톱날 모양의 (               )이 있다. 먹이를 먹는 톱사슴벌레를 볼 수 있었다.

**01** 다음 낱말들은 무엇을 나타내는 말입니까? (      )

> 동물원, 체험 학습관, 소방서, 학원

① 일        ② 시간        ③ 장소
④ 방법        ⑤ 차례

**[02~06] 다음 글을 읽고 물음에 답하시오.**

㉮ "자, 할아버지, 이 베를 가지고 쥐들을 찾아가세
요. 그러고는 '커졌다 작아졌다' 마법 열매와 바
꾸자고 하세요."
"정말 고맙다, 베짱이야. 보답으로 무엇을 해 줄
까?"
"음…… 할아버지, 「개미와 베짱이」 이야기 알
고 계시죠?"
"여름에 개미가 열심히 일하는 동안 베짱이는 놀
기만 했다는 이야기 말이냐?"
"네, 맞아요. 그래서 말인데요. 할아버지, 제가
놀기만 하는 곤충이 아니라는 것을 글로 써 주세
요. 동시든 이야기든 좋으니 말이에요. 사실 그
동안 「개미와 베짱이」 이야기 때문에 늘 게으른
곤충 취급을 당해서 많이 속상했거든요."
"아무렴, 너같이 솜씨 좋고 부지런한 베짱이더러
놀기만 하는 곤충이라니, 말도 안 되지!"
㉯ "아니, 너희가 갖고 있는 '커졌다 작아졌다' 마법
열매를 주면 바꾸지."
할아버지 말에 쥐들은 잠깐 자기네끼리 속닥이
더니 말했습니다. / "좋아, 바꾸자."
할아버지가 베를 내주자, 쥐들은 할아버지에게
마법 열매를 주었습니다.
마루 밑에서 나온 할아버지는 열매를 입에 넣고
꿀꺽 삼켰습니다. 순간 할아버지 몸이 풍선처럼
부풀어 오르는 듯한 기분이 드는가 싶더니 본래
크기로 돌아왔습니다.
㉰ 다음 날 밤, 이야기 할아버지 방으로 동네 아이
들이 모여들었습니다. 할아버지가 새로 지은 시
「베짱이」를 들려주신다고 했거든요.

**02** 「개미와 베짱이」 이야기에 나오는 베짱이는 어떤 곤충
입니까?                        (      )

① 호기심이 많다.        ② 동시를 잘 쓴다.
③ 솜씨 좋고 게으르다.    ④ 솜씨 좋고 부지런하다.
⑤ 게으르고 놀기만 좋아한다.

**03** 할아버지는 쥐들에게 무엇을 주고 마법 열매를 얻었습
니까?

(                        )

**04** 할아버지가 쥐들에게 얻은 마법 열매를 먹자 어떤 일
이 일어났습니까? (      )

① 세상이 작아졌다.
② 쥐들이 할아버지만큼 커졌다.
③ 할아버지 몸이 풍선으로 변했다.
④ 할아버지 몸이 본래대로 커졌다.
⑤ 할아버지가 동시를 더 잘 쓰게 되었다.

**05** 글 ㉰에 나오는 말 중 시간을 나타내는 말은 무엇입니
중요! 까? (      )

① 이야기        ② 다음 날 밤
③ 할아버지 방    ④ 동네 아이들
⑤ 새로 지은 시

**06** 할아버지가 새로 지은 시 「베짱이」의 내용을 알맞게
짐작한 친구의 이름을 쓰시오. [6점]

> 재민: 베짱이가 솜씨는 좋지만 놀기를 좋아한다
>    는 내용일 것 같아.
> 하진: 베짱이가 베는 잘 짜지만 노래는 못 부른
>    다고 홍보는 내용일 것 같아.
> 서연: 베짱이는 베 짜는 솜씨도 좋고 부지런하
>    다고 칭찬하는 내용일 것 같아.

(                        )

**[07~09] 다음 글을 읽고 물음에 답하시오.**

㉮ 실 팔찌 만들기의 준비물은 매우 간단합니다. 서로 다른 색깔 털실 세 줄, 셀로판테이프만 있으면 됩니다. 실은 굵을수록 엮기 쉬우므로 굵은 실을 준비하고 길이는 손목 둘레의 서너 배 정도로 자릅니다.

첫 번째, 서로 다른 색깔 실 세 가닥을 함께 잡고 매듭을 짓습니다. 실의 3~4센티미터를 남겨 두고 실 세 가닥을 한꺼번에 잡아 작은 원을 만듭니다. 그 뒤 짧은 쪽 실 세 가닥을 아까 만든 원 쪽으로 집어넣고 당기면 쉽게 매듭을 지을 수 있습니다.

㉯ 감기약을 먹을 때에는 물과 함께 먹어야 합니다. 우유나 녹차, 주스와 같은 다른 음료와 함께 먹어서는 안 됩니다. 또 물 이외에 밥이나 빵을 같이 먹어서도 안 됩니다.

감기약을 먹는 시간을 놓쳤다고 다음에 두 배로 먹어서도 안 됩니다. 두 배로 먹는다고 감기약 효과가 두 배가 되지는 않습니다. 오히려 몸에 부담만 될 뿐입니다.

**07** 글 ㉮와 ㉯의 다른 점을 정리한 것입니다. 빈칸에 공통
중요! 으로 들어갈 말을 쓰시오. [6점]

> 글 ㉮는 일을 하는 [ ]가 정해져 있고, 글
> ㉯는 일을 하는 [ ]가 정해져 있지 않다.

(                )

서술형·논술형 문제 ✏

**08** 실 팔찌를 만들 때 굵은 실을 써야 하는 까닭을 쓰시오. [10점]

_____

**09** 감기약을 먹는 시간을 놓쳤다고 다음에 두 배로 먹지 말아야 하는 까닭은 무엇입니까?

> • 감기약 효과가 두 배가 되는 것이 아니라, 오히려 몸에 [ ]이 되기 때문이다.

**[10~13] 다음 글을 읽고 물음에 답하시오.**

㉮ 곤충관 바로 옆은 '야행관'이었는데 주로 밤에 활동하는 동물들이 있는 곳이었다. 야행관에도 날개가 있는 동물들이 있었다. 바로 박쥐와 올빼미였다. 외국에서 산다는 과일박쥐도 인상 깊었지만, 내 눈길을 끈 것은 수리부엉이이다. 수리부엉이는 천연기념물로 몸길이가 70센티미터나 될 정도로 큰 새이다. 날개를 접고 나뭇가지에 앉아 있는 것을 관찰했는데, 붉은 눈과 앞뒤로 자유롭게 움직이는 목이 신기했다.

㉯ 야행관 다음으로 간 곳은 '열대 조류관'이었다. 열대 조류관은 따뜻한 지역에 사는 새들이 사는 곳이었다.

㉰ 마지막으로 간 곳은 야외에서도 황새를 볼 수 있는 '큰물새장'이었다. 황새 마을에서는 황새 외에도 두루미나 고니와 같이 물 근처에 사는 여러 새를 볼 수 있었다.

**10** 글쓴이가 간 장소의 차례에 따라 빈칸에 알맞은 말을 쓰시오. [6점]

> • 야행관 → [        ] → 큰물새장

**11** 밤에 활동하는 동물들이 있는 곳은 어디입니까?

(                )

**12** 수리부엉이에 대한 설명으로 알맞지 <u>않은</u> 것은 무엇입니까? (     )

① 야행관에 산다.      ② 천연기념물이다.
③ 눈이 붉은색이다.      ④ 물 근처에서 산다.
⑤ 몸 길이가 70 센티미터 정도이다.

**13** 마지막으로 간 곳에서 본 동물이 <u>아닌</u> 것에 ×표 하시오.

(1) 황새   (     )      (2) 고니   (     )
(3) 두루미 (     )      (4) 올빼미 (     )

**[14~18] 다음 글을 읽고 물음에 답하시오.**

(가) 우리 모둠은 가장 먼저 ⊙소품 설계관으로 출발했다. 소품 설계관은 작은 소품을 설계하고 직접 만들 수 있는 곳이다. 체험학습 계획을 세울 때 민기가 "집안 어른들께 선물로 드릴 만한 물건을 만들면 좋겠어."라고 의견을 냈기 때문에 소품 설계관을 첫 번째 체험활동 장소로 정했다.

(나) 디자이너 체험을 끝내자 거의 열한 시가 되었다. 우리는 제빵사 체험을 하려고 ⓒ제빵 학원으로 갔다. 제빵 학원 앞에는 크게 '크림빵'이라고 적혀 있었다. 체험관 안으로 들어가자 체험관 선생님께서 밀가루를 나누어 주셨다. 체험관 선생님께서 알려 주시는 차례를 그대로 따라 해서 크림빵을 완성했다.

(다) 점심시간이 끝난 오후 한 시, ⓒ소방서에서 병주가 가장 기대하던 소방관 체험으로 활동을 시작했다. ②소방관 복장을 하고, 소방차를 타고 출동하고, 불이 난 곳에 물도 뿌렸다. 원래 소방관에는 관심이 없었는데, 체험해 보니 내 적성에도 잘 맞고 보람도 있어서 미래에 소방관이 되어도 좋겠다고 생각했다.

**14** '나'와 모둠 친구들이 한 것은 무엇입니까? (      )

① 신체검사
② 봉사 활동
③ 자연 관찰
④ 직업 체험활동
⑤ 직업 자격시험

**15** 중요! ⊙~② 중에서 글의 흐름을 알 수 있는 말이 아닌 것의 기호를 쓰시오.

(                    )

**16** 다음은 어느 장소에 대한 설명인지 쓰시오. [6점]

- 민기가 가자고 제안한 곳
- '우리' 모둠이 가장 먼저 체험활동을 한 곳
- 작은 소품을 설계하고 직접 만들 수 있는 곳

(                    )

**17** '나'의 적성에도 잘 맞고 보람도 있었던 체험활동은 무엇입니까?

(                    )

서술형·논술형 문제 ✎

**18** 글 (나)의 내용을 시간, 장소, 한 일을 중심으로 간추려 쓰시오. [10점]

_____

_____

**[19~20] 다음 글을 읽고 물음에 답하시오.**

(가) 한지는 닥나무 껍질로 만든 우리 종이입니다. 괴산에서 만든 한지는 질기고 보관하기 좋아 외국으로 많이 수출한다고 합니다. 그럼 옛날 사람들은 한지를 어떻게 만들었을까요?

〈한지를 만드는 방법〉
① 닥나무 자르기　　② 닥나무 껍질 벗기기
③ 껍질 삶기　　　　④ 껍질 씻기
⑤ 껍질 두드리기　　⑥ 닥풀 풀기
⑦ 발로 한지 뜨기　　⑧ 한지 말리기

(나) 괴산 지역 이름은 시간에 따라 변해 왔습니다. 고구려 때에는 '잉근내군'이라고 불리다가, 신라 경덕왕 때 '괴양군'으로 바뀌었습니다. 그 뒤 고려 시대에는 '괴주'라고 불리다가, 조선 태종 때부터는 지금 이름인 '괴산'이라는 지명으로 불렸습니다.

**19** 글 (가)는 어떤 흐름으로 정리한 글입니까? (      )

① 일 차례
② 계절 변화
③ 장소 변화
④ 원인과 결과
⑤ 밤과 낮의 변화

**20** 글 (가)와 (나) 중에서 시간 흐름에 따라 쓴 글의 기호를 쓰시오.

(                    )

**[1~2] 다음 글을 읽고 물음에 답하시오.**

(가) 할아버지는 베짱이에게 고맙다는 인사를 하고 마루 밑으로 들어갔습니다. 쥐들은 자기 크기만 한 작은 사람이 찾아오자 깜짝 놀랐습니다.

"이 집에 사는 영감님이잖아! 이렇게 작아져서는 웬일이지?"

"인간도 우리만 해지니 무섭지 않군. 한입에 꿀꺽 삼켜 버릴까?"

쥐들은 날카로운 이빨을 번뜩였습니다.

할아버지는 침착하게 쥐들에게 베를 내밀어 보였습니다. 쥐들은 아까보다 더 놀라워했습니다.

"오호, 베짱이가 짠 베잖아! 이 베를 우리가 가진 보물이랑 바꾸지 않겠어? 반쯤 갉아먹은 비누는 어떠냐? 맛이 기가 막히지!"

(나) "아니, 너희가 갖고 있는 '커졌다 작아졌다' 마법 열매를 주면 바꾸지."

할아버지 말에 쥐들은 잠깐 자기네끼리 속닥이더니 말했습니다.

"좋아, 바꾸자."

할아버지가 베를 내주자, 쥐들은 할아버지에게 마법 열매를 주었습니다.

마루 밑에서 나온 할아버지는 열매를 입에 넣고 꿀꺽 삼켰습니다. 순간 할아버지 몸이 풍선처럼 부풀어 오르는 듯한 기분이 드는가 싶더니 본래 크기로 돌아왔습니다.

**1** 할아버지가 쥐들을 찾아간 까닭은 무엇인지 쓰시오.
[8점]

_____

_____

**2** 글 (나)의 내용을 간추려 쓰시오. [12점]

_____

_____

**[3~4] 다음 글을 읽고 물음에 답하시오.**

(가) 첫 번째, 서로 다른 색깔 실 세 가닥을 함께 잡고 매듭을 짓습니다. 실의 3~4센티미터를 남겨 두고 실 세 가닥을 한꺼번에 잡아 작은 원을 만듭니다. 그 뒤 짧은 쪽 실 세 가닥을 아까 만든 원 쪽으로 집어넣고 당기면 쉽게 매듭을 지을 수 있습니다.

두 번째, 셀로판테이프로 매듭 위쪽을 책상에 붙입니다. 셀로판테이프는 실 팔찌를 만드는 동안 실이 움직이거나 꼬이지 않게 고정하는 역할을 합니다.

(나) 어떻게 감기약을 먹어야 좋을까요?

먼저, 병원에서 의사와 충분하게 상담한 뒤 자신의 증세에 맞는 감기약을 처방받습니다. 어른들이 먹는 감기약이나 언제 샀는지 모르는 감기약을 먹으면 오히려 더 큰 병에 걸릴 수도 있습니다. 어린이들이 감기약을 먹을 때에는 꼭 의사의 지시에 따릅니다.

감기약은 끝까지 먹는 게 좋습니다. 감기약을 먹다가 몸이 나았다고 생각해 그만 먹으면 안 됩니다. 중간에 마음대로 감기약을 먹지 않으면 감기가 더 심해지거나 나중에 감기약을 먹어도 낫지 않을 수 있으므로, 의사가 처방한 날짜만큼 먹어야 합니다.

**3** 글 (가)와 (나)의 공통적인 특징은 무엇인지 쓰시오. [10점]

_____

_____

**4** 글 (가)와 (나)의 다른 점을 구분하여 쓰시오. [12점]

| | |
|---|---|
| (1) 글 (가) | |
| (2) 글 (나) | |

**[1~2] 다음 글을 읽고 물음에 답하시오.**

(가) 토요일 아침 일찍 출발해서, 맨 처음 도착한 고창 관광지는 고인돌 박물관이었다. 고인돌 박물관에서는 영화와 유물들을 보면서 고인돌의 역사를 알 수 있었다. 박물관 일 층에서는 고인돌 영화를 봤고 이 층에서는 고인돌과 관련된 여러 유물을 봤다.

(나) 다음으로 간 곳은 동림 저수지 야생 동식물 보호 구역이었다. 동림 저수지는 겨울 철새가 많이 찾는 곳으로 우리 가족도 혹시 철새 떼의 춤을 볼 수 있을까 하는 기대로 방문해 보았다. 그곳에서 여러 가지 설명을 읽어 보았는데, 고창군 전 지역은 2013년부터 유네스코 생물권 보존 지역으로 지정되어 환경을 해치는 행위를 해서는 안 된다는 안내도 있었다. 아주 많은 수의 철새는 아니었지만 간간이 물 위로 날아오르는 가창오리들을 구경할 수 있었다.

(다) 마지막으로 고창의 유명한 절인 선운사를 방문했다. 선운사는 삼국 시대 때부터 지어진 오래된 절이다. 오래된 절답게 웅장한 건물과 많은 관광객이 있었다. 선운사에서 가장 인상 깊었던 것은 선운사 뒤편의 동백나무 숲이었다.

**1** 글의 흐름으로 보아 이 글은 어떤 방법으로 간추리면 좋을지 쓰시오. [8점]

_____

_____

**2** 글 (나)의 내용을 간추려 쓰시오. [12점]

┌─ 조건 ─────────────────────┐
장소와 그곳에서 한 일을 간단히 쓸 것
└───────────────────────────┘

_____

_____

**[3~4] 다음 글을 읽고 물음에 답하시오.**

(가) 디자이너 체험을 끝내자 거의 열한 시가 되었다. 우리는 제빵사 체험을 하려고 제빵 학원으로 갔다. 제빵 학원 앞에는 크게 '크림빵'이라고 적혀 있었다. 체험관 안으로 들어가자 체험관 선생님께서 밀가루를 나누어 주셨다. 체험관 선생님께서 알려 주시는 차례를 그대로 따라 해서 크림빵을 완성했다.

(나) 점심시간이 끝난 오후 한 시, 소방서에서 병주가 가장 기대하던 소방관 체험으로 활동을 시작했다. 소방관 복장을 하고, 소방차를 타고 출동하고, 불이 난 곳에 물도 뿌렸다. 원래 소방관에는 관심이 없었는데, 체험해 보니 내 적성에도 잘 맞고 보람도 있어서 미래에 소방관이 되어도 좋겠다고 생각했다.

(다) 돌아오는 버스 안에서 선생님께서 말씀하셨다.
"오늘 체험활동이 재미있었나요? 세상에는 직업 체험관에 있는 직업 외에도 수많은 직업이 있어요. 여러분이 앞으로 직업의 세계에 관심을 가지고 살펴본다면 여러분에게 딱 맞는 직업을 찾을 수 있을 거예요."

**3** 글 (가)와 (나)의 내용을 간추려 쓰시오. [12점]

┌─ 조건 ─────────────────────┐
시간, 장소, 한 일을 모두 포함하여 쓸 것
└───────────────────────────┘

_____

_____

**4** 선생님 말씀으로 보아 직업 체험활동을 하는 까닭이 무엇인지 쓰시오. [8점]

_____

_____

# 9. 작품 속 인물이 되어

## ◉ 이야기 속 인물과 성격

① 인물: 이야기에 등장하여 일정한 상황에서 일정한 역할을 하는 <u>사람, 동물, 사물</u> 등을 통틀어 말합니다.

• 「토끼의 재판」에 나오는 인물 예

◌ 토끼　　　◌ 호랑이　　　◌ 나그네　　　◌ 소나무

② 성격: 개인이 가지고 있는 본래의 성질이나 품성을 말합니다.

> 용기 있다　겁이 많다　게으르다　거만하다
> 당당하다　친절하다　자신감이 있다

## ◉ 이야기 속 인물의 성격 알아보기

① 인물이 어떤 <u>말과 행동</u>을 하는지 생각해 봅니다.

② 자신이 이야기 속 인물이라면 어떤 말과 행동을 할지 생각해 봅니다.

③ 이야기 속 인물과 비슷한 말이나 행동을 하는 친구의 성격이 어떤지 생각해 봅니다.

• 「대단한 줄다리기」에 나오는 인물의 성격 예

| 투루 | 무툴라 |
|---|---|
| "이 꼬맹이야! 감히 아침 식사 하는 나를 귀찮게 해?" | "난 줄다리기를 하면 널 언제든 이길 수 있어!" |
| ↓ | ↓ |
| • 잘난 체한다.<br>• 상대를 <u>무시한다.</u> | • 당당하다.<br>• 자신만만하다. |

 얕보거나 하찮게 여긴다.

## ◉ 인물의 성격을 생각하며 극본을 소리 내어 읽기

① 이야기가 진행되는 상황을 살펴봅니다.

② 인물의 말과 행동을 보고 인물의 성격을 짐작합니다.

③ 인물의 성격과 상황에 알맞은 말투로 극본을 읽습니다.

• 상황에 알맞은 말투로 「토끼의 재판」 읽기 예

> 나그네: 토끼님, 토끼님! 재판 좀 해 주세요. 이 궤짝 속에 갇힌 호랑이를 살려 준 나하고, 살려 준 나를 잡아먹으려는 호랑이하고 누가 옳습니까?

나그네 역할은 억울하고 속상한 표정과 말투로 읽어야 어울릴 것 같아요.

## ◉ 알맞은 표정, 몸짓, 말투를 생각하며 극본 읽기

① 상황을 살펴보고 그 상황에서 나라면 어떤 마음이 들지 생각해 봅니다.

② 극본에서 <u>표정, 몸짓, 말투를 알려 주는 부분</u>을 찾아봅니다.

③ 주변에서 인물과 성격이 비슷한 사람이 어떤 표정, 몸짓, 말투를 사용하는지 생각해 봅니다.

④ 자신이 그 인물이라면 어떤 표정, 몸짓, 말투를 사용할지 생각해 봅니다.

• 알맞은 표정, 몸짓, 말투로 「토끼의 재판」 읽기 예

> **궤짝에 갇힌 호랑이가 구해 달라고 부탁하는 상황**
>
> 호랑이: 나그네님, 저를 좀 구해 주십시오.
> 나그네: (궤짝을 들여다보고) 이크, 호랑이구려! 무슨 일이오?
> 호랑이: 나그네님, 제발 문고리를 따고 문짝을 좀 열어 주십시오.

↓

> 불쌍한 표정, 공손한 몸짓, 간절한 말투로 읽는 것이 어울린다.

### 쪽지시험

❶ 개인이 가지고 있는 본래의 성질이나 품성을 ( 성격 / 습관 )이라고 합니다.

❷ 이야기 속 인물의 말과 행동을 보면 인물의 성격을 파악할 수 있습니다. ( ○ / × )

❸ 극본을 실감 나게 읽으려면 상황과 인물의 성격에 알맞은 표정, ☐ ☐, 말투로 읽습니다.

\* 배점이 표시되어 있지 않은 문제는 문제당 **4점**입니다.

### [01~06] 다음 글을 읽고 물음에 답하시오.

어느 날 아침, 무툴라는 코가 따끔거려서 잠에서 깼어요. 무툴라는 코로로 언덕 아래로 깡충 뛰어갔어요.

그런데 갑자기 뭔가가 "우두둑, 뚝, 쿵!" 하고 부러지는 소리가 들렸어요. 코끼리 투루가 나타난 거예요.

"안녕, 투루."

투루는 질겅질겅 풀을 씹기만 할 뿐 아무 말도 하지 않았어요.

"안녕이라고 말했잖아. 투루!"

투루는 꼬리를 한 번 실룩 움직일 뿐 여전히 아무 말도 하지 않았어요.

㉠"안녕이라고 말했잖아. 투루!"

무툴라는 이번에는 아주 크게 소리쳤어요.

㉡"그래서 어쩌라고? 이 꼬맹이야! 감히 아침 식사 하는 나를 귀찮게 해?"

"투루, 그렇게 거만하게 굴 것까진 없잖아! 너는 몸집이 가장 크다고 네가 가장 힘이 센 줄 알지? 난 줄다리기를 하면 널 언제든 이길 수 있어!"

### 01 무툴라와 투루는 어디에서 만났습니까? [5점]

• 코로로 언덕 ☐☐☐☐

### 02 무툴라가 투루에게 인사를 했을 때 투루의 행동으로 알맞지 <u>않은</u> 것에 ×표 하시오.

(1) 꼬리를 한 번 실룩 움직였다. (   )

(2) 귀찮은 듯한 말투로 인사했다. (   )

(3) 아무 말도 하지 않고 풀을 씹었다. (   )

(4) 아침 식사 하는데 귀찮게 한다고 화를 냈다.

(   )

### 03 ㉠에서 짐작할 수 있는 무툴라의 마음은 어떠하겠습니까? (   )

① 투루와 대화를 해서 즐거울 것이다.

② 투루와 함께 풀을 먹고 싶을 것이다.

③ 투루가 귀찮게 해서 화가 났을 것이다.

④ 투루가 대답을 안 해서 안심했을 것이다.

⑤ 투루가 대답을 안 해서 화가 났을 것이다.

### 04 ㉡으로 알 수 있는 투루의 성격으로 알맞은 것을 두 가지 고르시오. (   ,   )

중요!

① 친절하다.     ② 장난스럽다.

③ 잘난 체한다.     ④ 호기심이 많다.

⑤ 상대를 무시한다.

### 서술형·논술형 문제 ✎

### 05 투루는 ㉡을 말할 때 어떤 표정과 말투로 말했을지 쓰시오. [11점]

_____

_____

### 06 무툴라는 무엇을 하면 자기가 투루를 이길 수 있다고 했습니까? (   )

① 달리기     ② 팔씨름

③ 줄타기     ④ 줄넘기

⑤ 줄다리기

**[07~09] 다음 글을 읽고 물음에 답하시오.**

㉮ 무툴라는 가까이 다가가서 밧줄의 한쪽 끝을 하마 쿠부에게 내밀었어요.

"이걸 잡아. 저 덤불숲이 보이지? 밧줄의 한쪽 끝을 저 뒤에다 두었어. 난 달려가서 그걸 잡을 거야. 내가 당길 준비가 되면 휘파람을 불게. 이렇게. 휘이이이익!"

㉯ 무툴라는 영양처럼 재빨리 덤불숲으로 뛰어갔어요. 무툴라는 꼭꼭 숨자마자 숨을 깊이깊이 들이마신 다음 있는 힘껏 휘파람을 불었어요. ㉠"휘이이이익!" 그러자 양쪽 끝에서 투루와 쿠부가 밧줄을 잡아당기기 시작하는 소리가 들렸어요. 둘은 밧줄을 당기고 당기고 또 당겼어요. 먼저 코끼리 투루가 영차영차 끙끙 밧줄을 잡아당기자 하마 쿠부는 몸을 부르르 떨며 버텼어요. 그다음엔 하마 쿠부가 영차영차 끙끙 밧줄을 잡아당기자 코끼리 투루가 몸을 부르르 떨며 버텼어요. 무툴라는 너무 재미있어서 깔깔 웃느라 배가 다 아팠어요.

줄다리기는 해가 뜰 때 시작되어 해가 질 때까지 계속되었어요. 투루와 쿠부는 둘 다 지고 싶지 않아서 줄다리기를 그만두지 않았어요.

**07** ㉠은 무엇을 뜻하는 신호입니까? (     )

① 밧줄을 끊어라.      ② 밧줄을 놓아라.
③ 밧줄을 당겨라.      ④ 밧줄을 꼬아라.
⑤ 밧줄을 던져라.

**08** 글 ㉯에서 투루와 쿠부가 하고 있는 것은 무엇입니까? [5점]

(                    )

**09** 글의 내용으로 알 수 있는 투루와 쿠부의 성격을 두 가지 고르시오. (     ,     )

① 용감하다.      ② 겁이 많다.
③ 꾀가 많다.      ④ 지기 싫어한다.
⑤ 쉽게 포기하지 않는다.

**[10~13] 다음 글을 읽고 물음에 답하시오.**

㉮
- 때: 옛날 옛적, 호랑이 담배 피우던 때
- 곳: 산속
- 등장인물: 호랑이, 사냥꾼 1, 사냥꾼 2, 나그네, 소나무, 길, 토끼

막이 열리면 산속 외딴길에 나무가 한 그루 서 있다. 커다란 호랑이를 넣은 궤짝이 놓여 있고, 나무 밑에서 사냥꾼들이 땀을 씻으며 이야기를 하고 있다. 바람 부는 소리와 나무 흔들리는 소리가 들린다.

사냥꾼 1: 여보게, 목이 마른데 근처에 샘이 없을까?
사냥꾼 2: 나도 목이 마른데 같이 찾아볼까?
사냥꾼 1: 얼른 갔다 오세.

㉯ 호랑이: 아! 뛰쳐나가고 싶어 못 견디겠다. 아이고, 배고파. (머리로 문짝을 떼밀어 보고) 안 되겠는걸! 여기서 나가기만 하면 먼저 저 사냥꾼을 잡아먹고, 사슴이나 토끼를 닥치는 대로 잡아먹어야지. (머리로 또 문을 밀어 보고) 아무리 해도 안 되겠는걸.

**10** 어디에서 있었던 이야기입니까? [5점]

(                    )

**11** 이 글로 연극을 할 때의 무대 모습이 나타나 있는 것은 글 ㉮와 ㉯ 중에서 어느 것입니까?

글 (                    )

**12** 사냥꾼들은 무엇을 하러 갔습니까? (     )

① 밥을 먹으러      ② 샘을 찾으러
③ 궤짝을 구하러      ④ 친구를 만나러
⑤ 호랑이를 잡으러

서술형·논술형 문제✎

**13** 호랑이의 말과 행동을 보고 호랑이의 마음을 짐작하여 쓰시오. [11점]

_____

**[14~17] 다음 글을 읽고 물음에 답하시오.**

> 호랑이: (반가운 목소리로) 나그네님!
>
> 나그네: 누가 나를 부르나? (사방을 둘러본다.)
>
> 호랑이: 나그네님, 저를 좀 구해 주십시오.
>
> 나그네: (궤짝을 들여다보고) 이크, 호랑이구려! 무슨 일이오?
>
> 호랑이: 나그네님, 제발 문고리를 따고 문짝을 좀 열어 주십시오.
>
> 나그네: 뭐요? 문을 열어 달라고? 열어 주면 뛰쳐나와서 나를 잡아먹을 것이 아니오?
>
> 호랑이: 아닙니다. 제가 은혜를 모르고 그런 짓을 할 리가 있겠습니까? (앞발을 비비며 자꾸 절을 한다.)
>
> 나그네: 허허, 알았소. 설마 거짓말이야 하겠소? 내가 이 궤짝 문을 열어 주리다. 그 대신 약속을 꼭 지키시오.

**14** 호랑이가 나그네를 보았을 때 어떤 마음이 들었겠습니까? (　　　)

① 미안한 마음　　　② 외로운 마음

③ 반가운 마음　　　④ 우스운 마음

⑤ 부끄러운 마음

**15** 호랑이는 나그네에게 어떤 부탁을 했습니까? [6점]

• 궤짝 문을 [　　　　　　　] 부탁

**16** 이 장면에서 호랑이의 말투로 어울리는 것은 무엇입니까? (　　　)

① 간절한 말투　　　② 거만한 말투

③ 뻔뻔한 말투　　　④ 명령하는 말투

⑤ 장난스러운 말투

**17** 이 글에서 알 수 있는 나그네의 성격으로 알맞지 않은 것은 무엇입니까? (　　　)

중요!

① 순진하다.　　　② 욕심이 많다.

③ 남을 잘 믿는다.　　　④ 남을 잘 도와준다.

⑤ 예의 바르고 친절하다.

**[18~20] 다음 글을 읽고 물음에 답하시오.**

> 나그네: 토끼님, 토끼님! 재판 좀 해 주세요. 이 궤짝 속에 갇힌 호랑이를 살려 준 나하고, 살려 준 나를 잡아먹으려는 호랑이하고 누가 옳습니까?
>
> 토끼: (귀를 기울이고 한참 생각하다) 누가 누구를 살려 주었어요? 누가 누구를 잡아먹으려 해요? 아, 당신이 이 호랑이를 잡아먹으려고 해요?
>
> 나그네: 아니지요. 내가 호랑이를 잡아먹으려 하는 게 아니라, 이 호랑이가 궤짝에 갇혀 있었는데 내가 살려 주었어요.
>
> 토끼: 네, 알았습니다. 그러니까 이 호랑이하고 당신이 궤짝 속에 갇혀 있었다고요?
>
> 나그네: 아니지요. 호랑이가…….
>
> 호랑이: (답답하다는 듯이 화를 내며) 왜 이렇게 말귀를 못 알아듣지? (궤짝 속으로 들어가며) 이 궤짝 속에 내가 이렇게 있었어. 내가 이렇게 갇혀 있었단 말이야. 알았지?
>
> 토끼가 얼른 달려들어 문고리를 걸어 잠근다.
>
> 토끼: (웃으면서) 이제야 알았습니다. 설명하시지 않아도 잘 알겠습니다.

**18** 나그네는 누구에게 재판을 해 달라고 했습니까? [5점]

(　　　　　　　)

**19** 호랑이는 왜 답답해했습니까? (　　　)

① 궤짝 속에 갇혀 있어서

② 나그네가 말을 잘 못 해서

③ 토끼와 나그네가 말다툼을 해서

④ 토끼가 계속 말귀를 못 알아들어서

⑤ 토끼가 궤짝 속에 들어가 보라고 부탁해서

**20** 이 글에 나타난 토끼의 성격은 어떠합니까? (　　　)

① 게으르다.　　　② 성실하다.

③ 용기가 없다.　　　④ 상대를 무시한다.

⑤ 꾀가 많고 지혜롭다.

* 배점이 표시되어 있지 않은 문제는 문제당 4점입니다.

**[01~04] 다음 글을 읽고 물음에 답하시오.**

> "안녕, 쿠부."
> 쿠부는 무툴라를 쳐다보았지만 아무 말도 하지 않았어요.
> "내가 안녕이라고 말했잖아, 쿠부."
> 쿠부는 눈을 감더니 아무 말 없이 물속으로 사라져 버렸어요. ㉠쿠부의 머리가 다시 물 밖으로 나오자 무툴라는 아주 크게 소리쳤어요.
> "쿠부, 내가 안녕이라고 말했잖아!"
> "그래서 어쩌라고, 이 꼬맹이야! 감히 내 아침잠을 방해하다니!"
> ㉡"쿠부, 그렇게 거만하게 굴 것까진 없잖아! 너는 몸집이 가장 크다고 네가 가장 힘이 센 줄 알지? 난 줄다리기를 하면 널 언제든 이길 수 있어!"
> ㉢"네가? 너 같은 꼬맹이가? 푸우하하하!"
> "내일 아침, 내가 밧줄을 가져올게. 그럼 내가 얼마나 힘이 센지 알게 될 거야!"

**01** ㉠에서 짐작할 수 있는 무툴라의 마음으로 알맞은 것은 무엇입니까? (     )

① 쿠부에게 미안하다.
② 쿠부와 장난치는 것이 즐겁다.
③ 쿠부가 하는 말이 잘 안 들린다.
④ 쿠부에게 고마운 마음을 전하고 싶다.
⑤ 계속 자신을 무시하는 쿠부에게 화가 난다.

**02** 쿠부가 무툴라에게 화를 낸 까닭은 무엇입니까? [5점]

• 무툴라가 쿠부의 [          ]을 방해해서

**03** ㉡에서 알 수 있는 무툴라의 성격으로 알맞은 것은 무엇입니까? (     )

① 겁이 많다.
② 용기가 없다.
③ 수줍어한다.
④ 욕심이 많다.
⑤ 자신만만하다.

**04** ㉢에 어울리는 쿠부의 말투는 무엇입니까? (     )

① 크게 화난 말투
② 미안해하는 말투
③ 웃음을 참는 말투
④ 정답게 속삭이는 말투
⑤ 가소롭다는 듯이 웃는 말투

**[05~06] 다음 글을 읽고 물음에 답하시오.**

> (가) 무툴라는 가까이 가서 밧줄의 한쪽 끝을 투루에게 내밀었어요.
> "이걸 잡아. 난 다른 쪽 끝을 잡고 저 너머로 달려갈게."
> 무툴라는 빽빽한 덤불숲을 가리켰어요.
> (나) 무툴라는 가까이 다가가서 밧줄의 한쪽 끝을 하마 쿠부에게 내밀었어요.
> "이걸 잡아. 저 덤불숲이 보이지? 밧줄의 한쪽 끝을 저 뒤에다 두었어. 난 달려가서 그걸 잡을 거야. 내가 당길 준비가 되면 휘파람을 불게. 이렇게. 휘이이이이익!"
> (다) 무툴라는 꼭꼭 숨자마자 숨을 깊이깊이 들이마신 다음 있는 힘껏 휘파람을 불었어요. "휘이이이이익!" 그러자 양쪽 끝에서 투루와 쿠부가 밧줄을 잡아당기기 시작하는 소리가 들렸어요.

**05** 이 글의 내용을 알맞게 이해한 친구의 이름을 쓰시오.

> 영미: 투루와 쿠부는 무툴라에게 속아서 줄다리기를 하고 있어.
> 승민: 무툴라는 양손으로 각각 투루와 쿠부가 잡은 밧줄을 당기고 있어.

(          )

**서술형·논술형 문제**

**06** 무툴라는 줄을 당기라는 신호를 어떻게 하겠다고 했는지 쓰시오. [8점]

_____

(가) 무툴라는 가까이 다가가서 밧줄의 한쪽 끝을 하마 쿠부에게 내밀었어요.

"이걸 잡아. 저 덤불숲이 보이지? 밧줄의 한쪽 끝을 저 뒤에다 두었어. 난 달려가서 그걸 잡을 거야."

(나) 무툴라는 영양처럼 재빨리 덤불숲으로 뛰어갔어요. 무툴라는 꼭꼭 숨자마자 숨을 깊이깊이 들이마신 다음 있는 힘껏 휘파람을 불었어요. "휘이이이익!" 그러자 양쪽 끝에서 투루와 쿠부가 밧줄을 잡아당기기 시작하는 소리가 들렸어요. 둘은 밧줄을 당기고 당기고 또 당겼어요. 먼저 코끼리 투루가 영차영차 끙끙 밧줄을 잡아당기자 하마 쿠부는 몸을 부르르 떨며 버텼어요. 그다음엔 하마 쿠부가 영차영차 끙끙 밧줄을 잡아당기자 코끼리 투루가 몸을 부르르 떨며 버텼어요.

(다) 줄다리기는 해가 뜰 때 시작되어 해가 질 때까지 계속되었어요. 투루와 쿠부는 둘 다 지고 싶지 않아서 줄다리기를 그만두지 않았어요.

**07** 무툴라가 숨은 장소는 어디입니까? [5점]

( )

**08** 줄다리기를 하고 있는 인물을 모두 고르시오.

( , )

① 투루　　② 달님　　③ 쿠부
④ 해님　　⑤ 무툴라

**09** 이 글의 내용으로 알 수 있는 인물의 성격을 선으로 이으시오. [6점]
중요!

(1) | 투루 | ・　・① | 꾀가 많다. |

(2) | 쿠부 | ・　・② | 수줍음이 많다. |

(3) | 무툴라 | ・　・③ | 지기 싫어한다. |

(가)
- 때: 옛날 옛적, 호랑이 담배 피우던 때
- 곳: 산속
- 등장인물: 호랑이, 사냥꾼 1, 사냥꾼 2, 나그네, 소나무, 길, 토끼

(나) 호랑이: (반가운 목소리로) 나그네님!

나그네: 누가 나를 부르나? (사방을 둘러본다.)

호랑이: 나그네님, 저를 좀 구해 주십시오.

나그네: (궤짝을 들여다보고) 이크, 호랑이구려! 무슨 일이오?

호랑이: 나그네님, 제발 문고리를 따고 문짝을 좀 열어 주십시오.

나그네: 뭐요? 문을 열어 달라고? 열어 주면 뛰쳐나와서 나를 잡아먹을 것이 아니오?

호랑이: ⓐ아닙니다. 제가 은혜를 모르고 그런 짓을 할 리가 있겠습니까? (앞발을 비비며 자꾸 절을 한다.)

나그네: 허허, 알았소. 설마 거짓말이야 하겠소? 내가 이 궤짝 문을 열어 주리다.

**10** 글 (가)를 보고 알 수 있는 이 이야기의 등장인물이 <u>아닌</u> 것은 누구입니까? ( )

① 토끼　　② 호랑이　　③ 나그네
④ 나무꾼　　⑤ 사냥꾼

**11** 호랑이는 어떤 상황에 놓여 있습니까? ( )

① 궤짝을 만들고 있다.
② 궤짝 문을 열고 있다.
③ 궤짝 속에 갇혀 있다.
④ 사냥꾼과 싸우고 있다.
⑤ 나그네를 잡아먹으려고 하고 있다.

서술형·논술형 문제

**12** ⓐ에서 호랑이는 어떤 표정과 몸짓, 말투가 어울릴지 쓰시오. [10점]

_____

_____

**[13~16] 다음 글을 읽고 물음에 답하시오.**

> ㉮ 나그네가 문을 열자, 호랑이가 뛰쳐나와서 나그네를 잡아먹으려고 덤빈다.
>
> 나그네: 이게 무슨 짓이오? 약속을 지키지 않고……
> 호랑이: 하하, 궤짝 속에서 한 약속을 궤짝 밖에 나와서도 지키라는 법이 어디 있어?
> 나그네: 조금 전에 은혜를 모를 리가 있겠느냐고 하면서 애걸복걸하지 않았소?
> 호랑이: 은혜 모르기는 사람이 더하지. 그러니까 사람은 보는 대로 잡아먹어도 괜찮아.
> ㉯ 나그네: 소나무님, 소나무님! 당신도 보셨으니까 사정을 아시지요? 호랑이가 옳습니까, 제가 옳습니까?
> 소나무: 물론 호랑이가 옳지. 왜냐하면 사람은 내가 맑은 공기를 마시게 해 주는데도 나를 마구 꺾고 베어 버리기 때문이야. 호랑이야, 얼른 잡아먹어 버려라.

**13** 궤짝에서 나온 호랑이는 어떤 행동을 했습니까? [6점]

· 나그네를 [          ] 했다.

**14** 글 ㉮에서 나그네의 마음은 어떠했겠습니까? (          )

① 기쁘고 즐겁다.　　② 즐겁고 기대된다.
③ 우습고 재미있다.　　④ 놀라고 당황스럽다.
⑤ 부끄러워서 도망가고 싶다.

**15** 호랑이의 성격으로 알맞지 <u>않은</u> 것은 무엇입니까?
(          )

① 뻔뻔하다.　　② 책임감 있다.
③ 은혜를 모른다.　　④ 믿음성이 없다.
⑤ 고마움을 모른다.

**16** 소나무는 누구의 편을 들었습니까? [5점]
(          )

**[17~20] 다음 글을 읽고 물음에 답하시오.**

> 나그네: 토끼님, 토끼님! 재판 좀 해 주세요. 이 궤짝 속에 갇힌 호랑이를 살려 준 나하고, 살려 준 나를 잡아먹으려는 호랑이하고 누가 옳습니까?
> 토끼: (귀를 기울이고 한참 생각하다) ㉠<u>누가 누구를 살려 주었어요?</u> 누가 누구를 잡아먹으려 해요? 아, 당신이 이 호랑이를 잡아먹으려고 해요?
> 나그네: 아니지요. 내가 호랑이를 잡아먹으려 하는 게 아니라, 이 호랑이가 궤짝에 갇혀 있었는데 내가 살려 주었어요.
> 토끼: 네, 알았습니다. 그러니까 이 호랑이하고 당신이 궤짝 속에 갇혀 있었다고요?
> 나그네: 아니지요. 호랑이가……
> 호랑이: (답답하다는 듯이 화를 내며) ㉡<u>왜 이렇게 말귀를 못 알아듣지?</u> (궤짝 속으로 들어가며) 이 궤짝 속에 내가 이렇게 있었어. 내가 이렇게 갇혀 있었단 말이야. 알았지?
>
> ㉢<u>토끼가 얼른 달려들어 문고리를 걸어 잠근다.</u>

**17** 나그네가 토끼에게 재판해 달라고 한 것에 ○표 하시오.

(1) 토끼와 호랑이 중에서 누가 옳은가 (          )
(2) 나그네와 호랑이 중에서 누가 옳은가 (          )
(3) 나그네와 호랑이 중에서 누가 힘이 센가
(          )

**18** ㉠에 대한 나그네의 대답을 쓰시오. [6점]

· (1) [          ] 가 (2) [          ] 를 살려주었어요.

**19** ㉡에 알맞은 표정, 몸짓, 말투가 <u>아닌</u> 것은 어느 것입니까? (          )
중요!

① 큰 소리로　　② 화를 내며
③ 가슴을 치며　　④ 답답한 표정으로
⑤ 싱글벙글 웃으며

**20** ㉢으로 보아, 토끼는 누구의 편을 들었습니까? [5점]
(          )

## [1~2] 다음 글을 읽고 물음에 답하시오.

무툴라는 코로로 언덕 아래로 깡충 뛰어갔어요.

그런데 갑자기 뭔가가 "우두둑, 뚝, 쿵!" 하고 부러지는 소리가 들렸어요. 코끼리 투루가 나타난 거예요.

"안녕, 투루."

투루는 질겅질겅 풀을 씹기만 할 뿐 아무 말도 하지 않았어요.

"안녕이라고 말했잖아. 투루!"

투루는 꼬리를 한 번 실룩 움직일 뿐 여전히 아무 말도 하지 않았어요.

"안녕이라고 말했잖아. 투루!"

무툴라는 이번에는 아주 크게 소리쳤어요.

"그래서 어쩌라고? 이 꼬맹이야! 감히 아침 식사 하는 나를 귀찮게 해?"

⊙"투루, 그렇게 거만하게 굴 것까진 없잖아! 너는 몸집이 가장 크다고 네가 가장 힘이 센 줄 알지? 난 줄다리기를 하면 널 언제든 이길 수 있어!"

## [3~4] 다음 글을 읽고 물음에 답하시오.

㉮ 호랑이: 나그네님, 제발 문고리를 따고 문짝을 좀 열어 주십시오.

나그네: 뭐요? 문을 열어 달라고? 열어 주면 뛰쳐 나와서 나를 잡아먹을 것이 아니오?

호랑이: 아닙니다. 제가 은혜를 모르고 그런 짓을 할 리가 있겠습니까? (앞발을 비비며 자꾸 절을 한다.)

나그네: 허허, 알았소. 설마 거짓말이야 하겠소? 내가 이 궤짝 문을 열어 주리다.

㉯ 나그네가 문을 열자, 호랑이가 뛰쳐나와서 나그네를 잡아먹으려고 덤빈다.

나그네: 이게 무슨 짓이오? 약속을 지키지 않고…….

호랑이: ⊙하하, 궤짝 속에서 한 약속을 궤짝 밖에 나와서도 지키라는 법이 어디 있어?

나그네: 조금 전에 은혜를 모를 리가 있겠느냐고 하면서 애걸복걸하지 않았소?

호랑이: 은혜 모르기는 사람이 더하지. 그러니까 사람은 보는 대로 잡아먹어도 괜찮아.

**1** 투루의 말과 행동으로 보아 투루의 성격은 어떠한지 쓰시오. [8점]

_____

_____

**3** 호랑이의 성격은 어떠한지 그렇게 생각한 까닭을 함께 쓰시오. [12점]

| (1) 호랑이의 성격 | |
|---|---|
| (2) 그렇게 생각한 까닭 | |

**2** 무툴라는 ⊙을 어떤 표정과 말투로 말했을지 쓰시오. [10점]

_____

_____

**4** 호랑이는 ⊙을 어떤 표정과 말투로 말했을지 쓰시오. [6점]

_____

_____

**[1~2] 다음 글을 읽고 물음에 답하시오.**

㈎ 무툴라는 가까이 가서 밧줄의 한쪽 끝을 투루에게 내밀었어요.
　"이걸 잡아. 난 다른 쪽 끝을 잡고 저 너머로 갈게."
　무툴라는 빽빽한 덤불숲을 가리켰어요.
㈏ 무툴라는 가까이 다가가서 밧줄의 한쪽 끝을 하마 쿠부에게 내밀었어요.
　"이걸 잡아. 저 덤불숲이 보이지? 밧줄의 한쪽 끝을 저 뒤에다 두었어. 난 달려가서 그걸 잡을 거야. 내가 당길 준비가 되면 휘파람을 불게. 이렇게. 휘이이이익!"
㈐ 무툴라는 꼭꼭 숨자마자 숨을 깊이깊이 들이마신 다음 있는 힘껏 휘파람을 불었어요. "휘이이이익!" 그러자 양쪽 끝에서 투루와 쿠부가 밧줄을 잡아당기기 시작하는 소리가 들렸어요. 둘은 밧줄을 당기고 당기고 또 당겼어요. 먼저 코끼리 투루가 영차영차 끙끙 밧줄을 잡아당기자 하마 쿠부는 몸을 부르르 떨며 버텼어요. 그다음엔 하마 쿠부가 영차영차 끙끙 밧줄을 잡아당기자 코끼리 투루가 몸을 부르르 떨며 버텼어요. 무툴라는 너무 재미있어서 깔깔 웃느라 배가 다 아팠어요.

**1** 다음은 무툴라와의 대화입니다. 무툴라의 마음을 짐작하여 쓰시오. [10점]

투루와 쿠부가 밧줄을 당기는 모습을 보고 왜 그렇게 웃었나요?

**2** 이 글에서 알 수 있는 무툴라의 성격을 쓰시오. [8점]

_____

**[3~4] 다음 글을 읽고 물음에 답하시오.**

㈎ 나그네: 이게 무슨 짓이오? 약속을 지키지 않고…….
　호랑이: 하하, 궤짝 속에서 한 약속을 궤짝 밖에 나와서도 지키라는 법이 어디 있어?
　나그네: 조금 전에 은혜를 모를 리가 있겠느냐고 하면서 애걸복걸하지 않았소?
　호랑이: 은혜 모르기는 사람이 더하지. 그러니까 사람은 보는 대로 잡아먹어도 괜찮아.
㈏ 나그네: 소나무님, 소나무님! 당신도 보셨으니까 사정을 아시지요? 호랑이가 옳습니까, 제가 옳습니까?
　소나무: 물론 호랑이가 옳지. 왜냐하면 사람은 내가 맑은 공기를 마시게 해 주는데도 나를 마구 꺾고 베어 버리기 때문이야. 호랑이야, 얼른 잡아먹어 버려라.
㈐ 길: 물론 호랑이가 옳지. 왜냐하면 사람들은 날마다 나를 밟고 다니면서도 고맙다는 말 한마디를 하지 않기 때문이야. 코나 흥흥 풀어 팽개치고, 침이나 탁탁 뱉잖아? 호랑이야, 얼른 잡아먹어 버려라.

**3** 소나무와 길이 호랑이가 옳다고 한 까닭을 각각 쓰시오. [각 6점]

| (1) 소나무 | |
|---|---|
| (2) 길 | |

**4** 소나무와 길의 말을 듣고 나그네는 어떤 마음이 들었을지 쓰시오. [10점]

_____

_____

\* 배점이 표시되어 있지 않은 문제는 문제당 **4점**입니다.

정답 ◘ 꼼꼼 풀이집 20쪽

**[01~03] 다음 글을 읽고 물음에 답하시오.**

(가) 부벨라는 거인이에요. 모든 사람이 부벨라를 무서워했는데 ⊙이 자그마한 목소리의 주인공만은 예외였어요.

부벨라는 발 근처 땅바닥을 자세히 들여다보았어요. 땅속에서 지렁이 한 마리가 고개만 빠끔히 내밀고는 말을 하고 있었어요.

(나) ⊙"너는 내가 무섭지 않니?"

"왜 너를 무서워해야 하는데?"

"내가 너보다 훨씬 덩치가 크니까."

부벨라는 당연하다는 듯이 대답했어요.

"무슨 그런 말도 안 되는 소리가 다 있어? 이 세상 모든 것이 다 나보다 커. 만약 나보다 큰 것들에게 말 붙이기를 겁냈다면 난 계속 입을 다물고 살아야 했을걸."

관련 단원 : 1. 작품을 보고 느낌을 나누어요

**01** ⊙은 누구를 가리키는지 쓰시오. [6점]

( )

관련 단원 : 1. 작품을 보고 느낌을 나누어요

**02** 부벨라는 **01**번 문제에서 답한 인물이 왜 자신을 무서워할 것이라고 생각하였습니까? ( )

① 목소리가 커서
② 돈이 훨씬 많아서
③ 덩치가 훨씬 커서
④ 힘이 훨씬 강하여서
⑤ 커다란 몽둥이를 가지고 있어서

관련 단원 : 1. 작품을 보고 느낌을 나누어요

**03** ⊙의 말에 어울리는 표정은 무엇입니까? ( )

① 놀란 표정
② 창피한 표정
③ 지루한 표정
④ 겁내는 표정
⑤ 부담스러운 표정

**[04~06] 다음 글을 읽고 물음에 답하시오.**

### 갯벌을 보존해야 하는 까닭

(가) 바닷물이 육지로 밀려오는 밀물 때 갯벌은 바닷물로 덮여 있어 보이지 않지만 자연과 사람에게 여러 가지 도움을 줍니다.

(나) 첫째, 갯벌은 다양한 생물이 살 수 있는 장소입니다. 갯벌에 물이 들어오기도 하고 빠지기도 하면서 생물이 살기에 적합한 환경을 만듭니다. 그래서 게, 조개, 갯지렁이, 불가사리, 물고기 같은 여러 가지 생명체가 삽니다.

(다) 둘째, 어민들은 갯벌에서 수산물을 키우고 거두어 돈을 법니다. 어민들은 갯벌에서 조개나 물고기, 낙지 따위를 잡아 팝니다.

(라) 셋째, 갯벌은 육지에서 나오는 오염 물질을 분해해 좋은 환경을 만듭니다. 갯벌은 겉으로는 그냥 진흙탕처럼 보이지만 작은 생물이 갯벌에 많이 살고 있습니다. 이 생물들은 오염 물질 분해가 잘 이루어지게 합니다. 갯벌에서 흔히 사는 갯지렁이도 오염 물질 분해를 돕습니다.

관련 단원 : 2. 중심 생각을 찾아요

**04** 어민들은 갯벌에서 어떤 도움을 받습니까?

• 갯벌에서 ( )을 키우고 거두어 돈을 번다.

관련 단원 : 2. 중심 생각을 찾아요

**05** 이 글에 나타난 갯벌에서 오염 물질을 분해하는 것은 무엇입니까? ( )

① 바람
② 어민
③ 비료
④ 진흙
⑤ 작은 생물들

**서술형·논술형 문제** ✎ 관련 단원 : 2. 중심 생각을 찾아요

**06** 이 글의 중심 생각을 쓰시오. [10점]

_____

_____

관련 단원 : 3. 자신의 경험을 글로 써요

**07** 다음 중 띄어쓰기가 바른 문장의 기호를 쓰시오. [5점]

> ㉠ 내 동생은 다섯살이다.
> ㉡ 우정은 예쁘게가꿀수록 좋다.
> ㉢ 오늘 서점에서 책 두 권을 샀다.

(            )

**[08~09] 다음 시를 읽고 물음에 답하시오.**

> 감기
>
> 내 몸에
> 불덩이가 들어왔다.
> ─뜨끈뜨끈.
> 불덩이를 따라
> 몹시 추운 사람도 들
> 어왔다.
> ─오들오들.
>
> 약을 먹고 나니
> 느릿느릿,
> 거북이도 들어오고
> 까무룩,
> 잠꾸러기도 들어왔
> 다.

관련 단원 : 4. 감동을 나타내요

**08** '내' 몸에 불덩이가 들어왔다고 한 까닭은 무엇입니까? (    )

① 날씨가 너무 더워서
② 뜨거운 음식을 먹어서
③ 이불 속에 있어 따뜻해서
④ 감기에 걸려 열이 많이 나서
⑤ 친구들과 놀지를 못하여 화가 나서

관련 단원 : 4. 감동을 나타내요

**09** 이 시에서 감기약을 먹고 몹시 졸린 상태를 몸에 무엇이 들어왔다고 표현하였습니까? [6점]

• 몸에 (           )가 들어왔다고 표현하였다.

**[10~11] 다음 대화를 보고 물음에 답하시오.**

관련 단원 : 5. 바르게 대화해요

**10** ㉠ 에 알맞은 말은 무엇입니까? (     )

① 줘.　　　　② 줄래?　　　　③ 주세요.
④ 주겠니?　　⑤ 줘 봐라.

관련 단원 : 5. 바르게 대화해요

**11** ㉡ 에 알맞은 말에 ○표 하시오.

• 사과주스 ( 나왔습니다 / 나오셨습니다 ).

**[12~13] 다음 그림을 보고 물음에 답하시오.**

관련 단원 : 6. 마음을 담아 글을 써요

**12** ㉠, ㉡에 알맞은 말을 선으로 이으시오.

(1) ㉠ •　　　　　• ① 미안해.

(2) ㉡ •　　　　　• ② 고맙습니다.

**서술형·논술형 문제** 관련 단원 : 6. 마음을 담아 글을 써요

**13** 나 의 남자아이와 비슷한 마음을 전하였던 경험을 쓰시오. [10점]

_____

_____

**[14~16] 다음 글을 읽고 물음에 답하시오.**

㈎ '앉아서 하는 피구'는 공 하나로 교실에서 쉽게 즐길 수 있는 놀이이다. 먼저 교실에 있는 책상을 모두 뒤로 밀어 가로로 긴 네모 모양으로 피구장을 만든다.

㈏ 규칙은 피구와 같지만 앉은 자세로 하는 것이 특징이다. 공을 굴리는 사람이나 피하는 사람 모두 앉은 자세로 해야 한다.

㈐ 결국 공에 맞거나, 일어서거나, 공이 벽에 닿기 전에 잡으면 밖으로 나가야 하는 것이다. 밖으로 나간 친구들은 놀이가 끝날 때까지 지켜본다. 어느 한 편의 친구 모두가 밖으로 나가면 놀이가 끝난다.

관련 단원 : 7. 글을 읽고 소개해요

**14** 어떤 놀이를 소개하는 글입니까? [6점]

( )

관련 단원 : 7. 글을 읽고 소개해요

**15** 어떤 때에 피구장 밖으로 나가는지 세 가지를 고르시오. ( , , )

① 일어섰을 때     ② 공에 맞았을 때
③ 눈을 감았을 때     ④ 가위바위보를 졌을 때
⑤ 공이 벽에 닿기 전에 잡을 때

관련 단원 : 7. 글을 읽고 소개해요

**16** 놀이가 끝나는 때는 언제인지 ○표 하시오.

(1) 정해진 시간이 지났을 때     ( )
(2) 어느 한 편의 친구 모두가 밖으로 나갈 때
( )

관련 단원 : 7. 글을 읽고 소개해요

**17** 독서 감상문에 꼭 들어가지 않아도 되는 것은 무엇입니까? ( )

① 책 내용     ② 책의 가격
③ 인상 깊은 부분     ④ 책을 읽게 된 까닭
⑤ 책을 읽은 뒤에 든 생각이나 느낌

**[18~19] 다음 글을 읽고 물음에 답하시오.**

세 가닥 땋기는 머리를 땋을 때 많이 쓰는 방법입니다. ㉠먼저, 왼쪽 첫 번째 그림과 같이 실 세 가닥을 나란히 폅니다. ㉡두 번째, 왼쪽 빨간색 실을 가운데 파란색 실 위로 올립니다. 그러면 왼쪽 실이 가운데로 오고, 가운데 실이 왼쪽으로 가게 됩니다. ㉢세 번째, 오른쪽 노란색 실을 가운데로 온 실 위에 올립니다. 다시 처음처럼 왼쪽으로 간 실을 가운데로, ㉣오른쪽으로 간 실을 가운데로 올립니다. 이 방법을 계속 반복하면 실이 땋아집니다.

관련 단원 : 8. 글의 흐름을 생각해요

**18** 이 글에 대한 설명으로 알맞은 것은 무엇입니까?

( )

① 일 차례에 따라 쓴 글이다.
② 책을 읽고 소개하는 글이다.
③ 글쓴이의 의견을 쓴 글이다.
④ 장소 변화에 따라 쓴 글이다.
⑤ 시간을 나타내는 말이 잘 나타나 있는 글이다.

관련 단원 : 8. 글의 흐름을 생각해요

**19** ㉠~㉣ 중 차례를 나타내는 말이 아닌 것의 기호를 쓰시오. [5점]

( )

관련 단원 : 9. 작품 속 인물이 되어

**20** ㉠~㉢ 중 간절한 말투가 어울리는 것의 기호를 쓰시오.

㈎ 호랑이: ㉠나그네님, 제발 문고리를 따고 문짝을 좀 열어 주십시오.
나그네: ㉡뭐요? 문을 열어 달라고? 열어 주면 뛰쳐나와서 나를 잡아먹을 것이 아니오?
㈏ 나그네: 이게 무슨 짓이오? 약속을 지키지 않고……
호랑이: ㉢하하, 궤짝 속에서 한 약속을 궤짝 밖에 나와서도 지키라는 법이 어디 있어?

( )

* 배점이 표시되어 있지 않은 문제는 문제당 4점입니다.

정답 ○ 꼼꼼 풀이집 20쪽

**[01~03] 다음 그림을 보고 물음에 답하시오.**

관련 단원 : 1. 작품을 보고 느낌을 나누어요

**01** 다음은 어떤 그림의 상황을 설명한 것인지 그림의 번호를 쓰시오. [6점]

(1) 여자아이가 친구의 우유를 엎질렀다. (      )

(2) 남자아이가 여자아이를 위해 문을 잡아 주고 있다.                                              (      )

관련 단원 : 1. 작품을 보고 느낌을 나누어요

**02** 그림 ❶에서 여자아이가 할 말로 알맞은 것은 무엇입니까? (      )

① 고마워.              ② 축하해.

③ 그만 해.            ④ 짜증 나!

⑤ 하지 마!

관련 단원 : 1. 작품을 보고 느낌을 나누어요

**03** 그림 ❷에서 여자아이의 말투는 어떠했겠습니까?

(      )

① 우렁찬 말투

② 진지한 말투

③ 빈정거리는 말투

④ 장난스러운 말투

⑤ 놀리는 듯한 말투

관련 단원 : 1. 작품을 보고 느낌을 나누어요

**04** 표정, 몸짓, 말투에 주의하며 말하면 좋은 점을 모두 찾아 기호를 쓰시오.

> ㉠ 자신의 느낌을 더 실감 나게 전할 수 있다.
> ㉡ 자신의 생각을 더 정확하게 전달할 수 있다.
> ㉢ 상대가 무조건 자신의 의견에 찬성하도록 만들 수 있다.

(      ,      )

**[05~07] 다음 글을 읽고 물음에 답하시오.**

> ㉠가을 날씨를 나타내는 토박이말에는 '건들바람', '건들장마', '무서리', '올서리', '된서리' 같은 말이 있다. 여름이 지나고 가을이 되면 서늘한 바람이 불고 늦가을이 되면 서리가 내린다. ㉡이른 가을날, 가볍고 부드럽게 건들건들 부는 서늘한 바람을 '건들바람'이라고 한다. 이 무렵, 비가 쏟아져 내리다가 번쩍 개고 또 오다가 개는 장마를 '건들장마'라고 한다. ㉢늦가을, 수증기가 땅이나 물체 표면에 얼어붙은 것을 '서리'라고 한다. 처음 생기는 묽은 서리를 '무서리'라고 하는데, '물+서리'로 무더위와 ㉣같은 짜임이다.

관련 단원 : 2. 중심 생각을 찾아요

**05** ㉠~㉢을 중심 문장과 뒷받침 문장으로 나누시오. [6점]

(1) 중심 문장: (                     )

(2) 뒷받침 문장: (                   )

관련 단원 : 2. 중심 생각을 찾아요

**06** 이 글의 내용으로 보아 '무더위'는 어떤 짜임으로 이루어진 낱말이겠습니까?

· [          ] +더위

관련 단원 : 2. 중심 생각을 찾아요

**07** ㉣와 뜻이 반대인 낱말은 어느 것입니까? (      )

① 오다          ② 다르다          ③ 모르다

④ 틀리다          ⑤ 비슷하다

**[08~09] 다음 글을 읽고 물음에 답하시오.**

> 동생 주혁이가 끙끙 앓는 소리에 잠에서 깼다.
> "열이 39도가 넘잖아! 배도 많이 아파하고, 큰일이네."
> 걱정스럽게 말씀하시는 아빠의 목소리도 들렸다.
> ㉠나는 눈을 비비고 자리에서 일어났다.
> "아빠, 무슨 일이에요?"
> 나는 주혁이 머리맡에 앉아 계신 아빠 옆으로 다가갔다.
> "주혁이가 열이 많이 나는구나. 아무래도 장염에 걸린 것 같다. ㉡이번 가을에만 두번째네."
> 아빠께서 걱정스럽게 말씀하셨다. 주혁이는 얼굴을 찡그리며 힘들어했다. 아빠께서 병원에 갈 채비를 하시는 동안 ㉢나는 주혁이 옆에 앉아 있었다.

관련 단원 : 3. 자신의 경험을 글로 써요
**08** 어떤 경험에 대하여 쓴 글입니까? (　　　)

① 동생이 아팠던 일　② 엄마를 기다린 일
③ 무서운 꿈을 꾼 일　④ 아빠와 요리를 한 일
⑤ 장염에 걸려서 병원에 간 일

관련 단원 : 3. 자신의 경험을 글로 써요
**09** ㉠~㉢ 중에서 고쳐 써야 할 부분의 기호를 쓰시오.

(　　　　　　　　)

**[10~11] 다음 글을 읽고 물음에 답하시오.**

> 나는 아저씨를 풀밭에 데려가 걸었어요.
> 그러자 아저씨는 아코디언을 가져와 즉석에서 딱 초록색인 곡을 연주했어요.
> 이건 우리 사이의 놀이가 되었어요.
> 나는 아저씨에게 색깔을 알려 주려고 애를 썼고, 아저씨는 내게 색깔을 연주해 주려고 애를 썼어요.
> 어떤 색은 다른 색보다 훨씬 쉬웠어요.
> 하지만 난 가끔 집에 돌아올 때에는 기운이 쭉 빠졌어요. / 아저씨가 진짜 색깔을 볼 수 있으면 얼마나 좋을까요?

관련 단원 : 4. 감동을 나타내요
**10** '나'는 어떤 색을 알려 주기 위해 아저씨를 풀밭에 데려갔겠습니까? [5점]

(　　　　　　　　)

관련 단원 : 4. 감동을 나타내요
**11** '내'가 가끔 집에 돌아올 때 기운이 쭉 빠진 까닭은 무엇입니까? (　　　)

① 집에 가면 피아노를 쳐야 해서
② 아저씨가 자꾸 피아노를 치라고 하셔서
③ 아저씨에게 더 이상 설명할 색깔이 없어서
④ 엄마가 아저씨와 만나는 것을 좋아하지 않으셔서
⑤ 아저씨가 진짜 색깔을 볼 수 없는 것이 안타까워서

**[12~13] 다음 전화 대화를 읽고 물음에 답하시오.**

> 예원이 언니: 여보세요?
> 수진: 예원아! 우리 내일 어디에서 만나서 놀기로 했지?
> 예원이 언니: (생각) 나는 예원이 언니인데……. 누구지?

관련 단원 : 5. 바르게 대화해요
**12** 수진이가 전화를 건 까닭은 무엇입니까? (　　　)

① 예원이가 집에 있는지 물어보려고
② 미술 준비물이 무엇인지 물어보려고
③ 예원이 언니에게 고맙다고 말하려고
④ 예원이네 집에 놀러 가겠다고 말하려고
⑤ 예원이에게 내일 어디에서 만나기로 했는지 물어보려고

서술형·논술형 문제 ✎ 관련 단원 : 5. 바르게 대화해요
**13** 수진이가 한 말을 전화 예절에 맞게 고쳐 쓰시오. [11점]

_____

_____

## [14~15] 다음 글을 읽고 물음에 답하시오.

> 1교시는 사회 시간이었다. 우리 지역의 자랑거리를 조사해서 발표하는 시간이었다.
>
> 우리 모둠 발표자는 나였다. 앞 모둠 발표가 거의 끝나 가자 나는 가슴이 콩닥콩닥 뛰기 시작했다.
>
> '어쩌지? 실수하면 안 되는데······.'
>
> 발표 내용이 갑자기 뒤죽박죽되는 느낌이었다.
>
> 우리 모둠 차례가 되었고 겨우겨우 발표를 끝내고 자리로 돌아왔다.

**관련 단원 : 6. 마음을 담아 글을 써요**

**14** 이 글에서 '내'가 한 일은 무엇입니까? (      )

① 발표를 했다.　　　② 수영을 했다.

③ 시험을 보았다.　　④ 친구와 장난을 쳤다.

⑤ 박물관으로 견학을 갔다.

**관련 단원 : 6. 마음을 담아 글을 써요**

**15** 이 글을 읽고 짐작할 수 있는 '나'의 마음을 두 가지 고르시오. (     ,     )

① 고맙다.　　② 설렌다.　　③ 불안하다.

④ 기대된다.　　⑤ 걱정스럽다.

## [16~17] 다음 글을 읽고 물음에 답하시오.

> ㈎ 오늘은 학교에서 『바위나리와 아기별』이라는 책을 읽었다. 앞표지에 있는 바위나리와 아기별 그림이 무척 예뻐서 내용이 궁금했기 때문이다.
>
> ㈏ 바위나리는 바닷가에 핀 아름다운 꽃이었다. 하지만 친구가 없어 늘 외로웠다. 어느 날 밤, 아기별이 하늘에서 내려와 둘은 친구가 되었고, 바위나리와 아기별은 밤마다 만나 즐겁게 놀았다.
>
> ㈐ 나는 이 책에서 바위나리를 그리워하며 울다가 빛을 잃은 아기별이 하늘 나라에서 쫓겨나 바다로 떨어진 장면이 가장 기억에 남는다. 왜냐하면 살아 있을 때에는 만나지 못하다가 죽은 뒤에야 같이 있을 수 있게 된 것이 너무 슬펐기 때문이다.

**관련 단원 : 7. 글을 읽고 소개해요**

**16** 글쓴이는 어떤 책을 읽었습니까? [5점]

(                    )

**관련 단원 : 7. 글을 읽고 소개해요**

**17** 글 ㈐에 나타난 독서 감상문의 특징에 ○표 하시오.

⑴ 책 내용　　　　　　　　　( 　 　 )

⑵ 인상 깊은 부분　　　　　( 　 　 )

⑶ 책을 읽게 된 까닭　　　( 　 　 )

## [18~19] 다음 글을 읽고 물음에 답하시오.

> 다음으로 간 곳은 동림 저수지 야생 동식물 보호 구역이었다. 동림 저수지는 겨울 철새가 많이 찾는 곳으로 우리 가족도 혹시 철새 떼의 춤을 볼 수 있을까 하는 기대로 방문해 보았다. 그곳에서 여러 가지 설명을 읽어 보았는데, 고창군 전지역은 2013년부터 유네스코 생물권 보존 지역으로 지정되어 환경을 해치는 행위를 해서는 안 된다는 안내도 있었다.

**관련 단원 : 8. 글의 흐름을 생각해요**

**18** 글쓴이가 방문한 곳은 어디입니까? [5점]

(                    )

**관련 단원 : 8. 글의 흐름을 생각해요**

**19** 글쓴이가 문제 **18**번에 답한 장소를 방문한 까닭은 무엇입니까? (      )

① 저수지에서 가창오리를 잡으려고

② 저수지에 핀 동백꽃을 보고 싶어서

③ 저수지 주변의 여러 유물들을 보고 싶어서

④ 눈 오는 저수지의 풍경을 보려는 기대 때문에

⑤ 철새 떼의 춤을 볼 수 있을까 하는 기대 때문에

**서술형·논술형 문제** ✎ **관련 단원 : 9. 작품 속 인물이 되어**

**20** ㉠에 어울리는 표정이나 몸짓, 말투를 쓰시오. [10점]

> "안녕이라고 말했잖아. 투루!"
>
> 투루는 꼬리를 한 번 실룩 움직일 뿐 여전히 아무말도 하지 않았어요
>
> "안녕이라고 말했잖아. 투루!"
>
> 무툴라는 이번에는 아주 크게 소리쳤어요.
>
> ㉠"그래서 어쩌라고? 이 꼬맹이야! 감히 아침 식사 하는 나를 귀찮게 해?"

# 수학

## 📏 단원별 중요 내용을 알아볼까?

### ① 곱셈     94쪽

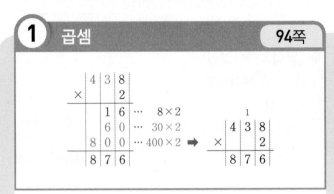

**올림이 있는 (세 자리 수)×(한 자리 수)**

• 일의 자리, 십의 자리, 백의 자리 순서로 곱을 구한 다음 모두 더합니다.

### ② 나눗셈     106쪽

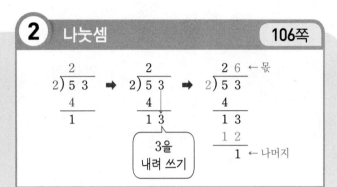

**나머지가 있는 (몇십몇)÷(몇)**

• 53을 2로 나누면 몫은 26이고 1이 남습니다. 이때 1을 53÷2의 나머지라고 합니다.

### ③ 원     118쪽

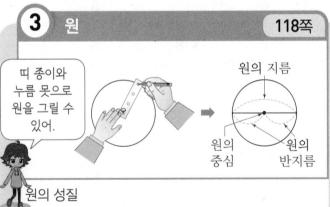

띠 종이와 누름 못으로 원을 그릴 수 있어.

**원의 성질**

• 한 원에서 지름은 반지름의 2배입니다.
• 한 원에서 반지름은 지름의 반입니다.

### ④ 분수     127쪽

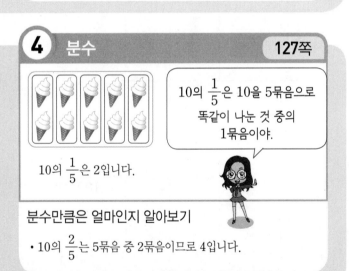

$10$의 $\frac{1}{5}$은 10을 5묶음으로 똑같이 나눈 것 중의 1묶음이야.

$10$의 $\frac{1}{5}$은 2입니다.

**분수만큼은 얼마인지 알아보기**

• $10$의 $\frac{2}{5}$는 5묶음 중 2묶음이므로 4입니다.

### ⑤ 들이와 무게     139쪽

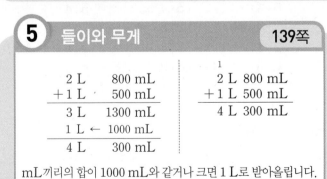

mL끼리의 합이 1000 mL와 같거나 크면 1 L로 받아올립니다.

**들이의 합**

• L는 L끼리 더하고, mL는 mL끼리 더합니다. 이때 1000 mL는 1 L로 받아올림합니다.

### ⑥ 자료의 정리     151쪽

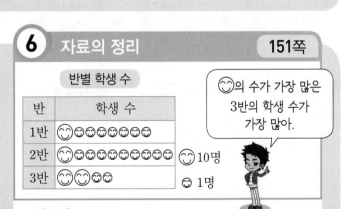

😊의 수가 가장 많은 3반의 학생 수가 가장 많아.

**그림그래프**

• 알려고 하는 수(조사한 수)를 그림으로 나타낸 그래프를 그림그래프라고 합니다.

# 1. 곱셈

### ◉ 올림이 없는 (세 자리 수) × (한 자리 수)

• 213 × 2 계산하기

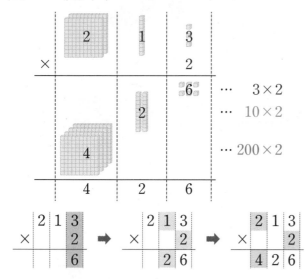

$$3 \times 2$$
$$10 \times 2$$
$$200 \times 2$$

| | 2 | 1 | 3 |
|---|---|---|---|
| × | | | 2 |
| | | | 6 |

➡

| | 2 | 1 | 3 |
|---|---|---|---|
| × | | | 2 |
| | | 2 | 6 |

➡

| | 2 | 1 | 3 |
|---|---|---|---|
| × | | | 2 |
| | 4 | 2 | 6 |

### ◉ 올림이 한 번 있는 (세 자리 수) × (한 자리 수)

• 124 × 3 계산하기

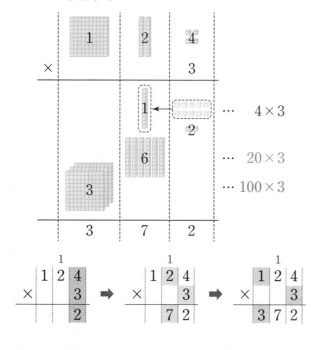

$$4 \times 3$$
$$20 \times 3$$
$$100 \times 3$$

| 1 | | | |
|---|---|---|---|
| | 1 | 2 | 4 |
| × | | | 3 |
| | | | 2 |

➡

| 1 | | | |
|---|---|---|---|
| | 1 | 2 | 4 |
| × | | | 3 |
| | | 7 | 2 |

➡

| 1 | | | |
|---|---|---|---|
| | 1 | 2 | 4 |
| × | | | 3 |
| | 3 | 7 | 2 |

### ◉ 올림이 여러 번 있는 (세 자리 수) × (한 자리 수)

• 852 × 4 계산하기

| | 8 | 5 | 2 | |
|---|---|---|---|---|
| × | | | 4 | |
| | | | 8 | … 2 × 4 |
| | 2 | 0 | 0 | … 50 × 4 |
| 3 | 2 | 0 | 0 | … 800 × 4 |
| 3 | 4 | 0 | 8 | |

→ 일의 자리, 십의 자리, 백의 자리 순서로 곱을 구하여 더합니다.

➡

| | | 2 | | |
|---|---|---|---|---|
| | 8 | 5 | 2 | |
| × | | | 4 | |
| 3 | 4 | 0 | 8 | |

### ✿ (몇십) × (몇십)

• 90 × 30 계산하기

90 × 30
= 90 × 3 × 10
= 270 × 10
= 2700

$$90 \times 3 = 270$$
10배 ↓ ↓ 10배
$$90 \times 30 = 2700$$

### ✿ (몇십몇) × (몇십)

• 37 × 40 계산하기

37 × 40
= 37 × 4 × 10
= 148 × 10
= 1480

$$37 \times 4 = 148$$
10배 ↓ ↓ 10배
$$37 \times 40 = 1480$$

### ✿ (몇) × (몇십몇)

• 6 × 18 계산하기

| | | 6 |
|---|---|---|
| × | 1 | 8 |
| | 4 | 8 |

➡

| | | 6 |
|---|---|---|
| × | 1 | 8 |
| | 4 | 8 |
| | 6 | 0 |

곱을 쓰는 자리에 ← 주의합니다.

➡

| | | 6 |
|---|---|---|
| × | 1 | 8 |
| | 4 | 8 |
| | 6 | 0 |
| 1 | 0 | 8 |

➡

| | | | 4 |
|---|---|---|---|
| | | | 6 |
| × | | 1 | 8 |
| | 1 | 0 | 8 |

### ✿ (몇십몇) × (몇십몇)

• 54 × 26 계산하기

| | 5 | 4 |
|---|---|---|
| × | 2 | 6 |

➡

| | | 2 | |
|---|---|---|---|
| | | 5 | 4 |
| × | | 2 | 6 |
| | | | 4 |

➡

| | | 2 | |
|---|---|---|---|
| | | 5 | 4 |
| × | | 2 | 6 |
| | 3 | 2 | 4 |

➡

| | 5 | 4 |
|---|---|---|
| × | 2 | 6 |
| 3 | 2 | 4 |
| | 8 | 0 |

➡

| | | 5 | 4 |
|---|---|---|---|
| × | | 2 | 6 |
| | 3 | 2 | 4 |
| 1 | 0 | 8 | 0 |

➡

| | | 5 | 4 | |
|---|---|---|---|---|
| × | | 2 | 6 | |
| | 3 | 2 | 4 | … 54 × 6 |
| 1 | 0 | 8 | 0 | … 54 × 20 |
| 1 | 4 | 0 | 4 | |

### ✿ 곱셈의 활용

① 구하려고 하는 것이 무엇인지 알아봅니다.
② 주어진 조건이 무엇인지 알아봅니다.
③ 문제에 알맞은 곱셈식을 만듭니다.
④ 식을 계산하여 답을 구합니다.

* 배점이 표시되어 있지 않은 문제는 문제당 4점입니다.

**01** 수 모형을 보고 □ 안에 알맞은 수를 써넣으시오.

$$121 \times 2 = \boxed{\phantom{000}}$$

**02** □ 안에 알맞은 수를 써넣으시오.

$$40 \times 80 = \boxed{\phantom{00}}\,00$$

$$4 \times 8 = \boxed{\phantom{00}}$$

**03** 색칠된 부분은 실제로 어떤 수의 곱인지 찾아 ○표 하시오.

| | | 4 | 2 | 6 |
|---|---|---|---|---|
| × | | | | 7 |
| | | | 4 | 2 |
| | 1 | 4 | 0 | |
| | 2 | 8 | 0 | 0 |
| | 2 | 9 | 8 | 2 |

| | |
|---|---|
| $2 \times 7$ | $26 \times 7$ |
| $20 \times 7$ | $400 \times 7$ |

**04** □ 안에 알맞은 수를 써넣으시오.

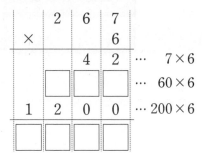

| | | 2 | 6 | 7 | |
|---|---|---|---|---|---|
| × | | | | 6 | |
| | | | 4 | 2 | $\cdots\ 7 \times 6$ |
| | | $\boxed{\ }$ | $\boxed{\ }$ | $\boxed{\ }$ | $\cdots\ 60 \times 6$ |
| | 1 | 2 | 0 | 0 | $\cdots\ 200 \times 6$ |
| $\boxed{\ }$ | $\boxed{\ }$ | $\boxed{\ }$ | $\boxed{\ }$ | | |

**05** □ 안에 알맞은 수를 써넣으시오.

(1)

| | $\boxed{\ }$ | | |
|---|---|---|---|
| | 1 | 4 | 2 |
| × | | | 3 |
| $\boxed{\ }$ | $\boxed{\ }$ | $\boxed{\ }$ | |

(2)

| | $\boxed{\ }$ | $\boxed{\ }$ | |
|---|---|---|---|
| | 4 | 7 | 3 |
| × | | | 4 |
| $\boxed{\ }$ | $\boxed{\ }$ | $\boxed{\ }$ | |

**06** 왼쪽 식을 이용하여 곱셈을 하시오.

중요!

(1) $27 \times 3 = 81 \Rightarrow 27 \times 30 = \boxed{\phantom{000}}$

(2) $86 \times 2 = 172 \Rightarrow 86 \times 20 = \boxed{\phantom{000}}$

**07** 계산을 하시오.

(1)
$$\begin{array}{r} 5\ 8 \\ \times\ 1\ 2 \\ \hline \end{array}$$

(2)
$$\begin{array}{r} 4\ 7 \\ \times\ 6\ 5 \\ \hline \end{array}$$

**08** 두 수의 곱을 빈칸에 써넣으시오.

| 657 | 3 |
|-----|---|
|       |

**09** 계산 결과를 찾아 선으로 이으시오.

(1) $14 \times 30$ •　　•㉠ 380

(2) $19 \times 20$ •　　•㉡ 420

(3) $12 \times 40$ •　　•㉢ 480

**10** 빈칸에 알맞은 수를 써넣으시오.

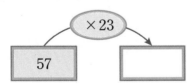

57 ×23

**11** 덧셈식을 보고 □ 안에 알맞은 수를 써넣으시오.

$$475 + 475 + 475 + 475 + 475$$

$475 \times \boxed{\phantom{0}} = \boxed{\phantom{000}}$

**12** 계산 결과를 비교하여 ○ 안에 >, =, <를 알맞게 써넣으시오.

$$304 \times 2 \bigcirc 211 \times 3$$

**13** 빈칸에 알맞은 수를 써넣으시오.

×34

| 6 | 204 |
|---|-----|
| 7 |     |
| 8 |     |

서술형·논술형 문제✐

**14** 버스 한 대에 40명의 학생이 탈 수 있습니다. 버스 30대에 탈 수 있는 학생은 모두 몇 명인지 식을 쓰고 답을 구하시오.

식 _____

답 _____

**15** □ 안에 알맞은 수를 써넣으시오. [6점]

(1)
```
    3 4 □
  ×     4
  1 3 8 0
```

(2)
```
    6 □ 2
  ×     7
  4 4 2 4
```

**16** 빈칸에 알맞은 수를 써넣으시오. [6점]

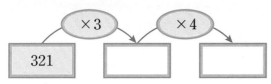

**18** □ 안에 알맞은 수를 써넣으시오. [8점]

```
      □ 8
  ×   9 □
    2 2 8
  3 □ 2 0
  3 □ 4 8
```

서술형·논술형 문제

**19** 어떤 수에 70을 곱해야 하는데 잘못하여 더했더니 162가 되었습니다. 바르게 계산하면 얼마인지 풀이 과정을 쓰고 답을 구하시오. [8점]

풀이

답

서술형·논술형 문제

**17** 중요! 계산이 <u>잘못된</u> 곳을 찾아 이유를 쓰고, 바르게 계산하시오. [6점]

```
    8 6            8 6
  × 5 3    ➡     × 5 3
    2 5 8
    4 3 0
    6 8 8
```

이유

**20** 중요! 4장의 수 카드를 한 번씩 모두 사용하여 (세 자리 수) ×(한 자리 수)의 식을 만들고 있습니다. 계산 결과가 가장 클 때의 곱은 얼마입니까? [10점]

| 3 | 9 | 4 | 2 |

(                              )

수학

점수

정답 ➡ 꼼꼼 풀이집 21쪽

**01** ☐ 안에 알맞은 수를 써넣으시오.

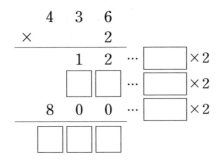

**02** ☐ 안에 알맞은 수를 써넣으시오.

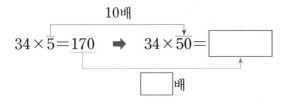

**03** ☐ 안에 알맞은 수를 써넣으시오.

중요!

$$13 \times 26 = 13 \times 20 + 13 \times \boxed{\phantom{0}}$$

$$= \boxed{\phantom{00}} + \boxed{\phantom{0}}$$

$$= \boxed{\phantom{00}}$$

**04** ☐ 안에 알맞은 수를 써넣으시오.

(1)

```
      □
   2  1  5
×        2
─────────
```

(2)

```
      □
   3  2  7
×        3
─────────
```

**05** ☐ 안에 알맞은 수를 써넣으시오.

(1)

```
      6  2
×  1
```

(2)

```
      5  6
×  3
```

**06** 계산을 하시오.

(1)
```
   4  1
× 1  7
```

(2)
```
   5  6
× 7  3
```

**07** 빈칸에 알맞은 수를 써넣으시오.

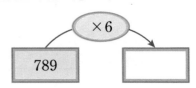

789

**08** 계산이 잘못된 곳을 찾아 바르게 계산하시오.

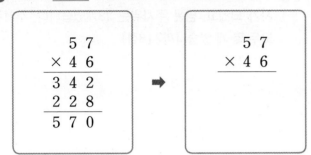

$$\begin{array}{r} 5\ 7 \\ \times\ 4\ 6 \\ \hline 3\ 4\ 2 \\ 2\ 2\ 8\ \ \\ \hline 5\ 7\ 0 \end{array}$$

➡

$$\begin{array}{r} 5\ 7 \\ \times\ 4\ 6 \\ \hline \end{array}$$

**09** 빈칸에 알맞은 수를 써넣으시오.

| × | 40 | 50 | 90 |
|---|---|---|---|
| 30 | | | |

**10** 계산 결과를 비교하여 ○ 안에 >, =, <를 알맞게 써넣으시오.

$$39 \times 40 \bigcirc 18 \times 90$$

**11** 빈 곳에 알맞은 수를 써넣으시오.

125 ×3 ×8

**12** 곱이 큰 것부터 차례대로 기호를 쓰시오.

㉠ 78 × 54
㉡ 93 × 43
㉢ 67 × 65

( )

**13** 8년은 모두 며칠입니까?

1년을 365일로 계산합니다.

( )

서술형·논술형 문제

**14** 다음을 곱셈식으로 나타내고 계산을 하시오.

중요!

43의 27배

식 _____

답 _____

**15** 달걀이 한 묶음에 15개씩 들어 있습니다. 70묶음에는 달걀이 모두 몇 개 들어 있습니까?

( )

서술형·논술형 문제

**16** 어느 자동차 공장에서 하루에 231대의 자동차를 만든다고 합니다. 3일 동안 만들 수 있는 자동차는 모두 몇 대인지 식을 쓰고 답을 구하시오.

식 _____

답 _____

**17** □ 안에 알맞은 수를 써넣으시오. [8점]

$$
\begin{array}{r}
\boxed{\phantom{0}}\;8 \\
\times\;2\;\boxed{\phantom{0}} \\
\hline
7\;0\;2 \\
1\;\boxed{\phantom{0}}\;6\;0 \\
\hline
2\;\boxed{\phantom{0}}\;6\;2 \\
\end{array}
$$

**18** 주사위를 한 상자에 70개씩 담아 포장을 했더니 20상자가 되었고, 남은 주사위는 28개였습니다. 주사위는 모두 몇 개 있습니까? [8점]

( )

서술형·논술형 문제

**19** 낙지는 한 상자에 48마리씩 27상자가 있고, 문어는 한 상자에 36마리씩 37상자가 있습니다. 낙지와 문어 중 어느 것이 더 많은지 풀이 과정을 쓰고 답을 구하시오. [10점]

풀이 _____

_____

_____

_____

답 _____

**20** 4장의 수 카드를 한 번씩 모두 사용하여 (몇십몇)×(몇십몇)의 식을 만들고 있습니다. 계산 결과가 가장 클 때의 곱은 얼마입니까? [10점]

중요!

| 2 | 6 | 4 | 3 |

( )

**단원평가 3회**

\* 배점이 표시되어 있지 않은 문제는 문제당 **4점**입니다.

**01** ☐ 안에 알맞은 수를 써넣으시오.

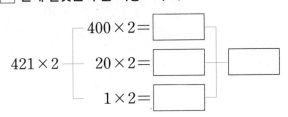

$$400 \times 2 = \boxed{\phantom{000}}$$
$$421 \times 2 \quad 20 \times 2 = \boxed{\phantom{000}} \quad \boxed{\phantom{000}}$$
$$1 \times 2 = \boxed{\phantom{000}}$$

**02** 수 모형을 보고 곱셈식으로 나타내어 보시오.

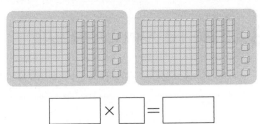

$$\boxed{\phantom{00}} \times \boxed{\phantom{00}} = \boxed{\phantom{000}}$$

**03** ☐ 안에 알맞은 수를 써넣으시오.

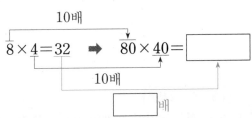

10배
$$8 \times 4 = 32 \implies 80 \times 40 = \boxed{\phantom{000}}$$
10배
$$\boxed{\phantom{00}} \text{배}$$

**04** ☐ 안에 알맞은 수를 써넣으시오.

중요!

$$
\begin{array}{r}
3\ 9 \\
\times\ 2\ 3 \\
\hline
\end{array}
$$

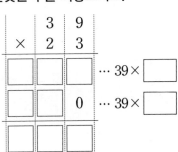

··· $39 \times \boxed{\phantom{0}}$

··· $39 \times \boxed{\phantom{0}}$

**05** 계산을 하시오.

(1)
$$
\begin{array}{r}
1\ 2\ 5 \\
\times\quad\ 3 \\
\hline
\end{array}
$$

(2)
$$
\begin{array}{r}
2\ 1\ 7 \\
\times\quad\ 4 \\
\hline
\end{array}
$$

**06** 계산을 하시오.

(1)
$$
\begin{array}{r}
8 \\
\times\ 3\ 9 \\
\hline
\end{array}
$$

(2)
$$
\begin{array}{r}
4\ 3 \\
\times\ 1\ 2 \\
\hline
\end{array}
$$

**07** 빈칸에 알맞은 수를 써넣으시오.

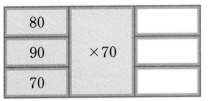

| 80 | | |
| --- | --- | --- |
| 90 | ×70 | |
| 70 | | |

**08** 덧셈식을 곱셈식으로 나타내고 계산을 하시오.

$$269 + 269 + 269 + 269 + 269 + 269$$

$$\boxed{\phantom{000}} \times \boxed{\phantom{00}} = \boxed{\phantom{000}}$$

**09** □ 안에 알맞은 수를 써넣으시오.

243

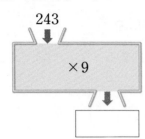

×9

**10** 두 수의 곱을 구하시오.

84    26

(                    )

**11** 계산 결과가 같은 것끼리 선으로 이으시오.

중요!

(1) | 30×40 |    •                    •  ㉠ | 80×30 |

(2) | 40×60 |    •                    •  ㉡ | 60×20 |

(3) | 90×20 |    •                    •  ㉢ | 30×60 |

**12** 계산 결과를 비교하여 ○ 안에 >, =, <를 알맞게 써넣으시오.

$968 \times 7$ ◯ $76 \times 89$

**13** 계산 결과가 큰 순서대로 기호를 쓰시오.

㉠ $3 \times 27$    ㉡ $5 \times 14$    ㉢ $8 \times 12$

(                                        )

서술형·논술형 문제 ✎

**14** 달걀 한 판은 달걀이 30개입니다. 달걀 50판은 달걀이 모두 몇 개인지 식을 쓰고 답을 구하시오.

식 _____

답 _____

**15** ☐ 안에 알맞은 수를 써넣으시오. [6점]

$$
\begin{array}{r}
7 \\
\times\ \boxed{\phantom{0}}\,\boxed{\phantom{0}} \\
\hline
5\ 8\ 8
\end{array}
$$

**16** 형진이네 학교의 전체 학생은 496명입니다. 한 학생에게 공책을 3권씩 나누어 주려고 합니다. 공책은 모두 몇 권 필요합니까?

(                    )

서술형·논술형 문제✏️

**17** 1분에 54번씩 회전하는 삐에로 인형이 있습니다. 이 삐에로 인형은 1시간 동안 몇 번 회전하는지 식을 쓰고 답을 구하시오. [6점]

식 _____

답 _____

**18** 한 시간에 곰 인형을 111개씩 만드는 사람이 있습니다. 이 사람이 하루에 8시간씩 일을 할 때 일주일 동안 만드는 곰 인형은 모두 몇 개입니까? [8점]

(                    )

서술형·논술형 문제✏️

**19** 옥수수를 한 자루에 38개씩 담았더니 54자루가 되었고, 고구마를 한 상자에 40개씩 담았더니 50상자가 되었습니다. 어느 것이 몇 개 더 많은지 풀이 과정을 쓰고 답을 구하시오. [10점]

풀이 _____

_____

_____

_____

답 _____, _____

**20** 4장의 수 카드를 한 번씩 모두 사용하여 (몇십몇)×(몇십몇)의 식을 만들고 있습니다. 계산 결과가 가장 작을 때의 곱은 얼마입니까? [10점]

중요!

| 1 | 5 | 4 | 3 |

(                    )

**1** 47바구니에 들어 있는 배와 사과는 모두 몇 개인지 풀이 과정을 완성하고 답을 구하시오. [8점]

> 한 바구니에 배 13개와 사과 16개씩 들어 있어.

풀이 한 바구니에 들어 있는 배와 사과는

$13+16=$ ☐ (개)입니다.

따라서 47바구니에 들어 있는 배와 사과는 모두

☐ $\times 47=$ ☐ (개)입니다.

답 _____

**2** 상혁이는 윗몸 일으키기를 15일 동안은 하루에 18회씩 했고, 23일 동안은 하루에 25회씩 했습니다. 상혁이가 38일 동안 한 윗몸 일으키기는 모두 몇 회인지 풀이 과정을 쓰고 답을 구하시오. [10점]

풀이 _____

_____

_____

_____

_____

답 _____

**3** 대화를 읽고 물음에 답하시오. [총 24점]

> 용돈을 조금씩 모았더니 50원짜리 동전을 70개나 모았네.
>
> 성하
>
> 아저씨, 이 지우개와 연필은 각각 얼마인가요?
>
> 지우개는 한 개에 240원이고 연필은 한 자루에 90원이란다.
>
> 그럼 지우개 9개와 연필 13자루만 주세요.
>
> 모두 ☐원이구나.
>
> 이제 남은 돈은 얼마일까?

(1) 성하가 모은 50원짜리 동전은 모두 얼마인지 식을 쓰고 답을 구하시오. [6점]

식 _____

답 _____

(2) 지우개 9개는 얼마인지 식을 쓰고 답을 구하시오. [6점]

식 _____

답 _____

(3) 연필 13자루는 얼마인지 식을 쓰고 답을 구하시오. [6점]

식 _____

답 _____

(4) 지우개 9개와 연필 13자루는 모두 얼마입니까? [3점]

( _____ )

(5) 성하에게 남은 돈은 얼마입니까? [3점]

( _____ )

**1** 동전 모금함에 50원짜리 동전을 준수는 80개, 도현이는 90개 넣었습니다. 두 사람이 넣은 돈은 모두 얼마인지 풀이 과정을 쓰고 답을 구하시오. [10점]

풀이 _____

_____

_____

_____

답 _____

**2** 길이가 35 cm인 색 테이프 12장을 그림과 같이 5 cm씩 겹쳐지게 모두 이었습니다. 이은 색 테이프의 전체 길이는 몇 cm인지 풀이 과정을 쓰고 답을 구하시오. [15점]

35 cm 35 cm 35 cm
5 cm 5 cm

풀이 _____

_____

_____

_____

_____

답 _____

**3** 대화를 읽고 물음에 답하시오. [총 23점]

(1) 가은이가 만든 (몇십몇)×(몇십몇)의 식을 쓰고 계산을 하시오. [10점]

식 _____

답 _____

(2) 상혁이가 만든 (세 자리 수)×(한 자리 수)의 식을 쓰고 계산을 하시오. [10점]

식 _____

답 _____

(3) 가은과 상혁 중에서 계산 결과가 더 큰 식을 만든 사람은 누구입니까? [3점]

( )

# 2. 나눗셈

## ❀ (몇십)÷(몇) (1)

· 60÷3의 계산

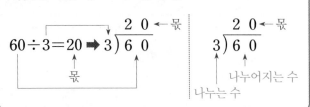

나누어지는 수가 10배
$$6 \div 3 = 2 \Rightarrow 60 \div 3 = 20$$
몫도 10배

**나눗셈식을 세로로 쓰는 방법**

$$60 \div 3 = 20 \Rightarrow 3 \overline{)60} \quad \leftarrow 몫$$

몫

나누어지는 수
나누는 수

## ❀ (몇십)÷(몇) (2)

· 70÷5의 계산

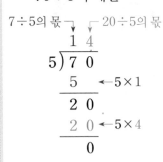

7÷5의 몫   20÷5의 몫

$$\begin{array}{r} 1\,4 \\ 5\,\overline{)7\,0} \\ \underline{5} \quad \leftarrow 5\times1 \\ 2\,0 \\ \underline{2\,0} \quad \leftarrow 5\times4 \\ 0 \end{array}$$

70에서 먼저 7을 5로 나누고, 남은 20을 5로 나눕니다.

## ❀ (몇십몇)÷(몇) (1)

· 36÷3의 계산

3÷3의 몫   6÷3의 몫

$$\begin{array}{r} 1\,2 \\ 3\,\overline{)3\,6} \\ \underline{3} \quad \leftarrow 3\times1 \\ 6 \\ \underline{6} \quad \leftarrow 3\times2 \\ 0 \end{array}$$

36에서 먼저 3을 3으로 나누고, 6을 3으로 나눕니다.

## ❀ (몇십몇)÷(몇) (2)

· 49÷2의 계산

4÷2의 몫   9÷2의 몫

$$\begin{array}{r} 2\,4 \\ 2\,\overline{)4\,9} \\ \underline{4} \quad \leftarrow 2\times2 \\ 9 \\ \underline{8} \quad \leftarrow 2\times4 \\ 1 \quad \leftarrow 49\div2의 나머지 \end{array}$$

몫   나머지
$$49 \div 2 = 24 \cdots 1$$

나머지가 없으면 나머지가 0이라고 말할 수 있습니다. 나머지가 0일 때, 나누어떨어진다고 합니다.

## ❀ (몇십몇)÷(몇) (3)

· 48÷3의 계산

4÷3의 몫   18÷3의 몫

$$\begin{array}{r} 1\,6 \\ 3\,\overline{)4\,8} \\ \underline{3} \quad \leftarrow 3\times1 \\ 1\,8 \\ \underline{1\,8} \quad \leftarrow 3\times6 \\ 0 \end{array}$$

48에서 먼저 4를 3으로 나누고, 남은 18을 3으로 나눕니다.

## ❀ (몇십몇)÷(몇) (4)

· 47÷3의 계산

4÷3의 몫   17÷3의 몫

$$\begin{array}{r} 1\,5 \\ 3\,\overline{)4\,7} \\ \underline{3} \quad \leftarrow 3\times1 \\ 1\,7 \\ \underline{1\,5} \quad \leftarrow 3\times5 \\ 2 \end{array}$$

47에서 먼저 4를 3으로 나누고, 남은 17을 3으로 나눕니다.

## ❀ (세 자리 수)÷(한 자리 수) (1), (2)

· 520÷4의 계산

5÷4의 몫   12÷4의 몫

$$\begin{array}{r} 1\,3\,0 \quad \leftarrow 몫의 일의 자리를 써야 합니다. \\ 4\,\overline{)5\,2\,0} \\ \underline{4} \quad \leftarrow 4\times1 \\ 1\,2 \\ \underline{1\,2} \quad \leftarrow 4\times3 \\ 0 \end{array}$$

· 308÷3의 계산

몫의 십의 자리를 써야 합니다.

3÷3의 몫

$$\begin{array}{r} 1\,0\,2 \quad \leftarrow 8\div3의 몫 \\ 3\,\overline{)3\,0\,8} \\ \underline{3} \quad \leftarrow 3\times1 \\ 8 \\ \underline{6} \quad \leftarrow 3\times2 \\ 2 \end{array}$$

## ❀ 맞게 계산했는지 확인하기

$$16 \div 5 = 3 \cdots 1$$

$$5 \times 3 = 15 \Rightarrow 15 + 1 = 16$$

나누는 수   몫   나머지   나누어지는 수

나누는 수와 몫의 곱에 나머지를 더하면 나누어지는 수가 되어야 합니다.

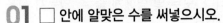

## 단원평가 1회

2. 나눗셈

점수

정답 ▶ 꼼꼼 풀이집 24쪽

\* 배점이 표시되어 있지 않은 문제는 문제당 **4점**입니다.

**01** □ 안에 알맞은 수를 써넣으시오.

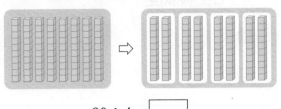

$$80 \div 4 = \boxed{\phantom{00}}$$

**02** 나눗셈의 몫과 나머지를 각각 구하시오.

$$5 \overline{\smash{)}86}$$

몫 (             )

나머지 (             )

**03** 계산해 보시오.

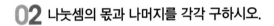

(1) $2 \overline{\smash{)}752}$        (2) $9 \overline{\smash{)}868}$

**04** 빈칸에 알맞은 수를 써넣으시오.

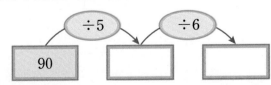

**05** 다음 중 어떤 수를 4로 나누었을 때 나머지가 될 수 없는 수에 ×표 하시오.

| 0 | 1 | 2 | 3 | 4 |
|---|---|---|---|---|

**06** 몫의 크기를 비교하여 ○ 안에 >, =, <를 알맞게 써넣으시오.

$$2 \overline{\smash{)}53} \quad \bigcirc \quad 4 \overline{\smash{)}97}$$

**07** 나눗셈을 하고 맞게 계산했는지 확인해 보시오.

$$74 \div 3 = \boxed{\phantom{0}} \cdots \boxed{\phantom{0}}$$

확인 $\boxed{\phantom{0}} \times \boxed{\phantom{0}} = 72 \Rightarrow 72 + \boxed{\phantom{0}} = \boxed{\phantom{0}}$

**08** 몫이 나머지와 <u>다른</u> 하나를 찾아 ○표 하시오.

| $312 \div 4$ | $532 \div 7$ | $156 \div 2$ |
|---|---|---|
| (     ) | (     ) | (     ) |

**09** 나눗셈의 몫이 큰 것부터 차례로 기호를 쓰시오.

> ㉠ 50÷4    ㉡ 76÷5
> ㉢ 84÷6    ㉣ 93÷7

(             )

**10** 다음 중 나누어떨어지는 나눗셈은 어느 것입니까?

(      )

① 68÷3          ② 94÷4
③ 85÷5          ④ 76÷8
⑤ 98÷6

**11** 다람쥐가 주운 밤을 3곳에 똑같이 나누어 넣으려면 한 곳에 몇 개씩 넣으면 됩니까?

밤 30개를 주워서 보관하려고 해요.

(             )

**12** 도화지 92장이 있습니다. 학생 한 명에게 4장씩 나누어 주려고 합니다. 모두 몇 명에게 줄 수 있는지 식을 쓰고 답을 구하시오.

식 _____

답 _____

**13** 빵 75개를 한 봉지에 4개씩 담아서 팔려고 합니다. 팔 수 있는 빵은 몇 봉지입니까?

(             )

**14** ☐ 안에 알맞은 수를 써넣으시오. [6점]

중요!

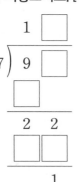

**15** 책꽂이 한 칸에 동화책을 5권씩 꽂을 수 있습니다. 동화책 72권을 책꽂이에 남는 것 없이 모두 꽂으려면 책꽂이는 적어도 몇 칸이 필요합니까? [6점]

( )

**16** 달걀 한 판은 30개입니다. 달걀 3판을 6봉지에 똑같이 나누어 담으려고 합니다. 한 봉지에 달걀을 몇 개씩 담으면 됩니까? [6점]

(중요!)

( )

서술형·논술형 문제

**17** 연필 5타를 한 명에게 7자루씩 나누어 주려고 합니다. 몇 명에게 나누어 줄 수 있고, 몇 자루가 남는지 풀이 과정을 완성하고 답을 차례로 구하시오. (단, 연필 1타는 12자루입니다.) [6점]

풀이 (전체 연필 수)=12× ☐ = ☐ (자루)

☐ ÷7= ☐ … ☐ 이므로 ☐ 명에게 나누어 줄 수 있고, ☐ 자루가 남습니다.

답 _____ , _____

**18** 길이가 120 m인 곧게 뻗은 도로의 한쪽에 처음부터 끝까지 5 m 간격으로 가로등을 세우려고 합니다. 필요한 가로등은 모두 몇 개입니까? (단, 가로등의 두께는 생각하지 않습니다.) [8점]

( )

서술형·논술형 문제

**19** 바구니에 사과 88개를 모두 담으려고 합니다. 한 바구니에 6개씩 담을 수 있다면 바구니는 적어도 몇 개 필요한지 풀이 과정을 쓰고 답을 구하시오. [8점]

풀이 _____

_____

_____

_____

답 _____

**20** 어떤 수를 7로 나누어야 할 것을 잘못하여 4로 나누었더니 몫이 68이고, 나머지가 3이 되었습니다. 바르게 계산했을 때의 몫과 나머지를 각각 구하시오. [8점]

(중요!)

몫 ( ) 나머지 ( )

**2. 나눗셈**

정답 ➡ 꼼꼼 풀이집 24쪽

* 배점이 표시되어 있지 않은 문제는 문제당 **4점**입니다.

**01** 계산해 보시오.

(1) $4\,)\,\overline{9\ 8}$

(2) $9\,)\,\overline{3\ 4\ 5}$

**02** 나눗셈을 하여 ▢ 안에는 몫을, ◯ 안에는 나머지를 써넣으시오.

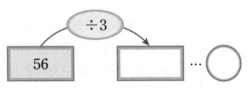

**03** 다음 중 나머지가 3이 될 수 <u>없는</u> 식은 어느 것입니까? (     )

① ▢÷9     ② ▢÷8     ③ ▢÷2

④ ▢÷5     ⑤ ▢÷6

**04** 나누어떨어지는 나눗셈에 ◯표 하시오.

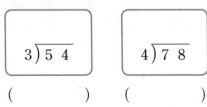

$3\,)\,\overline{5\ 4}$      $4\,)\,\overline{7\ 8}$

(       )     (       )

**05** 관계 있는 것끼리 선으로 이어 보시오.

(1) $32÷5$ •

(2) $80÷7$ •

(3) $74÷4$ •

• ㉠ $\begin{array}{l}7×11=77\\ ➡ 77+3=80\end{array}$

• ㉡ $\begin{array}{l}5×6=30\\ ➡ 30+2=32\end{array}$

• ㉢ $\begin{array}{l}4×18=72\\ ➡ 72+2=74\end{array}$

**06** 빈칸에 큰 수를 작은 수로 나눈 몫을 써넣으시오.

| (1) | 98 | 7 |
|-----|----|----|
| | | |

| (2) | 4 | 52 |
|-----|----|----|
| | | |

**07** 나머지가 가장 큰 것을 찾아 ◯표 하시오.

| $87÷4$ | $64÷6$ | $65÷2$ |
|--------|--------|--------|
| (   ) | (   ) | (   ) |

**08** 나눗셈의 몫을 찾아 선으로 이어 보시오.

(1) $173 \div 6$ •          • ㉠ 24

(2) $186 \div 7$ •          • ㉡ 26

(3) $199 \div 8$ •          • ㉢ 28

**09** 계산이 틀린 것을 2개 고르시오 (          )

① $53 \div 6 = 8 \cdots 5$     ② $84 \div 4 = 20 \cdots 4$

③ $62 \div 8 = 7 \cdots 6$     ④ $76 \div 4 = 19$

⑤ $81 \div 6 = 13 \cdots 4$

**10** 다음은 온두라스와 미국의 국기입니다. 온두라스 국기와 미국 국기 속에 있는 별의 수를 각각 세어 (큰 수)÷(작은 수)의 몫을 구하시오.

별의 수: 50개

온두라스          미국

(          )

**11** 책상 108개를 트럭에 실으려고 합니다. 책상을 트럭 한 대에 9개씩 싣는다면 트럭은 모두 몇 대가 필요한지 식을 쓰고 답을 구하시오.

식 _____

답 _____

**12** 연필 192자루를 7명에게 똑같이 나누어 주려고 합니다. 한 명에게 연필을 몇 자루씩 줄 수 있고, 몇 자루가 남는지 차례로 구하시오.

(          ), (          )

**13** 다음 나눗셈이 나누어떨어질 때 ㉠에 알맞은 수를 구하시오.

$$8 \overline{) 9 \; ㉠}$$

(          )

**14** ㉠에 들어갈 수 있는 자연수 중에서 가장 큰 수를 구하시오. [6점]

중요!

$㉠ \div 7 = 6 \cdots \square$

(          )

**15** 둘레가 150 m인 원 모양 호수의 가장자리에 6 m 간격으로 화분을 놓았습니다. 화분을 모두 몇 개 놓았습니까? (단, 화분의 두께는 생각하지 않습니다.) [6점]

(                  )

**16** ☐ 안에 알맞은 수를 써넣으시오. [6점]

$$
\begin{array}{r}
1\ \boxed{\phantom{0}} \\
\boxed{\phantom{0}}\,)\overline{\boxed{\phantom{0}}\,7} \\
4\phantom{7} \\
\hline
2\ \boxed{\phantom{0}} \\
\boxed{\phantom{0}}\,\boxed{\phantom{0}} \\
\hline
3
\end{array}
$$

**17** 서술형·논술형 문제 ✏️ 중요!
길이가 112 cm인 철사를 두 도막으로 똑같이 나누고, 그중 한 도막을 모두 사용하여 가장 큰 정사각형 하나를 만들었습니다. 만든 정사각형의 한 변의 길이는 몇 cm인지 풀이 과정을 완성하고 답을 구하시오. [6점]

풀이 (철사 한 도막의 길이)

$= 112 \div \boxed{\phantom{0}} = \boxed{\phantom{0}}$ (cm)

만든 정사각형의 네 변의 길이의 합이 $\boxed{\phantom{0}}$ cm 이므로 정사각형의 한 변의 길이는

$\boxed{\phantom{0}} \div \boxed{\phantom{0}} = \boxed{\phantom{0}}$ (cm)입니다.

답 _____

**18** 초콜릿을 한 명에게 8개씩 나누어 주었더니 14명에게 나누어 주고, 3개가 남았습니다. 나누어 주기 전의 초콜릿은 몇 개입니까? [8점] 중요!

(                  )

**19** 수박이 한 상자에 8개씩 들어 있습니다. 9상자에 들어 있는 수박을 한 상자에 6개씩 다시 담으려면 상자는 몇 개 더 필요합니까? [8점]

(                  )

**20** 서술형·논술형 문제 ✏️
현철이가 문제집 한 쪽을 푸는 데 걸리는 시간은 항상 같습니다. 현철이가 문제집 5쪽을 푸는 데 1시간 20분이 걸렸다면 한 쪽을 푸는 데 걸리는 시간은 몇 분인지 풀이 과정을 쓰고 답을 구하시오. [8점]

풀이 _____

_____

_____

_____

답 _____

**2. 나눗셈**

정답 ○ 꼼꼼 풀이집 25쪽

\* 배점이 표시되어 있지 않은 문제는 문제당 **4점**입니다.

**01** 계산해 보시오.

(1)
$$5\overline{)8\ 5}$$

(2)
$$7\overline{)9\ 7}$$

**02** 나눗셈의 몫이 같은 것끼리 선으로 이어 보시오.

(1) $40 \div 4$ • • ㉠ $60 \div 2$

(2) $90 \div 3$ • • ㉡ $70 \div 7$

(3) $60 \div 3$ • • ㉢ $80 \div 4$

**03** 나머지가 더 큰 나눗셈에 ○표 하시오.

$75 \div 4$    $68 \div 6$

(        )  (        )

**04** 빈칸에 알맞은 수를 써넣으시오.

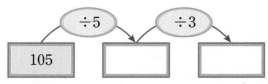

105 → ÷5 → ☐ → ÷3 → ☐

**05** 나눗셈을 하고 맞게 계산했는지 확인해 보시오.

$$7\overline{)1\ 9\ 8}$$

확인 ☐ ➡ ☐

**06** 나눗셈의 나머지를 찾아 선으로 이어 보시오.

(1) $727 \div 6$ • • ㉠ $1$

(2) $654 \div 5$ • • ㉡ $3$

(3) $804 \div 9$ • • ㉢ $4$

**07** 나눗셈의 몫이 바른 것은 어느 것입니까? (        )

① $38 \div 2 = 18$    ② $65 \div 5 = 15$

③ $54 \div 3 = 18$    ④ $45 \div 3 = 19$

⑤ $60 \div 5 = 14$

**08** 어떤 나눗셈에서 나머지가 될 수 있는 수 중 가장 큰 수는 5입니다. 이 나눗셈의 나누는 수를 구하시오.

(                    )

**09** 나눗셈의 몫이 작은 것부터 차례로 기호를 쓰시오.

> ㉠ 80÷8  ㉡ 51÷3
> ㉢ 60÷4  ㉣ 72÷6

( )

**10** 오른쪽 나눗셈을 나누어떨어지게 하려고 합니다. 0부터 9까지의 수 중 □ 안에 들어갈 수 있는 수를 모두 구하시오.

$5\overline{)7\square}$

( )

**11** 곶감이 한 묶음에 10개씩 9묶음과 낱개 6개가 있습니다. 이 곶감을 한 상자에 8개씩 옮겨 담으려면 상자는 모두 몇 개 필요합니까?

( )

**12** 3장의 수 카드 5 , 7 , 9 를 한 번씩만 사용하여 (몇십몇)÷(몇)의 나눗셈식을 만들려고 합니다. 몫이 가장 큰 나눗셈식을 만들고 계산해 보시오.

중요!

식 _____

몫 _____  나머지 _____

**13** 색 테이프 8 cm로 리본 1개를 만들 수 있습니다. 색 테이프 221 cm로 리본을 몇 개까지 만들 수 있고, 몇 cm가 남는지 차례로 구하시오.

( ), ( )

**14** 민준이가 방학 동안 잡은 잠자리의 다리를 세어 보니 모두 78개였습니다. 민준이가 방학 동안 잡은 잠자리의 날개는 모두 몇 장입니까? [6점]

나는 다리가 6개, 날개가 4장 있어.

( )

**15** 어떤 수를 7로 나누었더니 몫이 25이고, 나머지가 6이 되었습니다. 어떤 수는 얼마인지 풀이 과정을 완성하고 답을 구하시오. [6점]

풀이 어떤 수를 ■라 하면 ■÷7=☐ … ☐ 입니다.

7×☐=☐ ➡ ☐+6=■,

■=☐ 이므로 어떤 수는 ☐ 입니다.

답 _____

**16** 공책이 한 묶음에 25권씩 8묶음 있습니다. 이 공책을 한 사람에게 7권씩 나누어 주려고 합니다. 몇 명에게 나누어 줄 수 있고, 몇 권이 남는지 차례로 구하시오. [6점]

( ), ( )

**17** 연필 3타와 볼펜 24자루를 종류에 상관없이 필통 5개에 똑같이 나누어 담으려고 합니다. 필통 한 개에 몇 자루씩 담아야 합니까? (단, 연필 1타는 12자루입니다.) [6점]

( )

**18** 상미는 끈으로 다음과 같은 삼각형을 만들었습니다. 같은 길이의 끈을 모두 사용하여 가장 큰 정사각형을 만든다면, 정사각형의 한 변의 길이는 몇 cm인지 풀이 과정을 쓰고 답을 구하시오. [8점]

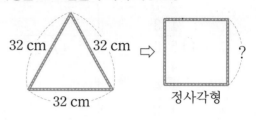

풀이 _____

_____

_____

_____

답 _____

**19** ☐ 안에 알맞은 수를 써넣으시오. [8점]

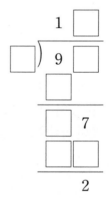

**20** 길이가 192 m인 곧게 뻗은 산책로의 양쪽에 처음부터 끝까지 8 m 간격으로 가로수를 심으려고 합니다. 필요한 가로수는 모두 몇 그루입니까? (단, 가로수의 두께는 생각하지 않습니다.) [8점]

( )

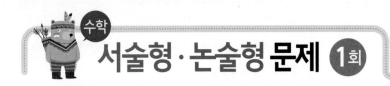
**1** 다음은 <u>잘못된</u> 계산입니다. 그 이유를 쓰고 바르게 계산해 보시오. [6점]

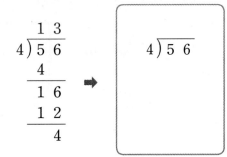

이유 _____

_____

_____

_____


**2** 필통 한 개에 연필을 6자루씩 넣을 수 있습니다. 연필 75자루를 남는 것 없이 모두 넣으려면 필통은 적어도 몇 개 필요한지 풀이 과정을 쓰고 답을 구하시오. [6점]

풀이 _____

_____

_____

_____

답 _____


**3** 날씨 뉴스를 보고 서울과 인천 중 한 시간 동안 내린 비의 양이 더 많은 곳은 어디이고, 몇 mm 더 많이 내렸는지 풀이 과정을 쓰고 답을 차례로 구하시오. [8점]

| 수도권 일부 지역 흐리고 비 |
| --- |
| 서울: 4시간 동안 84 mm |
| 인천: 3시간 동안 57 mm |

풀이 _____

_____

_____

_____

_____

답 _____ , _____


**4** 어떤 수를 8로 나누어야 할 것을 잘못하여 6으로 나누었더니 몫이 19이고, 나머지가 3이 되었습니다. 바르게 계산했을 때의 몫과 나머지는 각각 얼마인지 풀이 과정을 쓰고 답을 구하시오. [10점]

풀이 _____

_____

_____

_____

_____

_____

몫 _____ , 나머지 _____

서술형·논술형 문제 2회

**1** 나눗셈 243÷9에 알맞은 문제를 만들고 답을 구하시오. [6점]

문제 _____

_____

_____

_____

답 _____

**2** 굴비는 20마리를 묶어 한 두름이라고 합니다. 굴비 4두름을 5명이 똑같이 나누어 가지려고 합니다. 한 명이 굴비를 몇 마리씩 가질 수 있는지 풀이 과정을 쓰고 답을 구하시오. [8점]

풀이 _____

_____

_____

답 _____

**3** 지선이네 농장에 있는 닭, 돼지, 소의 다리 수를 세어 보니 모두 124개였습니다. 닭이 12마리라면 닭, 돼지, 소는 모두 몇 마리인지 풀이 과정을 쓰고 답을 구하시오. [10점]

한 마리의 다리 수

| 동물 | 닭 | 돼지 | 소 |
|------|-----|------|-----|
| 다리 수 | 2개 | 4개 | 4개 |

풀이 _____

_____

_____

_____

답 _____

**4** 색 테이프를 5 cm씩 자르면 32도막이 되고, 4 cm가 남습니다. 같은 길이의 색 테이프를 7 cm씩 자르면 몇 도막이 되고, 몇 cm가 남는지 풀이 과정을 쓰고 답을 차례로 구하시오. [10점]

풀이 _____

_____

_____

_____

_____

답 _____, _____

# 3. 원

## ● 원의 중심, 반지름, 지름

누름 못이 꽂힌 점에서 원 위의 한 점까지의 길이는 모두 같습니다.

(1) 원의 중심: 원을 그릴 때 누름 못이 꽂혔던 점 ㅇ
(2) 원의 반지름: 원의 중심 ㅇ과 원 위의 한 점을 이은 선분
(3) 원의 지름: 원 위의 두 점을 이은 선분이 원의 중심을 지날 때의 선분

선분 ㅇㄱ과 선분 ㅇㄴ은 원의 반지름이고, 선분 ㄱㄴ은 원의 지름입니다.

## ● 원의 성질 알아보기

(1) 원을 똑같이 둘로 나누는 선분은 지름입니다.

(2) 지름은 원 안에 그을 수 있는 가장 긴 선분입니다.

(3) 한 원에서 지름은 무수히 많이 그을 수 있습니다.
(4) 한 원에서 지름은 반지름의 2배입니다.
　┗ (원의 지름)＝(원의 반지름)×2

(예)

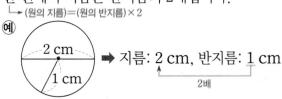

## ● 컴퓨스를 사용하여 원 그리기

· 컴퓨스를 사용하여 반지름이 1 cm인 원 그리기
　① 원의 중심이 되는 점 ㅇ을 정합니다.
　② 컴퓨스를 원의 반지름만큼 벌립니다.
　③ 컴퓨스의 침을 점 ㅇ에 꽂고 컴퓨스를 한쪽 방향으로 돌려 원을 그립니다.

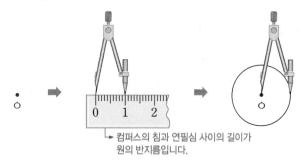

　┗ 컴퓨스의 침과 연필심 사이의 길이가 원의 반지름입니다.

## ● 원을 이용하여 여러 가지 모양 그리기

규칙에 따라 원을 그릴 때에는 원의 중심, 반지름의 변화를 잘 생각해야 합니다.

· 원의 중심이 같은 원 그리기

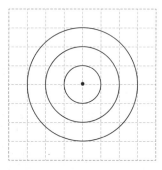

➡ 원의 중심은 옮기지 않고 원의 반지름을 1칸씩 늘려 가며 그렸습니다.

· 원의 반지름이 같은 원 그리기

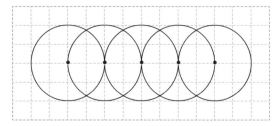

➡ 원의 반지름은 변하지 않고 원의 중심이 오른쪽으로 2칸씩 이동했습니다.

정답 ➡ 꼼꼼 풀이집 27쪽

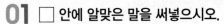

* 배점이 표시되어 있지 않은 문제는 문제당 **4점**입니다.

**01** ☐ 안에 알맞은 말을 써넣으시오.

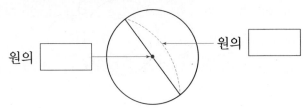

원의 [   ]   원의 [   ]

**02** 컴퍼스를 다음과 같이 벌린 다음 원을 그렸을 때 반지름은 몇 cm입니까?

**중요!**

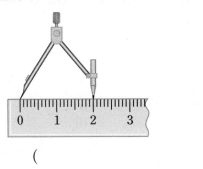

(         )

**03** 길이가 가장 긴 선분을 찾아 기호를 쓰시오.

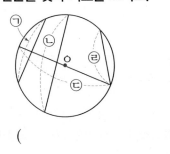

(         )

**04** ☐ 안에 알맞은 수를 써넣으시오.

한 원에서 지름은 반지름의 [   ]배입니다.

**05** 원에 지름을 2개 그어 보시오.

**06** 원의 지름은 몇 cm입니까?

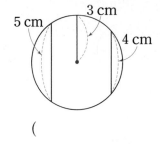

5 cm    3 cm    4 cm

(         )

**07** 설명이 바른 것을 찾아 기호를 쓰시오.

> ㉠ 한 원에서 지름은 1개 있습니다.
> ㉡ 한 원에서 원의 중심은 무수히 많습니다.
> ㉢ 지름은 원을 똑같이 둘로 나눕니다.

(         )

**08** 원의 지름과 반지름은 각각 몇 cm인지 자로 재어 보시오.

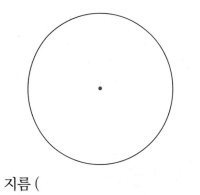

지름 (         )

반지름 (         )

**09** 지름이 30 cm인 원이 있습니다. 이 원의 반지름은 몇 cm입니까?

(                    )

**10** 원의 중심을 옮기고 원의 반지름도 다르게 하여 그린 사람은 누구입니까?

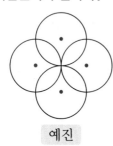

예진

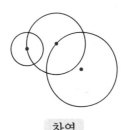

찬열

(                    )

**11** 점 ㅇ을 원의 중심으로 하여 반지름이 2 cm인 원을 그려 보시오.

ㅇ

**12** 그림과 같은 모양을 그리기 위해 컴퍼스의 침을 꽂아야 할 곳은 모두 몇 군데입니까?

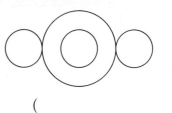

(                    )

서술형·논술형 문제

**13** 크기가 같은 원 3개를 그렸습니다. 선분 ㄱㄴ의 길이는 몇 cm인지 풀이 과정을 완성하고 답을 구하시오.

[5점]

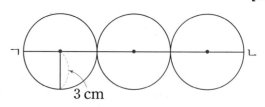

3 cm

풀이 크기가 같은 원의 반지름은 모두 같습니다.

반지름은 ☐ cm이고 선분 ㄱㄴ의 길이는 반지름의 ☐ 배이므로 선분 ㄱㄴ의 길이는

☐ × ☐ = ☐ (cm)입니다.

답 _____

**14** 컴퍼스를 사용하여 주어진 모양과 똑같이 그려 보시오.

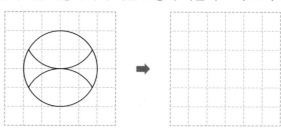

**15** 작은 원의 반지름은 몇 cm입니까? [5점]

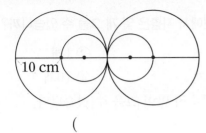

10 cm

(                    )

서술형·논술형 문제✏️

**16** 정사각형 안에 가장 큰 원을 그렸습니다. 정사각형의 네 변의 길이의 합이 64 cm일 때, 원의 반지름은 몇 cm인지 풀이 과정을 쓰고 답을 구하시오. [6점]

풀이 _____

_____

_____

_____

답 _____

**17** 가장 큰 원부터 순서대로 기호를 쓰시오. [6점]
중요!

> ㉠ 지름이 10 cm인 원
> ㉡ 반지름이 4 cm인 원
> ㉢ 지름이 12 cm인 원

(                    )

**18** 직사각형 안에 크기가 같은 원 6개를 이어 붙여서 그렸습니다. 직사각형의 네 변의 길이의 합은 몇 cm입니까? [8점]

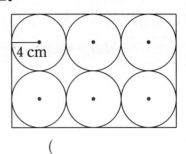

4 cm

(                    )

서술형·논술형 문제✏️

**19** 그림을 보고 어떤 규칙이 있는지 쓰고, 규칙에 따라 원을 1개 더 그려 보시오. [8점]
중요!

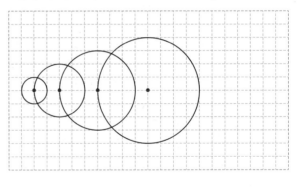

규칙 _____

_____

**20** 크기가 같은 원 6개의 중심을 이어 삼각형을 만들었습니다. 삼각형의 세 변의 길이의 합이 84 cm일 때, 원의 지름은 몇 cm입니까? [10점]

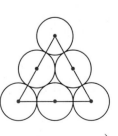

(                    )

수
학

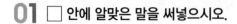
\* 배점이 표시되어 있지 않은 문제는 문제당 **4점**입니다.

**01** □ 안에 알맞은 말을 써넣으시오.

원의 중심과 원 위의 한 점을 이은 선분을 원의 [ ] 이라고 합니다.

**02** 점 ○이 원의 중심일 때, 원의 지름인 선분을 찾아 쓰시오.

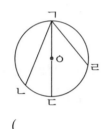

(                    )

**03** 원의 중심을 찾아 표시해 보시오.

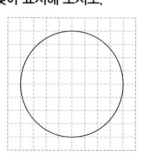

**04** 원의 반지름을 두 개 고르시오. (                    )

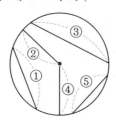

**05** 한 원에서 지름은 몇 개 그을 수 있습니까? (                    )

① 0개          ② 1개
③ 2개          ④ 10개
⑤ 무수히 많이 그을 수 있습니다.

**06** 원의 지름은 몇 cm 몇 mm인지 자로 재어 보시오.

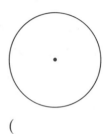

(                    )

**07** 더 작은 원에 ○표 하시오.

| 반지름이 3 cm인 원 | (     ) |
| 지름이 5 cm인 원 | (     ) |

**08** 컴퍼스를 사용하여 지름이 14 cm인 원을 그리려고 합니다. 컴퍼스의 침과 연필심 사이의 길이는 몇 cm로 해야 합니까?

중요!

(                    )

**09** 지름이 1 m인 원이 있습니다. 이 원의 반지름은 몇 cm입니까? [5점]

( )

**10** 원의 중심은 옮기지 않고 반지름만 다르게 하여 그린 모양을 찾아 기호를 쓰시오.

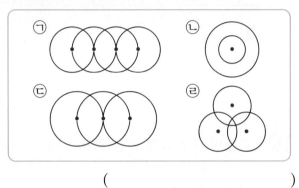

( )

**11** 작은 원의 반지름이 6 cm일 때, 큰 원의 지름은 몇 cm일까요?

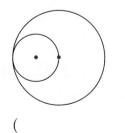

( )

**12** 모양을 그릴 때 컴퍼스의 침을 꽂아야 할 곳의 수가 다른 하나를 찾아 기호를 쓰시오.

중요!

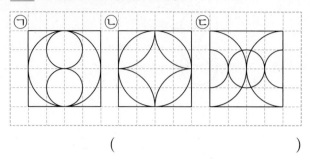

( )

**13** 선분 ㄱㄴ의 길이는 몇 cm입니까?

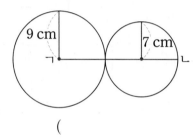

( )

서술형·논술형 문제 ✏

**14** 정사각형 안에 크기가 같은 원 4개를 이어 붙여서 그린 것입니다. 원의 반지름은 몇 cm인지 식을 쓰고 답을 구하시오.

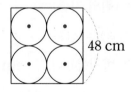

식 _____

답 _____

**15** 컴퍼스를 사용하여 주어진 모양과 똑같이 그려 보시오.

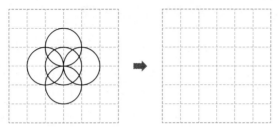

**16** 크기가 같은 원 4개를 그렸습니다. 선분 ㄱㄴ의 길이는 몇 cm입니까? [5점]

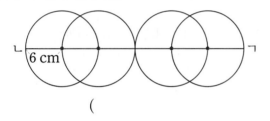

( )

**17** 직사각형 ㄱㄴㄷㄹ의 네 변의 길이의 합은 몇 cm인지 풀이 과정을 완성하고 답을 구하시오. [6점]

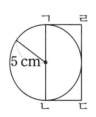

**풀이** ・(선분 ㄱㄴ)=(선분 ㄹㄷ)

    =(원의 지름)=□ cm

・(선분 ㄱㄹ)=(선분 ㄴㄷ)

    =(원의 반지름)=□ cm

➡️ (직사각형 ㄱㄴㄷㄹ의 네 변의 길이의 합)

    =10+5+□+□=□ (cm)

**답** _____

**18** 사각형 ㄱㄴㄷㄹ의 네 변의 길이의 합은 몇 cm인지 풀이 과정을 쓰고 답을 구하시오. [10점]

중요!

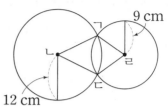

**풀이** _____

_____

_____

_____

**답** _____

**19** 반지름이 3 cm인 가장 작은 원부터 반지름을 2 cm씩 늘여 가며 그렸습니다. 가장 큰 원의 지름과 가장 작은 원의 지름의 차는 몇 cm입니까? [8점]

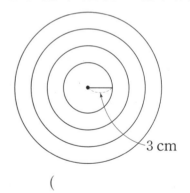

( )

**20** 삼각형 ㄱㅇㄴ의 세 변의 길이의 합이 28 cm일 때, 원의 지름은 몇 cm입니까? [10점]

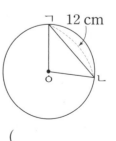

( )

**1** 다음은 반지름이 7 cm인 원입니다. 이 원의 지름은 몇 cm인지 풀이 과정을 완성하고 답을 구하시오. [6점]

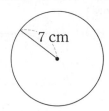

(풀이) 한 원에서 지름은 반지름의 ☐ 배입니다.

➡ (지름)= ☐ × ☐ = ☐ (cm)

(답) _____

**2** 그림과 같이 반지름이 3 cm인 원 4개를 맞닿게 그렸습니다. 사각형 ㄱㄴㄷㄹ의 네 변의 길이의 합은 몇 cm인지 식을 쓰고 답을 구하시오. [6점]

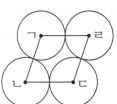

(식) _____

(답) _____

**3** 다음 그림은 크기가 같은 원 9개를 정사각형 안에 이어 붙여서 그린 것입니다. 정사각형의 네 변의 길이의 합은 몇 cm인지 풀이 과정을 쓰고 답을 구하시오. [8점]

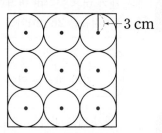

(풀이) _____

_____

_____

_____

(답) _____

**4** 그림을 보고 어떤 규칙이 있는지 쓰고, 규칙에 따라 원을 2개 더 그려 보시오. [8점]

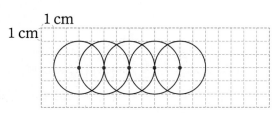

(규칙) _____

_____

_____

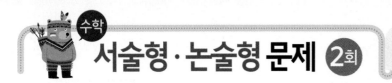
**1** 송이와 친구들이 원 모양의 피자를 먹고 말한 것입니다. 대화를 읽고 큰 피자를 먹은 사람부터 순서대로 이름을 쓰려고 합니다. 물음에 답하시오. [총 10점]

송이
> 내가 먹은 고구마 피자의 지름은 26 cm야.

> 난 반지름이 18 cm인 감자 피자를 먹었지.

민우

아라
> 내가 먹은 피자는 반지름이 20 cm야.

> 난 지름이 30 cm나 되는 피자를 먹었어.

선규

(1) 친구들이 먹은 피자의 지름은 각각 몇 cm입니까? [4점]

송이: _____

민우: _____

아라: _____

선규: _____

(2) 큰 피자를 먹은 사람부터 순서대로 이름을 쓰려고 합니다. 풀이 과정을 쓰고 답을 구하시오. [6점]

풀이 _____

_____

_____

_____

답 _____

**2** 그림에서 정사각형의 한 변의 길이가 32 cm일 때, 선분 ㄱㄴ의 길이는 몇 cm인지 풀이 과정을 쓰고 답을 구하시오. [8점]

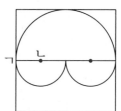

풀이 _____

_____

_____

_____

답 _____

**3** 큰 원의 반지름이 11 cm, 작은 원의 반지름이 7 cm입니다. 그림을 보고 사각형 ㄱㄴㄷㄹ의 네 변의 길이의 합은 몇 cm인지 풀이 과정을 쓰고 답을 구하시오. [10점]

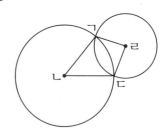

풀이 _____

_____

_____

_____

답 _____

## ✿ 분수로 나타내기

• 부분은 전체의 얼마인지 알아보기

1은 전체 9묶음 중의 1묶음이므로 9의 $\frac{1}{9}$입니다.

3은 전체 3묶음 중의 1묶음이므로 9의 $\frac{1}{3}$입니다.

6은 전체 3묶음 중의 2묶음이므로 9의 $\frac{2}{3}$입니다.

## ✿ 분수만큼은 얼마인지 알아보기

• 수에 대한 분수만큼을 알아보기

머핀 18개를 6묶음으로 똑같이 나누면 1묶음은 전체의 $\frac{1}{6}$입니다. 1묶음에는 머핀이 3개 있습니다.

➡ 18의 $\frac{1}{6}$은 3입니다.

➡ 18의 $\frac{5}{6}$는 15입니다.

• 길이에 대한 분수만큼을 알아보기

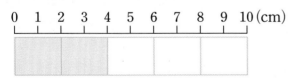

10 cm를 똑같이 5로 나눈 것 중의 1은 2 cm이고 2는 1의 2배이므로 4 cm입니다.

➡ 10 cm의 $\frac{1}{5}$은 2 cm입니다.

➡ 10 cm의 $\frac{2}{5}$는 4 cm입니다.

## ✿ 진분수, 가분수, 자연수

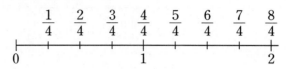

진분수: 분자가 분모보다 작은 분수 ⑩ $\frac{1}{4}$, $\frac{2}{4}$, $\frac{3}{4}$

가분수: 분자가 분모와 같거나 분모보다 큰 분수

⑩ $\frac{4}{4}$, $\frac{5}{4}$

자연수: 1, 2, 3과 같은 수로 자연수는 모두 분수로 나 → 0은 자연수가 아닙니다.

타낼 수 있습니다. ⑩ $1=\frac{4}{4}$, $2=\frac{8}{4}$, $3=\frac{12}{4}$

## ✿ 대분수

대분수: 자연수와 진분수로 이루어진 분수

⑩ $1\frac{2}{3}$, $2\frac{1}{4}$

1과 $\frac{2}{3}$를 $1\frac{2}{3}$라 쓰고 1과 3분의 2라고 읽습니다.

• 가분수를 대분수로 나타내기

$$\frac{9}{4} \rightarrow (\frac{8}{4}과 \frac{1}{4}) \rightarrow (2와 \frac{1}{4}) \rightarrow 2\frac{1}{4}$$

• 대분수를 가분수로 나타내기

$$1\frac{2}{5} \rightarrow (1과 \frac{2}{5}) \rightarrow (\frac{5}{5}와 \frac{2}{5}) \rightarrow \frac{7}{5}$$

## ✿ 분수의 크기 비교하기

5<7─분자의 크기가 큰 가분수가 더 큽니다.

• $\frac{5}{4} < \frac{7}{4}$

• $2\frac{1}{5} > 1\frac{4}{5}$

2>1─자연수가 큰 대분수가 더 큽니다.

5>1─자연수의 크기가 같으므로 분자의 크기가 큰 대분수가 더 큽니다.

$1\frac{5}{6} > 1\frac{1}{6}$

• $1\frac{1}{2}$과 $\frac{5}{2}$의 크기를 비교하면 $1\frac{1}{2}=\frac{3}{2}$이므로

$1\frac{1}{2} < \frac{5}{2}$입니다.

정답 ➡ 꼼꼼 풀이집 29쪽

\* 배점이 표시되어 있지 않은 문제는 문제당 **4점**입니다.

**01** 색칠한 부분을 분수로 나타내시오.

(                    )

**02** 그림을 보고 □ 안에 알맞은 수를 써넣으시오.

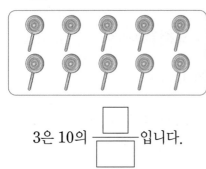

3은 10의 $\dfrac{\square}{\square}$ 입니다.

**03** 그림을 4개씩 묶고 □ 안에 알맞은 수를 써넣으시오.

20을 4씩 묶으면 8은 20의 $\dfrac{\square}{\square}$ 입니다.

**04** 그림을 보고 12 cm의 $\dfrac{3}{4}$ 은 몇 cm인지 쓰시오.

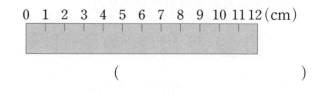

(                    )

**05** 진분수를 모두 찾아 ○표 하시오.

$$\dfrac{1}{4} \quad \dfrac{5}{5} \quad \dfrac{7}{6} \quad \dfrac{2}{3} \quad \dfrac{5}{2} \quad \dfrac{5}{8} \quad \dfrac{4}{7}$$

**06** 수직선을 보고 □ 안에 알맞은 가분수를 써넣으시오.

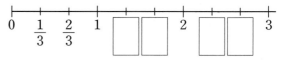

**07** 대분수 $2\dfrac{3}{5}$ 만큼 색칠하고, 가분수로 나타내시오.

(                    )

**08** 대분수를 가분수로 나타내시오.

(1) $3\dfrac{2}{5}$      (2) $4\dfrac{4}{7}$

**09** 가분수를 대분수로 나타내시오.

(1) $\dfrac{47}{6}$      (2) $\dfrac{51}{4}$

**10** 분모가 9인 진분수 중에서 $\dfrac{5}{9}$ 보다 큰 분수를 모두 구하시오.

(                        )

**11** 두 분수의 크기를 비교하여 ○ 안에 >, =, <를 알맞게 써넣으시오.

(1) $1\dfrac{5}{7}$ ◯ $\dfrac{15}{7}$      (2) $3\dfrac{1}{6}$ ◯ $\dfrac{17}{6}$

**12** 가장 큰 것을 찾아 기호를 쓰시오.

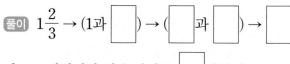

⊙ 28의 $\dfrac{5}{7}$     ⓒ 40의 $\dfrac{3}{5}$     ⓒ 32의 $\dfrac{4}{8}$

(                        )

서술형·논술형 **문제**

**13** 태진이는 사과를 $1\dfrac{2}{3}$ 개 먹었습니다. 태진이가 먹은
중요! 사과는 몇 개인지 가분수로 나타내려고 합니다. 풀이 과정을 완성하고 답을 구하시오. [6점]

풀이 $1\dfrac{2}{3}$ → (1과 ☐) → (☐ 과 ☐) → ☐

이므로 태진이가 먹은 사과는 ☐ 개입니다.

답 _____

**14** 두 분수의 크기를 비교하여 더 큰 분수를 빈 곳에 써넣
중요! 으시오.

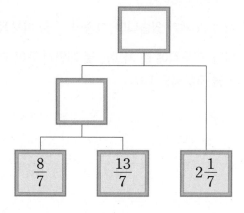

**15** □ 안에 들어갈 수 있는 분모가 5인 가분수는 모두 몇 개입니까? [6점]

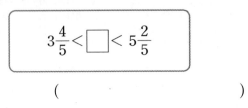

$$3\frac{4}{5} < \boxed{\phantom{x}} < 5\frac{2}{5}$$

( )

**16** 4장의 수 카드 중 2장을 한 번씩 사용하여 만들 수 있는 가분수는 모두 몇 개입니까? [6점]

$$\boxed{5} \quad \boxed{2} \quad \boxed{9} \quad \boxed{6}$$

( )

서술형·논술형 **문제**✎

**17** 사과 30개가 있습니다. 그중의 $\frac{3}{5}$을 이웃집에 주었습니다. 이웃집에 준 사과는 몇 개인지 풀이 과정을 쓰고 답을 구하시오. [8점]

풀이 _____

_____

_____

답 _____

**18** 분수 $\frac{7}{★}$, $\frac{★}{4}$은 가분수입니다. ★이 될 수 있는 1보다 큰 수를 모두 쓰시오. [6점]

( )

서술형·논술형 **문제**✎

**19** 어떤 수의 $\frac{1}{6}$은 6입니다. 어떤 수의 $\frac{3}{4}$은 얼마인지 풀이 과정을 완성하고 답을 구하시오. [8점]

풀이 어떤 수를 똑같이 6묶음으로 묶은 것 중의 1묶음이 $\boxed{\phantom{x}}$이므로 6묶음은 $\boxed{\phantom{x}}$입니다.

따라서 어떤 수는 $\boxed{\phantom{x}}$이므로 $\boxed{\phantom{x}}$의 $\frac{3}{4}$은 36을 똑같이 $\boxed{\phantom{x}}$묶음으로 묶은 것 중의 $\boxed{\phantom{x}}$묶음이므로 $\boxed{\phantom{x}}$입니다.

답 _____

**20** $\boxed{1}$ 에서 $\boxed{9}$ 까지의 수 카드가 1장씩 있습니다. $\boxed{5}$ 를 포함하여 3장의 수 카드를 뽑아 한 번씩만 사용하여 분모가 5인 대분수를 만들었을 때, 만든 대분수 중 $\frac{12}{5}$보다 작은 대분수는 모두 몇 개입니까? [8점]

( )

정답 ◐ 꼼꼼 풀이집 30쪽

점수

* 배점이 표시되어 있지 않은 문제는 문제당 4점입니다.

**01** 그림을 보고 □ 안에 알맞은 수를 써넣으시오.

색칠한 부분은 □ 묶음 중에서 □ 묶음이므로

전체의 $\frac{5}{6}$ 입니다.

**02** 그림을 5개씩 묶고 □ 안에 알맞은 수를 써넣으시오.

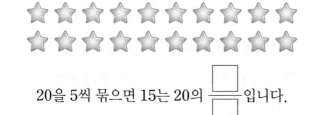

20을 5씩 묶으면 15는 20의 $\frac{□}{□}$ 입니다.

**03** 가분수를 모두 찾아 색칠하시오.

$\frac{9}{5}$   $\frac{3}{7}$   $\frac{10}{10}$   $\frac{1}{7}$   $\frac{5}{3}$

**04** □ 안에 알맞은 수는 어느 것입니까? ( )

18의 $\frac{5}{9}$ 는 □ 입니다.

① 2    ② 5    ③ 9
④ 10    ⑤ 18

**05** 대분수는 가분수로, 가분수는 대분수로 나타내시오.

(1) $7\frac{2}{5}$    (2) $\frac{67}{9}$

**06** 물음에 답하고 조건에 맞게 색칠하여 무늬를 꾸며 보시오.

빨간색: 20의 $\frac{3}{10}$    파란색: 20의 $\frac{7}{10}$

○ ○ ○ ○ ○
○ ○ ○ ○ ○
○ ○ ○ ○ ○
○ ○ ○ ○ ○

(1) 빨간색 ○ 는 몇 개입니까?
( )

(2) 파란색 ○ 는 몇 개입니까?
( )

**07** 두 분수의 크기를 비교하여 ○ 안에 >, =, <를 알맞게 써넣으시오.

(1) $3\frac{1}{4}$ ○ $\frac{15}{4}$    (2) $\frac{14}{9}$ ○ $1\frac{6}{9}$

**08** 분모가 11인 가분수를 모두 찾아 ○표 하시오.

$$2\frac{11}{13} \quad \frac{11}{4} \quad \frac{3}{11} \quad \frac{20}{11} \quad \frac{11}{16} \quad \frac{17}{11}$$

**09** 분모는 1보다 크고 분자가 8인 가분수를 모두 쓰시오.

( )

**10** 오른쪽 분수 카드의 일부분이 찢어져 보이지 않습니다. 카드에 쓰인 분수가 가분수라고 할 때, 분모가 될 수 있는 1보다 큰 수를 모두 쓰시오.

( )

**11** 도넛이 한 봉지에 4개씩 6봉지 있습니다. 전체 도넛의 $\frac{5}{8}$를 먹었다면 먹은 도넛은 몇 개입니까?

( )

**12** 영아, 가은, 상혁이의 몸무게입니다. 영아의 몸무게가 가장 무겁고 가은이의 몸무게가 가장 가볍습니다. 상혁이의 몸무게는 몇 kg이 될 수 있는지 가분수로 모두 나타내시오.

( )

**13** 그림을 보고 $\frac{4}{5}$ m는 몇 cm인지 풀이 과정을 완성
중요! 하고 답을 구하시오. [6점]

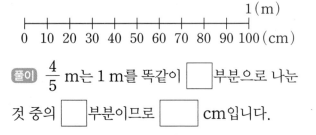

풀이 $\frac{4}{5}$ m는 1 m를 똑같이 □ 부분으로 나눈 것 중의 □ 부분이므로 □ cm입니다.

답 _____

**14** ㉠과 ㉡에 알맞은 수의 합을 구하시오.

6은 24의 $\frac{1}{\boxed{㉠}}$이고, 9는 24의 $\frac{\boxed{㉡}}{8}$입니다.

( )

**15** 다음에 제시된 가분수를 모두 대분수로 나타내고, 나
**중요!** 타낸 대분수를 이용하여 문장을 만들어 보시오. [6점]

$$\frac{5}{4} \quad \frac{7}{2}$$ ➡

문장 _____

_____

**16** 길이가 더 긴 것을 찾아 기호를 쓰시오. [6점]

㉠ 철사 35 m의 $\frac{3}{5}$만큼의 길이

㉡ 노끈 24 m의 $\frac{5}{6}$만큼의 길이

(                    )

**17** 독서실에 학생이 40명 있습니다. 이 중에서 남학생이
전체 학생의 $\frac{3}{10}$일 때, 여학생은 몇 명입니까? [6점]

(                    )

**18** 42명의 학생을 한 모둠에 6명이 되도록 모둠을 만들
었습니다. 학생 18명은 전체의 얼마인지 분수로 나타
내시오. [8점]

(                    )

**19** 5장의 수 카드 중 2장을 한 번씩 사용하여 가장 큰 가
**중요!** 분수를 만들었습니다. 만든 가분수를 대분수로 나타내
시오. [8점]

| 6 | 2 | 9 | 7 | 3 |

(                    )

**20** $\frac{29}{7}$보다 크고 $\frac{61}{7}$보다 작은 모든 자연수의 합은 얼마
인지 풀이 과정을 완성하고 답을 구하시오. [8점]

풀이 $\frac{29}{7} = \boxed{\ }\dfrac{\boxed{\ }}{7}$, $\frac{61}{7} = \boxed{\ }\dfrac{\boxed{\ }}{7}$이므로

$\boxed{\ }$보다 크고 $\boxed{\ }$보다 작은 자연수는 $\boxed{\ }$,

$\boxed{\ }$, $\boxed{\ }$, $\boxed{\ }$입니다.

➡ $\boxed{\ } + \boxed{\ } + \boxed{\ } + \boxed{\ } = \boxed{\ }$

답 _____

\* 배점이 표시되어 있지 않은 문제는 문제당 4점입니다.

**01** 그림을 보고 ☐ 안에 알맞은 수를 써넣으시오.

8의 $\frac{3}{4}$은 ☐ 입니다.

**02** 진분수는 모두 몇 개입니까?

$$\frac{4}{5}, \quad \frac{8}{8}, \quad \frac{5}{6}, \quad 1\frac{5}{7}, \quad \frac{7}{3}, \quad \frac{2}{9}, \quad 2\frac{1}{4}$$

( )

**03** ↓가 나타내는 분수는 몇 분의 몇입니까?

( )

**04** 가분수를 모두 찾아 ◯표 하시오.

$$3\frac{2}{4} \quad \frac{8}{3} \quad \frac{7}{7} \quad \frac{9}{10} \quad 2\frac{4}{5} \quad \frac{7}{2} \quad \frac{5}{6}$$

**05** 관계있는 것끼리 선으로 이으시오.

(1) 가분수  •

(2) 대분수  •

(3) 자연수  •

• ㉠ $4\frac{5}{6}$

• ㉡ $3$

• ㉢ $\frac{9}{5}$

**06** 가분수는 대분수로, 대분수는 가분수로 나타내시오.

(1) $\frac{60}{7}$　　　　(2) $3\frac{5}{9}$

**07** 분수를 수직선 위에 표시해 보시오.

$$\frac{12}{5}, \frac{13}{5}, \frac{9}{5}$$

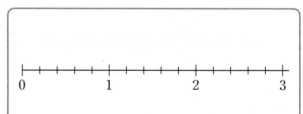

**08** 노란색은 12의 $\frac{5}{6}$입니다. 노란색은 몇 칸인지 쓰고 색 칠하시오.

중요!

| 0 | 1 | 2 | 3 | 4 | 5 | 6 | 7 | 8 | 9 | 10 | 11 | 12 |

(               )

**09** □ 안에 알맞은 수가 나머지 둘과 <u>다른</u> 하나를 찾아 기호를 쓰시오.

> ㉠ 24의 $\frac{1}{\square}$은 8입니다.
>
> ㉡ 9의 $\frac{1}{3}$은 □입니다.
>
> ㉢ 12의 $\frac{2}{6}$는 □입니다.

(               )

**10** 1시간(60분)의 $\frac{1}{4}$은 몇 분입니까?

(               )

**11** 분수만큼이 얼마인지를 찾아 선으로 이으시오.

(1) 18의 $\frac{5}{9}$  •    •  ㉠ 15

(2) 20의 $\frac{3}{4}$  •    •  ㉡ 12

(3) 42의 $\frac{2}{7}$  •    •  ㉢ 10

**12** □ 안에 들어갈 수 있는 자연수를 모두 쓰시오.

$$\frac{41}{9} > 4\frac{\square}{9}$$

(               )

**13** 참외가 18개 있습니다. 참외를 한 봉지에 2개씩 담는다면 참외 8개는 전체의 얼마인지 분수로 나타내시오.

(               )

서술형·논술형 문제

**14** 태진이는 초콜릿을 32개 가지고 있습니다. 그중의 $\frac{3}{8}$을 먹었을 때 남은 초콜릿은 몇 개인지 풀이 과정을 완성하고 답을 구하시오. [6점]

풀이 먹은 초콜릿은 32의 □ 이므로 □ 개 입니다.

따라서 먹고 남은 초콜릿은

□ − □ = □ (개)입니다.

답 _____

**15** 5장의 수 카드 중 3장을 한 번씩 사용하여 가장 작은 대분수를 만들었습니다. 만든 대분수를 가분수로 나타내시오.

8  4  7  9  2

(                                    )

**16** 분모와 분자의 합이 29이고 차가 19인 가분수가 있습니다. 이 가분수를 대분수로 나타내시오. [6점]
중요!

(                                    )

서술형·논술형 **문제**

**17** 노란색 색종이와 초록색 색종이가 각각 42장씩 있습니다. 노란색 색종이는 전체의 $\frac{5}{6}$ 만큼, 초록색 색종이는 전체의 $\frac{4}{7}$ 만큼 사용했습니다. 어느 색 색종이를 더 많이 사용했는지 풀이 과정을 완성하고 답을 구하시오. [8점]

**풀이** 사용한 노란색 색종이는 42의 [ ]이므로

[ ] 장이고, 사용한 초록색 색종이는 42의

[ ]이므로 [ ] 장입니다. 따라서 [ ]색

색종이를 더 많이 사용했습니다.

**답** _____

**18** 가장 큰 분수를 찾아 쓰시오. [6점]

$1\frac{5}{8}$    $\frac{15}{8}$    $\frac{20}{8}$    $2\frac{1}{8}$

(                                    )

**19** 2 에서 9 까지의 수 카드가 2장씩 있습니다. 7 을 포함하여 3장의 수 카드를 뽑아 한 번씩 사용하여 분모가 7인 대분수를 만들었을 때, 만든 대분수 중 $\frac{54}{7}$ 보다 큰 대분수는 모두 몇 개입니까? [8점]

(                                    )

서술형·논술형 **문제**

**20** 분모가 9인 대분수 중에서 $2\frac{8}{9}$ 보다 크고 $4\frac{7}{9}$ 보다 작은 대분수는 모두 몇 개인지 풀이 과정을 쓰고 답을 구하시오. [10점]
중요!

**풀이** _____

_____

_____

_____

**답** _____

**1** 12의 $\frac{3}{4}$ 만큼을 색칠하려고 합니다. 풀이 과정을 쓰고 알맞게 색칠하시오. [6점]

풀이 _____

_____

**2** 민수가 체험 학습 때 잡은 곤충의 날개 길이를 나타낸 것입니다. 날개 길이가 가장 긴 곤충은 무엇인지 풀이 과정을 완성하고 답을 구하시오. [6점]

▲ 잠자리 　　▲ 나비 　　▲ 매미
$5\frac{1}{8}$ cm 　　$\frac{46}{8}$ cm 　　$4\frac{3}{8}$ cm

풀이 대분수로 고쳐서 길이를 비교합니다.

$\frac{46}{8} \rightarrow \left(\frac{40}{8}\text{과 }\frac{6}{8}\right) \rightarrow \left(\boxed{\phantom{0}}\text{와/과 }\frac{6}{8}\right) \rightarrow \boxed{\phantom{0}}$

이므로 나비의 날개 길이는 $\boxed{\phantom{0}}$ cm입니다.

$5\frac{1}{8}, \boxed{\phantom{0}}\frac{\boxed{\phantom{0}}}{8}, 4\frac{3}{8}$ 의 크기를 비교하면

$\boxed{\phantom{0}}\dfrac{\boxed{\phantom{0}}}{8} < \boxed{\phantom{0}}\dfrac{\boxed{\phantom{0}}}{8} < \boxed{\phantom{0}}\dfrac{\boxed{\phantom{0}}}{8}$ 이므로 날개

의 길이가 가장 긴 곤충은 $\boxed{\phantom{0}}$ 입니다.

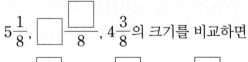 _____

**3** 어머니와 별이의 대화를 읽고 물음에 답하시오.

[총 10점]

> 어머니: 오늘은 집에 손님이 오시니까 빵과 우유를 각각 36개씩 준비하자.
>
> 별이: 빵과 우유를 여러 종류로 준비하는 것이 좋겠어요.
>
> 어머니: 그럼 전체 빵의 $\frac{5}{6}$ 는 단팥빵으로 준비하고, 우유 중에서 22개는 초코맛 우유로 준비하자.

(1) 준비할 단팥빵은 몇 개인지 풀이 과정을 완성하고 답을 구하시오. [6점]

풀이 빵 36개를 똑같이 6묶음으로 나누면

🥖🥖🥖🥖🥖🥖🥖🥖🥖🥖🥖🥖
🥖🥖🥖🥖🥖🥖🥖🥖🥖🥖🥖🥖
🥖🥖🥖🥖🥖🥖🥖🥖🥖🥖🥖🥖

이므로 36의 $\frac{5}{6}$ 는 $\boxed{\phantom{0}}$ 입니다. 따라서 준비

한 단팥빵은 $\boxed{\phantom{0}}$ 개입니다.

답 _____

(2) 준비할 초코맛 우유의 수는 우유 전체의 몇 분의 몇인지 두 가지로 알아보시오. [4점]

① 36을 1씩 묶으면 초코맛 우유 22개는 전체 우유 36개의 $\boxed{\phantom{0}}$ 입니다.

② 36을 2씩 묶으면 초코맛 우유 22개는 전체 우유 36개의 $\boxed{\phantom{0}}$ 입니다.

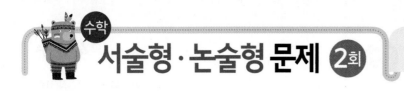

**1** 여러 분수를 보고 물음에 답하시오. [총 10점]

$$\frac{9}{7} \qquad 1\frac{3}{7} \qquad \frac{6}{9} \qquad \frac{3}{7}$$

$$\frac{8}{9} \qquad \frac{9}{9} \qquad \frac{5}{7}$$

㉠ 진분수만 지나 갈 수 있습니다.

㉡ 가분수와 대분수 만 지나갈 수 있습 니다.

(1) ㉠을 지나간 분수를 모두 찾는 풀이 과정을 완성하고 답을 구하시오. [4점]

풀이 진분수는 [ ]가 [ ]보다 작은

분수이므로 [ ], [ ], [ ], [ ] 입니다.

답 _____

(2) ㉡을 지나간 분수를 모두 찾는 풀이 과정을 완성하고 답을 구하시오. [4점]

풀이 가분수는 [ ]가 [ ]와 같거나

[ ]보다 큰 분수이므로 [ ], [ ] 입니다.

대분수는 [ ]와 [ ]로 이

루어진 분수이므로 [ ] 입니다.

답 _____

(3) ㉡을 지나간 분수 중에서 가장 큰 분수는 무엇 입니까? [2점]

(            )

**2** 미술 시간에 송이가 여우를 만든 모양입니다. 색종이 한 장의 $\frac{1}{2}$이 ③, $\frac{1}{4}$이 ②, $\frac{1}{8}$이 ①입니다. 주어진 모양을 만들기 위해 색종이는 모두 몇 장 필요한지 대분수로 나타내려고 합니다. 물음에 답하시오. [총 10점]

(1) 주어진 모양을 만들기 위해 ①은 모두 몇 개 필요한지 풀이 과정을 쓰고 답을 구하시오. [5점]

풀이 _____

_____

_____

답 _____

(2) 색종이는 몇 장 필요한지 대분수로 나타내는 풀이 과정을 쓰고 답을 구하시오. [5점]

풀이 _____

_____

_____

_____

답 _____

# 5. 들이와 무게

## ✸ 들이 비교하기

→ 들이가 같은 작은 컵을 기준으로 하여 컵의 수로 들이를 비교할 수 있습니다.

➡ 물병의 들이가 주전자의 들이보다 더 많습니다.
└→ 물병이 주전자보다 작은 컵 3개만큼 물이 더 많이 들어갑니다.

## ✸ 들이의 단위

• 1 리터: 1 L

• 1 밀리리터: 1 mL

## 1 L          1 mL

[참고] 1 L의 양

• 1 리터는 1000 밀리리터와 같습니다.

$$1 \text{ L} = 1000 \text{ mL}$$

• 1 L보다 200 mL 더 많은 들이를 1 L 200 mL라 쓰고 1 리터 200 밀리리터라고 읽습니다.

$$1 \text{ L } 200 \text{ mL} = 1 \text{ L} + 200 \text{ mL}$$
$$= 1000 \text{ mL} + 200 \text{ mL} = 1200 \text{ mL}$$

$$1 \text{ L } 200 \text{ mL} = 1200 \text{ mL}$$

## ✸ 들이 어림하고 재기

들이를 어림하여 말할 때에는 약 ☐ L 또는 약 ☐ mL 라고 합니다.

## ✸ 들이의 덧셈과 뺄셈

• 1000 mL=1 L임을 이용하여 받아올림합니다.

$$\begin{array}{r} 1 \phantom{0} \\ 2 \text{ L } 800 \text{ mL} \\ + 1 \text{ L } 500 \text{ mL} \\ \hline 4 \text{ L } 300 \text{ mL} \end{array}$$

• 1 L=1000 mL임을 이용하여 받아내림합니다.

$$\begin{array}{r} 6 \phantom{00} 1000 \\ \not{7} \text{ L } 100 \text{ mL} \\ - 4 \text{ L } 600 \text{ mL} \\ \hline 2 \text{ L } 500 \text{ mL} \end{array}$$

## ✸ 무게 비교하기

무게를 비교할 때에는 직접 들어 보거나 전자저울 또는 양팔 저울을 사용하여 비교합니다.

├→ 바둑돌 15개    ├→ 바둑돌 11개

➡ 풀의 무게가 지우개의 무게보다 더 무겁습니다.
└→ 풀이 지우개보다 바둑돌 4개만큼 더 무겁습니다.

## ✸ 무게의 단위

• 1 킬로그램: 1 kg

• 1 그램: 1 g

## 1 kg          1 g

• 1 킬로그램은 1000 그램과 같습니다.

$$1 \text{ kg} = 1000 \text{ g}$$

• 1 kg보다 300 g 더 무거운 무게를 1 kg 300 g이라 쓰고 1 킬로그램 300 그램이라고 읽습니다.

$$1 \text{ kg } 300 \text{ g} = 1 \text{ kg} + 300 \text{ g}$$
$$= 1000 \text{ g} + 300 \text{ g} = 1300 \text{ g}$$

• 1 톤: 1000 kg의 무게, 1 t

## 1 t

1 톤은 1000 킬로그램과 같습니다.

$$1 \text{ t} = 1000 \text{ kg}$$

## ✸ 무게 어림하고 재기

무게를 어림하여 말할 때에는 약 ☐ kg 또는 약 ☐ g이 라고 합니다.

## ✸ 무게의 덧셈과 뺄셈

• 1000 g=1 kg임을 이용하여 받아올림합니다.

$$\begin{array}{r} 1 \phantom{0} \\ 4 \text{ kg } 500 \text{ g} \\ + 6 \text{ kg } 800 \text{ g} \\ \hline 11 \text{ kg } 300 \text{ g} \end{array}$$

• 1 kg=1000 g임을 이용하여 받아내림합니다.

$$\begin{array}{r} 6 \phantom{00} 1000 \\ \not{7} \text{ kg } 200 \text{ g} \\ - 3 \text{ kg } 400 \text{ g} \\ \hline 3 \text{ kg } 800 \text{ g} \end{array}$$

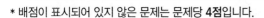
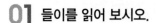
정답 ○ 꼼꼼 풀이집 32쪽

* 배점이 표시되어 있지 않은 문제는 문제당 **4점**입니다.

**01** 들이를 읽어 보시오.

> 2 L 700 mL

( )

**02** 무게가 무거운 물건의 순서대로 기호를 쓰시오.

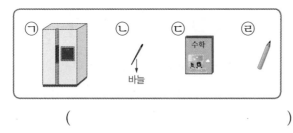

ㄱ ㄴ ㄷ ㄹ
바늘

( )

**03** 물이 채워진 그림에서 눈금을 읽어 보시오.

( ) L ( ) mL

**04** □ 안에 알맞은 수를 써넣으시오.

$$1 \text{ kg } 800 \text{ g} = \boxed{\phantom{0}} \text{ kg} + \boxed{\phantom{0}} \text{ g}$$
$$= \boxed{\phantom{0}} \text{ g} + \boxed{\phantom{0}} \text{ g}$$
$$= \boxed{\phantom{0}} \text{ g}$$

**05** □ 안에 알맞은 수를 써넣으시오.

(1) $6100 \text{ mL} = \boxed{\phantom{0}} \text{ L } \boxed{\phantom{0}} \text{ mL}$

(2) $7 \text{ L } 45 \text{ mL} = \boxed{\phantom{0}} \text{ mL}$

**06** 무게가 같은 것을 찾아 선으로 이으시오.

| 2 kg 300 g | • | | • | 6 t |
| 6000 kg | • | | • | 2300 g |
| 5400 g | • | | • | 5 kg 400 g |

**[07~08]** □ 안에 kg과 g 중 알맞은 단위를 써넣으시오.

**07** 농구공의 무게는 약 600 □ 입니다.

**08** 냉장고의 무게는 약 150 □ 입니다.

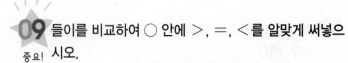

**09** 들이를 비교하여 ○ 안에 >, =, <를 알맞게 써넣으시오.
중요!

(1) 4150 mL ◯ 4 L 300 mL

(2) 5 L 50 mL ◯ 5005 mL

**10** 들이의 관계를 잘못 나타낸 것은 어느 것입니까?
(       )

① 5200 mL=5 L 200 mL
② 3 L 5 mL=3005 mL
③ 1900 mL=10 L 900 mL
④ 4400 mL=4 L 400 mL
⑤ 6 L 350 mL=6350 mL

**11** 계산해 보시오.

(1)     1 L 500 mL
  + 4 L 300 mL

(2)     5 L 400 mL
  − 3 L 300 mL

**12** 계산해 보시오.

(1)     5 kg 400 g
  + 3 kg 200 g

(2)     7 kg 500 g
  − 3 kg 400 g

**13** ☐ 안에 알맞은 수를 써넣으시오.

4900 mL−1300 mL

= ☐ L ☐ mL

**14** 필통의 무게는 바둑돌 50개와 같고, 가위의 무게는 바둑돌 44개와 같습니다. 필통이 가위보다 바둑돌 몇 개만큼 더 무겁습니까? (       )
중요!

① 4개      ② 5개      ③ 6개
④ 7개      ⑤ 8개

서술형·논술형 **문제** ✏

**15** 은선이의 가방의 무게는 4 kg 600 g이고, 재민이의 가방의 무게는 3 kg 200 g입니다. 은선이의 가방이 재민이의 가방보다 몇 kg 몇 g 더 무거운지 식을 쓰고 답을 구하시오. [5점]

식 _____

답 _____

**16** 무게의 합과 차는 몇 kg 몇 g인지 구하시오. [5점]

| 2 kg 900 g | | 7 kg 600 g |
|:---:|:---:|:---:|

합 (                 )
차 (                 )

서술형·논술형 **문제** ✏

**17** ㉮와 ㉯ 그릇에 물을 가득 담아 크기가 같은 컵에 각각
중요! 따랐을 때, ㉮ 그릇은 5컵, ㉯ 그릇은 7컵이 되었습니다. ㉮와 ㉯ 그릇 중에서 들이가 더 많은 그릇은 어느 것인지 풀이 과정을 완성하고 답을 구하시오. [6점]

**풀이** 물을 따른 컵의 개수가 많을수록 들이가 더
[   ] 그릇입니다.
5<[   ]이므로 [   ] 그릇의 들이가 더 많습니다.

답 _____

**18** 세 사람이 받아온 물의 양은 모두 몇 L 몇 mL입니까? [8점]

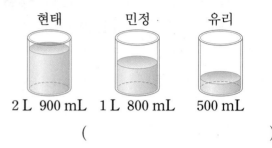

현태           민정           유리
2 L 900 mL    1 L 800 mL    500 mL

(                     )

**19** 은미의 몸무게는 34 kg 400 g, 민희의 몸무게는 25 kg 200 g입니다. 어머니의 몸무게는 두 사람의 몸무게의 합보다 4 kg 700 g이 더 적습니다. 어머니의 몸무게는 몇 kg 몇 g입니까? [10점]

(                   )

서술형·논술형 **문제** ✏

**20** 가 그릇과 나 그릇을 사용하여 수조에 물 2 L를 담는 방법을 설명하시오. [10점]

| 가 그릇 | 나 그릇 |
|:---:|:---:|
| 500 mL | 3 L |

설명 _____

_____

* 배점이 표시되어 있지 않은 문제는 문제당 **4점**입니다.

**01** 주전자와 우유병에 물을 가득 채웠다가 모양과 크기가 같은 그릇에 각각 옮겨 담았더니 그림과 같이 되었습니다. 주전자와 우유병 중에서 어느 것의 들이가 더 많습니까?

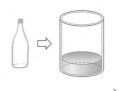

( )

**02** 저울의 눈금은 몇 g인지 읽어 보시오.

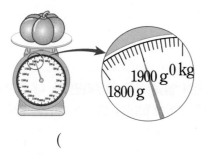

( )

**03** □ 안에 알맞은 수를 써넣으시오.

(1) 5 L= _____ mL

(2) 4300 mL= ☐ L _____ mL

**04** □ 안에 알맞은 수를 써넣으시오.

(1) 2800 g= ☐ kg _____ g

(2) 3 kg 80 g= _____ g

**05** 다음 물건의 무게의 단위를 보기 와 같이 ( ) 안에 알맞게 써넣으시오.

중요!

보기

치약 한 개: 180 (g)

(1) 쌀 한 가마: 80 ( )

(2) 두부 한 모: 330 ( )

**06** 무게를 비교하여 ○ 안에 >, =, <를 알맞게 써넣으시오.

(1) 4350 g ◯ 4 kg 500 g

(2) 7 kg 60 g ◯ 7006 g

**07** □ 안에 알맞은 수를 써넣으시오.

$$7000 \text{ mL} + 1400 \text{ mL}$$

= _____ mL

= ☐ L _____ mL

**08** 들이의 단위를 알맞게 사용한 학생은 누구입니까?

중요!

 수호
욕조에 물을 가득 담으면 60 mL야.

 호진
난 오늘 우유를 400 L 마셨어.

 유진
난 감기약인 시럽을 15 mL 먹었어.

( )

**09** 900 kg보다 100 kg 더 무거운 무게는 몇 t입니까?

( )

**10** 계산해 보시오.

(1)  4 L 700 mL
  + 3 L 600 mL

(2)  7 L 400 mL
  − 1 L 800 mL

**11** 귤과 사과 중에서 어느 것이 바둑돌 몇 개만큼 더 무겁습니까?

바둑돌
10개

바둑돌
15개

( ), ( )

**12** 계산해 보시오.

(1)  3 kg 700 g
  + 8 kg 800 g

(2)  6 kg 100 g
  − 2 kg 300 g

**13** 물통에 물을 가득 채우려면 가, 나 컵으로 각각 다음과 같이 부어야 합니다. 들이가 더 많은 컵의 기호를 쓰시오.

| 가 | 나 |
|---|---|
| 6컵 | 9컵 |

( )

**14** 어머니께서는 밭에서 고추를 6 kg 700 g 따 오셨고, 현승이는 2800 g 따 왔습니다. 두 사람이 따 온 고추의 무게는 몇 kg 몇 g입니까?

( )

**15** 돼지고기가 2500 g, 쇠고기가 2 kg 80 g, 닭고기가 1 kg 900 g 있습니다. 어느 고기가 가장 많습니까?

[5점]

(                              )

서술형·논술형 문제 ✏

**16** 생수통에 물이 12 L 500 mL 있었습니다. 그중에서 7 L 300 mL를 마셨습니다. 생수통에 남아 있는 물의 양은 몇 L 몇 mL인지 식을 쓰고 답을 구하시오.

[5점]

식 _____

답 _____

**17** 실제 사과 무게에 더 가깝게 어림한 학생은 누구입니까? [6점]

중요!

|      | 어림한 무게 | 실제 무게 |
|------|-----------|----------|
| 지석 | 200 g     | 300 g    |
| 승우 | 350 g     | 300 g    |

(                              )

**18** 음료수병, 생수통, 주전자에 물을 가득 채운 다음 수조에 부었습니다. 수조에 부은 물의 양은 모두 몇 L 몇 mL입니까? [8점]

1 L 500 mL    5 L 800 mL    2 L 900 mL

(                              )

서술형·논술형 문제 ✏

**19** 현주와 지혜가 딴 사과를 합치면 무게가 24 kg입니다. 현주가 딴 사과의 무게는 지혜가 딴 사과의 무게보다 2 kg 더 무겁습니다. 현주가 딴 사과의 무게는 몇 kg인지 풀이 과정을 완성하고 답을 구하시오. [10점]

풀이 (전체 무게)−(차이 나는 무게)
    =24−2=22 (kg)

22 kg의 반은 22÷2=□ (kg)입니다.

(현주가 딴 사과의 무게)
=□+2=□ (kg)

답 _____

서술형·논술형 문제 ✏

**20** 물탱크에 물이 15 L 들어 있습니다. 거기에 12 L 500 mL를 부었습니다. 물탱크의 들이가 30 L 800 mL일 때, 물탱크에 물을 가득 채우려면 몇 L 몇 mL를 더 부어야 하는지 풀이 과정을 쓰고 답을 구하시오. [10점]

풀이 _____

_____

_____

_____

답 _____

# 5. 들이와 무게

정답 ➡ 꼼꼼 풀이집 33쪽

* 배점이 표시되어 있지 않은 문제는 문제당 **4점**입니다.

**01** 들이가 가장 많은 것에 ○표 하시오.

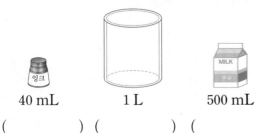

40 mL     1 L     500 mL

(     ) (     ) (     )

**02** 무게를 바르게 어림한 것을 찾아 기호를 쓰시오.

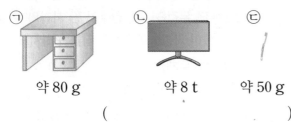

ㄱ 약 80 g     ㄴ 약 8 t     ㄷ 약 50 g

(     )

**03** □ 안에 알맞은 수를 써넣으시오.

$1 L\ 600\ mL =$ □ $L\ +$ □ $mL$

$=$ □ $mL +$ □ $mL$

$=$ □ $mL$

**04** □ 안에 알맞은 수를 써넣으시오.

(1) $4 L\ 200\ mL =$ □ $mL$

(2) $7 L\ 100\ mL =$ □ $mL$

**05** 지우개의 무게는 클립 48개의 무게와 같고, 연필의 무게는 클립 39개의 무게와 같습니다. 지우개와 연필 중에서 어느 것이 더 무겁습니까?

(     )

**06** 보기 에서 물건을 선택하여 문장을 완성하시오.

보기

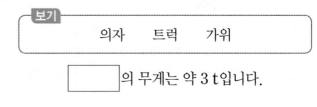

의자     트럭     가위

□ 의 무게는 약 3 t입니다.

**07** 들이를 비교하여 ○ 안에 >, =, <를 알맞게 써넣으시오.

(1) $1 L$ ○ $1200\ mL$

(2) $6850\ mL$ ○ $6 L\ 800\ mL$

**08** 들이가 가장 많은 것을 찾아 읽어 보시오.

| 8 L 85 mL | 9 L 10 mL | 8900 mL |

(     )

**09** 무게의 관계를 바르게 나타낸 것을 두 개 고르시오. (　　　)

① 7050 g=7 kg 500 g
② 4005 g=4 kg 50 g
③ 3600 g=36 kg
④ 2150 g=2 kg 150 g
⑤ 5900 kg=5 t 900 kg

**10** □ 안에 알맞은 수를 써넣으시오.

4200 mL+5700 mL
=□ mL
=□ L □ mL

**11** 계산해 보시오.

(1)
$$\begin{array}{r} 3\text{ kg }600\text{ g} \\ +\ 1\text{ kg }200\text{ g} \\ \hline \end{array}$$

(2)
$$\begin{array}{r} 4\text{ kg }700\text{ g} \\ +\ 2\text{ kg }600\text{ g} \\ \hline \end{array}$$

**12** □ 안에 알맞은 수를 써넣으시오.

16 kg 300 g−8 kg 500 g
=□ kg □ g

**13** 들이의 합과 차는 몇 L 몇 mL인지 구하시오.

| 9 L 700 mL | 2 L 900 mL |
|---|---|

합 (　　　　　　　　)
차 (　　　　　　　　)

**14** 중요! 동건이는 담을 칠하는 데 파란색 페인트를 2 L 500 mL, 흰색 페인트를 3 L 200 mL 사용했습니다. 담을 칠하는 데 사용한 페인트의 양은 모두 얼마입니까? (　　　)

① 5 L 500 mL　② 5 L 600 mL
③ 5 L 700 mL　④ 5 L 800 mL
⑤ 5 L 900 mL

서술형·논술형 **문제**🖊

**15** 밤을 예나는 6 kg 500 g 땄고, 현준이는 예나보다 2 kg 200 g 더 많이 땄습니다. 현준이가 딴 밤의 무게는 몇 kg 몇 g인지 식을 쓰고 답을 구하시오. [5점]

식 _____

답 _____

서술형·논술형 **문제**🖊

**16** 항아리에 간장이 10 L 700 mL 들어 있습니다. 그중에 4 L 800 mL를 고모 댁에 드렸습니다. 항아리에 남아 있는 간장의 양은 몇 L 몇 mL인지 식을 쓰고 답을 구하시오. [5점]

식 _____

답 _____

**17** 고구마를 준성이는 7 kg 500 g 캤고, 동생은 5 kg 200 g 캤습니다. 누가 고구마를 몇 kg 몇 g 더 많이 캤습니까? [6점]

( _____ )이(가) ( _____ )
더 많이 캤습니다.

**18** 보리쌀이 10 kg 300 g 있었습니다. 어제 500 g을 사용했고, 오늘 1 kg 900 g을 사용했습니다. 남은 보리쌀은 몇 kg 몇 g입니까? [8점]

( _____ )

**19** 어머니께서는 불우이웃을 돕기 위해 매일 쌀을 300 g씩 덜어 놓으십니다. 어머니께서 일주일 동안 덜어 놓으신 쌀은 몇 kg 몇 g입니까? [10점]

( _____ )

서술형·논술형 **문제**🖊

**20** 양동이에 들이가 500 mL인 그릇으로 물을 5번 부었더니 양동이에 들어 있는 물은 모두 4 L 200 mL가 되었습니다. 처음 양동이에 들어 있던 물은 몇 L 몇 mL인지 풀이 과정을 쓰고 답을 구하시오. [10점]

풀이 _____

_____

_____

답 _____

**1** 유영이는 3 kg의 고구마가 담긴 바구니에 600 g의 고구마를 더 넣었습니다. 바구니에 담긴 고구마의 무게는 몇 g인지 풀이 과정을 완성하고 답을 구하시오. [6점]

[풀이] 바구니에 담긴 고구마의 무게는

3 kg ☐ g입니다.

3 kg = ☐ g이므로

바구니에 담긴 고구마의 무게를 g 단위로 나타내면 ☐ g입니다.

[답] _____

**3** 무게가 가장 가벼운 것을 찾는 풀이 과정을 쓰고 답을 기호로 쓰시오. [7점]

| ㉠ 2400 g | ㉡ 2 kg 500 g | ㉢ 2040 g |

[풀이] _____

_____

_____

_____

[답] _____

**2** 들이가 더 많은 것을 찾아 기호를 쓰고 그 이유를 완성하시오. [6점]

가        나

[답] _____

[이유] 나에 물을 가득 채워 ☐ 에 옮기면

_____

_____

**4** 은주는 2000원으로 주스를 몇 L 몇 mL 살 수 있는지 풀이 과정을 쓰고 답을 구하시오. [7점]

> 주스 1병은 값이 1000원이고, 양이 600 mL야.

은주

[풀이] _____

_____

_____

_____

[답] _____

**1** 지우는 저울을 보고 양파와 당근의 무게를 다음과 같이 비교했습니다. 옳게 비교했는지 예, 아니오로 답을 쓰고 그렇게 생각한 이유를 완성하시오. [6점]

100원짜리 20개    500원짜리 20개

양파 1개와 당근 1개의 무게는 같아.

지우

답 _____

이유 동전의 수는 같지만 100원짜리 동전의 무게

와 [ ]원짜리 동전의 무게가 [ ]

때문입니다.

**2** 다음과 같이 물이 들어 있는 수조에 1700 mL의 물을 더 부었습니다. 수조의 물은 몇 L 몇 mL가 되었는지 풀이 과정을 쓰고 답을 구하시오. [7점]

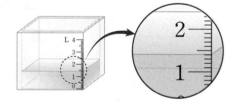

풀이 _____

_____

_____

_____

답 _____

**3** 그림을 보고 빈 상자의 무게는 몇 g인지 풀이 과정을 쓰고 답을 구하시오. [8점]

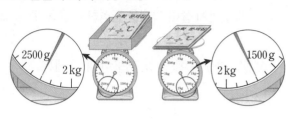

풀이 _____

_____

_____

답 _____

**4** 수조에 물을 가득 채우려면 각각의 컵으로 다음과 같이 부어야 합니다. 컵의 들이가 가장 적은 것은 어느 컵인지 풀이 과정을 쓰고 답을 기호로 쓰시오. [10점]

| 컵 | ㉠ | ㉡ | ㉢ |
|---|---|---|---|
| 부은 횟수(번) | 12 | 6 | 8 |

풀이 _____

_____

_____

_____

답 _____

# 6. 자료의 정리

## ⊛ 자료를 수집하여 표로 나타내기

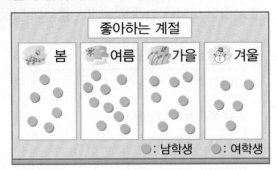

좋아하는 계절

봄 여름 가을 겨울

⊙ : 남학생    ● : 여학생

(1) 조사한 내용을 표로 나타내기

좋아하는 계절

| 계절 | 봄 | 여름 | 가을 | 겨울 | 합계 |
|------|----|------|------|------|------|
| 학생 수(명) | 6 | 10 | 8 | 5 | 29 |

① 가장 많은 학생이 좋아하는 계절은 여름입니다.
② 가장 적은 학생이 좋아하는 계절은 겨울입니다.

(2) 남학생과 여학생으로 나누어 표로 나타내기

좋아하는 계절

| 계절 | 봄 | 여름 | 가을 | 겨울 | 합계 |
|------|----|------|------|------|------|
| 남학생 수(명) | 4 | 6 | 3 | 1 | 14 |
| 여학생 수(명) | 2 | 4 | 5 | 4 | 15 |

① 가장 많은 남학생이 좋아하는 계절은 여름이고, 가장 많은 여학생이 좋아하는 계절은 가을입니다.
② 가장 적은 남학생이 좋아하는 계절은 겨울이고, 가장 적은 여학생이 좋아하는 계절은 봄입니다.

## ⊛ 표로 나타낼 때 유의할 점

• 조사 내용에 알맞은 제목을 정합니다.
• 조사 항목의 수에 맞게 칸을 나눕니다.
• 조사 내용에 맞게 빈칸을 채웁니다.
• 합계가 맞는지 확인합니다.

## ⊛ 그림그래프 알아보고 그리기

그림그래프: 알려고 하는 수(조사한 수)를 그림으로 나타낸 그래프

좋아하는 계절

| 계절 | 학생 수 |
|------|---------|
| 봄 | ◉ ◉ |
| 여름 | ◉ ◉ |
| 가을 | ◉ ◉ ◉ ◉ |
| 겨울 | ◉ |

→ 큰 그림의 수가 가장 많으므로 여름을 좋아하는 학생 수가 가장 많습니다.

그림의 단위
◉ 5명
◉ 1명

(1) 그림그래프 알아보기

① ◉과 ◉은 그림의 단위로 ◉은 5명, ◉은 1명을 나타냅니다.
② 좋아하는 계절별 학생 수는

봄: ◉이 1개, ◉이 1개로 6명입니다.

여름: ◉이 2개로 10명입니다.

가을: ◉이 1개, ◉이 3개로 8명입니다.

겨울: ◉이 1개로 5명입니다.

> 그림그래프의 그림 수가 많다고 학생 수가 많은 것이 아님에 주의합니다.

(2) 그림그래프 그리기

① 그림을 몇 가지로 정해야 할지 생각합니다.
② 어떤 그림으로 나타낼지 생각합니다.
③ 그림으로 정할 단위는 어떻게 할 것인지 생각합니다.

## ⊛ 표와 그림그래프의 다른 점

| 표 | • 그림을 일일이 세지 않아도 됩니다.<br>• 조사한 양의 크기를 바로 알 수 있습니다.<br>• 합계를 쉽게 알 수 있습니다. |
|------|------|
| 그림<br>그래프 | • 한눈에 비교가 잘됩니다.<br>• 어느 정도 많은지 쉽게 비교가 됩니다. |

# 단원평가 1회

## 6. 자료의 정리

정답 ◐ 꼼꼼 풀이집 35~36쪽

\* 배점이 표시되어 있지 않은 문제는 문제당 4점입니다.

**[01~04]** 지우네 반 학생들이 좋아하는 간식을 조사하여 나타낸 것입니다. 물음에 답하시오.

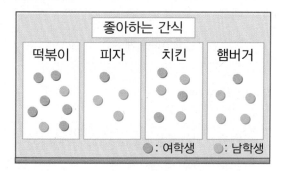

**01** 조사한 자료를 보고 표로 나타내어 보시오.

좋아하는 간식

| 간식 | 떡볶이 | 피자 | 치킨 | 햄버거 | 합계 |
|---|---|---|---|---|---|
| 학생 수(명) | | | | | |

**02** 가장 많은 학생이 좋아하는 간식은 무엇입니까?

( )

**03** 조사한 자료를 여학생과 남학생으로 나누어 표로 나타내려고 합니다. 빈 곳에 알맞은 수를 써넣으시오.

좋아하는 간식

| 간식 | 떡볶이 | 피자 | 치킨 | 햄버거 | 합계 |
|---|---|---|---|---|---|
| 여학생 수(명) | | | | | |
| 남학생 수(명) | | | | | |

**04** 가장 많은 여학생이 좋아하는 간식과 가장 많은 남학생이 좋아하는 간식을 차례로 써 보시오.

( ), ( )

**[05~08]** 준수와 친구들이 가지고 있는 놀이딱지 수를 조사하여 나타낸 그래프입니다. 물음에 답하시오.

학생별 놀이딱지 수

| 이름 | 놀이딱지 수 |
|---|---|
| 준수 | ♥♥♡♡♡ |
| 은하 | ♥♥♡♡♡♡♡♡ |
| 호재 | ♥♥♥♡♡ |
| 예솔 | ♥♥♡ |

♥ 10개
♡ 1개

**05** 위와 같이 알려고 하는 수를 그림으로 나타낸 그래프를 무엇이라고 합니까?

( )

**06** 은하가 가지고 있는 놀이딱지는 몇 개입니까?

( )

**07** 놀이딱지를 가장 많이 가지고 있는 학생은 누구입니까?

( )

**08** 놀이딱지를 가장 적게 가지고 있는 학생은 누구입니까?

( )

[09~12] 가게별 팔린 아이스크림의 수를 조사하여 나타낸 표입니다. 물음에 답하시오.

가게별 팔린 아이스크림의 수

| 가게 | 가 | 나 | 다 | 라 | 합계 |
|------|-----|-----|-----|-----|------|
| 아이스크림 수(개) | 25 | | 36 | 34 | 140 |

서술형·논술형 문제

**09** 나 가게에서 팔린 아이스크림은 몇 개인지 식을 쓰고 답을 구하시오.

식 _____

답 _____

**10** 위의 표를 보고 그림그래프를 완성하시오.

가게별 팔린 아이스크림의 수

| 가게 | 아이스크림 수 |
|------|------|
| 가 | ●●○○○○○ |
| 나 | |
| 다 | |
| 라 | |

● 10개
○ 1개

**11** 아이스크림이 가장 많이 팔린 가게는 어느 가게입니까?

( )

**12** 아이스크림이 가장 적게 팔린 가게는 어느 가게입니까?

( )

[13~15] 유진이네 고장 사람들의 직업을 조사하여 나타낸 표입니다. 물음에 답하시오.

유진이네 고장 사람들의 직업

| 직업 | 사무업 | 판매업 | 운수업 | 기타 | 합계 |
|------|------|------|------|------|------|
| 사람 수(명) | 42 | | 44 | 63 | 200 |

**13** 직업이 판매업인 사람은 몇 명입니까?

( )

**14** 위의 표를 보고 그림그래프를 완성하시오.

유진이네 고장 사람들의 직업

| 직업 | 사람 수 |
|------|------|
| 사무업 | |
| 판매업 | |
| 운수업 | |
| 기타 | |

● 10명
○ 1명

**15** 중요! 위 14의 그림의 단위를 3가지로 바꾸어 나타내려고 합니다. 그림그래프를 완성하시오. [6점]

유진이네 고장 사람들의 직업

| 직업 | 사람 수 |
|------|------|
| 사무업 | |
| 판매업 | |
| 운수업 | |
| 기타 | |

◎ 50명
● 10명
○ 1명

[16~17] 과수원별 배 생산량을 조사하여 나타낸 표입니다. 물음에 답하시오.

과수원별 배 생산량

| 과수원 | 가 | 나 | 다 | 라 | 합계 |
|--------|-----|-----|-----|-----|------|
| 생산량 (kg) | 450 | 380 | | 510 | 1760 |

**16** 위 표의 빈 곳에 알맞은 수를 구해 그림그래프를 완성하시오. [6점]

| 과수원 | 생산량 |
|--------|--------|
| 가 | |
| 나 | |
| 다 | |
| 라 | |

◎ 100 kg
● 50 kg
○ 10 kg

서술형·논술형 문제

**17** 위 16의 그림그래프를 보고 알 수 있는 내용을 2가지 써 보시오. [6점]

중요!

(1) _____

_____

(2) _____

_____

[18~20] 각 마을에 사는 초등학생 수를 조사하여 나타낸 그림그래프입니다. 가 마을에 사는 초등학생이 35명일 때 물음에 답하시오.

각 마을에 사는 초등학생 수

| 마을 | 초등학생 수 |
|------|-------------|
| 가 | ☺☺☺☺☺☺☺ |
| 나 | ☺☺☺☺☺☺ |
| 다 | |
| 라 | ☺☺☺☺ |

☺ [  ]명
☺ 1명

**18** 큰 그림 ☺은 초등학생 몇 명을 나타냅니까? [8점]

중요!

(                    )

**19** 마을 네 곳에 사는 초등학생은 모두 120명입니다. 그림그래프를 완성하려면 다 마을에는 ☺과 ☺을 각각 몇 개 그려야 합니까? [8점]

☺ (                    )

☺ (                    )

서술형·논술형 문제

**20** 초등학생 수가 나 마을의 $\frac{1}{2}$인 마을은 어느 마을인지 풀이 과정을 완성하고 답을 구하시오. [10점]

풀이 나 마을의 초등학생 [  ]명의 $\frac{1}{2}$은

[  ]명입니다.

따라서 ☺이 [  ]개, ☺이 [  ]개인 마을을 찾으면 [  ]마을입니다.

답 _____

\* 배점이 표시되어 있지 않은 문제는 문제당 **4점**입니다.

**[01~04]** 정호네 학교 3학년 학생들의 가족 수를 조사하여 나타낸 그림그래프입니다. 물음에 답하시오.

가족 수별 학생 수

| 가족 수 | 학생 수 |
|---|---|
| 3명 | ☺☺☺☺☺ |
| 4명 | ☺☺☺☺☺☺☺ |
| 5명 | ☺☺☺☺☺ |
| 6명 | ☺☺☺ |

☺ 10명
☺ 1명

**01** 큰 그림 ☺은 몇 명을 나타냅니까?

(                    )

**02** 가족 수가 3명인 학생은 몇 명입니까?

(                    )

**03** 학생 수가 가장 많은 가족 수는 몇 명입니까?

(                    )

서술형·논술형 **문제**

**04** 위의 그림그래프를 보고 알 수 있는 내용을 1가지 써 보시오. [6점]
중요!

_____

_____

**[05~06]** 도시별 신호등 수를 조사하여 나타낸 그림그래프입니다. 물음에 답하시오.

도시별 신호등 수

| 도시 | 신호등 수 |
|---|---|
| 가 | ◎●○○○ |
| 나 | ◎●○○○○ |
| 다 | ◎◎◎● |
| 라 | ◎●○○○○ |

◎ 10개
● 5개
○ 1개

**05** 다 도시의 신호등 수는 몇 개입니까?

(                    )

**06** 신호등 수가 가장 적은 도시는 어느 도시이고, 몇 개인지 차례로 써 보시오. [6점]

(                ), (                )

**07** 마을별 수확한 도토리의 양을 조사하여 나타낸 표와 그림그래프입니다. 표와 그림그래프를 완성하시오.
중요! [8점]

수확한 도토리의 양

| 마을 | 가 | 나 | 다 | 라 | 합계 |
|---|---|---|---|---|---|
| 도토리의 양 (kg) | | 320 | 480 | | 1190 |

수확한 도토리의 양

| 마을 | 도토리의 양 |
|---|---|
| 가 | ◎◎○○○○○○ |
| 나 | |
| 다 | |
| 라 | ◎○○○ |

◎ 100 kg    ○ 10 kg

[08~10] 석주네 학교 3학년 각 반의 남학생 수를 조사하여 나타낸 그림그래프입니다. 1반의 남학생 수가 21명일 때 물음에 답하시오.

각 반의 남학생 수

| 반 | 남학생 수 |
|---|---|
| 1반 | ☺ ☺ ☺ |
| 2반 | ☺ ☺ ☺ |
| 3반 | ☺ ☺ ☺ ☺ ☺ ☺ ☺ |
| 4반 | ☺ ☺ ☺ ☺ ☺ ☺ |

☺ ☐ 명
☺ 1명

**08** 큰 그림 ☺은 남학생 몇 명을 나타냅니까? [8점]

(          )

**09** 석주는 몇 반입니까? [8점]

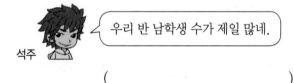
우리 반 남학생 수가 제일 많네.
석주

(          )

서술형·논술형 문제

**10** 현주네 반 남학생 수는 석주네 반 남학생 수보다 1명 더 적습니다. 현주는 몇 반인지 풀이 과정을 완성하고 답을 구하시오. [10점]

풀이 석주는 2반이므로 남학생 수가 ☐ 명입니다. 석주네 반 남학생 수보다 1명 더 적은 반은 ☐ 명인 ☐ 반이므로 현주는 ☐ 반입니다.

답 _____

[11~13] 과수원별 옥수수 수확량을 조사하여 나타낸 표입니다. 물음에 답하시오.

과수원별 옥수수 수확량

| 과수원 | 가 | 나 | 다 | 라 | 합계 |
|---|---|---|---|---|---|
| 수확량(자루) | 52 | 68 | 49 | | 225 |

**11** 위 표의 빈 곳에 알맞은 수를 구해 그림그래프를 완성하시오. [10점]

과수원별 옥수수 수확량

| 과수원 | 수확량 |
|---|---|
| 가 | |
| 나 | |
| 다 | |
| 라 | |

◎ 10자루    ○ 1자루

**12** 단위를 하나 더 만들어 그림을 3가지로 나타내려고 합니다. 알맞은 그림을 정해 ☐ 안에 그리고, 그림그래프를 완성하시오. [14점]
중요!

과수원별 옥수수 수확량

| 과수원 | 수확량 |
|---|---|
| 가 | |
| 나 | |
| 다 | |
| 라 | |

◎ 10자루  ☐ 5자루   ○ 1자루

**13** 옥수수 1자루에는 옥수수가 30개씩 들어 있습니다. 라 과수원에서 수확한 옥수수는 몇 개입니까? [14점]

(          )

**1** 상진이네 반 학생들이 좋아하는 반찬을 조사하여 나타낸 그림그래프입니다. 물음에 답하시오. [총 14점]

좋아하는 반찬

| 반찬 | 학생 수 |
|------|---------|
| 김치 | ☺ |
| 나물 | ☺ |
| 고기 | ☺☺☺☺ |
| 생선 | ☺☺☺☺ |

☺ 5명
☺ 1명

(1) 가장 많은 학생과 가장 적은 학생이 좋아하는 반찬을 각각 알아보시오. [4점]

가장 많은 학생이 좋아하는 반찬은 [ ]명이 좋아하는 [ ]이고, 가장 적은 학생이 좋아하는 반찬은 [ ]명이 좋아하는 [ ]입니다.

(2) 학교 급식으로 자주 나오면 좋을 반찬을 고르고, 그 이유를 써 보시오. [10점]

반찬 _____

이유 _____

_____

_____

**2** 현주네 반 학생들이 외갓집에 갈 때 주로 이용하는 교통수단을 조사하여 나타낸 표입니다. 물음에 답하시오. [총 14점]

외갓집에 갈 때 이용하는 교통수단

| 교통수단 | 승용차 | 기차 | 버스 | 비행기 | 합계 |
|----------|--------|------|------|--------|------|
| 학생 수(명) | 9 | 3 | 5 | 2 | 19 |

(1) 다음과 관계있는 교통수단을 주로 이용하는 학생은 몇 명입니까? [4점]

www.korail.com  KTX역사×

KTX는 최고시속 300 km로 주행하는 한국 고속철도로 2004년 4월 1일 세계에서 5번째 개통되어 운행하는 우리나라 최초의 고속철도입니다.

▲KTX

( _____ )

(2) 위 표를 보고 알 수 있는 내용을 2가지 써 보시오. [10점]

① _____

_____

② _____

_____

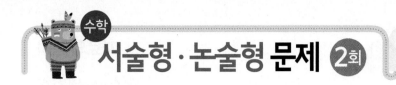
**1** 해법 초등학교 3학년 학생들이 참여하는 방과 후 교실을 조사하여 나타낸 그림그래프입니다. 물음에 답하시오. [총 14점]

참여하는 방과 후 교실

| 교실 | 학생 수 |
|------|---------|
| 컴퓨터 | ☺ ☺ ☺ ☺ |
| 바이올린 | ☺ ☺ ☺ ☺ ☺ ☺ ☺ |
| 공예 | ☺ ☺ ☺ ☺ |
| 축구 | ☺ ☺ ☺ ☺ ☺ |

☺ 10명
☺ 1명

(1) 선예가 참여하는 방과 후 교실은 무엇입니까?
[4점]

선예

내가 참여하는 방과 후 교실에는 나를 포함해 23명의 학생이 있어.

(               )

(2) 위 그림그래프를 보고 알 수 있는 내용을 2가지 써 보시오. [10점]

① _____

_____

② _____

_____

**2** 각 도서관에 있는 책의 수를 조사하여 나타낸 표와 그림그래프입니다. 물음에 답하시오. [총 15점]

각 도서관에 있는 책의 수

| 도서관 | 한빛 | 바람 | 하늘 | 바다 | 합계 |
|--------|------|------|------|------|------|
| 책의 수(권) | 120 | 220 | | | 680 |

각 도서관에 있는 책의 수

| 도서관 | 책의 수 |
|--------|---------|
| 한빛 | |
| 바람 | ◎ ◎ ○ ○ |
| 하늘 | |
| 바다 | ◎ ○ ○ ○ ○ |

◎ 100권
○ 10권

(1) 하늘 도서관에 있는 책은 몇 권인지 풀이 과정을 쓰고 답을 구하시오. [10점]

풀이 _____

_____

_____

_____

답 _____

(2) 위의 그림그래프를 완성하시오. [5점]

\* 배점이 표시되어 있지 않은 문제는 문제당 4점입니다.

정답 ◯ 꼼꼼 풀이집 38쪽

수학

---

관련 단원 : 1. 곱셈

**01** ☐ 안에 알맞은 수를 써넣으시오.

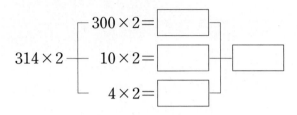

$$314 \times 2 \begin{cases} 300 \times 2 = \boxed{\phantom{00}} \\ 10 \times 2 = \boxed{\phantom{00}} \\ 4 \times 2 = \boxed{\phantom{00}} \end{cases} \boxed{\phantom{00}}$$

---

관련 단원 : 2. 나눗셈

**02** 나눗셈의 몫을 구하시오.

$$75 \div 5$$

( )

---

관련 단원 : 3. 원

**03** 선분 ㄴㄱ과 길이가 같은 선분을 모두 찾아 쓰시오.

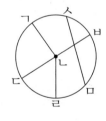

( )

---

관련 단원 : 4. 분수

**04** 그림을 보고 ☐ 안에 알맞은 수를 써넣으시오.

12를 4씩 묶으면 4는 12의 $\boxed{\dfrac{\phantom{0}}{\phantom{0}}}$ 입니다.

---

관련 단원 : 5. 들이와 무게

**05** ☐ 안에 알맞은 수를 써넣으시오.

(1) 5 L 500 mL = ☐ mL

(2) 2080 mL = ☐ L ☐ mL

---

관련 단원 : 5. 들이와 무게

**06** ☐ 안에 알맞은 수를 써넣으시오.

(1) 3070 g = ☐ kg ☐ g

(2) 7000 kg = ☐ t

---

관련 단원 : 6. 자료의 정리

**07** 반별 우유를 먹는 학생 수를 조사하여 나타낸 표입니다. 우유를 먹는 학생 수가 가장 많은 반과 가장 적은 반의 학생 수의 차는 몇 명입니까?

반별 우유를 먹는 학생 수

| 반 | 1반 | 2반 | 3반 | 4반 | 합계 |
|---|---|---|---|---|---|
| 학생 수(명) | 13 | 15 | 20 | 22 | 70 |

( )

---

관련 단원 : 2. 나눗셈

**08** 나머지가 6이 될 수 <u>없는</u> 나눗셈을 모두 고르시오.

( )

① ☐ ÷ 5    ② ☐ ÷ 6    ③ ☐ ÷ 7

④ ☐ ÷ 8    ⑤ ☐ ÷ 9

관련 단원 : 3. 원

**09** 가장 큰 원은 어느 것입니까? (     )

① 반지름이 7 cm인 원

② 반지름이 9 cm인 원

③ 지름이 10 cm인 원

④ 반지름이 10 cm인 원

⑤ 지름이 18 cm인 원

관련 단원 : 4. 분수

**10** 대분수를 가분수로, 가분수를 대분수로 나타내시오.

(1) $4\frac{3}{5}$          (2) $\frac{61}{7}$

관련 단원 : 5. 들이와 무게

**11** 계산을 하시오.

(1)      5 L  700 mL
     $+$ 8 L  400 mL

(2)     15 L  100 mL
     $-$  7 L  500 mL

관련 단원 : 1. 곱셈

**12** □ 안에 알맞은 수를 써넣으시오.

$$60 \times 30 = 90 \times \boxed{\phantom{00}}$$

서술형·논술형 문제 ✏  관련 단원 : 1. 곱셈

**13** 계산이 잘못된 곳을 찾아 이유를 쓰고 바르게 고치시오. [6점]

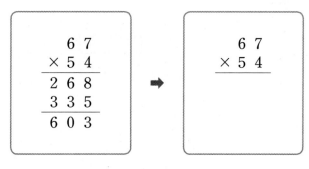

이유

관련 단원 : 4. 분수

**14** 크기가 큰 분수부터 차례로 쓰시오.

$$2\frac{2}{7} \qquad \frac{15}{7} \qquad 3\frac{1}{7} \qquad \frac{45}{7}$$

(                    )

관련 단원 : 1. 곱셈

**15** 지영이는 한 장에 450원인 붙임딱지를 8장 사고 5000원을 냈습니다. 얼마를 거슬러 받아야 합니까?

[6점]

(                    )

관련 단원 : 4. 분수

**16** 초콜릿이 10개 있습니다. 그중에서 정희는 3개를 먹고 성룡이는 4개를 먹었습니다. 두 사람이 먹은 초콜릿은 전체의 몇 분의 몇입니까? [6점]

(                    )

서술형·논술형 문제 ✏️  관련 단원 : 5. 들이와 무게

**17** 홍관이와 지현이는 산에서 밤을 주웠습니다. 홍관이는 3 kg 100 g을 주웠고 지현이는 2000 g을 주웠습니다. 누가 밤을 몇 kg 몇 g 더 주웠는지 식을 쓰고 답을 구하시오. [6점]

식 _____

답 _____ , _____

관련 단원 : 3. 원

**18** 유럽 화폐인 1유로 동전과 미국 화폐인 1펜스 동전을 그린 원 모양의 그림입니다. 점 ㄱ과 점 ㄴ이 각각 원의 중심일 때 선분 ㄱㄷ의 길이를 구하시오. (단, 그림은 실제 동전의 크기와 다릅니다.) [6점]

1유로                    1펜스

(                    )

서술형·논술형 문제 ✏️  관련 단원 : 2. 나눗셈

**19** 나머지가 큰 것부터 차례로 기호를 쓰려고 합니다. 풀이 과정을 완성하고 답을 구하시오. [8점]

> ㉠ $49 \div 4$
> ㉡ $76 \div 6$
> ㉢ $288 \div 5$

풀이 ㉠ $49 \div 4 = \boxed{\phantom{00}} \cdots \boxed{\phantom{00}}$

㉡ $76 \div 6 = \boxed{\phantom{00}} \cdots \boxed{\phantom{00}}$

㉢ $288 \div 5 = \boxed{\phantom{00}} \cdots \boxed{\phantom{00}}$

따라서 나머지가 큰 것부터 차례로 기호를 쓰면

$\boxed{\phantom{0}} , \boxed{\phantom{0}} , \boxed{\phantom{0}}$ 입니다.

답 _____

관련 단원 : 2. 나눗셈

**20** ☐ 안에 들어갈 수 있는 수 중에서 가장 큰 수는 얼마인지 구하시오. [10점]

$$\boxed{\phantom{00}} \div 3 = 26 \cdots \bigstar$$

(                    )

\* 배점이 표시되어 있지 않은 문제는 문제당 **4점**입니다.

정답 ○ 꼼꼼 풀이집 39쪽

관련 단원 : 3. 원

**01** 원의 반지름을 두 개 고르시오. (          )

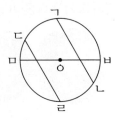

① 선분 ㄱㄴ    ② 선분 ㄷㄹ    ③ 선분 ㅁㅇ
④ 선분 ㅁㅂ    ⑤ 선분 ㅇㅂ

관련 단원 : 5. 들이와 무게

**02** □ 안에 알맞은 수를 써넣으시오.

(1) 2 L 300 mL = [     ] mL

(2) 4040 g = [  ] kg [  ] g

관련 단원 : 4. 분수

**03** □ 안에 알맞은 수를 써넣으시오.

24를 3씩 묶으면 15는 24의 $\frac{\Box}{\Box}$입니다.

관련 단원 : 1. 곱셈

**04** □ 안에 알맞은 수를 써넣으시오.

```
    3 9 7
  ×     5
  ─────────
  [        ] … ([ ]×5)
  [        ] … (90×[ ])
  [        ] … (300×[ ])
  [        ]
```

관련 단원 : 2. 나눗셈

**05** 56÷4와 몫이 같은 것을 찾아 ○표 하시오.

```
3)48        7)98        6)90
```

(     )     (     )     (     )

관련 단원 : 5. 들이와 무게

**06** 무게를 비교하여 ○ 안에 >, =, <를 알맞게 써넣으시오.

(1) 3 kg 500 g ◯ 3100 g

(2) 5090 g ◯ 5 kg 900 g

관련 단원 : 1. 곱셈

**07** 모두 얼마입니까?

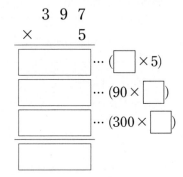

(                    )

**08** 관련 단원 : 6. 자료의 정리

상혁이네 학교 3학년의 반별 학생 수를 조사하여 나타낸 표입니다. 학생 수가 다른 반은 몇 반입니까?

반별 여학생과 남학생 수

| 반 | 1반 | 2반 | 3반 | 합계 |
|---|---|---|---|---|
| 여학생 수(명) | 11 | 15 | 14 | 40 |
| 남학생 수(명) | 16 | 12 | 14 | 42 |

( )

**09** 관련 단원 : 1. 곱셈

계산 결과가 큰 순서대로 기호를 쓰시오.

> ㉠ $564 \times 6$
> ㉡ $48 \times 62$
> ㉢ $776 \times 4$

( )

**10** 관련 단원 : 2. 나눗셈

나눗셈을 하고 맞게 계산했는지 확인해 보시오.

$$6 \overline{)9\ 2}$$

확인 _____

**11** 관련 단원 : 4. 분수

분수의 크기를 비교하여 ○ 안에 >, =, <를 알맞게 써넣으시오.

(1) $\dfrac{22}{3}$ ○ $6\dfrac{2}{3}$ (2) $3\dfrac{5}{8}$ ○ $\dfrac{31}{8}$

**12** 관련 단원 : 2. 나눗셈

몫의 크기를 비교하여 ○ 안에 >, =, <를 알맞게 써넣으시오.

| $516 \div 4$ | ○ | $896 \div 7$ |

**13** 서술형·논술형 문제 ✏ 관련 단원 : 5. 들이와 무게

살충제통에 살충제가 $4\ \text{L}\ 800\ \text{mL}$ 있었습니다. 그중에서 해충을 제거할 때 $2\ \text{L}\ 500\ \text{mL}$를 뿌렸습니다. 살충제통에 남아 있는 살충제는 몇 L 몇 mL인지 식을 쓰고 답을 구하시오. [6점]

식 _____

답 _____

**14** 관련 단원 : 5. 들이와 무게

노인이 세 딸에게 금은보화를 나누어 주려고 합니다. 그림을 보고 금은보화를 가장 많이 받은 사람과 가장 적게 받은 사람의 합은 몇 kg 몇 g입니까?

( )

관련 단원 : 4. 분수

**15** 한 개에 9조각씩 있는 초콜릿이 있습니다. 윤아는 하루에 한 조각씩 먹으려고 합니다. 윤아가 가지고 있는 초콜릿이 그림과 같을 때 윤아는 초콜릿을 며칠 동안 먹을 수 있습니까?

( 　　　　　　　　　　 )

관련 단원 : 3. 원

**16** 선분 ㄱㄹ의 길이는 몇 cm입니까? [6점]

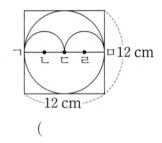

( 　　　　　　　　　　 )

**서술형·논술형 문제 ✏** 관련 단원 : 2. 나눗셈

**17** 사과 98개를 6봉지에 똑같이 나누어 담으려고 합니다. 사과를 한 봉지에 몇 개씩 담으면 되고 또, 남는 사과는 몇 개인지 식을 쓰고 답을 구하시오. [6점]

식 _____

답 _____ , _____

관련 단원 : 4. 분수

**18** 조건을 모두 만족하는 분수를 구하시오. [8점]

- 분모와 분자의 합은 7입니다.
- 가분수입니다.
- 분모와 분자의 차는 3입니다.

( 　　　　　　　　　　 )

관련 단원 : 1. 곱셈

**19** 4장의 수 카드를 한 번씩만 사용하여 (두 자리 수)×(두 자리 수)의 곱셈식을 만들려고 합니다. 곱이 가장 큰 곱셈식을 만들고 값을 구하시오. [8점]

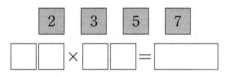

**서술형·논술형 문제 ✏** 관련 단원 : 3. 원

**20** 그림과 같이 크기가 같은 원 3개의 중심을 이어 삼각형을 만들었습니다. 원의 반지름이 8 cm일 때 삼각형의 세 변의 길이의 합은 몇 cm인지 풀이 과정을 쓰고 답을 구하시오. [10점]

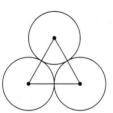

풀이 _____

_____

_____

_____

답 _____

# 사회

**3·2**

✒ **11종 검정 교과서 공통 핵심 개념을 알아볼까?**

---

### 1. ❶ 우리 고장의 환경과 생활 모습 [166쪽]

> 바다가 있는 고장에서는 물고기를 잡아요.

> 산이 있는 고장에서는 산비탈에 논을 만들어요.

**고장의 환경과 생활 모습**
자연환경과 인문환경에 따라 고장 사람들의 생활 모습, 하는 일, 여가 생활이 다릅니다.

---

### 1. ❷ 환경에 따른 의식주 생활 모습 [172쪽]

> 강원도는 산이 많아 밭농사를 주로 짓고 감자를 많이 심어요.

> 울릉도는 눈이 많이 내려 우데기를 설치했어요.

**자연환경과 의식주 생활 모습**
고장의 날씨나 땅의 생김새와 같은 자연환경은 사람들의 의식주 생활 모습에 많은 영향을 줍니다.

---

### 2. ❶ 옛날과 오늘날의 생활 모습 [178쪽]

> 옛날 / 오늘날

> 오늘날에는 콤바인을 이용해. 참 편리하지.

> 옛날에는 돌로 만든 도구를 사용했어.

**옛날과 오늘날의 도구**
자연에서 얻은 재료로 만든 도구를 사용하다가 기술의 발달로 다양한 기계를 사용하게 되었습니다.

---

### 2. ❷ 옛날과 오늘날의 세시 풍속 [184쪽]

> 옛날부터 추석에는 송편을 만들어 먹는 세시 풍속이 이어져 왔단다.

> 추석마다 왜 송편을 만들죠?

**세시 풍속**
세시 풍속은 옛날부터 명절과 같이 일정한 시기에 되풀이하여 행해 온 고유의 생활 모습입니다.

---

### 3. ❶ 가족의 구성과 역할 변화 [190쪽]

> 옛날 / 오늘날

> 우리 가족은 집안일을 함께 나누어 해요.

**가족 구성원의 역할 변화**
오늘날에는 가정에서 남녀의 역할 구분이 없어지고, 집안일을 가족이 함께 나누어 합니다.

---

### 3. ❷ 다양한 가족이 살아가는 모습 [196쪽]

> 우리집은 식구가 많은 확대 가족이에요.

> 저는 아빠, 엄마와 함께 사는 핵가족이에요.

> 저는 엄마와 둘이 살고 있는 한 부모 가족이에요.

**다양한 가족의 형태**
가족의 구성원에 따라 다양한 형태의 가족이 있으며 생활 모습도 다양합니다.

## ❂ 자연환경과 인문환경

| 자연환경 | 산, 들, 하천, 바다와 같은 땅의 생김새와 날씨에 영향을 주는 눈, 비, 바람, 기온 등 사람이 만들지 않은 자연 그대로의 환경 |
| --- | --- |
| 인문환경 | 논과 밭, 과수원, 공원, 다리, 도로, 공장, 항구 등 사람이 만든 환경 |

## ❂ 자연환경을 이용하는 모습

| 산 | 산림욕장, 등산로, 전망대 등을 만듦. |
| --- | --- |
| 들 | 농사를 짓거나, 도로나 공장 등을 만듦. |
| 하천 | 하천의 물을 생활용수와 공업용수로 이용하거나, 주변에 공원을 만듦. |
| 바다 | 물고기를 잡거나, 해수욕장을 만들어 물놀이를 하고, 염전을 만들어 소금을 얻음. |

→ 소금을 만들기 위해 바닷물을 끌어 들여 논처럼 만든 곳

## ❂ 고장 사람들의 계절별 생활 모습

| 봄 | 여름 |
| --- | --- |
| • 날씨: 따뜻함.<br>• 생활 모습: 모내기, 꽃구경 등 | • 날씨: 덥고 비가 많이 옴.<br>• 생활 모습: 선풍기 사용, 물놀이 등 |
| 가을 | 겨울 |
| • 날씨: 선선함.<br>• 생활 모습: 단풍 구경, 곡식과 채소 수확 등 | • 날씨: 춥고 눈이 많이 옴.<br>• 생활 모습: 난로 사용, 썰매나 스키 타기 등 |

## ❂ 환경에 따라 고장 사람들이 하는 일

→ 고장 사람들이 하는 일이나 생활 모습은 고장의 환경과 밀접한 관계가 있습니다.

| 바다가 있는 고장 | 고기잡이, 미역이나 김 양식하기, 해산물 팔기, 물고기 잡는 기구 판매 및 수리하기 등 |
| --- | --- |
| 넓은 들이 있는 고장 | 논과 밭에서 곡식과 채소 기르기, 가축 키우기, 농기계를 팔거나 수리하기, 농업 기술 연구하고 알려 주기 등 |
| 도시가 발달한 고장 | 회사에서 일하기, 백화점이나 마트에서 물건 팔기, 공장에서 물건 만들기, 버스나 택시 운전하기 등 |
| 산이 많은 고장 | 버섯 재배하기, 산비탈에서 농사짓기, 스키장에서 일하기, 약초 캐기, 목장에서 소나 양 키우기 등 |

## ❂ 고장 사람들의 여가 생활

① 여가 생활: 스스로 즐거움을 얻고자 남는 시간에 하는 자유로운 활동

② 다양한 여가 생활

고무보트를 타고 계곡의 빠른 물살을 헤쳐 나가는 운동 →

| 자연환경을 이용한 여가 생활 | 바다에서 서핑하기, 강에서 래프팅하기, 산에서 등산하기 등 |
| --- | --- |
| 인문환경을 이용한 여가 생활 | 도서관에서 책 읽기, 영화관에서 영화 보기, 박물관에서 유물 관람하기 등 |

③ 여가 생활 모습을 면담으로 조사하기                     비상교과서

| 면담 | 알아보고자 하는 내용을 면담 대상자를 만나 직접 물어보는 방법 |
| --- | --- |
| 방법 | 면담 내용, 면담 대상자 등 정하기 → 면담할 시간과 장소를 약속하기 → 면담하기 → 면담 결과 정리하기 |
| 주의할 점 | • 약속한 방문 시간을 잘 지키고, 예의 바르게 행동함.<br>• 녹음을 할 때는 상대방의 동의를 받음. |

**01** 산, 하천, ( 비 / 논 ), 바람 등은 자연환경입니다.

**02** 인문환경은 학교, 도로 등과 같이 [     ]이 만든 환경을 뜻합니다.

**03** 사람들은 산에 ( 해수욕장 / 전망대 )을/를 만듭니다.

**04** 염전을 만들어 이용하는 자연환경은 바다와 하천 중 무엇입니까?

**05** 여름에는 더위를 피하기 위해 ( 에어컨 / 난로 )을/를 사용합니다.

**06** 단풍, 곡식 수확 등과 관련된 계절은 언제입니까?

**07** 눈이 내리는 [     ]에는 스키 등의 여가 생활을 즐깁니다.

**08** 고기잡이, 미역 양식하기 등은 ( 들 / 바다 )이/가 있는 고장 사람들이 주로 하는 일입니다.

**09** 버섯 재배하기, 약초 캐기는 ( 산이 많은 고장 / 도시 )에 사는 사람들이 주로 하는 일입니다.

**10** 바다낚시, 등산, 서핑은 ( 자연 / 인문 )환경을 이용한 여가 생활입니다.

사 회

\* 배점이 표시되어 있지 않은 문제는 문제당 **4점**입니다.

**[01~02]** 다음은 자연환경을 담은 사진입니다.

ㄱ
◐ 산

ㄴ
◐ 눈

ㄷ
◐ 우박

ㄹ
◐ 하천

11종 공통
**01** 위 ㉠~㉣ 중 땅의 생김새를 나타내는 자연환경을 두 가지 찾아 기호를 쓰시오.

(       ,       )

11종 공통
**02** 위 ㉣을 이용하는 모습으로 알맞은 것을 두 가지 고르시오. ⋯⋯⋯⋯⋯⋯⋯⋯ (    ,    )
중요!

① 스키장을 만든다.
② 등산로를 만든다.
③ 계단식 논을 만든다.
④ 주변에 공원을 만든다.
⑤ 생활에 필요한 물을 얻는다.

11종 공통
**03** 다음 ☐ 안에 들어갈 말로 알맞지 <u>않은</u> 것은 어느 것입니까? ⋯⋯⋯⋯⋯⋯⋯⋯⋯ (      )

> 고장에서는 논, 과수원, 도로, ☐ 와/과 같은 인문환경을 볼 수 있습니다.

① 공장     ② 학교     ③ 바다
④ 항구     ⑤ 아파트

11종 공통
**04** 사람들이 산을 이용해 만든 시설은 어느 것입니까?
⋯⋯⋯⋯⋯⋯⋯⋯⋯⋯⋯⋯⋯⋯⋯⋯ (      )

① 항구         ② 조선소
③ 산림욕장      ④ 해수욕장
⑤ 수산물 직판장

11종 공통
**05** 다음 중 들을 이용하는 모습에 ○표를 하시오.

(1)

(2)

(         )    (         )

서술형·논술형 문제 ✐        11종 공통
**06** 다음은 연수네 고장에서 볼 수 있는 자연환경입니다.
[총 8점]

(1) 위 자연환경은 무엇인지 **보기** 에서 찾아 쓰시오.
[3점]

> **보기**
> • 산    • 들    • 사막    • 바다

(             )

(2) 위 자연환경을 이용하는 모습을 쓰시오. [5점]

물고기를 잡거나 ☐ 을 만들어 물

놀이를 즐긴다.

**07** 다음 생활 모습을 주로 볼 수 있는 계절은 언제인지 쓰시오.

❖ 모내기

❖ 꽃구경

( )

**08** 중요!

여름에 다음과 같은 생활을 하는 까닭은 어느 것입니까? [6점] ·············· ( )

> • 해수욕 즐기기  • 선풍기 사용하기

① 더위를 피하기 위해서
② 추위를 피하기 위해서
③ 눈이 많이 내리기 때문에
④ 바람이 많이 불기 때문에
⑤ 비가 많이 내리기 때문에

서술형·논술형 문제 ✎

**09** 다음은 세호네 고장 사람들의 생활 모습입니다. [총 10점]

❖ 난로 사용하기

❖ 눈썰매 타기

(1) 위와 같은 생활 모습을 볼 수 있는 계절을 쓰시오.
[3점]

( )

(2) 위 (1)번 답의 날씨는 어떠한지 쓰시오. [7점]

_____

_____

**10** 가을에 있었던 경험을 알맞게 말한 어린이를 두 명 고르시오. ·············· ( , )

① 미연: 가족과 함께 단풍 구경을 갔어.
② 민경: 꽁꽁 언 얼음 위에서 썰매를 탔어.
③ 진영: 과수원에서 과일 따기 체험을 했어.
④ 지우: 친구들과 함께 스키 캠프에 참여했어.
⑤ 운용: 계곡에서 물놀이를 하고 수박을 먹었어.

**11** 바다가 있는 고장 사람들이 주로 하는 일은 어느 것입니까? ·············· ( )

① 꿀 얻기          ② 고기잡이
③ 목재 얻기        ④ 버섯 재배하기
⑤ 스키장에서 일하기

**[12~13] 다음은 원권이네 고장의 모습입니다.**

**12** 위 고장의 환경으로 알맞은 것을 두 가지 고르시오.
( , )

① 강          ② 항구          ③ 갯벌
④ 조선소      ⑤ 논과 밭

**13** 원권이네 고장 사람들이 주로 하는 일로 알맞은 것에 ○표를 하시오.

(1) 스키장 주변에서 리조트를 운영합니다. ( )
(2) 논과 밭에서 곡식과 채소를 재배합니다.
( )

사회

**[14~15] 다음은 민주네 고장의 환경을 정리한 것입니다.**

| 자연환경 | 가파른 산비탈, 울창한 숲, 계곡 등 |
|---|---|
| 인문환경 | 경사진 밭, 계단 모양의 논, 목장, 스키장, 자연 휴양림 등 |

11종 공통
**14** 민주네 고장의 모습으로 알맞은 것의 기호를 쓰시오.

ㄱ 　　ㄴ

(　　　　　　　　　　　)

서술형·논술형 문제
11종 공통
**15** 민주네 고장 사람들이 주로 하는 일을 한 가지만 쓰시오.
[10점]

_____

_____

11종 공통
**16** 도시에 사는 사람들이 주로 하는 일로 알맞지 <u>않은</u> 것은
중요! 무엇입니까? [6점] ·············· (　　　)
① 회사에서 일한다.
② 산속에서 약초를 캔다.
③ 버스나 택시를 운전한다.
④ 공장에서 물건을 만든다.
⑤ 백화점이나 마트에서 물건을 판다.

11종 공통
**17** 여가 생활에 대한 설명으로 알맞은 것을 보기 에서 모두
찾아 기호를 쓰시오.

보기
㉠ 남는 시간에 하는 활동입니다.
㉡ 의무적으로 꼭 해야 하는 활동입니다.
㉢ 자신의 즐거움을 얻고자 하는 활동입니다.
㉣ 숙제하기, 등교하기, 출근하기 등은 여가 생활입니다.

(　　　　　，　　　　　)

11종 공통
**18** 바다를 이용한 여가 생활은 어느 것입니까? (　　　)
① 서핑　　　② 등산　　　③ 독서
④ 래프팅　　⑤ 패러글라이딩

11종 공통
**19** 자연환경을 이용해 여가 생활을 즐긴 어린이를 쓰시오.

현정: 아빠와 바다로 낚시를 갔어.
태린: 엄마랑 시내 영화관에서 영화를 봤어.
지호: 할머니와 선사 유적 박물관에 다녀왔어.

(　　　　　　　　　　)

비상교과서
**20** 고장 사람들의 여가 생활을 면담으로 조사할 때 주의할
점으로 알맞지 <u>않은</u> 것은 어느 것입니까? ····· (　　　)
① 질문을 예의 바르게 한다.
② 약속한 방문 시간을 지킨다.
③ 면담 시 필요한 준비물을 미리 챙긴다.
④ 상대방의 동의 없이 녹음을 해야 한다.
⑤ 면담이 끝났을 때 감사의 인사를 전한다.

**1** 다음은 연후와 서아가 고장의 모습을 누리 소통망에 올린 사진입니다. [총 10점]

11종 공통

(1) 연후네 고장 사람들이 공원이나 등산로를 만들어 이용하는 자연환경은 무엇인지 쓰시오. [3점]

( )

(2) 서아네 고장 사람들이 들을 이용하는 모습을 쓰시오. [7점]

_____

_____

**2** 다음은 일기 예보의 한 장면입니다. [총 10점]

11종 공통

> 알록달록 단풍과 노랗게 익은 벼가 선선한 바람에 흔들리고 있습니다.

(1) 위 일기 예보와 관련된 계절을 쓰시오. [3점]

( )

(2) 위 일기 예보과 관련된 계절의 생활 모습을 쓰시오. [7점]

_____

_____

**3** 다음은 서하와 예림이네 고장 사람들이 주로 하는 일입니다. [총 10점]

11종 공통

| 서하네 고장 사람들이 하는 일 | • 해산물 음식 팔기<br>• 물고기 잡기, 김 기르기 |
|---|---|
| 예림이네 고장 사람들이 하는 일 | • 계단 모양 논에서 농사짓기<br>• 버섯 재배하기, 가축 키우기 |

(1) 서하네 고장 사람들이 주로 이용하며 살아가는 자연환경은 산, 들, 바다 중 무엇인지 쓰시오. [3점]

( )

(2) 서하네 고장 사람들과 예림이네 고장 사람들이 주로 하는 일이 다른 까닭을 쓰시오. [7점]

_____

_____

**4** 다음은 민우와 친구들이 주말에 즐긴 여가 생활에 대해 나눈 대화입니다. [총 10점]

11종 공통

> 서영: 나는 가까운 영화관에서 영화를 봤어.
> 민우: 재미있었겠다. 나는 가족과 등산을 했어.
> 주원: 나는 친구들과 근처 바다에서 물놀이를 했어.

(1) 산을 이용한 여가 생활을 즐긴 어린이를 쓰시오. [3점]

( )

(2) 서영이의 여가 생활은 주원이와 민우의 여가 생활과 어떤 차이가 있는지 쓰시오. [7점]

_____

_____

# 1.❷ 환경에 따른 의식주 생활 모습

## ◉ 의식주의 의미와 필요성

| 의미 | 사람들이 생활하는 데 필요한 옷, 음식, 집을 뜻함. |
|---|---|
| 필요성 | • 의: 피부를 보호하기 위해서<br>• 식: 영양분을 얻기 위해서<br>• 주: 안전하고 편안하게 쉬기 위해서 |

## ◉ 고장 사람들의 의생활 모습 → 계절의 날씨에 따라 고장 사람들의 의생활 모습이 달라집니다.

| 봄 | • 날씨: 따뜻해짐.<br>• 옷차림: 얇은 옷을 입음. |
|---|---|
| 여름 | • 날씨: 무덥고 비가 많이 내림.<br>• 옷차림: 더위를 피하려고 바람이 잘 통하는 재료로 만든 반팔 옷과 반바지를 입음. |
| 가을 | • 날씨: 쌀쌀해짐.<br>• 옷차림: 얇은 옷을 여러 겹 껴입거나 가벼운 외투를 입음. |
| 겨울 | • 날씨: 춥고 눈이 내리기도 함.<br>• 옷차림: 추위를 막으려고 두꺼운 옷을 입고, 장갑을 끼거나 목도리를 두르기도 함. |

## ◉ 세계 여러 고장의 의생활 모습

## ◉ 고장에서 발달한 음식

천재교과서

| 서산<br>어리굴젓 | 서산은 주변 바닷가에서 많이 나는 굴로 만든 음식이 유명함. |
|---|---|
| 정선 곤드레<br>나물밥 | 정선은 주변 산에서 자란 곤드레나물을 넣어 만든 밥이 유명함. |
| 전주비빔밥 | 전주는 넓은 들에서 자란 쌀과 채소로 만든 비빔밥이 유명함. |

## ◉ 세계 여러 고장 사람들의 식생활 모습

| 덥고 습한<br>고장 | 열대 과일을 이용한 음식이 발달함.<br>예 파인애플 볶음밥 |
|---|---|
| 바다로<br>둘러싸인 고장 | 해산물을 이용한 음식이 많음.<br>예 초밥 |
| 산지가 많은<br>고장 | 산지에 젖소를 키워 얻은 우유로 만든 음식이 많음. 예 퐁뒤 |

└→ 빵, 고기 등을 우유로 만든 치즈에 찍어 먹는 음식

## ◉ 고장의 자연환경과 주생활 모습 예 전통 가옥

| 겨울에 눈이 많이 내리는 고장 | 여름에 비가 많이 내리는 고장 |
|---|---|
| 울릉도에서는 눈이 많이 쌓여도 집 안에서 생활할 수 있도록 우데기를 만듦. | 홍수로 집이 물에 잠기는 것을 막으려고 터돋움집을 지음. |

## ◉ 세계 여러 고장의 주생활 모습

천재교육, 비상교육

| 덥고 습한<br>고장 | 더위와 해충을 피하기 위해 수상 가옥을 지었음. |
|---|---|
| 춥고 눈으로<br>둘러싸인 고장 | 사냥을 나왔을 때 추위를 피하려고 눈과 얼음으로 이글루를 지었음. |
| 초원이 펼쳐진<br>고장 | 가축에게 먹일 물과 풀을 찾아 옮겨 다니기 때문에 이동식 집인 게르를 지었음. |

└→ 물 위에 지은 집

**01** 사람이 살아가는 데 반드시 필요한 옷, 음식, 집을 통틀어 무엇이라고 합니까?

**02** 영양분을 얻을 수 있는 빵, 밥, 주스 등은 ( 의생활 / 식생활 )에 해당합니다.

**03** 두꺼운 옷을 입고 목도리를 두르기도 하는 계절은 언제입니까?

**04** 베트남과 같은 ( 덥고 습한 / 낮과 밤의 기온 차가 큰 ) 고장에서는 바람이 잘 통하는 긴 옷을 입습니다.

**05** 정선은 주변 ( 산 / 강 )에서 자란 곤드레나물을 넣어 만든 밥이 유명합니다.

**06** 덥고 습한 고장에서는 파인애플 볶음밥과 같이 ( 열대 과일 / 호밀 )을 이용한 음식이 발달했습니다.

**07** 터돋움집은 ( 홍수 / 가뭄 )에 대비하기 위해 지은 집입니다.

**08** 우데기와 관련된 자연환경은 눈과 비 중 무엇입니까?

**09** 수상 가옥은 더위를 피하기 위해 ( 물 / 나무 ) 위에 지은 집입니다.

**10** 춥고 눈으로 둘러싸인 고장에서는 ( 이글루 / 게르 )를 지었습니다.

점수

정답 ✪ 꼼꼼 풀이집 41쪽

* 배점이 표시되어 있지 않은 문제는 문제당 4점입니다.

**[01~02] 다음은 일상생활에서 볼 수 있는 의식주의 사례입니다.**

㉠ 
✪ 티셔츠

㉡ 
✪ 비빔밥

㉢ 
✪ 아파트

㉣ 
✪ 음료수

㉤ 
✪ 단독 주택

㉥ 
✪ 신발

11종 공통

**01** 위 ㉠~㉥ 중 식생활에 속하는 것을 두 가지 찾아 기호를 쓰시오.

( , )

11종 공통

**02** 위 ㉠~㉥ 중 다음과 같은 역할을 하는 것을 두 가지 찾아 기호를 쓰시오.

안전하고 편안하게 쉴 수 있습니다.

( , )

11종 공통

**03** 옷이 없을 때 발생할 일로 알맞은 것은 어느 것입니까? 중요! ( )

① 키가 크지 않을 것이다.
② 잠을 자거나 쉴 수 없을 것이다.
③ 힘이 없어서 움직이지 못할 것이다.
④ 몸에 필요한 영양분이 부족할 것이다.
⑤ 더위와 추위를 견디기 어려울 것이다.

서술형·논술형 문제

11종 공통

**04** 여름철에 다음과 같은 의생활을 하는 까닭을 쓰시오. [8점]

여름철은 덥고 습하기 때문에 ① [ ] 를 피하기 위해서 ② [ ] 옷과 반바지를 입는다.

11종 공통

**05** 겨울철 사람들의 의생활 모습으로 알맞은 것에 ○표를 하시오.

(1) 바람이 잘 통하는 재료로 만든 옷을 입습니다. ( )

(2) 두꺼운 옷을 입고, 장갑을 끼거나 목도리를 두르기도 합니다. ( )

11종 공통

**06** 사우디아라비아에서 다음과 같은 의생활을 하는 까닭을 두 가지 고르시오. [6점] ( , )

• 머리를 천으로 감쌉니다.
• 온몸을 감싸는 옷을 입습니다.

① 직업을 나타내기 위해서
② 눈바람을 피하기 위해서
③ 뜨거운 햇볕을 막으려고
④ 모래바람을 막기 위해서
⑤ 비가 많이 내리기 때문에

[07~09] 다음은 세계 여러 고장 사람들의 의생활 모습입니다.

| ㉠ | 춥고 눈이 많이 오는 고장 | 낮과 밤의 기온 차가 큰 고장 |
|---|---|---|
| | ㉡ | |

천재교육, 교학사, 김영사, 동아출판, 비상교과서, 지학사

**07** 위 ㉠에 들어갈 고장의 환경을 보기 에서 찾아 쓰시오.

보기
• 덥고 습한 고장    • 바람이 많이 부는 고장

(                    )

천재교육, 천재교과서, 교학사, 금성출판사, 김영사,
동아출판, 미래엔, 비상교과서, 비상교육, 지학사

**08** 위 ㉡에 들어갈 알맞은 모습에 ○표를 하시오.
중요!

(1)                           (2)

(          )        (          )

11종 공통

서술형·논술형 문제 ✎

**09** 위와 같은 세계 여러 고장 사람들의 의생활 모습을 보면서 알 수 있는 점을 쓰시오. [10점]

_____

_____

천재교과서, 금성출판사, 김영사, 동아출판, 미래엔, 비상교과서

**10** 다음 ☐ 안에 들어갈 음식으로 알맞은 것은 어느 것입니까? ............................................ (          )

전주는 넓은 들에서 자란 쌀과 채소로 만든 ☐☐☐이/가 유명합니다.

① 냉면        ② 비빔밥        ③ 어리굴젓
③ 한라봉주스    ⑤ 곤드레나물밥

천재교과서, 김영사, 동아출판

**11** 서산에서 어리굴젓이 유명한 까닭과 관련된 자연환경을 보기 에서 찾아 쓰시오.

보기
• 산        • 바다        • 넓은 들

(                    )

천재교육, 천재교과서

**12** 곤드레나물밥과 같은 음식이 발달한 고장의 모습으로 알맞은 것의 기호를 쓰시오.

㉠                          ㉡

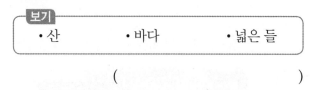

(                    )

천재교육, 교학사, 미래엔, 비상교과서, 비상교육, 지학사

**13** 다음 고장에서 발달한 음식을 바르게 줄로 이으시오.

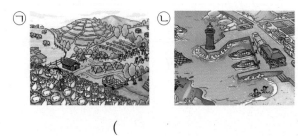

(1) 산지에서 소를 키우는 고장    •        • ㉠ 초밥

(2) 바다로 둘러싸인 고장    •        • ㉡ 퐁뒤

천재교육, 금성출판사, 비상교육, 지학사

**14** 타이에서 파인애플을 넣은 볶음밥을 즐겨 먹는 까닭은 무엇입니까? ·······················( )

① 해산물이 많이 잡히기 때문이다.

② 열대 과일이 잘 자라기 때문이다.

③ 추워서 호밀이 잘 자라기 때문이다.

④ 젖소를 키우는 사람이 많기 때문이다.

⑤ 산나물을 쉽게 구할 수 있기 때문이다.

김영사, 동아출판, 비상교육, 아이스크림 미디어, 지학사

**17** 터돋움집을 지었던 고장의 환경으로 알맞은 것은 어느 것입니까? [6점] ·····················( )

중요!

① 모래바람이 많이 부는 고장

② 낮과 밤의 기온 차가 큰 고장

③ 나무를 쉽게 구할 수 있는 고장

④ 겨울철에 눈이 많이 내리는 고장

⑤ 여름철에 비가 많이 내리는 고장

천재교육, 천재교과서, 동아출판, 비상교육

**18** 춥고 눈으로 둘러싸인 고장에서 지었던 집은 어느 것 입니까? ·····························( )

① 게르 　　② 너와집 　　③ 이글루

④ 동굴집 　　⑤ 수상 가옥

**[15~16]** 다음은 옛날에 울릉도 사람들이 살던 집입니다.

천재교육, 천재교과서, 교학사, 김영사, 동아출판,
미래엔, 비상교과서, 비상교육, 지학사

**15** 위 ㉠은 무엇인지 보기 에서 찾아 쓰시오.

보기
　・풍채　　　　・기와　　　　・우데기

( )

천재교육, 천재교과서, 김영사, 동아출판, 비상교육

**19** 다음 설명과 관련 있는 주생활 모습에 ○표를 하시오.

　가축에게 먹일 물과 풀을 찾아 이동할 때 간편하게 설치할 수 있습니다.

(1) 　　　　　　　　　(2)

( ) 　　　　　　　( )

서술형·논술형 문제 ✎　　천재교육, 천재교과서, 교학사, 김영사, 동아출판,
미래엔, 비상교과서, 비상교육, 지학사

**16** 울릉도 사람들이 집을 지으면서 ㉠을 만든 까닭을 쓰시오. [10점]

_____

_____

천재교육, 김영사, 비상교과서, 비상교육, 지학사

**20** 덥고 비가 많이 내리는 고장에서 수상 가옥을 지은 까닭을 바르게 말한 어린이를 쓰시오.

소정: 바람이 잘 통하고 벌레를 피할 수 있기 때문이야.

다슬: 주변에서 눈과 얼음을 쉽게 구할 수 있기 때문이야.

( )

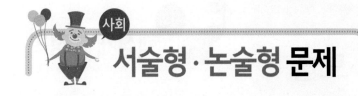
11종 공통

**1** 다음은 의식주와 관련된 사진입니다. [총 10점]

(1) 위 ㉠~㉢ 중 식생활에 해당하는 것을 기호로 쓰시오. [3점]

(          )

(2) 위 ㉢과 관련된 생활이 필요한 까닭을 쓰시오. [7점]

_____

_____

11종 공통

**2** 다음은 사우디아라비아에 있는 고장의 모습입니다. [총 10점]

(1) 위 고장의 환경은 어떠한지 보기 에서 찾아 기호를 쓰시오. [3점]

> 보기
> ㉠ 덥고 습합니다.
> ㉡ 햇볕이 뜨겁고 모래바람이 많이 붑니다.

(          )

(2) 위 고장 사람들은 어떤 옷을 입을지 쓰시오. [7점]

_____

_____

천재교육, 천재교과서, 교학사, 김영사, 동아출판, 미래엔

**3** 다음은 고장에서 발달한 음식을 소개하는 내용입니다. [총 10점]

> 보성에 사는 친구: 우리 고장에는 꼬막무침이 유명해. 왜냐하면 보성에는 ㉠ 이 넓게 펼쳐져 있어 꼬막을 구하기 쉽기 때문이야.
> 서산에 사는 친구: 우리 고장에는 어리굴젓이 유명해. 왜냐하면 ㉡

(1) 위 ㉠에 들어갈 자연환경은 갯벌과 산 중 무엇인지 쓰시오. [3점]

(          )

(2) 위 ㉡에 들어갈 알맞은 내용을 쓰시오. [7점]

_____

_____

천재교육, 천재교과서, 김영사, 동아출판, 비상교육

**4** 다음은 세계 여러 고장의 주생활 모습을 정리한 표입니다. [총 10점]

| 덥고 습한 고장 | 더위와 해충을 피하기 위해 수상 가옥을 지었음. |
|---|---|
| 춥고 눈으로 둘러싸인 고장 | 눈과 얼음으로 이글루를 지었음. |
| 초원이 펼쳐진 고장 | 이동식 집인 [   ]을/를 지었음. |

(1) 위 ☐ 안에 들어갈 집을 보기 에서 찾아 ○표를 하시오. [3점]

> 보기
> • 게르    • 이즈바    • 수상 가옥

(2) 위와 같이 고장마다 집의 모양이 다른 까닭을 쓰시오. [7점]

_____

_____

# 2.① 옛날과 오늘날의 생활 모습

## ◉ 자연에서 얻은 재료로 도구를 만들어 쓰던 시대

### 돌을 깨뜨려 만든 도구를 사용한 시대

• 돌을 깨뜨려 도구를 만들었음.
• 동굴이나 바위 그늘에서 생활하며 사냥을 하고 열매를 따 먹었음.

◐ 주먹 도끼

↓

### 돌을 갈아서 만든 도구를 사용한 시대

• 돌이나 동물의 뼈를 갈아 도구를 만들었음.
• 강가나 바닷가에 모여 살며 농사를 짓기 시작했음.

◐ 빗살무늬 토기

## ◉ 청동으로 만든 도구를 사용한 시대

① 청동으로 무기, 장신구, 제사 도구를 만들었습니다.
② 농사를 지을 때나 일상생활에서는 돌과 나무를 사용했습니다.

◐ 비파형 동검　　◐ 청동 거울　　◐ 반달 돌칼

## ◉ 철로 만든 도구를 사용한 시대: 철로 만든 농사 도구로 더 많은 곡식을 수확했고, 전쟁에서 철로 만든 무기를 사용했습니다.
└→ 농업이 크게 발달했습니다.

## ◉ 농사 도구의 변화

| 땅을 가는 도구 | 돌괭이 ➡ 철로 만든 괭이 ➡ 쟁기 ➡ 트랙터 |
|---|---|
| 곡식을 수확하는 도구 | 반달 돌칼 ➡ 낫 ➡ 탈곡기 ➡ 콤바인 |

➡ 한 사람이 갈 수 있는 땅이 넓어졌고, 많은 양의 곡식을 수확할 수 있습니다.

## ◉ 음식을 만드는 도구의 변화

| 음식을 요리하는 도구 | 토기 ➡ 가마솥 ➡ 전기밥솥 |
|---|---|
| | └→ 무거운 솥 안의 열기가 잘 빠져나가지 않아 음식이 잘 익습니다. |
| 음식 재료를 가는 도구 | 갈돌과 갈판 ➡ 맷돌 ➡ 믹서 |

➡ 음식을 만드는 시간이 줄어들었습니다.

## ◉ 옷을 만드는 도구의 변화

| 실이나 옷감을 만드는 도구 | 가락바퀴 ➡ 베틀 ➡ 방직기 |
|---|---|
| 옷감을 꿰매는 도구 | 뼈바늘 ➡ 쇠 바늘 ➡ 재봉틀 |

➡ 다양한 옷을 빠르고 쉽게 만들 수 있습니다.

## ◉ 집의 변화로 달라진 생활 모습

① 집의 모습 변화

동굴이나 바위 그늘 ➡ 움집 ➡ 초가집, 기와집 ➡ 오늘날의 집(예 아파트, 단독 주택, 연립 주택)

◐ 움집　　　　　　◐ 초가집

② 집의 변화로 달라진 사람들의 생활 모습

| 움집 | 하나의 방에서 생활했고, 집 가운데에 불을 피워 따뜻하게 지냈음. |
|---|---|
| 초가집 | 방, 마루, 헛간 등을 쓰임에 맞게 나누어 사용했고 마당에서는 농사와 관련된 일을 했음. |
| 기와집 | 안채에서는 주로 여자들이 생활했고, 사랑채에서는 남자들이 글공부를 했음. |
| 오늘날의 집 | 거실과 주방이 연결되어 있어 가족이 같이 식사를 준비하고 거실에서 이야기를 나눔. |

└→ 하나의 공간에서 다양하고 편리하게 생활합니다.

**01** 옛날 사람들은 돌을 깨뜨려 ( 주먹 도끼 / 빗살무늬 토기 )를 만들었습니다.

**02** 돌을 갈아서 만든 도구를 사용한 시대의 사람들은 강가나 바닷가에 ( 모여 / 흩어져 ) 살았습니다.

**03** 청동은 재료를 구하기 어렵고, 만드는 과정이 복잡하여 [　　　]를 만드는 데 주로 사용되었습니다.

**04** 사람들이 점차 청동보다 단단한 [　　　]로 농사 도구를 만들기 시작하면서 더 많은 곡식을 수확했습니다.

**05** 소의 힘을 이용해 땅을 갈 수 있었던 농사 도구는 무엇입니까?

**06** 옛날 사람들은 ( 반달 돌칼 / 돌괭이 )을/를 이용해 곡식을 수확했습니다.

**07** 옛날에는 ( 토기 / 맷돌 )에 재료를 넣고 음식을 끓였습니다.

**08** 오늘날에는 [　　　]을 이용해 불을 피울 필요 없이 빠르게 밥을 짓습니다.

**09** 옷을 만드는 도구가 발달하면서 다양한 옷을 ( 쉽게 / 어렵게 ) 만들 수 있습니다.

**10** 아파트, 단독 주택, 연립 주택은 ( 옛날 / 오늘날 )의 집입니다.

\* 배점이 표시되어 있지 않은 문제는 문제당 **4점**입니다.

천재교과서
**01** 옛날 사람들의 생활 모습을 살펴보기 위해 방문할 수 있는 장소로 알맞은 것은 어느 것입니까?····· ( )

① 소방서 　　② 경찰서 　　③ 운동장
④ 유적지 　　⑤ 놀이터

**[02~03]** 다음은 돌을 깨뜨려 만든 도구를 사용한 시대의 생활 모습입니다.

11종 공통
**02** 위 시대에 대한 설명으로 알맞지 <u>않은</u> 것을 보기 에서 찾아 기호를 쓰시오.

> 보기
> ㉠ 농사를 짓기 시작했습니다.
> ㉡ 사냥을 하거나 열매를 따 먹었습니다.
> ㉢ 동굴이나 바위 그늘에서 생활했습니다.

( )

11종 공통
**03** 위 시대의 사람들이 주로 사용했던 도구로 알맞은 것은 어느 것입니까?·············· ( )

①
　　◆ 청동 거울

②
　　◆ 비파형 동검

③
　　◆ 반달 돌칼

④
　　◆ 주먹 도끼

11종 공통
**04** 빗살무늬 토기에 대해 알맞게 설명한 어린이는 누구입니까?··········································· ( )

① 민정: 돌로 만든 그릇이야.
② 세리: 제사를 지낼 때 사용했어.
③ 동준: 나무를 갈아 만든 낚시 도구야.
④ 정연: 곡식의 이삭을 딸 때 사용했던 도구야.
⑤ 재웅: 음식을 담아 보관했다는 것을 알 수 있어.

11종 공통
**05** 다음 ☐ 안에 들어갈 말로 알맞지 <u>않은</u> 것을 두 가지 고르시오. [6점]··········· ( , )

> 사람들은 점차 청동과 같은 금속으로 만든 도구를 사용하기 시작했습니다. 하지만 청동은 재료를 구하기 어렵고, 만드는 과정이 복잡하여 ☐☐☐ 를 만드는 데 주로 쓰였습니다.

① 무기 　　② 장신구 　　③ 제사 도구
④ 농사 도구 　　⑤ 요리 도구

서술형·논술형 문제 ✏

김영사, 동아출판, 비상교과서
**06** 다음 농경문 청동기를 통해 알 수 있는 옛날 사람들의 생활 모습을 쓰시오. [8점]

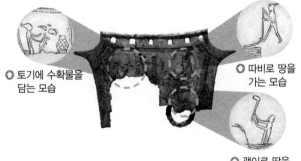

◆ 토기에 수확물을 담는 모습
◆ 따비로 땅을 가는 모습
◆ 괭이로 땅을 파는 모습

옛날 사람들이 ①☐☐☐☐☐ 를 사용해서

②☐☐☐☐☐ 를 지었다.

**[07~08]** 다음은 철로 만든 도구를 사용한 시대의 생활 모습입니다.

천재교육, 교학사, 금성출판사, 김영사, 동아출판, 미래엔,
비상교과서, 비상교육, 아이스크림 미디어, 지학사

**07** 위 ㉠에 들어갈 말로 알맞은 것은 어느 것입니까?
······························································ ( )

① 철은 농사지을 때만 사용해야 해.
② 옛날보다 더 쉽게 농사지을 수 있어.
③ 철을 이용하니 농사짓는 게 어려워졌어.
④ 얻을 수 있는 곡식이 옛날에 비해 줄어들었어.
⑤ 무거운 철을 이용하니 밭을 가는 게 힘들어졌어.

천재교육, 교학사, 금성출판사, 김영사, 동아출판, 미래엔,
비상교과서, 비상교육, 아이스크림 미디어, 지학사

**08** 위 시대에 대한 설명으로 알맞은 것은 어느 것입니까?
······························································ ( )

① 농사를 짓기 시작했다.
② 청동으로 농사 도구를 만들었다.
③ 일상생활에서도 철을 널리 사용했다.
④ 전쟁에서 돌로 만든 무기를 사용했다.
⑤ 돌을 갈아서 만든 도구를 주로 사용했다.

11종 공통

**09** 땅을 가는 데 사용하는 도구로 알맞은 것에 ○표를 하시오.

(1)
❖ 쟁기
( )

(2)
❖ 탈곡기
( )

**10** 오늘날 사람들이 농사짓는 모습으로 알맞은 것은 어느 것입니까? ······························· ( )

① 반달 돌칼을 이용해 이삭을 딴다.
② 낫을 이용해 한 번에 많은 땅을 간다.
③ 돌괭이를 이용해 땅을 고르게 만든다.
④ 농사용 무인기를 이용해 농약을 뿌린다.
⑤ 소의 힘을 이용한 쟁기로 곡식을 수확한다.

11종 공통

**11** 다음 중 토기를 이용해 요리하는 모습은 어느 것입니까? ······························· ( )

①

②

③

④

서술형·논술형 문제✎
11종 공통

**12** 가마솥을 이용해 요리를 할 때 음식이 잘 익을 수 있었던 까닭을 쓰시오. [8점]

_____

_____

11종 공통

**13** 다음 **보기**의 음식을 만드는 도구에 대해 알맞게 말한 어린이를 쓰시오. [6점]
중요!

> **보기**
> ㉠ 시루          ㉡ 맷돌          ㉢ 믹서

> 희주: 옛날에는 ㉡으로 음식의 재료를 갈았어.
> 세현: 오늘날에는 주로 ㉠을 사용해서 밥을 지어.
> 은영: ㉢의 바닥 구멍에서 올라오는 뜨거운 김으로 음식을 요리했어.

( )

사
회

**14** 다음 중 옷을 만들 때 이용하는 도구로 알맞은 것은 어느 것입니까? ·········· ( )

①
○ 갈돌과 갈판

②
○ 낫

③
○ 재봉틀

④
○ 돌괭이

서술형·논술형 문제 ✎

천재교육, 교학사, 금성출판사, 김영사, 동아출판, 미래엔, 비상교과서, 비상교육, 아이스크림 미디어, 지학사

**15** 오른쪽 옷감을 만드는 도구의 이름과 사용 방법을 쓰시오. [10점]

(1) 이름 [3점]: ( )

(2) 사용 방법 [7점]: _____

_____

**16** 오늘날 사람들이 사용하는 도구 중 방직기에 대한 설명으로 알맞은 것은 어느 것입니까? ··········· ( )

① 옷감을 꿰매는 도구이다.
② 옛날 갈돌과 갈판의 역할을 대신한다.
③ 음식의 재료를 갈 때 사용하는 도구이다.
④ 빠르고 편하게 많은 옷감을 만들 수 있다.
⑤ 식물의 줄기를 꼬아 실을 만드는 도구이다.

**17** 오른쪽과 같은 생활 모습을 볼 수 있었던 집의 형태는 어느 것입니까? ········· ( )

집 한 가운데에 불을 피울 수 있어서 따뜻해.

① 움집 ② 동굴
③ 아파트 ④ 초가집
⑤ 바위 그늘

**18** 다음에서 설명하는 집으로 알맞은 것은 어느 것입니까? ·········· ( )

- 볏짚으로 지붕을 덮어 만들었습니다.
- 방, 마루, 부엌 등을 쓰임에 맞게 나누어 사용했고, 마당에서는 농사와 관련된 일을 했습니다.

① 동굴 ② 아파트
③ 초가집 ④ 기와집
⑤ 단독 주택

**19** 다음과 같은 집을 지을 때 주로 쓰이는 재료를 보기 에서 두 가지 찾아 기호를 쓰시오.

○ 아파트

보기
㉠ 철근 ㉡ 볏짚
㉢ 기와 ㉣ 콘크리트

( , )

천재교육, 천재교과서, 김영사, 동아출판, 미래엔, 비상교과서, 비상교육, 아이스크림 미디어

**20** 다음 그림과 관련 있는 옛날 사람들의 생활 모습은 무엇입니까? [6점] ·········· ( )
중요!

○ 온돌

① 헛간에서 가축을 길렀다.
② 추운 겨울을 따뜻하게 보냈다.
③ 더운 여름을 시원하게 보냈다.
④ 집 안에서 농사와 관련된 일을 했다.
⑤ 화장실이 집 안에 있어 편리하게 생활했다.

**1** 다음은 옛날 사람들의 여러 가지 도구입니다. [총 10점]

11종 공통

ⓒ ✛ 주먹 도끼

ⓒ ✛ 비파형 동검

(1) 위 ㉠을 만들었던 방법을 보기 에서 찾아 기호를 쓰시오. [3점]

보기
⑦ 돌을 갈아서 만들었습니다.
⑭ 돌을 깨뜨려 만들었습니다.
⑮ 동물의 뼈를 갈아서 만들었습니다.

(                    )

(2) 위 ㉡을 사용하기 시작했던 시대의 특징을 한 가지만 쓰시오. [7점]

_____

_____

**2** 다음 도구들의 공통적인 쓰임새를 쓰시오. [8점]

11종 공통

✛ 반달 돌칼

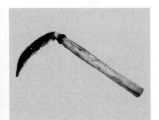

✛ 낫

✛ 탈곡기

✛ 콤바인

_____

_____

**3** 다음은 옛날 사람들이 사용했던 도구입니다. [총 10점]

11종 공통

(1) 위 도구의 이름을 찾아 ○표를 하시오. [3점]

• 시루        • 뼈바늘        • 가락바퀴

(2) 옛날 사람들이 위 도구를 언제 사용했는지 쓰시오. [7점]

_____

_____

**4** 다음은 다양한 집의 모습입니다. [총 10점]

11종 공통

㉠ ✛ 기와집

㉡ ✛ 아파트

(1) 여자와 남자가 생활하는 곳이 나뉘어 있는 집을 찾아 기호를 쓰시오. [3점]

(                    )

(2) 위 ㉡과 같은 집에 사는 사람들의 생활 모습을 쓰시오. [7점]

_____

_____

# 2.❷ 옛날과 오늘날의 세시 풍속

## ◉ 세시 풍속

| 의미 | 옛날부터 명절과 같이 일정한 시기에 되풀이하여 행해 온 고유의 생활 모습 |
|---|---|
| 사례 | • 설날에 어른들께 세배를 드림.<br>• 동짓날에 가족들과 팥죽을 먹음. |

## ◉ 옛날의 세시 풍속

① 새해를 시작하는 시기의 세시 풍속

| 설날 | • 아침에 조상들께 차례를 지냈음.<br>• 어른들께 세배를 드리고, 덕담을 들었음. |
|---|---|
| 정월<br>대보름 | • 부럼을 깨 먹고, 오곡밥과 나물을 먹었음.<br>• 달집태우기와 쥐불놀이를 했음. |

◎ 설날의 세시 풍속

◎ 정월 대보름의 세시 풍속

② 농사를 시작하는 시기의 세시 풍속

| 삼짇날 | 진달래꽃으로 전을 만들어 먹었음. |
|---|---|
| 한식 | • 농사가 잘되기를 바라며 성묘를 했음.<br>• 불을 사용하지 않고 찬 음식을 먹었음. |

③ 날씨가 무더워지는 시기의 세시 풍속

| 단오 | • 부채를 주고받았음.<br>• 창포물에 머리를 감고, 그네뛰기와 씨름을 즐겼음. |
|---|---|
| 삼복 | • 더위를 이겨 내기 위해 물놀이를 했음.<br>• 영양이 풍부한 음식을 먹었음. |

→ 예 삼계탕, 육개장

◎ 단오의 세시 풍속

◎ 삼복의 세시 풍속

④ 수확을 끝내고 한 해를 마무리하는 시기의 세시 풍속

| 추석 | • 수확에 감사하며 차례를 지냈음.<br>• 송편을 먹고 강강술래와 줄다리기를 했음. |
|---|---|
| 동지 | 나쁜 기운을 쫓는 의미로 팥죽을 먹고, 새해 달력을 주고받았음. |

→ 일 년 중 밤이 가장 긴 날입니다.

## ◉ 옛날과 오늘날 설날의 세시 풍속

| 옛날의 설날 | • 집에 복조리를 걸어 놓았음.<br>• 야광귀에게 빼앗기지 않게 신발을 방 안에 숨겨 두었음. |
|---|---|
| 오늘날의 설날 | 세배를 드리고 떡국을 먹음. |

➡ 오늘날에는 옛날에 비해 간단한 세시 풍속만 이어져 오고 그 의미도 약해졌습니다.

## ◉ 세시 풍속의 변화

① 옛날의 세시 풍속: 계절마다 농사와 관련된 다양한 세시 풍속이 있었습니다. → 사람들이 주로 농사를 짓고 살았기 때문입니다.

| 봄 | 한 해 농사가 잘되기를 빌며 조상들의 산소에 성묘를 했음. |
|---|---|
| 여름 | 더위에도 농사일을 할 수 있도록 영양이 풍부한 음식을 먹었음. |
| 가을 | 수확한 곡식과 과일로 조상들께 감사드리는 차례를 지냈음. |
| 겨울 | 보름달을 보며 새해에도 풍년이 들기를 바라고 소원을 빌었음. |

② 오늘날의 세시 풍속
• 농사와 관련된 세시 풍속이 많이 사라졌습니다.
• 설날, 추석과 같은 큰 명절을 중심으로만 세시 풍속이 이어져 옵니다.
③ 세시 풍속이 변화한 까닭: 교통과 통신, 과학 기술의 발달로 직업이 다양해져 농사를 짓는 사람들이 줄어들었기 때문입니다.

**01** 옛날부터 명절과 같이 일정한 시기에 되풀이하여 행해 온 고유의 생활 모습은 무엇입니까?

**02** 설날에 떡국을 먹고 세배를 하는 것은 세시 풍속이 ( 맞습니다 / 아닙니다 ).

**03** 달집태우기는 옛날 ( 삼짇날 / 정월 대보름 )에 주로 했던 세시 풍속입니다.

**04** 씨를 뿌리는 시기인 한식에는 농사가 잘되기를 바라며 조상들의 산소에 ☐ 를 했습니다.

**05** 옛날 사람들이 단오에 즐겼던 놀이를 한 가지만 쓰시오.

**06** 추석에는 ( 새해 / 수확 )에 감사하며 조상들께 차례를 지내는 풍속이 있었습니다.

**07** 나쁜 기운을 쫓기 위해 팥죽을 먹고, 새해 달력을 주고받았던 날은 언제입니까?

**08** 옛날 설날에는 복이 많이 들어오기를 빌며 집에 ☐ 를 걸어 놓았습니다.

**09** 옛날에는 계절마다 ☐ 와 관련된 다양한 세시 풍속이 있었습니다.

**10** 오늘날에는 ☐ 이 다양해져 농사를 짓는 사람이 줄었기 때문에 세시 풍속이 변화했습니다.

\* 배점이 표시되어 있지 않은 문제는 문제당 4점입니다.

**01** 다음에서 설명하는 것의 사례가 될 수 있는 것은 어느 것입니까? ·········· (      )
<sub>11종 공통</sub>

> 옛날부터 일정한 시기에 되풀이하여 행해 온 고유의 생활 모습입니다.

① 학교 도서관에서 책을 읽었다.
② 설날에 친척들과 윷놀이를 했다.
③ 주말에 가족들과 나들이를 갔다.
④ 친구들과 운동장에서 줄넘기를 했다.
⑤ 학교 가는 길에 만난 선생님께 인사를 드렸다.

**02** 세시 풍속에 대한 설명으로 알맞은 말에 ○표를 하시오.
<sub>11종 공통</sub>

(1) 세시 풍속은 특별한 날에만 되풀이합니다.
(      )

(2) 세시 풍속에는 먹는 음식이 포함되지 않습니다.
(      )

**03** 옛날 세시 풍속의 특징으로 알맞은 것을 보기 에서 두 가지 찾아 기호를 쓰시오. [6점]
중요! <sub>11종 공통</sub>

> 보기
> ㉠ 나쁜 기운을 쫓길 바랐습니다.
> ㉡ 농사와는 전혀 관련이 없었습니다.
> ㉢ 건강을 바라는 세시 풍속은 없었습니다.
> ㉣ 계절에 따라 다양한 세시 풍속이 있었습니다.

(     ,     )

**04** 다음 단어들과 관련 있는 날은 언제입니까? (      )
<sub>11종 공통</sub>

> • 세배  • 차례  • 떡국  • 윷놀이

① 설날     ② 추석     ③ 한식
④ 단오     ⑤ 삼복

**05** 다음 ☐ 안에 들어갈 알맞은 음식을 찾아 기호를 쓰시오.
<sub>11종 공통</sub>

> 새해 첫 보름달이 뜨는 날인 정월 대보름에는 한 해의 건강을 빌며 ☐ 을 먹었습니다.

㉠
◎ 오곡밥

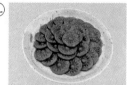
㉡
◎ 수리취떡

(             )

**06** 옛날 사람들이 삼짇날에 즐겼던 세시 풍속으로 알맞은 것은 어느 것입니까? ·········· (      )
<sub>교학사, 미래엔, 비상교육, 아이스크림 미디어, 지학사</sub>

① 달집태우기를 했다.
② 창포물에 머리를 감았다.
③ 산에 올라가 단풍을 즐겼다.
④ 진달래꽃으로 전을 만들어 먹었다.
⑤ 불을 사용하지 않고 찬 음식을 먹었다.

> 서술형·논술형 문제 ✏️
<sub>11종 공통</sub>

**07** 옛날 사람들이 단오에 부채를 주고받았던 것에 담긴 의미를 쓰시오. [8점]

단오는 ① ☐ 가 시작되는 시기였기 때문

에 더운 여름을 ② ☐ 보내라는 의미가

담겨 있었다.

**08** 삼복에 다음과 같은 세시 풍속을 즐겼던 까닭으로 알맞은 것은 어느 것입니까?·················(     )

천재교육, 천재교과서, 교학사, 김영사, 미래엔, 비상교과서, 비상교육, 아이스크림 미디어, 지학사

◎ 물놀이하고 삼계탕 먹기

① 수확에 감사하기 위해

② 새해 소원을 빌기 위해

③ 더위를 이겨 내기 위해

④ 논밭의 잡초를 없애기 위해

⑤ 추운 겨울을 따뜻하게 보내기 위해

11종 공통

**09** 추석 때 했던 놀이로 알맞지 <u>않은</u> 것은 어느 것입니까?·······················(     )

① 강강술래     ② 줄다리기     ③ 거북놀이

④ 쥐불놀이     ⑤ 소먹이놀이

천재교육, 교학사, 비상교과서, 비상교육, 지학사

**10** 다음에서 설명하는 날은 언제입니까?··········(     )

• 음력 9월 9일입니다.

• 사람들은 국화로 만든 술과 떡을 먹었고, 산에 올라가 단풍을 즐겼습니다.

① 백중     ② 단오     ③ 추석

④ 동지     ⑤ 중양절

**서술형·논술형 문제** ✏

천재교육, 천재교과서, 교학사, 금성출판사, 김영사, 동아출판, 미래엔, 비상교과서, 비상교육, 아이스크림 미디어

**11** 다음 그림과 같이 동지에 팥죽을 만들어 먹었던 까닭을 쓰시오. [8점]

_____

_____

천재교육, 김영사, 비상교육, 지학사

**12** 다음 옛날 설날에 대한 설명에서 ☐ 안에 공통으로 들어갈 알맞은 말을 **보기** 에서 찾아 쓰시오. [6점]

옛날 설날에는 야광귀에게 빼앗기지 않도록 ☐☐☐을/를 방 안에 숨겨 두는 풍속이 있었습니다. 야광귀에게 ☐☐☐을/를 빼앗기면 그해 운이 나쁘다고 생각했기 때문입니다.

**보기**
• 신발     • 모자     • 양말

(            )

11종 공통

**13** 옛날과 오늘날의 설날에 먹는 음식으로 알맞은 것은 어느 것입니까?··················(     )

①                         ②

◎ 송편                  ◎ 떡국

③                         ④

◎ 부럼                  ◎ 육개장

천재교육

**14** 다음 검색 결과에서 밑줄 친 부분에 들어갈 알맞은 말은 어느 것입니까? [6점]·················(     )

중요!

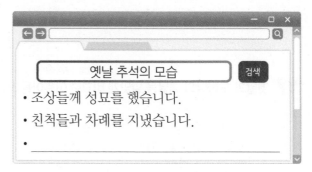

옛날 추석의 모습     검색

• 조상들께 성묘를 했습니다.

• 친척들과 차례를 지냈습니다.

• _____

① 가족들과 떡국을 먹었습니다.

② 마을 사람들과 그네뛰기를 했습니다.

③ 수확한 콩으로 메주를 만들었습니다.

④ 다가올 겨울을 대비해 김장을 했습니다.

⑤ 풍년을 바라며 올게심니를 매달았습니다.

천재교과서, 교학사, 김영사, 비상교과서,
비상교육, 아이스크림 미디어

**15** 옛날 사람들이 설날이 되면 집에 걸어 놓았던 물건으로 알맞은 것은 어느 것입니까?··············(     )

①
◆ 짚신

②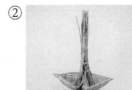
◆ 복조리

③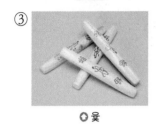
◆ 윷

④
◆ 부채

천재교과서, 교학사, 김영사, 비상교과서,
비상교육, 아이스크림 미디어

**16** 옛날 설날에 위 **15**번과 같은 세시 풍속을 행했던 까닭으로 알맞은 것은 어느 것입니까?··············(     )

① 추위를 이겨 내기 위해
② 한 해를 잘 마무리하기 위해
③ 가족끼리 모인 것을 축하하기 위해
④ 새해에 복이 많이 들어오기를 빌기 위해
⑤ 힘든 농사일이 끝난 것을 기념하기 위해

천재교과서, 교학사, 김영사, 동아출판, 비상교과서, 비상교육

**17** 옛날과 오늘날의 설날을 알맞게 비교한 어린이를 쓰시오.

중요!

옛날과 오늘날 모두 가족의 행복과 건강을 바라.

옛날 설날의 세시 풍속에 담긴 의미는 오늘날보다 약해.

◆ 동석

◆ 민혜

(     )

천재교육

**18** 다음 세시 풍속의 공통점으로 알맞은 것은 어느 것입니까? [6점]··············(     )

◆ 볏가릿대 세우기

◆ 달집태우기

① 농사와 관련된 세시 풍속이다.
② 오늘날에만 즐기는 세시 풍속이다.
③ 여자들이 주로 하는 세시 풍속이다.
④ 주로 추석에 즐겼던 세시 풍속이다.
⑤ 날씨가 무더워지는 시기에 즐겼던 세시 풍속이다.

천재교과서, 교학사, 금성출판사, 김영사, 동아출판,
비상교과서, 비상교육, 아이스크림 미디어

**19** 다음과 같은 세시 풍속이 행해진 계절을 쓰시오.

더위에도 농사일을 할 수 있도록 영양이 풍부한 음식을 먹고, 풍년을 바라며 축제를 열었습니다.

(     )

서술형·논술형 문제 ✐

11종 공통

**20** 오늘날 세시 풍속이 옛날과 달라진 까닭을 쓰시오. [8점]

_____

_____

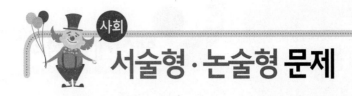
11종 공통

**1** 다음은 명절 때마다 하는 다양한 일을 나타낸 그림입니다. [총 10점]

◐ 가족들과 송편을 먹음.

◐ 아침에 차례를 지냄.

(1) 위 그림과 관련 있는 명절을 쓰시오. [3점]

(             )

(2) 위 그림을 참고하여 세시 풍속의 의미를 쓰시오. [7점]

_____

_____

천재교육, 천재교과서, 교학사, 금성출판사, 김영사, 동아출판,
비상교과서, 비상교육, 아이스크림 미디어, 지학사

**2** 다음은 옛날의 세시 풍속과 관련된 사진입니다. [총 10점]

◐ 성묘

◐ 찬밥

(1) 위 ㉠, ㉡과 관련 있는 날은 언제인지 보기 에서 찾아 쓰시오. [3점]

> **보기**
> • 한식      • 백중      • 삼짇날

(             )

(2) 위 (1)번 답에 ㉠과 같은 세시 풍속을 행했던 까닭을 쓰시오. [7점]

_____

_____

천재교육

**3** 옛날 사람들이 추석에 주로 즐겼던 다음 놀이에 담긴 의미를 쓰시오. [8점]

◐ 거북놀이

_____

_____

11종 공통

**4** 다음 윷놀이에 대한 설명과 관련 있는 오늘날 세시 풍속의 특징을 쓰시오. [8점]

> 옛날에는 윷놀이를 하면서 운세를 점치고 마을의 풍년을 빌기도 하였지만, 오늘날에는 즐거운 놀이로 윷놀이를 합니다.

_____

_____

# 3.❶ 가족의 구성과 역할 변화

## ◉ 오늘날의 혼인 풍습
→ 오늘날에는 결혼식에 대한 사람들의 생각이 다양해졌습니다.

① 오늘날의 혼인 풍습은 다양합니다.

② 오늘날에는 주로 결혼식장에서 결혼을 하며, 야외나 물속, 온라인 결혼식을 하기도 합니다.

## ◉ 옛날과 오늘날 혼인 풍습의 차이점과 공통점

| 구분 | 옛날의 혼인 풍습 | 오늘날의 혼인 풍습 |
|---|---|---|
| 결혼식 때 입는 옷 | 한복 | 턱시도, 웨딩드레스 |
| 결혼식 장소 | 신부의 집 | 주로 결혼식장 |
| 주고받는 물건 | 나무 기러기 | 결혼반지 |
| 폐백 | 신랑의 집에 가서 신랑의 집안 어른들께 드림. | 결혼식장에 있는 폐백실에서 양쪽 집안 어른들께 드림. |
| 결혼식 후에 하는 일 | 신부의 집에서 며칠을 지낸 후 신랑의 집으로 감. | 신혼여행을 다녀온 후 둘이 함께 사는 경우가 많음. |
| 공통점 | • 새로운 가족이 만들어짐.<br>• 결혼식을 통해 두 사람의 결혼을 알림.<br>• 가족, 친척, 친구들이 모여 신랑과 신부의 행복한 미래를 축하해 줌. | |

## ◉ 옛날과 오늘날 가족 형태의 변화

→ 옛날에 주로 많았습니다.  → 오늘날에 주로 많습니다.

| 구분 | 확대 가족 | 핵가족 |
|---|---|---|
| 의미와 특징 | • 결혼한 자녀와 부모가 함께 사는 가족<br>• 가족 구성원의 수가 많은 편임. | • 결혼하지 않은 자녀와 부모, 또는 부부로만 이루어진 가족<br>• 가족 구성원의 수가 적은 편임. |
| 많은 까닭 | 주로 농사를 지으며 살아 가족들이 한곳에 모여 살았음. | 교육, 취업, 독립 등의 이유로 가족이 이동함. |

## ◉ 옛날과 오늘날 가족 구성원의 역할 변화

① 옛날 가족 구성원의 역할 → 가족 구성원의 역할이 구분되어 있었습니다.

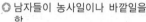
◎ 남자들이 농사일이나 바깥일을 함.

◎ 여자들이 아이를 돌보고 집안일을 함.

② 오늘날 가족 구성원의 역할 → 가족 구성원의 성별이나 나이에 따른 역할 구분이 많이 사라졌습니다.

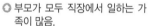
◎ 부모가 모두 직장에서 일하는 가족이 많음.

◎ 가족 구성원 모두가 집안일을 함께 나누어서 함.

③ 오늘날 가족 구성원의 역할이 변화한 까닭

| 교육의 기회 증가 | 성별과 관계없이 누구나 교육을 받을 수 있음. |
|---|---|
| 활발한 사회 활동 참여 | 누구나 원한다면 사회 활동에 참여할 수 있음. |
| 남녀평등 의식 향상 | 남녀가 평등하며 집안일과 바깥일에 성별의 구분이 없음. |

## ◉ 가족 구성원의 바람직한 역할

① 가족 구성원 사이의 갈등과 해결

| 갈등의 원인 | • 가족 구성원의 생각이 달라서<br>• 가족 구성원이 각자의 역할을 하지 않아서 |
|---|---|
| 해결 방법 | 가족이 대화를 통해 서로를 이해하고, 문제 상황을 적극적으로 해결하려는 노력이 필요함. |

② 가족 구성원의 바람직한 역할: 가족 구성원 모두가 서로 배려하며 협력하고, 자신이 맡은 일을 합니다.
→ 가족 구성원으로서 할 수 있는 일을 스스로 찾아서 하려는 자세가 필요합니다.

**01** 오늘날에는 결혼식의 모습이 ( 다양하기 / 똑같기 ) 때문에 야외나 물속, 온라인 결혼식을 하기도 합니다.

✎

**02** 옛날의 결혼식에서 주로 입었던 옷은 무엇입니까?

✎

**03** 오늘날에는 결혼을 약속하는 의미로 신랑과 신부가 ( 나무 기러기 / 반지 )를 주고 받습니다.

✎

**04** 옛날과 오늘날 모두 혼인을 통해 새로운 ☐이/가 만들어지고, 사람들이 모여 신랑과 신부의 행복한 미래를 축하해 준다는 공통점이 있습니다.

✎

**05** 결혼한 자녀와 부모가 함께 사는 가족을 무엇이라고 합니까?

✎

**06** 오늘날에는 사회의 변화에 따라 가족이 이동하면서 ( 핵가족 / 확대 가족 )이 많아 졌습니다.

✎

**07** 옛날에는 농사일이나 바깥일을 ( 남자 / 여자 )가 주로 했습니다.

✎

**08** 오늘날에는 가족 ( 구성원 중 일부 / 구성원 모두 )가 집안일을 나누어서 합니다.

✎

**09** 오늘날에는 누구나 사회 활동에 참여할 수 있으며 남녀가 ( 평등 / 불평등 )하기 때문에 가족 구성원의 역할이 변화했습니다.

✎

**10** 가족 구성원의 생각이 다르고, 각자의 ☐을/를 하지 않아 가족 간에 갈등이 생길 수 있습니다.

✎

\* 배점이 표시되어 있지 않은 문제는 문제당 4점입니다.

11종 공통

**01** 옛날의 혼인 풍습으로 알맞은 것은 어느 것입니까?
.......................................................... (      )

① 주로 신랑의 집에서 결혼식을 했다.

② 결혼식을 할 때 입는 옷이 다양했다.

③ 온라인으로 결혼식을 진행하기도 했다.

④ 결혼식의 모습과 순서는 오늘날과 같다.

⑤ 신랑이 말을 타고 신부의 집으로 가서 혼례를 치렀다.

11종 공통

**02** 오른쪽 그림을 보고 오늘날의 혼인 풍습에 대해 알맞게 말한 어린이를 쓰시오.

물속에서 하는 결혼식 ◑

> 채원: 결혼할 때 주로 한복을 입어.
> 희수: 다양한 형태의 결혼식이 많아졌어.
> 태현: 반드시 결혼식장에서 결혼을 해야 해.

(                    )

천재교과서, 금성출판사, 김영사, 동아출판, 비상교과서, 비상교육, 아이스크림 미디어

**03** 다음 ㉠과 ㉡에 들어갈 말이 알맞게 짝 지어진 것은 어느 것입니까?.......................................................... (      )

> 혼례를 마치고 신부가 신랑의 집에서 어른들께 처음으로 드리는 인사를 ㉠ 이라고 합니다. 신부와 신랑에게 큰절을 받은 집안 어른들은 신부의 치마에 ㉡ 을/를 던져 줍니다.

|     | ㉠ | ㉡ |
|-----|------|----------|
| ① | 폐백 | 꽃다발 |
| ② | 폐백 | 대추와 밤 |
| ③ | 신혼여행 | 반지 |
| ④ | 신혼여행 | 꽃다발 |
| ⑤ | 신혼여행 | 대추와 밤 |

천재교과서, 교학사, 김영사, 동아출판, 비상교과서, 비상교육, 아이스크림 미디어

**04** 옛날의 혼례에서 나무 기러기에 담긴 의미로 알맞은 설명에 ○표를 하시오.

(1) 오랫동안 행복하게 살자는 의미로 주었습니다.
(         )

(2) 부부가 서로 다투고 싫어하기를 바라는 의미가 담겨 있습니다.
(         )

11종 공통

**05** 옛날과 오늘날 혼인 풍습의 차이점으로 알맞지 않은 것은 어느 것입니까? [6점]·········· (      )

중요!

① 옛날에는 턱시도와 웨딩드레스를 입고 혼인했다.

② 옛날에는 주로 집안의 어른이 정해 준 사람과 혼인했다.

③ 오늘날에는 결혼식이 끝나고 부부가 신혼여행을 떠난다.

④ 오늘날에는 신랑과 신부가 결혼을 약속하는 의미로 반지를 주고받는다.

⑤ 오늘날에는 주로 결혼식장에 있는 폐백실에서 양쪽 집안 어른들께 폐백을 드린다.

서술형·논술형 문제✏️

11종 공통

**06** 다음 ㉠에 들어갈 알맞은 말을 쓰시오. [8점]

> 옛날과 오늘날 혼인 풍습의 공통점    [검색]
>
> ㉠

결혼식을 통해 두 사람의 ① [    ] 을 알리고

가족, 친척, 친구들이 모여 신랑과 신부의 행복한

미래를 ② [    ] 해 주는 모습은 같다.

**07** 다음 ( ) 안의 알맞은 말에 각각 ○표를 하시오.

위 그림은 결혼한 자녀와 부모가 함께 살아가는
① ( 핵가족 / 확대 가족 )으로, 가족 구성원의 수가
② ( 많은 / 적은 ) 편입니다.

**08** 옛날에 확대 가족이 많았던 까닭으로 알맞은 것은 어느 것입니까? ·················· ( )

중요!

① 개인의 자유를 중요하게 여겨서
② 사회 변화에 따라 가족이 이동해서
③ 오랫동안 살아온 고향을 떠나고 싶어 해서
④ 사람들이 일자리를 구하기 위해 도시로 가서
⑤ 사람들이 대부분 농사를 지으며 생활해 일손이 필요해서

**09** 다음 중 가족 형태가 핵가족인 어린이를 쓰시오.

희원: 우리 가족은 아빠, 엄마, 형, 누나, 나, 동생까지 총 6명이야.
병우: 우리 가족은 할아버지, 아빠, 엄마, 나까지 총 4명이 함께 살아가고 있어.

( )

서술형·논술형 문제 ✏

**10** 다음 내용과 관련 있는 오늘날에 핵가족이 많아진 까닭을 쓰시오. [10점]

우리 동네에는 아이가 다닐 만한 학교가 없어요.

_____

_____

**11** 옛날 가족 구성원의 역할에 대해 알맞게 말한 어린이를 쓰시오.

옛날에는 여자가 주로 집안일을 도맡아 했어.

○ 재희

옛날에는 집안일을 가족 구성원 모두 함께했어.

○ 미래

( )

**[12~13]** 다음은 옛날과 오늘날 가족 구성원의 역할을 나타낸 그림입니다.

ㄱ ○ 남자들은 농사일이나 바깥일을 함.

ㄴ ○ 집안일을 [ ]로 함께 의논함.

ㄷ ○ 부모가 모두 직장에서 일하는 경우가 많음.

ㄹ ○ 가족의 중요한 일은 남자 어른이 결정함.

**12** 위 그림을 옛날과 오늘날 가족 구성원의 역할로 구분하여 기호를 쓰시오. [6점]

(1) 옛날: ( , )
(2) 오늘날: ( , )

**13** 다음 글을 참고하여 ㄴ의 [ ] 안에 들어갈 말을 쓰시오.

가족 구성원이 함께 모여 성별과 나이에 상관없이 가족 역할을 나누기 위해 하는 회의입니다.

( )

사 회

천재교육, 금성출판사

**14** 다음과 같이 예리네 아빠가 육아 휴직을 할 수 있었던 까닭으로 가장 알맞은 것은 어느 것입니까? ( )

> 예리네 가족은 최근 동생이 생겼습니다. 예리네 아빠는 동생을 돌보기 위해 육아 휴직을 하고 집안일을 하십니다. 예리는 아빠와 동생과 함께 놀 수 있어 행복합니다.

① 교육의 기회가 줄었다.
② 남자들이 주로 바깥일을 한다.
③ 여자들이 주로 집안일을 한다.
④ 남녀가 평등하다는 의식이 높아졌다.
⑤ 나이에 따라 가족 구성원의 역할이 다르다.

11종 공통

**15** 오늘날 가족 구성원의 역할이 변화한 까닭에 대해 알맞게 말한 어린이를 두 명 고르시오. ( , )

① 가족 구성원이 모두 모여 살기 때문이야.

② 성별에 따라 가족 구성원의 역할이 다르기 때문이야.

③ 누구나 원한다면 사회 활동에 참여할 수 있기 때문이야.

④ 성별과 관계없이 누구나 교육을 받을 수 있기 때문이야.

11종 공통

**16** 가족 구성원 사이에 갈등이 일어나는 까닭으로 알맞은 것을 보기 에서 찾아 기호를 쓰시오.

> **보기**
> ㉠ 가족 구성원의 생각이 모두 같기 때문입니다.
> ㉡ 가족 구성원이 처한 상황이 모두 같기 때문입니다.
> ㉢ 가족 구성원이 자신의 역할을 다하지 않기 때문입니다.

( )

**[17~18]** 다음은 한비네 가족의 갈등 상황입니다.

> 오늘은 한비네 가족이 공원에 운동하러 가기로 한 날입니다. 회사에서 퇴근하신 아빠는 피곤해하시고, 엄마는 약속을 잊으셨는지 아직 집에 오시지 않았습니다. 한비는 가족과 함께 공원에 가지 못해 속상합니다.

비상교과서

**17** 위 한비네 가족 사이에서 갈등이 일어난 까닭으로 알맞은 것에 ○표를 하시오.

(1) 부모님과 한비가 처한 상황이 다르기 때문입니다.
( )

(2) 한비가 가족과 함께 공원에 가기로 한 약속을 지키지 않았기 때문입니다.
( )

11종 공통

**18** 위 한비네 가족 사이에 생긴 갈등을 해결하는 방법으로 가장 알맞은 것은 어느 것입니까? ( )
중요!
① 가족에게 짜증을 낸다.
② 가족을 무시하고 한비 혼자서 공원에 간다.
③ 나이가 많은 사람의 의견을 무조건 따른다.
④ 서로의 생각을 표현하지 않고 조용히 넘어간다.
⑤ 가족 구성원들 간에 대화를 통해 약속 시간과 방법을 조정한다.

서술형·논술형 문제
11종 공통
**19** 가족이 행복하게 생활하기 위해 필요한 태도를 쓰시오. [10점]

_____

_____

11종 공통

**20** 행복한 가족생활을 위해 내가 할 수 있는 일로 알맞지 **않은** 것은 어느 것입니까? ( )
① 집안일 돕기
② 내 방 정리하기
③ 쓰레기 분리배출 돕기
④ 부모님 대신 직장에 출근하기
⑤ 가족들에게 사랑이 담긴 말 하기

**1** 다음은 옛날에 살았던 선영이의 일기입니다. [총 10점]

11종 공통

> 오늘은 고모의 결혼식이 있는 날이다. 아침 일찍 일어나 결혼식을 준비하는 동안, ㉠ 신랑이 말을 타고 신부의 집으로 왔다. ㉡ 한복을 입은 신랑과 신부가 마주 보고 절을 하고 부부가 되었음을 사람들에게 알렸다. ㉢ 신랑과 신부는 결혼식을 마치고 신혼여행을 떠났다.

(1) 위 일기의 ㉠~㉢ 중 알맞지 <u>않은</u> 것을 찾아 기호를 쓰시오. [3점]

(         )

(2) 위 (1)번 답의 내용을 바르게 고쳐 쓰시오. [7점]

_____

_____

**2** 오른쪽 그림은 재영이네 가족사진입니다. [총 10점]

11종 공통

(1) 재영이네 가족 형태와 관련 있는 것을 보기 에서 찾아 기호를 쓰시오. [3점]

> **보기**
> ㉠ 결혼한 자녀와 부모가 함께 사는 가족
> ㉡ 결혼하지 않은 자녀와 부모, 또는 부부로만 이루어진 가족

(         )

(2) 재영이네 가족과 같은 형태의 가족이 오늘날에 많아진 까닭을 한 가지만 쓰시오. [7점]

_____

_____

**3** 오른쪽 그림은 오늘날 가족 구성원의 역할과 관련된 그림입니다. [총 10점]

11종 공통

부부가 모두 직장에서 일함. ◐

(1) 위 그림을 참고하여 (    ) 안의 알맞은 말에 각각 ○표를 하시오. [4점]

> 옛날에는 남자가 주로 ① ( 집안일 / 바깥일 )을 했지만, 오늘날에는 성별에 따른 역할에 차이가 ② ( 있습니다 / 없습니다 ).

(2) 위 그림과 같이 오늘날 가족 구성원의 역할이 변화한 까닭을 한 가지만 쓰시오. [6점]

_____

_____

**4** 다음은 가족을 위해 내가 할 수 있는 일을 적은 실천 계획표입니다. [총 10점]

11종 공통

| 요일<br>실천 계획 | 월 | 화 | 수 | 목 | 금 | 토 | 일 |
|---|---|---|---|---|---|---|---|
| 내 방 청소하기 | ○ | | ○ | | | ○ | |
| | | | | | | | |

(1) 위 표에 대해 바르게 말한 어린이를 쓰시오. [3점]

> 예주: 집 수리하기 등 부모님만 할 수 있는 일을 넣어 작성해야 해.
> 은수: 구체적으로 내가 가족을 위해 할 수 있는 일을 표에 넣어 작성해야 해.

(         )

(2) 내 방 청소하기를 제외하고 위 표의 ☐ 안에 들어갈 수 있는 내용을 한 가지만 쓰시오. [7점]

_____

_____

# 3.❷ 다양한 가족이 살아가는 모습

## 다양한 가족의 형태 → 오늘날 가족의 형태는 다양합니다.

| | |
|---|---|
| 입양 가족 | 부모님이 아이를 낳는 대신 입양하여 기르는 가족 |
| 조손 가족 | 할머니, 할아버지가 손주와 함께 사는 가족 → 손자와 손녀 |
| 재혼 가족 | 부모님이 재혼을 하시면서 만들어진 가족 → 다시 결혼함. |
| 다문화 가족 | 다른 나라 사람과 우리나라 사람의 결혼으로 만들어진 가족 |
| 한 부모 가족 | 어머니, 아버지 중 어느 한 분과 자녀가 사는 가족 |
| 이산가족 | 6·25 전쟁으로 남한과 북한을 오고 갈 수 없게 되면서 헤어진 가족 비상교과서 |

## 오늘날 가족의 형태가 다양한 까닭

① 다양한 가족을 대하는 사회의 모습이 변화하기 때문입니다.

동아출판

| | |
|---|---|
| 재혼 가족 | 행복을 위한 개인의 선택을 존중하는 사회 분위기로 인해 재혼 가족이 늘어나고 있음. |
| 입양 가족 | 가족이 없는 아이들에게 가족이 되어 주고 싶어 하는 사람들이 많아지고, 입양에 대해 긍정적으로 생각하는 사람이 많아짐. |

② 가족은 아니지만 가족처럼 지내는 사람들이 있기 때문입니다.

천재교육, 비상교육

| | |
|---|---|
| 반려동물을 기르는 사람들 | 개, 고양이, 물고기 등 반려동물을 기르며 반려동물을 가족처럼 여기는 사람들이 늘어나고 있음. → 동물을 끝까지 보살피는 책임감을 가져야 합니다. |
| 1인 가구 | 결혼하지 않고 자유롭게 혼자 살고 싶어 하는 사람들이 많아지고, 혼자 사시는 할아버지, 할머니가 많아졌음. |

## 다양한 가족의 생활 모습

① 가족마다 자주 먹는 음식, 명절이나 여가를 보내는 방법 등 생활 모습은 다양합니다.
② 가족들의 생활 모습은 다양하지만, 서로를 아끼고 사랑하는 마음은 같습니다.

## 다양한 가족의 생활 모습 표현하기

① 역할극으로 표현하기

| | |
|---|---|
| 좋은 점 | • 다양한 가족의 생활 모습을 실감 나게 표현할 수 있음.<br>• 가족의 상황과 가족 구성원의 마음을 이해하고 존중할 수 있음. |
| 주의할 점 | • 가족의 생활 모습이 드러나도록 대본을 작성함.<br>• 다양한 가족의 형태를 나쁘게 표현하지 않아야 함.<br>• 가족들의 갈등 장면보다 서로 존중하고 배려하는 모습을 담아 만들어야 함. |

② 그림으로 표현하기

교학사, 비상교과서, 비상교육

• 다양한 가족의 생활 모습을 담아 그림으로 그려냄.
• 표현하고 싶은 가족의 모습을 자유롭고 재미있게 표현할 수 있음.

## 가족의 의미와 다양한 가족을 존중하는 태도

| | |
|---|---|
| 가족의 의미 | • 가족은 힘들 때 의지할 수 있는 쉼터이자 보금자리임.<br>• 가족 안에서 사회생활에 필요한 규칙과 예절을 배울 수 있음. |
| 다양한 가족의 모습을 존중하는 태도 | • 다른 가족의 생활 모습을 이상하다고 생각하지 않아야 함.<br>• 다양한 가족들이 행복하게 지내기 위해 서로 배려해야 함.<br>• 우리 가족과 다른 생활 모습을 있는 그대로 바라보아야 함. |

정답 ➡ 꼼꼼 풀이집 47쪽

**01** 부모님이 다시 결혼을 하시면서 만들어진 가족을 ( 재혼 / 조손 ) 가족이라고 합니다.

**02** 다른 나라 사람과 우리나라 사람의 결혼으로 만들어진 가족을 무엇이라고 합니까?

**03** 6·25 전쟁으로 남한과 북한을 자유롭게 오고 갈 수 없게 되면서 헤어진 가족을 ( 입양 가족 / 이산가족 )이라고 합니다.

**04** 오늘날에는 다양한 가족을 대하는 사회의 모습이 ( 변화했기 / 변하지 않았기 ) 때문에 가족의 형태가 다양해졌습니다.

**05** 가족이 없는 아이들에게 가족이 되어 주고 싶어 하는 사람들이 많아지면서 오늘날에는 아이를 [    ]하는 사람이 늘어났습니다.

**06** 사람이 정서적으로 의지하고자 가까이 두고 가족처럼 기르는 동물을 무엇이라고 합니까?

**07** 가족마다 자주 먹는 음식, 명절이나 여가를 보내는 방법 등 가족의 생활 모습은 ( 다양합니다 / 같습니다 ).

**08** 다양한 가족의 생활 모습을 역할극으로 표현할 때에는 다양한 가족의 형태를 ( 좋게 / 나쁘게 ) 표현하지 않아야 합니다.

**09** 가족의 형태와 생활 모습에 따라 가족의 의미는 ( 변합니다 / 변하지 않습니다 ).

**10** 나와 다른 생활 모습을 가진 모든 가족을 배려하고 [    ]하는 태도를 가져야 합니다.

\* 배점이 표시되어 있지 않은 문제는 문제당 4점입니다.

**01** 오늘날의 가족 형태에 대한 설명으로 알맞은 것은 어느 것입니까? [6점]·················· (       )

중요!

① 옛날에 비해 달라진 것이 없다.
② 가족의 형태는 총 다섯 가지가 있다.
③ 입양으로는 가족이 이루어지지 않는다.
④ 다양한 형태의 가족들이 늘어나고 있다.
⑤ 반드시 결혼과 출산으로만 가족이 이루어진다.

**02** 다음 대화를 통해 알 수 있는 경민이네 가족 형태는 무엇인지 쓰시오.

> 아빠: 예나야, 경민이네 집에는 잘 다녀왔니?
> 예나: 네, 아빠. 경민이네 엄마가 가족사진을 보여 주셨어요. 경민이는 엄마랑 둘이서 살다가 최근에 아빠랑 동생이 생겼대요.
> 아빠: 그렇구나. 새로운 가족이 생겼구나.

(              )

**03** 다음 중 입양 가족은 어느 것입니까?··········· (       )

① 아버지가 외국인이다.
② 부모님이 동생을 입양했다.
③ 부모님 중 한 분과 자녀가 함께 산다.
④ 어머니가 동생을 낳아 가족이 늘었다.
⑤ 어머니가 재혼을 하셔서 새로운 가족이 생겼다.

**04** 다음에서 설명하는 가족의 형태는 무엇인지 쓰시오.

비상교과서

> 6·25 전쟁으로 남한과 북한을 자유롭게 오고 갈 수 없게 되면서 헤어진 가족

(              )

[05~06] 다음은 다양한 가족의 형태입니다.

❍ 조손 가족

❍ 다문화 가족

**05** 할머니, 할아버지가 손주와 함께 살아가는 가족을 찾아 기호를 쓰시오.

(              )

서술형·논술형 문제 ✏

**06** 위 ⓒ 가족에 대한 설명을 쓰시오. [8점]

> ⓒ 가족은 우리나라 사람과 ① [      ] 나라 사람의 ② [      ] 으로 만들어진 가족이다.

천재교육, 김영사, 동아출판, 비상교육

**07** 다음 ㉠과 ㉡에 들어갈 말이 알맞게 짝 지어진 것은 어느 것입니까? [6점]·················· (       )

> 오늘날에 ㉠ 하지 않고 자유롭게 혼자 사는 사람들을 ㉡ (이)라고 하며, 이들을 위한 제품이나 서비스도 늘어나고 있습니다.

|   | ㉠ | ㉡ |   | ㉠ | ㉡ |
|---|----|----|----|----|----|
| ① | 결혼 | 1인 가구 | ② | 입양 | 확대 가족 |
| ③ | 결혼 | 조손 가족 | ④ | 입양 | 재혼 가족 |
| ⑤ | 결혼 | 한 부모 가족 |   |   |   |

**08** 오늘날 가족의 형태가 다양한 까닭으로 알맞은 것에 ◯표를 하시오.

11종 공통

(1) 가족 구성원의 수가 늘었기 때문입니다.

(       )

(2) 다양한 가족을 대하는 사회의 모습이 변화했기 때문입니다.

(       )

**[09~10]** 다음은 다양한 가족의 생활 모습을 나타낸 자료입니다.

---

△△일보                    20△△년△△월△△일
---

　태원 씨는 아침마다 딸의 머리를 정성스럽게 묶어 준다. 혼자 아이를 키우는 태원 씨는 딸을 유치원에 데려다준 후에야 직장으로 간다. 태원 씨는 훗날 딸아이가 컸을 때 아버지가 사랑으로 열심히 키웠음을 진심으로 알아주었으면 좋겠다고 말했다.

비상교육

**09** 윗글을 읽고 태원 씨의 가족 형태를 보기 에서 찾아 기호를 쓰시오.

보기
　㉠ 재혼 가족　　　　㉡ 입양 가족
　㉢ 조손 가족　　　　㉣ 한 부모 가족

(　　　　　　　　　)

미래엔

**10** 윗글을 읽고 □ 안에 들어갈 알맞은 말을 쓰시오.

　위와 같이 가족의 생활 모습을 □□□을/를 통해 찾아보면, 특별한 사례를 소개하는 자료를 찾아볼 수 있습니다.

(　　　　　　　　　)

천재교육

**11** 동훈이의 일기를 통해 알 수 있는 동훈이네 가족의 형태는 어느 것입니까?·····( 　　 )

20XX년 X월 X일 금요일

**동훈이의 일기**

　오늘 친구들이 우리 집에 놀러 왔다. 엄마께서 엄마 고향에서 즐겨 먹는 베트남 고추로 떡볶이를 만들어 주셨다.

① 재혼 가족　　　　② 조손 가족
③ 입양 가족　　　　④ 다문화 가족
⑤ 맞벌이 가족

---

**12** 다음 ㉠과 ㉡에 나타난 가족의 모습에 대해 알맞게 말한 어린이를 보기 에서 찾아 쓰시오.

중요!

㉠ 시연이는 가구를 제작하는 할머니와 동생과 함께 오순도순 살아가고 있습니다.
㉡ 프랑스 사람인 지젤은 대학생 때 우리나라에 공부하러 온 후 한국인과 결혼하여 아이를 낳았습니다.

보기
민경: ㉠ 가족은 가족 내에서 서로 다른 나라의 문화와 말을 이해하며 자랄 수 있어.
경모: ㉡ 가족은 부모님이 직접 자녀를 낳지 않았지만 서로를 아끼고 사랑하며 살아가고 있어.
정민: ㉠, ㉡ 가족의 생활 모습은 다르지만 가족 구성원이 서로를 아끼고 사랑하는 마음은 같아.

(　　　　　　　　　)

천재교육

**13** 역할극으로 다양한 가족의 생활 모습을 표현할 때 주의할 점은 어느 것입니까?·····( 　　 )

① 가족이 갈등하는 장면을 넣어 만든다.
② 다양한 가족의 형태를 나쁘게 표현한다.
③ 대사와 동작은 따로 연습하지 않아도 된다.
④ 모둠 친구 중 일부는 참여하지 않아도 된다.
⑤ 가족의 생활 모습이 드러나도록 대본을 작성한다.

---

서술형·논술형 문제✎

교학사, 비상교과서, 비상교육

**14** 다음과 같은 방법으로 다양한 가족의 생활 모습을 표현할 때 좋은 점을 쓰시오. [10점]

❶ 그림으로 표현하기

_____

_____

**15** 다음 ☐ 안에 들어갈 알맞은 말을 보기 에서 찾아 ○ 표를 하시오.

> 그림 문자는 누구나 쉽게 이해할 수 있게 대상을 그림으로 표현한 것입니다. 가족을 나타내는 그림 문자를 그릴 때는 가족 구성원을 ☐ 표현해야 합니다.

⊙ 아빠 혼자 아들을 키우는 가족을 표현함.

⊙ 조부모님과 함께 사는 가족을 표현함.

보기
• 하나만        • 나쁘게        • 다양하게

**[16~17]** 다음은 가족의 모습을 표현한 자료입니다.

오늘은 우리집 빨래하는 날!
아빠는 빨래를 갤게.

**16** 다음 ㉠과 ㉡에 들어갈 말이 알맞게 짝 지어진 것은 어느 것입니까? ·········· ( )

> 위 자료에 나타난 가족은 ㉠ 와 자녀가 함께 사는 ㉡ 가족입니다.

|  | ㉠ | ㉡ |  | ㉠ | ㉡ |
|---|---|---|---|---|---|
| ① | 아빠 | 확대 | ② | 엄마 | 확대 |
| ③ | 아빠 | 조손 | ④ | 엄마 | 재혼 |
| ⑤ | 아빠 | 한 부모 |  |  |  |

**17** 위 자료는 가족의 생활 모습을 표현한 방법 중 무엇입니까? ·········· ( )

① 만화        ② 뉴스        ③ 동시
④ 편지        ⑤ 노랫말

**18** 가족의 역할과 의미로 알맞지 <u>않은</u> 것은 어느 것입니까? [6점] ·········· ( )

① 가족은 서로 아끼고 사랑한다.
② 가족은 힘과 위로를 주는 존재이다.
③ 가족은 힘들 때 의지할 수 있는 쉼터이다.
④ 가족 구성원 수에 따라 가족의 역할과 의미가 달라진다.
⑤ 가족 안에서 사회생활에 필요한 규칙과 예절을 배울 수 있다.

**19** 다음 밑줄 친 곳에 들어갈 말로 가장 알맞은 것은 어느 것입니까? ·········· ( )

> 우리 가족은 무지개입니다.
> 왜냐하면 여러 가지 색이 모여 아름다운 무지개를 만드는 것처럼, _____ 때문입니다.

① 다른 가족과 형태가 같기
② 가족 구성원의 수가 적기
③ 가족끼리 서로 다투고 싸우기
④ 다양한 가족 구성원이 모여 행복한 가족을 이루기
⑤ 가족 구성원이 서로에게 기대하고 바라는 것이 너무 많기

서술형·논술형 문제
**20** 다음 밑줄 친 곳에 들어갈 태완이의 대답으로 알맞은 내용을 쓰시오. [10점]
중요!

> 정은: 다양한 가족의 생활 모습을 존중하려면 어떻게 해야 할까?
> 태완: _____

_____
_____

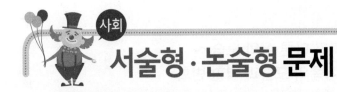

### 서술형·논술형 문제

11종 공통

**1** 다음은 다양한 가족의 형태입니다. [총 10점]

◎ 한 부모 가족

인사해. 이제부터 네 동생이야.

◎ 입양 가족

(1) 다음에서 설명하는 가족 형태를 위에서 찾아 기호를 쓰시오. [3점]

> 여러 가지 이유로 부부가 따로 살게 되는 경우도 있습니다.

( )

(2) 위와 같이 오늘날 가족의 형태가 다양해진 까닭을 쓰시오. [7점]

_____

_____

천재교육

**2** 다음은 가족의 생활 모습입니다. [총 10점]

우리는 □□ 을 가족처럼 생각해요.

(1) 위 □ 안에 들어갈 말을 쓰시오. [3점]

( )

(2) 위 (1)번 답과 함께 살아가는 가족들이 가져야 할 태도를 쓰시오. [7점]

_____

_____

11종 공통

**3** 다음은 역할극 대본입니다. [총 10점]

> 아빠: 한솔아. 오늘 점심에는 무엇을 먹을까?
> 한솔: 저는 엄마가 살던 나라에서 즐겨 드셨다는 수프를 먹고 싶어요.
> 엄마: 러시아 전통 음식 '보르시'를 말하는 거구나.
> 아빠: 그래. 그렇다면 한솔이가 슈퍼마켓에서 토마토와 양파를 사 올 수 있겠니?
> 한솔: 네, 아빠! (장바구니를 들고 나간다.)

(1) 위 역할극 대본에 나타난 한솔이네 가족 형태를 보기 에서 찾아 쓰시오. [3점]

> **보기**
> • 조손 가족 • 확대 가족 • 다문화 가족

( )

(2) 위와 같이 역할극으로 다양한 가족의 생활 모습을 표현하면 좋은 점을 쓰시오. [7점]

_____

_____

11종 공통

**4** 다음은 가족의 역할과 의미에 관한 대화입니다. [총 10점]

> 진우: 가족과 사회생활은 관계가 없어.
> 경상: 가족은 힘들 때 의지할 수 있는 쉼터이자 보금자리야.
> 민선: 가족의 형태가 달라도 가족이 서로 돌봐 주고 사랑하는 마음은 모두 같아.

(1) 가족의 의미에 관해 <u>잘못</u> 말한 어린이를 쓰시오. [3점]

( )

(2) 위 (1)번 답 어린이의 말을 바르게 고쳐 쓰시오. [7점]

_____

_____

\* 배점이 표시되어 있지 않은 문제는 문제당 4점입니다.

정답 ◐ 꼼꼼 풀이집 49쪽

관련 단원: 1. ❶ 우리 고장의 환경과 생활 모습

**01** 인문환경에 대한 설명으로 알맞은 것을 두 가지 고르시오. ······ ( , )

① 자연 그대로의 환경이다.
② 산, 하천, 바다와 같은 땅의 생김새이다.
③ 사람이 자연을 이용하여 만들어 낸 것이다.
④ 눈, 비, 바람 등 날씨에 영향을 주는 것이다.
⑤ 논과 밭, 과수원, 공원, 다리, 도로 등이 있다.

관련 단원: 1. ❶ 우리 고장의 환경과 생활 모습

**02** 바다를 이용하는 모습은 어느 것입니까? ······ ( )

① 과수원을 만든다.
② 도로와 주택 등을 만든다.
③ 등산로를 만들어 이용한다.
④ 논을 만들어 농사를 짓는다.
⑤ 염전을 만들어 소금을 얻는다.

관련 단원: 1. ❶ 우리 고장의 환경과 생활 모습

**03** 산이 많은 고장에 사는 사람들이 주로 하는 일은 어느 것입니까? ······ ( )

①
◐ 고기잡이

②
◐ 해산물 식당 운영하기

③
◐ 버섯 기르기

④
◐ 해산물 따기

관련 단원: 1. ❷ 환경에 따른 의식주 생활 모습

**04** 베트남에서 오른쪽과 같은 옷차림을 하는 까닭은 어느 것입니까? ······ ( )

① 모래바람을 막기 위해
② 비가 적게 내리기 때문에
③ 춥고 눈이 많이 오기 때문에
④ 햇볕을 가리거나 비를 막기 위해
⑤ 낮과 밤의 기온 차가 크기 때문에

관련 단원: 1. ❷ 환경에 따른 의식주 생활 모습

**05** 전주에서 비빔밥이 유명한 까닭을 알맞게 이야기한 어린이를 쓰시오.

> 소현: 전주는 날씨가 서늘하기 때문이야.
> 서율: 전주는 산지가 많아 감자를 많이 재배하기 때문이야.
> 민주: 전주에서는 넓은 들에서 쌀과 채소를 쉽게 구할 수 있기 때문이야.

( )

서술형·논술형 문제 ✏ 관련 단원: 1. ❷ 환경에 따른 의식주 생활 모습

**06** 다음 고장에서 해산물을 이용한 음식이 발달한 까닭은 무엇인지 쓰시오. [8점]

◐ 바다로 둘러싸인 고장

_____

_____

관련 단원: 1. ❷ 환경에 따른 의식주 생활 모습

**07** 덥고 습한 고장에서 바람이 잘 통하도록 지은 집은 어느 것입니까?·················· ( 　 )

①
❖ 이글루

②
❖ 게르

③
❖ 수상 가옥

④
❖ 투막집

관련 단원: 2. ❶ 옛날과 오늘날의 생활 모습

**08** 철로 만든 도구를 사용하면서 달라진 생활 모습으로 알맞은 것은 어느 것입니까? [6점]·············· ( 　 )

① 농업이 크게 발달했다.
② 전쟁이 일어나지 않게 되었다.
③ 제사장이 하늘에 제사를 지내는 일을 했다.
④ 사람들이 강가나 해안가에 모여 살기 시작했다.
⑤ 철로 만든 무기를 가진 사람들은 전쟁에서 이길 수 없었다.

관련 단원: 2. ❶ 옛날과 오늘날의 생활 모습

**09** 다음 도구의 쓰임새는 무엇인지 줄로 바르게 이으시오.

(1) 가락바퀴 • 　 • ㉠ 식물의 줄기를 꼬아서 실을 만들었음.

(2) 뼈바늘 • 　 • ㉡ 가죽이나 옷감을 꿰맬 수 있었음.

관련 단원: 2. ❶ 옛날과 오늘날의 생활 모습

**10** 다음 음식을 만드는 도구들이 발달한 순서대로 기호를 쓰시오.

| ㉠ 토기 | ㉡ 가마솥 | ㉢ 전기밥솥 |

( 　 ) → ( 　 ) → ( 　 )

**서술형·논술형 문제** 관련 단원: 2. ❶ 옛날과 오늘날의 생활 모습

**11** 다음은 옛날 집의 모습입니다. [총 10점]

(1) 위의 집은 초가집과 기와집 중 무엇인지 쓰시오. [3점]
( 　 )

(2) 위와 같은 집에 살았던 사람들의 생활 모습을 한 가지만 쓰시오. [7점]

관련 단원: 2. ❷ 옛날과 오늘날의 세시 풍속

**12** 명절에 먹는 음식이 알맞게 연결된 것은 어느 것입니까?·················· ( 　 )

① 설날-팥죽
② 동지-송편
③ 단오-닭백숙
④ 추석-수리취떡
⑤ 정월 대보름 - 오곡밥

관련 단원: 2. ❷ 옛날과 오늘날의 세시 풍속

**13** 추석에 행하는 전통 놀이를 보기 에서 찾아 기호를 쓰시오.

> 보기
> ㉠ 강강술래       ㉡ 그네뛰기
> ㉢ 쥐불놀이       ㉣ 달집태우기

(           )

관련 단원: 2. ❷ 옛날과 오늘날의 세시 풍속

**14** 오늘날 세시 풍속의 특징으로 알맞은 것은 어느 것입니까? [6점]······························(    )

① 풍년을 기원하는 세시 풍속이 많다.
② 계절에 따라 세시 풍속이 다양하다.
③ 농사와 관련된 세시 풍속은 많이 사라졌다.
④ 옛날보다 날씨와 계절의 영향을 많이 받는다.
⑤ 옛날의 세시 풍속은 모두 사라져 전해지지 않는다.

관련 단원: 3. ❶ 가족의 구성과 역할 변화

**15** 옛날·오늘날 혼인 풍습의 공통점으로 알맞은 것은 어느 것입니까?·····························(    )

① 주로 신부의 집에서 혼례를 치른다.
② 혼례가 끝난 뒤 신랑의 집으로 가서 산다.
③ 집안의 어른들이 결정한 사람과 혼인을 한다.
④ 화려한 혼례복을 입고 마주 서서 큰절을 한다.
⑤ 가족과 친척, 친구들이 가족의 탄생을 축하한다.

서술형·논술형 문제 ✏️   관련 단원: 3. ❶ 가족의 구성과 역할 변화

**16** 옛날에 확대 가족이 많았던 까닭을 쓰시오. [10점]

_____

_____

관련 단원: 3. ❶ 가족의 구성과 역할 변화

**17** 오늘날 가족 구성원의 역할에 대한 설명으로 알맞지 않은 것은 어느 것입니까?···············(    )

① 육아는 부모가 함께 맡는다.
② 가족이 먹을 음식은 여자만 준비한다.
③ 부부 모두가 바깥일을 하는 경우가 있다.
④ 성별과 나이에 따른 역할 구분이 사라졌다.
⑤ 집안의 중요한 일을 결정할 때 함께 의논한다.

관련 단원: 3. ❷ 다양한 가족이 살아가는 모습

**18** 다음에서 설명하는 가족의 형태는 어느 것입니까?
·····················································(    )

> 어머니와 아버지 중 어느 한 분과 자녀가 사는 가족입니다.

① 입양 가족       ② 재혼 가족
③ 조손 가족       ④ 다문화 가족
⑤ 한 부모 가족

관련 단원: 3. ❷ 다양한 가족이 살아가는 모습

**19** 다음과 같은 대화가 이루어지는 가족은 조손 가족, 다문화 가족 중 무엇인지 쓰시오.

> 두나: 엄마, 내일 제 친구를 초대하는데 엄마 고향 음식을 소개해 줄까요?
> 엄마: 그래! 인도의 전통 음식인 탄두리 치킨을 만들어 봐야겠구나.

(           )

관련 단원: 3. ❷ 다양한 가족이 살아가는 모습

**20** 다양한 가족들을 대하는 바람직한 태도로 알맞은 것은 어느 것입니까?······························(    )

① 우리 가족과 다른 가족을 비교한다.
② 다양한 가족의 생활 모습을 존중한다.
③ 나와 다른 형태의 가족을 불쌍하게 여긴다.
④ 다른 가족이 살아가는 모습을 보고 수군거린다.
⑤ 나와 다른 가족의 생활 모습을 이상하게 생각한다.

# 과학

## 🎆 7종 검정 교과서 공통 핵심 개념을 알아볼까?

### 1 재미있는 과학 탐구　206쪽

나의 탐구 문제야.

탐구 문제는 스스로 탐구할 수 있어야 해.

막대자석 두 개를 길게 이어 붙이면 막대자석 한 개보다 클립이 더 많이 붙을까?

■ 탐구 활동
• 탐구 문제 정하기 → 탐구 계획 세우기 → 탐구 실행하기 → 탐구 결과 발표하기 → 새로운 탐구하기

### 2 동물의 생활　210쪽

까치

사는 곳의 환경에 알맞은 특징을 가지고 있어.

다람쥐

붕어

■ 생활 환경에 따른 동물의 특징
• 다람쥐는 다리로 걷거나 뛰어다니고, 붕어는 지느러미가 있어 헤엄을 치며, 까치는 날개가 있어 날아다닙니다.

### 3 지표의 변화　216쪽

강 하류에는 모래가 많아.

강 상류에는 바위가 많아.

■ 강 주변의 모습 변화
• 강 상류에서는 침식 작용이 활발하게 일어나 지표를 깎습니다.
• 강 하류에서는 퇴적 작용이 활발하게 일어나 물질이 쌓입니다.

### 4 물질의 상태　222쪽

모양, 부피가 일정해.

난 모양만 변해.

난 모양과 부피가 변해.

고체　　액체　　기체

■ 물질의 상태
• 담는 그릇에 따라 모양과 부피가 일정하면 고체, 모양만 변하면 액체, 모양과 부피가 모두 변하면 기체입니다.

### 5 소리의 성질　228쪽

팬 플루트의 짧은 관을 불면 높은 소리가 나.

물체가 크게 떨리면 큰 소리가 나.

■ 소리의 성질
• 소리의 크고 작은 정도를 소리의 세기라고 합니다.
• 소리의 높고 낮은 정도를 소리의 높낮이라고 합니다.

# 1. 재미있는 과학 탐구

## ✺ 탐구 문제 정하기

① 궁금한 점 생각하기

• 생활 속에서 직접 관찰하면서 궁금한 점을 생각합니다.

• 더 알고 싶거나 궁금한 점은 잊지 않도록 기록합니다.

② 탐구 문제 정하기 → 간단한 조사로 쉽게 답을 찾을 수 있는 문제는 탐구 문제로 적절하지 않습니다.

• 궁금한 점들 중에서 가장 알아보고 싶은 것 한 가지를 고릅니다.

• 가장 알아보고 싶은 것으로부터 탐구 문제를 정합니다.

• 탐구하고 싶은 내용이 문제에 분명히 드러나 있는지, 직접 탐구할 수 있는 문제인지 확인합니다.

> 예 '회전판을 여러 장 겹치면 팽이가 도는 시간이 길어질까?'

## ✺ 탐구 계획 세우기

① 탐구 문제를 해결할 수 있는 방법 정하기

• 탐구 문제를 해결할 수 있는 실험 방법을 생각하고, 실험에서 다르게 해야 할 것과 같게 해야 할 것, 다르게 한 것에 따라 바뀌는 것을 생각합니다.

[탐구 문제] 회전판을 여러 장 겹치면 팽이가 도는 시간이 길어질까?

팽이 심
회전판
✿ 팽이

| 다르게 해야 할 것 | 겹친 회전판의 개수 |
|---|---|
| 같게 해야 할 것 | 회전판의 크기, 모양, 무게, 팽이 심의 종류와 길이 등 |
| 다르게 한 것에 따라 바뀌는 것 | 팽이가 도는 시간 |

② 탐구 계획 세우기 → 다른 사람이 읽었을 때 쉽게 이해할 수 있도록 계획을 세웁니다.

• 탐구 방법에 따라 탐구 순서와 준비물을 정합니다.

• 역할을 나누고, 탐구를 했을 때 예상되는 결과를 생각합니다.

• 탐구 계획이 제대로 세워졌는지 확인합니다.

## ✺ 탐구 실행하기 → 탐구 계획에 따라 반복하여 실험하면 더 정확한 결과를 얻을 수 있습니다.

① 탐구 결과를 어떻게 기록할지를 정합니다.

② 탐구 계획에 따라 친구들과 역할을 나누어 탐구를 실행합니다.

③ 탐구 결과를 기록하고, 탐구 결과를 정리합니다.

④ 예상한 결과와 실제 탐구 결과를 비교해 봅니다.

## ✺ 탐구 결과 발표 자료 만들기        천재, 금성, 김영사

① 발표 방법 정하기: 탐구 결과를 이해하기 쉽게 전달할 수 있는 발표 방법과 발표 자료의 종류를 정합니다.

✿ 컴퓨터를 이용한 발표        ✿ 전시회 발표

✿ 연극 발표        ✿ 포스터 발표

② 발표 자료 만들기

• 탐구 문제, 탐구한 사람, 탐구한 때와 장소, 준비물, 탐구 순서, 탐구 결과, 탐구를 하여 알게 된 것 등이 들어가야 합니다.

• 표나 그림을 이용하면 다른 사람이 잘 이해할 수 있습니다.

## ✺ 탐구 결과 발표하기

① 탐구 결과를 발표하고, 친구들의 질문에 대답합니다.

② 다른 모둠의 발표 내용을 주의 깊게 듣고 궁금한 점을 질문합니다.

③ 탐구하면서 더 궁금했던 점이나 우리 주변의 다른 궁금한 점을 찾아 새로운 탐구 문제를 생각합니다.

정답 ❂ 꼼꼼 풀이집 50쪽

**01** 탐구 문제를 정할 때 먼저 생활 속에서 직접 관찰하면서 [ ]한 점을 생각합니다.

**02** 더 알고 싶거나 궁금한 점은 잊지 않도록 [ ]합니다.

**03** 직접 탐구할 수 없는 문제는 탐구 문제로 ( 적당합니다 / 적당하지 않습니다 ).

**04** 탐구 문제를 정한 다음에는 탐구를 ( 계획 / 실행 )해야 합니다.

**05** 탐구 문제를 해결할 수 있는 실험 방법을 생각하고, 실험에서 다르게 해야 할 것과 [ ] 해야 할 것을 생각합니다.

**06** '회전판을 여러 장 겹치면 팽이가 도는 시간이 길어질까?'라는 탐구 문제를 해결하기 위해 다르게 해야 할 것은 ( 회전판의 크기 / 겹친 회전판의 개수 )입니다.

**07** 탐구를 실행할 때 ( 조절 / 반복 )하여 실험하면 더 정확한 결과를 얻을 수 있습니다.

**08** 탐구 결과를 발표하기 위해서는 먼저 탐구 문제, 탐구한 사람, 탐구한 때와 장소, 준비물, 탐구 순서, 탐구 결과 등이 들어가게 ( 발표 자료 / 탐구 계획 )을/를 만들어야 합니다.

**09** 발표 자료를 만들 때 표나 [ ] 등을 이용하면 다른 사람이 잘 이해할 수 있습니다.

**10** 탐구 결과를 발표하고 친구들의 [ ]에 대답합니다.

\* 배점이 표시되어 있지 않은 문제는 문제당 6점입니다.

천재

**01** 다음은 팽이에 대한 탐구 문제를 정하는 방법입니다. □ 안에 들어갈 알맞은 말을 쓰시오.

> 팽이를 돌리면서 자유롭게 관찰한 후 궁금한 것을 □□□하고, 궁금한 것 중에서 가장 알아보고 싶은 것을 탐구 문제로 정합니다.

( )

천재, 금성, 김영사, 아이스크림, 지학사

**02** 다음 중 탐구 문제로 적절하지 <u>않은</u> 것은 어느 것입니까? ·········· ( )

① 사람이 죽으면 천국으로 갈까?
② 자석의 힘은 얼마나 멀리까지 미칠까?
③ 팽이 심이 길어지면 팽이가 더 오래 돌까?
④ 회전판의 크기에 따라 팽이가 도는 시간이 달라질까?
⑤ 배추흰나비 애벌레에게 다른 색깔의 잎을 먹이면 다른 색의 똥을 눌까?

천재, 금성, 김영사, 아이스크림, 지학사

**03** 다음 중 탐구 문제가 적절한지 확인할 내용으로 옳은 것에는 ○표, 옳지 <u>않은</u> 것에는 ×표를 하시오.

(1) 선생님의 도움으로 탐구할 수 있는 문제인가?
( )

(2) 탐구하고 싶은 내용이 문제에 분명히 드러나 있나?
( )

천재, 금성, 김영사, 아이스크림, 지학사

**04** 다음은 탐구 계획을 세우는 과정입니다. 순서대로 기호를 쓰시오.

> ㉠ 탐구 계획 세우기
> ㉡ 탐구 계획 확인하기
> ㉢ 탐구 문제를 해결할 수 있는 방법 정하기

( ) ➡ ( ) ➡ ( )

천재, 금성, 김영사, 아이스크림, 지학사

**05** 다음 중 탐구 계획 세우기에 대한 설명으로 옳지 <u>않은</u> 것은 어느 것입니까? ·········· ( )

중요!

① 탐구 문제를 해결할 방법을 먼저 정한다.
② 탐구할 사람만 이해할 수 있도록 작성한다.
③ 탐구 계획에는 예상되는 결과가 있어야 한다.
④ 탐구 순서, 준비물 등이 들어가게 계획을 세운다.
⑤ 탐구 문제를 해결할 실험에서 다르게 해야 할 것은 한 가지로 해야 한다.

[06~07] 다음의 탐구 문제로 탐구 계획을 세우려고 합니다. 물음에 답하시오.

| 탐구 문제 | 회전판을 여러 장 겹치면 팽이가 도는 시간이 길어질까? |
|---|---|

천재

**06** 위의 탐구 문제를 해결하기 위해 같게 해야 할 것을 두 가지 골라 ○표를 하시오.

> 회전판의 크기    회전판의 모양
> 겹친 회전판의 개수

천재

**07** 다음 중 위의 탐구를 할 때 필요한 준비물을 두 가지 고르시오. ·········· ( , )

① 자석
② 초시계
③ 회전판
④ 유리 막대
⑤ 핫플레이트

서술형·논술형 문제 ✏

천재, 금성, 김영사, 아이스크림, 지학사

**08** 탐구 계획을 세울 때 실험에서 다르게 해야 할 것과 같게 해야 할 것을 생각해야 합니다. 이외에 더 생각해야 할 것을 쓰시오. [10점]

| ① | 에 따라 | ② | 을/를 |

생각해야 한다.

**09** 다음 중 탐구 계획서에 있어야 할 내용으로 가장 적절하지 <u>않은</u> 것을 골라 기호를 쓰시오.

> 보기
> ㉠ 준비물　　　　　　㉡ 탐구 순서
> ㉢ 예상되는 결과　　　㉣ 탐구 결과 발표 방법

(　　　　　　　　　)

**10** 다음 중 탐구를 실행하기 위한 준비로 옳은 것을 두 가지 고르시오. ·············· (　　，　　)

① 준비물을 준비한다.
② 탐구 결과 발표 자료를 만든다.
③ 탐구 결과 발표 방법을 정한다.
④ 탐구 결과를 기록할 수 있는 기록장을 준비한다.
⑤ 탐구 보고서를 확인하여 빠진 것이 없는지 확인한다.

**11** 다음 중 탐구를 바르게 실행하는 방법에 대한 설명으로 옳지 <u>않은</u> 것은 어느 것입니까? ············· (　　　)

① 탐구 계획대로 탐구를 실행한다.
② 탐구 결과를 사실대로 기록한다.
③ 안전에 주의하며 탐구를 실행한다.
④ 탐구를 하여 알게 된 것이 탐구 문제의 답이 된다.
⑤ 예상한 결과와 실제 탐구 결과는 반드시 같아야 한다.

**12** 다음은 탐구 결과를 발표하는 방법입니다. (　　　) 안의 알맞은 말에 ◯표를 하시오.

> 탐구 결과 자료를 일정한 기간 동안 전시하는 ( 포스터 / 전시회 ) 발표 방법, 연극을 하여 표현하는 방법, 컴퓨터를 이용하여 발표하는 방법 등이 있습니다.

**13** 다음은 탐구 결과 발표 자료의 일부분입니다. [총 12점]

> 〈회전판을 여러 장 겹치면 팽이가 도는 시간이 길어질까?〉
> • 탐구한 사람: ◯◯◯, ☐☐☐
> • 탐구한 때와 장소: ◯◯월, ◯◯일, 과학실
> • 준비물: 팽이, △△△

(1) 위와 같은 발표 자료를 만들 때 발표를 듣는 사람이 쉽게 이해할 수 있도록 어떤 것들을 활용하면 좋을지 쓰시오. [4점]

(　　　　　　　　　)

(2) 위 발표 자료에 들어 있는 내용 외에 또 어떤 내용들이 들어가는지 세 가지 쓰시오. [8점]

_____

_____

**14** 다음 중 탐구 결과를 발표하는 방법에 대한 설명으로 옳지 <u>않은</u> 것은 어느 것입니까? ····················· (　　　)

① 발표 연습을 충분히 한다.
② 발표 자료에 빠진 내용은 없는지 확인한다.
③ 표, 사진 등을 이용하여 발표 자료를 만든다.
④ 꼭 필요한 내용 중심으로 정리해서 발표한다.
⑤ 탐구 결과에 대한 친구들의 질문을 받지 않는다.

**15** 다음은 탐구 과정입니다. 각 ☐ 안에 들어갈 알맞은 말을 순서대로 쓰시오.

> 탐구 ☐☐ 정하기 ➡ 탐구 ☐☐ 세우기 ➡ 탐구 ☐☐ 하기 ➡ 탐구 결과 발표하기

(　　　　，　　　　，　　　　)

# 2. 동물의 생활

## 주변에 사는 동물

| 동물 | 관찰 장소 | 특징 |
|---|---|---|
| 참새 | 화단, 나무 위 | • 몸이 깃털로 덮여 있음.<br>• 날개가 있어 날아다님. |
| 거미 | 화단 | • 다리가 4쌍임.<br>• 거미줄에 매달려 있음.<br>• 몸이 머리가슴과 배로 구분됨. |
| 달팽이 | 화단 | • 등에 딱딱한 껍데기가 있음.<br>• 미끄러지듯이 움직임. |

## 동물의 분류

① 생김새와 특징에 따라 다양하게 분류할 수 있습니다.

② 동물을 분류할 수 있는 기준: 날개가 있는 것과 없는 것, 다리가 있는 것과 없는 것, 더듬이가 있는 것과 없는 것 등

## 땅에서 사는 동물 → 다리가 있는 동물은 걷거나 뛰어서 이동하고, 다리가 없는 동물은 기어서 이동합니다.

① 땅 위에서 사는 동물: 노루, 다람쥐, 소 등

② 땅 위와 땅속을 오가며 사는 동물: 뱀, 개미 등

③ 땅속에서 사는 동물: 두더지, 땅강아지, 지렁이 등
→ 삽처럼 생긴 앞발로 굴을 팝니다.

## 물에서 사는 동물

① 강이나 호수에 사는 동물 → 붕어와 같은 물고기는 지느러미가 있고, 몸이 부드럽게 굽은 형태라서 물속에서 헤엄을 잘 칩니다.

| | | |
|---|---|---|
| 강가나 호숫가<br>땅과 물을 오가며 삽니다. | 수달 | 몸이 털로 덮여 있고, 발가락에 물갈퀴가 있어서 헤엄칠 수 있음. |
| | 개구리 | 다리가 4개이고, 발가락에 물갈퀴가 있어서 헤엄칠 수 있음. |
| 강이나 호수의 물속 | 물방개 | 다리가 3쌍이고, 다리로 헤엄쳐 이동함. |
| | 피라미 | 아가미가 있고, 지느러미로 헤엄쳐 이동함. |
| | 다슬기 | 아가미가 있고, 물속 바위에 붙어서 기어 다님. |

## ② 바다에 사는 동물

| | | |
|---|---|---|
| 갯벌 | 조개 | 아가미가 있고, 땅을 파고 들어가거나 기어 다님. |
| | 게 | 아가미가 있고, 다리가 5쌍이며, 걸어서 이동함. |
| 바닷속 | 돌고래 | 몸이 부드럽게 굽은 형태이고, 지느러미로 헤엄쳐 이동함. |
| | 오징어 | 몸이 긴 세모 모양이고, 다리가 10개이며, 지느러미로 헤엄침. |
| | 전복 | 몸은 딱딱한 껍질로 둘러싸여 있고, 물속 바위에 붙어서 배발로 기어 다님. |

## 날아다니는 동물 → 날개가 있어서 날아서 이동할 수 있습니다.

| | | |
|---|---|---|
| 새 | 직박구리, 제비 등 | • 부리가 있고, 다리가 2개이며, 몸이 깃털로 덮여 있음.<br>• 날개를 이용하여 날아다님. |
| 곤충 | 벌, 매미 등 | • 몸이 머리, 가슴, 배로 구분되고, 날개 2쌍, 다리 3쌍, 더듬이가 있음.<br>• 날개를 이용하여 날아다님. |

## 사막이나 극지방에서 사는 동물들의 특징
천재, 금성, 김영사, 동아, 아이스크림, 지학사

| | | |
|---|---|---|
| 사막 | 낙타 | 콧구멍을 열고 닫을 수 있어서 모래 먼지가 콧속으로 들어가는 것을 막을 수 있음. |
| | 사막여우 | 몸에 비해 큰 귀로 체온 조절을 함. |
| 극지방 | 북극곰 | 몸집이 크고, 털로 덮여 있어 추위를 잘 견딤. |
| | 북극여우 | 몸의 열을 빼앗기지 않기 위해 귀가 작음. |

## 동물의 특징을 활용한 생활용품

◎ 흡착판: 문어 다리 빨판의 특징을 활용함.　◎ 물갈퀴: 오리 발의 특징을 활용함.　◎ 집게 차: 수리 발의 특징을 활용함.

**01** 몸이 깃털로 덮여 있으며 날개가 있어 날아다니는 것은 ( 참새 / 달팽이 )입니다.

**02** 거미는 다리가 [   ]쌍입니다.

**03** 동물을 생김새와 특징에 따라 다양하게 [   ]할 수 있습니다.

**04** '생김새가 귀여운가?'는 동물을 분류할 수 있는 기준으로 ( 적당합니다 / 적당하지 않습니다 ).

**05** 다람쥐와 두더지 중 땅속에서 사는 동물은 어느 것입니까?

**06** 강이나 호수의 물속에 사는 동물로 다리가 3쌍이고, 다리로 헤엄쳐 이동하는 것은 ( 물방개 / 피라미 )입니다.

**07** 바닷속에 사는 돌고래와 오징어는 무엇을 이용하여 헤엄칠 수 있습니까?

**08** 새나 곤충은 ( 날개 / 더듬이 )를 이용하여 하늘을 날아다닙니다.

**09** 사막여우는 몸에 비해 큰 [   ]을/를 가지고 있어서 체온을 조절할 수 있습니다.

**10** 물속에서 헤엄을 치기 위해 사용하는 물갈퀴는 오리 몸의 어느 부분을 활용하여 만든 것입니까?

* 배점이 표시되어 있지 않은 문제는 문제당 4점입니다.

**01** 다음 중 주로 나무에서 볼 수 있는 동물을 두 가지 고르시오. ·········· ( , )

① 개　　　　　② 참새
③ 까치　　　　④ 공벌레
⑤ 지렁이

**02** 다음은 주변에서 사는 동물 중 어떤 동물에 대한 설명입니까? ·········· ( )

> • 몸이 머리가슴과 배로 구분됩니다.
> • 다리가 4쌍이 있고, 거미줄에 매달려 있습니다.

① 꿀벌　　　　② 거미
③ 개미　　　　④ 고양이
⑤ 다람쥐

**03** 오른쪽의 달팽이에 대한 설명으로 옳은 것은 어느 것입니까?
·········· ( )

① 다리는 2쌍이 있다.
② 수컷은 소리를 낸다.
③ 투명한 날개가 있다.
④ 부리로 먹이를 먹는다.
⑤ 미끄러지듯이 움직인다.

**04** 다음과 같이 동물을 분류했을 때 ㉠에 들어갈 동물로 알맞은 것은 어느 것입니까? ·········· ( )

| 다리가 있는 것 | 다리가 없는 것 |
|---|---|
| 닭, 잠자리, 고양이, 장수풍뎅이 | ㉠ |

① 뱀　　　　　② 개미
③ 토끼　　　　④ 비둘기
⑤ 소금쟁이

**05** 다음과 같이 동물을 분류했을 때 분류 기준으로 가장 알맞은 것은 어느 것입니까? ·········· ( )

| 달팽이, 벌, 잠자리 | 참새, 지렁이, 금붕어 |
|---|---|

① 알을 낳는가?　　　② 날개가 있는가?
③ 다리가 있는가?　　④ 더듬이가 있는가?
⑤ 다른 동물을 먹는가?

**06** 다음 중 땅에서 사는 동물의 특징을 바르게 설명한 친구의 이름을 쓰시오.

> 유민: 모두 깃털로 덮여 있어.
> 현수: 지느러미가 있어 헤엄을 잘 칠 수 있어.
> 예림: 땅 위와 땅속을 오가며 사는 동물도 있어.

( )

**서술형·논술형 문제**

**07** 오른쪽은 땅에서 사는 두더지의 모습입니다. [총 12점]

(1) 두더지가 사는 곳을 다음에서 골라 쓰시오. [4점]

> 땅 위 / 땅속 / 물속

( )

(2) 위의 두더지가 (1)번 답과 같은 곳에서 살기에 알맞은 특징을 쓰시오. [8점]

삽처럼 생긴 ① ☐ (으)로 ② ☐ 에 굴을 판다.

**08** 다음 땅에서 사는 동물의 이동 방법에 맞게 줄로 바르게 이으시오.

(1) 노루 •

(2) 너구리 •

(3) 지렁이 •

• ㉠ 걷거나 뛰어다님.

• ㉡ 기어 다님.

**09** 오른쪽의 뱀과 이동하는 방법이 비슷한 동물은 어느 것입니까?

─────────( )

① 소  ② 두더지

③ 지렁이  ④ 공벌레

⑤ 땅강아지

**10** 다음은 어디에서 사는 동물의 특징을 나타낸 것인지 **보기** 에서 골라 기호를 쓰시오. [6점]
중요!

• 헤엄쳐서 이동합니다.
• 몸이 비늘로 덮여 있습니다.
• 몸이 부드러운 곡선 형태입니다.

**보기**

㉠ 땅속  ㉡ 사막  ㉢ 하늘  ㉣ 물속

( )

**11** 다음 중 바닷속에서 사는 동물을 바르게 짝지은 것은 어느 것입니까?─────────( )

① 수달, 다슬기, 게

② 조개, 상어, 물방개

③ 붕어, 개구리, 물방개

④ 전복, 고등어, 오징어

⑤ 상어, 개구리, 고등어

**[12~13]** 다음은 물에서 사는 동물의 모습입니다. 물음에 답하시오.

◎ 수달  ◎ 전복  ◎ 돌고래

**12** 위의 동물 중 다음 설명에 해당하는 동물의 기호를 쓰시오.

• 물속 바위에 붙어서 기어 다닙니다.
• 몸이 둥근 모양의 딱딱한 껍질로 둘러싸여 있습니다.

( )

**13** 위의 12번 답에 해당하는 동물이 물속 바위에 붙어 기어 다닐 수 있는 까닭은 어느 것입니까? …( )

① 배발이 있다.

② 몸이 털로 덮여 있다.

③ 다리에 물갈퀴가 있다.

④ 몸이 긴 세모 모양이다.

⑤ 몸이 부드러운 곡선 형태이다.

**14** 다음 중 오징어에 대한 설명으로 옳은 것은 어느 것입니까?

─────────( )

① 몸이 깃털로 덮여 있다.

② 집게 다리가 1쌍이 있다.

③ 갯벌에서 사는 동물이다.

④ 윗면은 날개로 덮여 있다.

⑤ 머리에 다리 10개가 있다.

**15** 다음은 직박구리와 제비의 모습을 관찰한 내용입니다. 옳지 <u>않은</u> 것을 골라 기호를 쓰시오. [6점]

◆ 직박구리      ◆ 제비

㉠ 부리가 있습니다.

㉡ 다리가 2개입니다.

㉢ 몸이 깃털로 덮여 있습니다.

㉣ 얇고 투명한 날개가 2쌍이 있습니다.

(          )

천재

**16** 다음의 매미와 벌의 공통된 특징으로 옳은 것은 어느 것입니까?·········································· (    )

◆ 매미        ◆ 벌

① 다리는 3쌍이 있다.

② 날개는 1쌍이 있다.

③ 아가미로 숨을 쉰다.

④ 몸이 깃털로 덮여 있다.

⑤ 딱딱한 껍데기로 덮여 있다.

7종 공통

**17** 다음 중 날아다니는 동물에 대하여 바르게 설명한 친구의 이름을 쓰시오.

> 정민: 몸이 비교적 무거운 편이야.
> 우영: 지느러미가 있어서 헤엄을 잘 칠 수 있어.
> 미정: 새뿐만 아니라 곤충 중에도 날아다니는 동물이 있어.

(          )

서술형·논술형 **문제** ✏️

7종 공통

**18** 다음은 낙타의 모습입니다. [총 12점]

(1) 위의 낙타가 모래바람이 많이 부는 환경에서 잘 살 수 있는 특징과 관련이 있는 부분을 골라 기호를 쓰시오. [4점]

(          )

(2) 위 (1)번 답과 같이 생각한 까닭을 쓰시오. [8점]

_____

_____

천재, 금성, 동아, 아이스크림, 지학사

**19** 다음은 극지방에 사는 동물 중 어떤 동물에 대한 설명인지 보기 에서 기호를 골라 쓰시오.

> • 몸집이 큽니다.
> • 귀와 꼬리가 작고 뭉툭합니다.
> • 몸이 털로 덮여 있어 추위를 잘 견딥니다.

보기
㉠ 북극곰     ㉡ 북극여우     ㉢ 황제펭귄

(          )

천재

**20** 다음은 우리 생활에서 동물의 특징을 활용한 예입니다. ☐ 안에 들어갈 알맞은 동물의 이름을 쓰시오.

> 집게 차는 ☐의 발가락이 먹이를 잘 잡고 놓치지 않는 특징을 활용하여 만든 것입니다.

(          )

**1** 다음은 오른쪽 달팽이의 사는 곳, 움직임, 생김새 등을 관찰한 결과입니다. [총 12점]

천재, 금성

| 동물 이름 | 달팽이 |
|---|---|
| 사는 곳 | ㉠ |
| 특징 | • 더듬이가 있습니다.<br>• 미끄러지듯이 움직입니다. |

(1) 위의 ㉠에 들어갈 알맞은 장소를 쓰시오. [4점]

( )

(2) 위의 특징 이외에 달팽이의 특징을 한 가지 더 쓰시오. [8점]

_____

_____

**3** 다음은 물에서 사는 동물의 모습입니다. [총 12점]

7종 공통

⚬ 오징어          ⚬ 붕어          ⚬ 게

(1) 위의 동물 중 강이나 호수의 물속에서 사는 동물의 이름을 쓰시오. [4점]

( )

(2) 위 (1)번 답의 동물이 물속에서 생활하기에 알맞은 점을 한 가지 쓰시오. [8점]

_____

_____

**2** 다음은 땅에서 사는 동물의 모습입니다. [총 12점]

7종 공통

⚬ 다람쥐          ⚬ 지렁이          ⚬ 토끼

(1) 위의 동물을 다리의 유무에 따라 분류하여 각각 쓰시오. [4점]

• 다리가 있는 동물: ( )

• 다리가 없는 동물: ( )

(2) 다리가 있는 동물과 다리가 없는 동물은 각각 어떻게 이동하는지 쓰시오. [8점]

_____

_____

**4** 다음은 사막 또는 극지방에서 사는 동물의 모습입니다.

천재, 금성, 김영사, 아이스크림, 지학사

[총 12점]

⚬ 사막여우          ⚬ 북극곰          ⚬ 낙타

(1) 위의 동물들 중 극지방에 사는 동물을 골라 쓰시오. [4점]

( )

(2) 위 (1)번 답의 동물이 추운 극지방에서 생활하기에 알맞은 점을 한 가지 쓰시오. [8점]

_____

_____

과
학

# 3. 지표의 변화

## ◉ 장소에 따른 흙의 특징

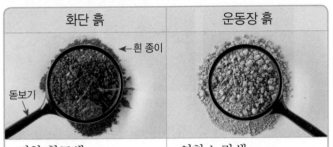

| 화단 흙 | 운동장 흙 |
|---|---|
| • 진한 황토색 | • 연한 노란색 |
| • 알갱이가 비교적 작음. | • 알갱이가 비교적 큼. |
| • 만졌을 때 부드럽고 축축함. | • 꺼끌꺼끌하고 말라 있음. |

## ◉ 화단 흙과 운동장 흙의 물 빠짐 정도 비교

흙의 종류만 다르게 하고 나머지 조건은 모두 같게 하여 실험합니다.

① 실험 방법: 같은 양의 화단 흙과 운동장 흙에 각각 같은 양의 물을 부어 빠진 물의 양을 비교합니다.

② 실험 결과: 운동장 흙이 화단 흙보다 알갱이의 크기가 크기 때문에 물이 더 빠르게 빠집니다.

## ◉ 화단 흙과 운동장 흙의 뜬 물질 비교

① 물에 뜨는 물질이 많은 흙: 화단 흙

② 식물이 잘 자라는 흙의 특징: 나뭇잎이나 죽은 곤충 등 물에 뜨는 물질이 많고, 부식물이 많습니다.

## ◉ 흙이 만들어지는 과정

① 각설탕을 플라스틱 통에 넣고 세게 흔들기    천재

| 플라스틱 통을 흔들기 전 | 플라스틱 통을 흔든 후 |
|---|---|
| 각설탕 | |
| • 각설탕의 크기가 큼. | • 각설탕의 크기가 작아짐. |
| • 각설탕 모서리 부분이 뾰족한 네모 모양임. | • 각설탕 모서리 부분이 부서져 둥근 모양으로 변함. |
| | • 가루가 많이 생김. |

② 흙이 만들어지는 과정: 바위나 돌이 부서지면 작은 알갱이가 되고, 이 작은 알갱이와 부식물이 섞여서 흙이 됩니다.

각설탕이 가루 설탕이 되는 데 걸리는 시간은 짧지만, 자연에서 바위나 돌이 흙으로 되는 데 걸리는 시간은 매우 깁니다.

③ 바위나 돌이 부서지는 원인: 물, 식물의 뿌리, 바람 등

## ◉ 흙 언덕에 물을 흘려 보냈을 때의 변화

① 실험 방법: 흙 언덕 위쪽에 색 모래와 색 자갈을 놓고, 흙 언덕 위에서 물을 붓습니다.

→ 흐르는 물에 의해 흙이 어떻게 이동하는지 쉽게 보기 위해서 입니다.

② 실험 결과

흙 언덕의 위쪽 — 흙이 많이 깎임.    흙 언덕의 아래쪽 — 흙이 많이 쌓임.

흙 언덕의 모습이 변한 까닭: 흐르는 물이 흙 언덕의 위쪽을 깎고, 깎인 흙을 흙 언덕의 아래쪽으로 운반해 쌓았기 때문임.

## ◉ 흐르는 물에 의한 지표의 변화

| 침식 작용 | 지표의 바위나 돌, 흙 등이 깎여 나가는 것 |
|---|---|
| 운반 작용 | 깎인 돌이나 흙 등이 이동하는 것 |
| 퇴적 작용 | 운반된 돌이나 흙 등이 쌓이는 것 |

## ◉ 강 주변의 모습

| 강 상류 | 강 하류 |
|---|---|
| • 큰 바위가 많음. | • 모래나 진흙이 많음. |
| • 강폭이 좁고 강의 경사가 급함. | • 강폭이 넓고 강의 경사가 완만함. |
| • 침식 작용이 활발하여 지표가 깎임. | • 퇴적 작용이 활발하여 운반된 알갱이들이 쌓임. |

## ◉ 바닷가 주변의 모습

| 침식 작용이 만든 지형 | 퇴적 작용이 만든 지형 |
|---|---|
| ◐ 구멍 뚫린 바위    ◐ 절벽 | ◐ 모래사장    ◐ 갯벌 |
| 파도가 바위에 구멍을 뚫거나 가파른 절벽을 만듦. | 파도가 고운 흙이나 모래를 쌓아 모래사장이나 갯벌을 만듦. |

**01** 화단 흙과 운동장 흙 중 만졌을 때 꺼끌꺼끌하고 말라 있는 흙은 어느 것입니까?

**02** 화단 흙은 운동장 흙보다 물이 더 ( 빠르게 / 느리게 ) 빠집니다.

**03** 식물이 잘 자라는 흙은 나뭇잎이나 죽은 곤충 등 물에 뜨는 물질이 많고 ( 돌 / 부식물 )이 많습니다.

**04** 화단 흙과 운동장 흙 중 식물이 잘 자라는 흙은 어느 것입니까?

**05** 각설탕을 플라스틱 통에 넣고 세게 흔들면 각설탕의 크기가 [ ]지고, 가루가 ( 생깁 / 생기지 않습 )니다.

**06** 바위나 돌이 부서지면 작은 알갱이가 되고, 이 작은 알갱이와 부식물이 섞여서 [ ]이/가 됩니다.

**07** 흙 언덕 위쪽에 색 모래와 색 자갈을 놓고, 흙 언덕 위에서 물을 부으면 흐르는 물이 흙 언덕 ( 위 / 아래 )쪽을 깎습니다.

**08** 흐르는 물에 의해 운반된 돌이나 흙이 쌓이는 것을 무엇이라고 합니까?

**09** 강 상류와 강 하류 중 강폭이 좁고, 강의 경사가 급한 곳은 어디입니까?

**10** 바닷물의 ( 침식 / 퇴적 ) 작용은 바위에 구멍을 뚫거나 가파른 절벽을 만듭니다.

과
학

* 배점이 표시되어 있지 않은 문제는 문제당 4점입니다.

[01~02] 다음은 화단 흙과 운동장 흙의 모습입니다. 물음에 답하시오.

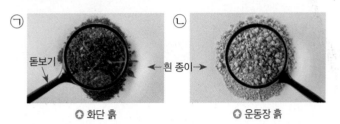

○ 화단 흙          ○ 운동장 흙

**01** 위의 ㉠과 ㉡ 중 손으로 만졌을 때 부드럽고 축축한 느낌이 드는 것은 어느 것인지 골라 기호를 쓰시오.

(                    )

**02** 다음 중 ㉡에 대한 설명으로 옳은 것을 두 가지 고르시오.
································· (        ,        )

① 진한 황토색이다.
② 알갱이가 비교적 크다.
③ 알갱이가 비교적 작다.
④ 만졌을 때 축축한 느낌이 든다.
⑤ 만졌을 때 꺼끌꺼끌한 느낌이 든다.

**서술형·논술형 문제**
7종 공통

**03** 다음은 화단 흙과 운동장 흙의 물 빠짐을 비교하는 실험 모습입니다. [총 12점]

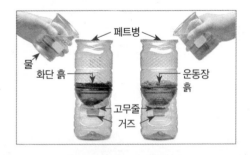

(1) 위 실험 결과 화단 흙과 운동장 흙의 물 빠짐의 빠르기가 서로 같습니까, 다릅니까? [4점]

(                    )

(2) 위 (1)번 답과 같이 생각한 까닭을 쓰시오. [8점]

화단 흙은 운동장 흙보다 ① [        ] 이/가

더 ② [        ] 때문이다.

**04** 다음 중 앞 3번 실험을 할 때 다르게 해야 할 조건은 어느 것입니까?································· (        )

① 물의 양          ② 흙의 양
③ 흙의 종류          ④ 거즈의 종류
⑤ 물을 붓는 빠르기

[05~06] 다음은 식물이 잘 자라는 흙의 특징을 알아보는 실험입니다. 물음에 답하시오.

① 비커에 화단 흙과 운동장 흙을 각각 넣기
② 흙이 담긴 두 비커에 각각 물을 절반 정도 넣고, 유리 막대로 저은 뒤 잠시 놓아두기
③ 화단 흙과 운동장 흙의 [ ㉠ ]을/를 비교하기

**05** 위의 ㉠에 들어갈 알맞은 말은 어느 것입니까?
································· (        )

① 색깔          ② 물 빠짐
③ 흙의 양          ④ 물에 뜬 물질의 양
⑤ 물에 가라앉은 물질의 냄새

**06** 다음은 위 실험에서 각 비커의 물에 뜬 물질을 핀셋으로 건져 거름종이 위에 올려놓은 모습입니다. 화단 흙에서 볼 수 있는 모습에 ○표를 하시오.

(1)                    (2)

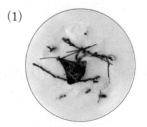

○ 식물의 뿌리나 줄기, 마른 나뭇가지,          ○ 작은 먼지 등
　마른 잎, 죽은 곤충 등

(                    )  (                    )

**07** 다음 중 화단 흙과 운동장 흙에 대한 설명으로 옳은 것은 어느 것입니까? [6점] ·············· (     )

중요!

① 화단 흙에는 부식물이 많다.

② 운동장 흙에는 부식물이 많다.

③ 화단 흙에는 물에 뜨는 물질이 적다.

④ 화단 흙은 운동장 흙에 비해 식물이 잘 자라지 못한다.

⑤ 운동장 흙에는 식물이 잘 자라는 데 도움을 주는 물질이 많이 섞여 있다.

천재

**08** 오른쪽과 같이 각설탕을 플라스틱 통에 넣고 흔들었을 때의 변화로 옳은 것을 두 가지 고르시오. ·············· (     ,     )

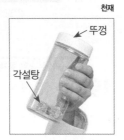

① 각설탕의 크기가 커진다.

② 각설탕의 크기가 작아진다.

③ 각설탕의 색깔이 어두워진다.

④ 각설탕이 더 단단히 뭉쳐진다.

⑤ 각설탕이 부서져서 가루가 생긴다.

**09** 다음은 무엇이 만들어지는 과정을 설명한 것인지 쓰시오.

> 바위나 돌이 부서지면서 작은 알갱이가 되고, 이 작은 알갱이와 부식물이 섞여서 만들어집니다.

(                    )

**10** 오른쪽은 자연에서 바위나 돌이 부서지는 원인 중 하나를 나타낸 것입니다. ☐ 안에 들어갈 알맞은 말을 쓰시오.

◎ 바위 틈에 있는 ☐☐☐이/가 얼었다 녹았다를 반복함.

(                    )

[11~13] 다음은 색 모래와 색 자갈을 뿌린 흙 언덕 위쪽에 물을 흘려보낸 뒤의 모습입니다. 물음에 답하시오.

**11** 위의 실험에서 색 모래와 색 자갈을 흙 언덕 위쪽에 놓는 까닭으로 옳은 것은 어느 것입니까? ····( )

① 물이 잘 흐르게 하기 위해서이다.

② 흙이 빠르게 쌓이게 하기 위해서이다.

③ 흙이 빠르게 깎이게 하기 위해서이다.

④ 흙이 어떻게 이동하는지 쉽게 보기 위해서이다.

⑤ 흙 언덕의 모양을 아름답게 보이기 위해서이다.

**12** 위 실험에서 침식 작용이 활발하게 일어난 곳과 퇴적 작용이 활발하게 일어난 곳을 각각 기호로 쓰시오.

⑴ 침식 작용이 활발하게 일어난 곳: (          )

⑵ 퇴적 작용이 활발하게 일어난 곳: (          )

**13** 다음은 위 실험에서 흙 언덕의 모습이 변한 까닭입니다. ㉠, ㉡에 들어갈 알맞은 말을 각각 쓰시오.

> 흐르는 물이 흙 언덕 ㉠ 쪽의 흙을 깎고 운반해 ㉡ 쪽에 쌓았기 때문입니다.

㉠ (                    )

㉡ (                    )

**14** 다음은 강 주변의 모습입니다. ㉠ 지역은 강 상류와 하류 중 어디에 해당하는지 쓰시오.   7종 공통

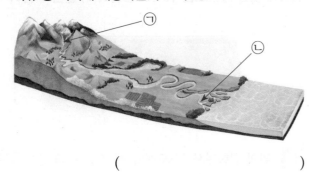

(                              )

**15** 위 14번의 ㉡ 지역에 대한 설명으로 옳은 것을 두 가지 고르시오.   7종 공통

(     ,     )

중요!

① 강폭이 좁다.

② 강폭이 넓다.

③ 강의 경사가 급하다.

④ 바위를 많이 볼 수 있다.

⑤ 모래를 많이 볼 수 있다.

**16** 오른쪽과 같은 계곡은 강 상류에서 볼 수 있는 모습입니다. 이곳에서 활발하게 일어나는 흐르는 물의 작용을 쓰시오.   7종 공통

(                              )

**17** 다음은 흐르는 물에 의한 지표의 모습 변화에 대한 설명입니다. (     ) 안의 알맞은 말에 ○표를 하시오.   7종 공통

> 오랜 시간에 걸쳐 흐르는 강물은 지표의 모습을 ( 서서히 / 급격히 ) 변화시킵니다.

**18** 다음 중 바닷물의 퇴적 작용이 만든 지형을 두 가지 고르시오.   7종 공통
(     ,     )

①
◎ 갯벌

②
◎ 절벽

③
◎ 모래사장

④
◎ 구멍 뚫린 바위

서술형·논술형 문제✎

**19** 오른쪽은 바닷가 지형의 모습입니다. [총 12점]   천재, 김영사, 동아, 비상, 아이스크림, 지학사

◎ 구멍 뚫린 바위

(1) 위의 지형은 바닷물의 침식 작용과 퇴적 작용 중 어떤 것이 활발하게 일어나서 생긴 지형인지 쓰시오. [4점]

(                              )

(2) 위 (1)번 답과 같이 생각한 까닭을 쓰시오. [8점]

_____

_____

**20** 다음 중 바닷가 지형에 대한 설명으로 옳은 것은 어느 것입니까? [6점]   7종 공통
(          )

① 바닷가 지형은 침식 작용으로만 만들어진다.

② 바닷가 지형은 퇴적 작용으로만 만들어진다.

③ 바닷물의 퇴적 작용으로 모래나 고운 흙이 쌓이기도 한다.

④ 바닷물에 의해 바위에 구멍이 뚫리는 현상은 일어나지 않는다.

⑤ 가파른 절벽과 같은 바닷가 지형은 짧은 시간 동안 만들어진다.

**1** 다음은 화단 흙과 운동장 흙의 모습입니다. [총 12점]

7종 공통

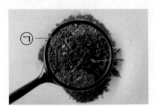

◐ 화단 흙

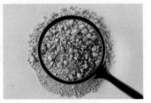

◐ 운동장 흙

(1) 위 화단 흙과 운동장 흙을 관찰할 때 이용한 실험 도구 ㉠은 무엇인지 쓰시오. [4점]

( )

(2) 위 화단 흙과 운동장 흙의 알갱이의 크기를 비교하여 쓰시오. [8점]

_____

_____

**2** 다음은 화단 흙과 운동장 흙에 물을 붓고 유리 막대로 저은 뒤, 잠시 놓아둔 모습입니다. [총 12점]

천재, 동아

㉠

㉡

(1) 위에서 화단 흙을 골라 기호를 쓰시오. [4점]

( )

(2) 위의 (1)번 답을 통해 알 수 있는 화단 흙의 특징을 한 가지 쓰시오. [8점]

_____

_____

**3** 다음은 흐르는 물의 작용에 의해 만들어진 지형입니다.

7종 공통

[총 12점]

㉠

◐ 강 하류

㉡

◐ 강 상류

(1) 위의 ㉠과 ㉡ 중 퇴적 작용이 활발한 지형을 골라 기호를 쓰시오. [4점]

( )

(2) 흐르는 물은 지표를 어떻게 변화시키는지 쓰시오.

[8점]

_____

_____

**4** 다음은 바닷가 지형의 모습입니다. [총 12점]

7종 공통

㉠

◐ 모래사장

㉡

◐ 가파른 절벽

(1) 위에서 바닷물이 바위와 만나는 부분을 계속 깎고 무너뜨려서 만들어진 지형을 골라 기호를 쓰시오. [4점]

( )

(2) 위 두 지형은 어떻게 만들어졌는지 바닷물의 작용과 관련지어 각각 쓰시오. [8점]

_____

_____

# 4. 물질의 상태

## 🔵 나무 막대, 물, 공기 비교하기
김영사, 동아

| 구분 | 나무 막대 | 물 | 공기 |
|------|-----------|-----|------|
| 눈으로 보기 | 보임. | 보임. | 보이지 않음. |
| 손으로 전달하기 | 손으로 잡고 전달할수 있음. | 손으로 잡으면 흘러서 전달 하기 어려움. | 손으로 잡을 수 없어 전달 한 것인지 알 수 없음. |

## 🔵 고체 알아보기

① 나뭇조각과 플라스틱 조각의 공통점

나뭇조각

- 눈으로 볼 수 있고, 손으로 잡을 수 있습니다.
- 담는 그릇이 바뀌어도 조각의 모양과 크기가 변하지 않습니다.

◐ 여러 가지 그릇에 담긴 나뭇조각

② 고체: 담는 그릇이 바뀌어도 모양과 부피가 일정한 물질의 상태입니다.

예) 페트병, 유리컵, 의자, 책상, 필통, 색연필, 신발, 가방, 책, 지우개 등

## 🔵 액체 알아보기

① 물과 주스의 공통점

- 눈으로 볼 수 있고 흐르는 성질이 있지만, 손으로 잡을 수 없습니다.
- 담는 그릇에 따라 모양이 변하지만, 부피는 변하지 않습니다.

◑ 여러 가지 모양의 그릇에 담긴 같은 부피의 물

② 액체: 담는 그릇에 따라 모양이 변하지만 부피는 변하지 않는 물질의 상태입니다.

예) 물, 주스, 바닷물, 설탕물, 꿀, 식초, 간장, 우유, 사이다 등

## 🔵 공기가 있는지 알아보기
천재, 김영사

| 부풀린 풍선의 입구를 손등에 가까이 대고 쥐었던 손을 살짝 놓기 | 물속에 플라스틱 병을 넣고 누르기 |
|------|------|
| • 바람이 느껴짐.<br>• 풍선의 크기가 작아짐. | • 보글보글 소리가 남.<br>• 둥근 공기 방울이 생겨 위로 올라옴. |

➡ 공기는 눈에 보이지 않지만 우리 주변에 있습니다.

## 🔵 공간을 차지하는 공기
금성, 동아, 아이스크림

① 플라스틱 컵으로 물 위에 띄운 페트병 뚜껑을 덮고 밀어 넣기

| 구분 | 바닥에 구멍이 뚫리지 않은 컵 | 바닥에 구멍이 뚫린 컵 |
|------|------|------|
| | 물의 높이가 조금 높아짐. 페트병 뚜껑이 내려감. | 물의 높이에 변화가 없음. 페트병 뚜껑이 그대로 있음. |
| 페트병 뚜껑 | 내려감. | 그대로 있음. |
| 물의 높이 | 조금 높아짐. | 변화가 없음. |

➡ 공기는 공간(부피)을 차지합니다.

② 공간을 차지하는 공기의 성질을 이용한 예: 구명조끼, 풍선, 자동차 타이어, 축구공, 물놀이용 튜브 등

## 🔵 다른 곳으로 이동하고 무게가 있는 공기

① 두 개의 주사기를 비닐관으로 연결하고 피스톤을 밀거나 당기기

천재, 비상, 아이스크림, 지학사

- 피스톤을 밀었을 때: 다른 쪽 주사기의 피스톤이 올라감.
- 피스톤을 다시 당겼을 때: 다른 쪽 주사기의 피스톤이 내려감.

공기의 이동

➡ 공기는 다른 곳으로 이동할 수 있습니다.

② 다른 곳으로 이동하는 공기의 성질을 이용한 예: 공기 주입기로 풍선 부풀리기, 선풍기, 비눗방울 불기 등

③ 기체: 담는 그릇에 따라 모양과 부피가 변하고, 담긴 그릇을 항상 가득 채우는 물질의 상태입니다.

④ 페트병 입구에 끼운 공기 주입 마개를 누르기 전과 누른 후의 페트병의 무게 비교

공기 주입 마개

전자 저울

54.0 g

<

54.2 g

◐ 공기 주입 마개를 누르기 전의 무게

◐ 공기 주입 마개를 누른 후의 무게

➡ 공기는 무게가 있습니다.
└➤ 공기 주입 마개를 누르는 횟수가 늘어날수록 무게도 늘어납니다.

**01** 나무 막대, 물, 공기 중 손으로 잡고 전달할 수 있는 것은 어느 것입니까?

**02** 나뭇조각과 플라스틱 조각을 여러 가지 모양의 그릇에 넣으면 조각의 모양과 크기가 ( 변합니다 / 변하지 않습니다 ).

**03** 담는 그릇이 바뀌어도 모양과 부피가 변하지 않는 물질의 상태를 ☐☐☐(이)라고 합니다.

**04** 주스와 같이 담는 그릇에 따라 모양은 변하지만 ☐☐은/는 변하지 않는 물질의 상태를 액체라고 합니다.

**05** 신발, 식초, 페트병 중 고체가 <u>아닌</u> 것은 어느 것입니까?

**06** 부풀린 풍선을 손등에 대고 쥐었던 손을 살짝 놓으면 바람이 느껴지고 풍선의 크기가 ( 커집니다 / 작아집니다 ).

**07** 축구공이나 튜브는 공기가 ☐☐☐을/를 차지하는 성질을 이용한 것입니다.

**08** 기체는 담는 그릇에 따라 모양과 부피가 변하고, 담긴 그릇을 항상 가득 ( 채우는 / 채우지 않는 ) 물질의 상태입니다.

**09** 페트병 입구에 끼운 공기 주입 마개를 눌러 페트병에 공기를 가득 넣은 뒤 무게를 재면 공기를 넣기 전보다 페트병의 무게가 어떻게 됩니까?

**10** 기체인 공기는 무게가 ( 있습니다 / 없습니다 ).

\* 배점이 표시되어 있지 않은 문제는 문제당 **4점**입니다.

**01** 다음은 나무 막대, 물, 공기 중 어떤 물질을 관찰한 내용인지 쓰시오.

김영사, 동아

> • 투명하고, 흐릅니다.
> • 흔들면 출렁거립니다.
> • 눈에 보이고, 손으로 잡을 수 없습니다.

( )

**02** 다음과 같이 나무 막대를 여러 가지 모양의 투명한 그릇에 넣고 막대의 모양과 크기 변화를 관찰했을 때의 결과로 옳은 것은 어느 것입니까? ·················· ( )

김영사, 동아, 비상, 아이스크림

나무 막대

① 모양만 변한다.
② 크기만 변한다.
③ 모양과 크기가 모두 변한다.
④ 모양과 크기가 모두 변하지 않는다.
⑤ 그릇의 모양에 따라 결과가 달라진다.

**03** 다음 물체들의 공통점을 바르게 말한 친구의 이름을 쓰시오.

지학사

❂ 쌓기나무          ❂ 플라스틱 블록

> • 지희: 담는 그릇이 달라지면 모양이 변해.
> • 선우: 담는 그릇이 달라지면 크기가 변해.
> • 나윤: 담는 그릇이 달라져도 모양과 부피가 변하지 않아.

( )

**[04~05]** 다음은 주스를 그릇에 넣은 다음, 다른 그릇에 옮겨 담았다가 처음 사용한 그릇에 다시 옮겨 담으면서 주스의 높이를 알아보는 실험입니다. 물음에 답하시오.

처음 주스의 높이

ㄱ
ㄴ
ㄷ

7종 공통

**04** 처음 사용한 그릇에 다시 옮겨 담았을 때 주스의 높이로 옳은 것을 골라 기호를 쓰시오.

( )

**서술형·논술형 문제** ✏️

7종 공통

**05** 위 실험 결과를 통해 알게 된 점을 쓰시오. [10점]

주스는 담는 그릇에 따라 ① [        ] 이/가 달라

지지만 ② [        ] 은/는 변하지 않는다.

**06** 오른쪽의 컵에 담긴 우유 250 mL를 다른 모양의 컵에 모두 옮겨 담았습니다. 옮겨 담은 우유의 부피로 옳은 것은 어느 것입니까?

7종 공통

·················· ( )

① 150 mL          ② 200 mL
③ 250 mL          ④ 300 mL
⑤ 350 mL

**07** 다음 중 액체인 것끼리 바르게 짝지은 것은 어느 것입니까? ·················· ( )

7종 공통

① 돌, 꿀              ② 간장, 식용유
③ 책상, 바닷물        ④ 소금, 설탕물
⑤ 지우개, 설탕

**08** 다음 보기 에서 나무 막대와 주스를 비교한 것으로 옳은 것을 골라 기호를 쓰시오. [6점]

중요!

> 보기
> ㉠ 나무 막대와 주스는 모두 손으로 잡을 수 있습니다.
> ㉡ 나무 막대는 눈으로 볼 수 있지만, 주스는 눈으로 볼 수 없습니다.
> ㉢ 나무 막대는 담는 그릇에 따라 모양이 변하지 않지만, 주스는 담는 그릇에 따라 모양이 변합니다.

( )

**09** 다음 현상을 통해 알 수 있는 사실로 옳은 것은 어느 것입니까? ···················· ( )

> • 연을 날립니다.
> • 깃발이 휘날립니다.
> • 나뭇가지가 바람에 흔들립니다.

① 공기는 무게가 있다.
② 공기는 일정한 모양이 있다.
③ 공기는 색깔이 있어 눈으로 볼 수 있다.
④ 공기는 눈에 보이지 않지만 우리 주변에 있다.
⑤ 공기는 담는 그릇에 따라 부피가 변하지 않는다.

**10** 오른쪽과 같이 빈 페트병을 물속에 넣고 손으로 눌렀을 때 나타나는 변화로 옳은 것을 두 가지 고르시오.

천재, 김영사

·················· ( , )

① 아무 변화가 없다.
② 보글보글 소리가 난다.
③ 물의 색깔이 하얗게 변한다.
④ 물의 양이 많아져 수조 밖으로 넘친다.
⑤ 페트병 입구에서 공기 방울이 생겨 위로 올라온다.

**[11~13]** 다음은 바닥에 구멍이 뚫리지 않은 플라스틱 컵과 구멍이 뚫린 플라스틱 컵으로 물 위에 띄운 페트병 뚜껑을 덮은 뒤 수조 바닥까지 밀어 넣는 실험입니다. 물음에 답하시오.

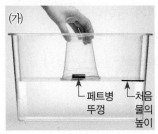
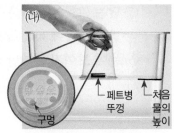

(가) └페트병 뚜껑 └처음 물의 높이
○ 바닥에 구멍이 뚫리지 않은 컵

(나) 구멍 └페트병 뚜껑 └처음 물의 높이
○ 바닥에 구멍이 뚫린 컵

**11** 위의 실험 결과, 페트병 뚜껑이 내려가는 것의 기호를 쓰시오.

( )

**12** 위 (나)의 실험 결과, 수조 안의 물의 높이 변화로 옳은 것을 다음 보기 에서 골라 기호를 쓰시오.

> 보기
> ㉠ 수조 안의 물의 높이가 변하지 않습니다.
> ㉡ 수조 안의 물의 높이가 조금 낮아집니다.
> ㉢ 수조 안의 물의 높이가 조금 높아집니다.

( )

**13** 다음은 위 실험을 통해 알 수 있는 공기의 성질을 정리한 것입니다. ☐ 안에 들어갈 알맞은 말을 쓰시오.

> 공기는 ☐☐을/를 차지하는 성질이 있습니다.

( )

**14** 다음 중 공기가 공간을 차지하는 성질을 이용한 예를 두 가지 고르시오. ···················· ( , )

① 책상   ② 튜브   ③ 선풍기
④ 구명조끼   ⑤ 날고 있는 연

**15** 다음 중 공기에 대한 설명으로 옳지 <u>않은</u> 것을 두 가지 고르시오. [8점]·············· ( , )

7종 공통

① 일정한 모양과 부피가 있다.
② 담긴 그릇을 항상 가득 채운다.
③ 담는 그릇에 따라 부피가 변한다.
④ 담는 그릇에 따라 모양이 변한다.
⑤ 눈에 보이지 않지만 손으로 만질 수 있다.

---

서술형·논술형 문제

천재, 비상, 아이스크림, 지학사

**16** 다음과 같이 두 개의 주사기를 비닐관으로 연결한 뒤, 당겨 놓은 주사기의 피스톤을 화살표 방향으로 밀었습니다. [총 12점]

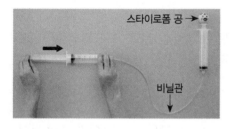
스타이로폼 공
비닐관

(1) 피스톤을 밀었을 때 비닐관으로 이동하는 것은 무엇인지 쓰시오. [4점]

( )

(2) 당겨 놓은 피스톤을 밀었을 때의 변화와 그 까닭을 쓰시오. [8점]

---

**17** 다음 중 공기를 이동시키는 장치가 <u>아닌</u> 것을 두 가지 고르시오. ·············· ( , )

7종 공통

① 선풍기
② 축구공
③ 공기 주입기
④ 물놀이용 튜브
⑤ 타이어에 공기를 넣는 펌프

---

**[18~19]** 오른쪽과 같이 페트병의 입구에 공기 주입 마개를 끼우고 공기 주입 마개를 누르기 전과 여러 번 누른 뒤 페트병의 무게를 각각 측정하였습니다. 물음에 답하시오.

공기 주입 마개
전자 저울

천재, 금성, 김영사, 동아, 비상, 아이스크림

**18** 위 페트병의 무게 변화로 옳은 것을 보기 에서 골라 기호를 쓰시오.

보기
㉠ 공기 주입 마개를 누른 후 무게가 늘어났습니다.
㉡ 공기 주입 마개를 누른 후 무게가 줄어들었습니다.
㉢ 공기 주입 마개를 누르기 전과 누른 후 무게의 변화가 없습니다.

( )

천재, 금성, 김영사, 동아, 비상, 아이스크림

**19** 위 18번 답과 같은 결과가 나타나는 까닭으로 옳은 것은 어느 것입니까? ·············· ( )

① 페트병이 더 단단해지기 때문이다.
② 공기 주입 마개가 커지기 때문이다.
③ 페트병의 부피가 줄어들기 때문이다.
④ 페트병 안의 공기가 빠져나가기 때문이다.
⑤ 페트병 안에 공기가 더 들어가기 때문이다.

---

**20** 다음 중 기체에 대한 설명으로 옳은 것은 ○표, 옳지 <u>않은</u> 것은 ×표를 하시오.

중요!

7종 공통

(1) 무게가 있고, 다른 곳으로 이동할 수 있습니다.

( )

(2) 담는 그릇에 따라 모양과 부피가 변하지 않습니다.

( )

(3) 담긴 그릇을 항상 가득 채우는 물질의 상태입니다.

( )

**1** 다음은 상태가 다른 두 물질을 여러 가지 모양의 그릇에 담은 것입니다. [총 12점]

7종 공통

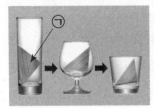 

⦿ 나뭇조각을 여러 가지 모양의 그릇에 담기

⦿ 같은 부피의 주스를 여러 가지 모양의 그릇에 담기

(1) 그릇에 담긴 ㉠, ㉡의 상태를 각각 쓰시오. [4점]

㉠ (                    ) ㉡ (                    )

(2) 나뭇조각과 주스를 다른 그릇에 담았을 때 모양과 부피가 어떻게 변하는지 쓰시오. [8점]

_____

_____

**2** 다음은 빈 페트병을 물속에 넣고 눌러 보는 실험입니다. [총 10점]

천재, 김영사

(1) 다음은 위 실험의 관찰 결과입니다. ☐ 안에 들어갈 알맞은 말을 쓰시오. [2점]

> 빈 페트병 입구에 ☐ 방울이 생겨 위로 올라옵니다.

(                    )

(2) 위의 실험을 통해 알 수 있는 공기의 성질을 쓰시오. [8점]

_____

**3** 다음은 물 위에 페트병 뚜껑을 띄운 후, 바닥에 구멍이 뚫리지 않은 플라스틱 컵으로 페트병을 덮어 수조 바닥까지 밀어 넣었을 때의 모습입니다. [총 12점]

금성, 동아, 아이스크림

(1) 위 실험 결과 수조 안 물의 높이는 어떻게 되는지 쓰시오. [4점]

(                    )

(2) 위 (1)번 답과 같이 쓴 까닭을 공기의 성질과 관련지어 쓰시오. [8점]

_____

_____

**4** 다음은 공기 주입 마개를 끼운 페트병에서 공기 주입 마개를 누른 횟수를 다르게 하여 페트병의 무게를 측정한 결과입니다. [총 12점]

천재, 금성, 김영사, 동아, 비상, 아이스크림

| 공기 주입 마개를 누른 횟수 | 0번 | 10번 | 20번 |
|---|---|---|---|
| 무게(g) | 46.9 | 47.2 | 47.5 |

(1) 위에서 공기가 가장 많이 들어 있는 페트병은 공기 주입 마개를 몇 번 누른 페트병인지 쓰시오. [4점]

(                    )

(2) 위의 실험을 통하여 알 수 있는 공기의 성질을 쓰시오. [8점]

_____

_____

# 5. 소리의 성질

## ◉ 물체에서 소리가 날 때의 공통점

① 물체에서 소리가 날 때의 공통점: 물체가 떨립니다.

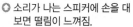
○ 소리가 나는 스피커에 손을 대 보면 떨림이 느껴짐.

○ 소리가 나는 소리굽쇠를 물에 대 보면 물이 튀어 오름.

천재, 금성, 김영사, 비상

② 소리가 나는 물체를 소리가 나지 않게 하는 방법: 소리가 나는 물체의 떨림을 멈추게 하면 소리가 나지 않습니다.

○ 소리가 나는 소리굽쇠를 손으로 세게 잡고 물에 대 보면 물이 튀지 않음.

## ◉ 소리의 세기와 소리의 높낮이

① 소리의 세기: 소리의 크고 작은 정도를 말합니다.

| 소리의 세기 비교하기 | 천재 |
| --- | --- |
| 스타이로폼 공 | |
| ○ 약하게 칠 때 | ○ 세게 칠 때 |
| 작은북이 작게 떨리면서 공이 낮게 튀어 오르고 작은 소리가 남. | 작은북이 크게 떨리면서 공이 높게 튀어 오르고 큰 소리가 남. |

② 소리의 높낮이: 소리의 높고 낮은 정도를 말합니다.

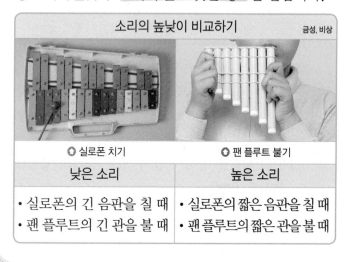

| 소리의 높낮이 비교하기 | 금성, 비상 |
| --- | --- |
| ○ 실로폰 치기 | ○ 팬 플루트 불기 |
| 낮은 소리 | 높은 소리 |
| • 실로폰의 긴 음판을 칠 때 • 팬 플루트의 긴 관을 불 때 | • 실로폰의 짧은 음판을 칠 때 • 팬 플루트의 짧은 관을 불 때 |

## ◉ 여러 가지 물질을 통한 소리의 전달

| 물질의 상태에 따른 소리의 전달 예 | |
| --- | --- |
| 고체 | 책상에 귀를 대고 책상을 두드리면 책상을 통해 두드리는 소리가 전달됨. |
| 기체 | 새가 지저귀는 소리는 공기를 통해 전달됨. |
| 액체 | 바닷속에서 배가 오는 소리는 물을 통해 잠수부에게 전달됨. |

① 소리는 고체, 액체, 기체 상태의 여러 가지 물질을 통해 전달됩니다.
　└→ 우리 주변의 대부분의 소리는 기체인 공기를 통해 전달됩니다.

② 달에는 공기가 없기 때문에 소리가 들리지 않습니다.

③ 공기를 뺄 수 있는 장치에 소리가 나는 스피커를 넣고 공기를 빼면 소리가 작아집니다. 비상

④ 실 전화기에서 소리는 실이 떨리면서 전달됩니다.
　└→ 실에 물을 묻히고 팽팽하게 하면 소리가 더 잘 전달됩니다.

## ◉ 소리가 물체에 부딪칠 때 나타나는 현상

① 두 개의 종이관을 직각으로 놓고 여러 가지 상황에서 소리 들어 보기

천재, 금성

나무판자
종이관
소리가 나는 이어폰

❶ 아무 것도 세우지 않고 소리 듣기
❷ 나무판자를 세우고 소리 듣기
❸ 스펀지를 세우고 소리 듣기

② 들리는 소리의 크기 비교: ❶ < ❸ < ❷ → 나무판자가 스펀지보다 소리를 더 잘 반사합니다.

## ◉ 소리의 반사

① 소리의 반사: 소리가 나아가다가 물체에 부딪쳐 되돌아오는 성질입니다.

② 소리가 반사되는 경우: 산에서의 메아리, 동굴이나 목욕탕에서 목소리가 울리는 것 등

## ◉ 우리 주변의 소음을 줄이는 방법

천재

○ 음악실 방음벽: 소리의 전달을 막음.　○ 도로 방음벽: 소리의 반사를 이용함.　○ 스피커 볼륨 조절: 소리의 세기를 줄임.

**01** 물체에서 소리가 날 때 물체가 [　　　]은/는 공통점이 있습니다.

*✎*

**02** 작은북을 북채로 약하게 치면 북이 ( 작게 / 크게 ) 떨리면서 ( 작은 / 큰 ) 소리가 납니다.

*✎*

**03** 소리의 크고 작은 정도를 소리의 [　　　](이)라고 하고, 소리의 높고 낮은 정도를 소리의 [　　　](이)라고 합니다.

*✎*

**04** 실로폰은 음판의 길이가 ( 길 / 짧을 )수록 높은 소리가 나고, 팬 플루트는 짧은 관을 불면 ( 낮은 / 높은 ) 소리가 납니다.

*✎*

**05** 다음 상황에서 소리를 전달하는 물질의 상태를 쓰시오.

　(1) 철봉에 귀를 대고 철봉을 두드리는 소리를 듣는 경우
　(2) 바닷속에서 잠수부가 배에서 나는 소리를 듣는 경우

*✎* 　(1)　　　　　(2)

**06** 우리 생활에서 들리는 대부분의 소리는 기체인 [　　　]을/를 통해 전달되고 나무나 철과 같은 고체, 물과 같은 액체를 통해서도 전달됩니다.

*✎*

**07** 실 전화기의 실을 ( 느슨 / 팽팽 )하게 하고 이야기할수록 소리가 더 잘 들립니다.

*✎*

**08** 소리가 나아가다가 물체에 부딪쳐 되돌아오는 성질을 소리의 [　　　](이)라고 합니다.

*✎*

**09** 부드러운 물체와 딱딱한 물체 중 소리가 잘 반사되는 것은 어느 것입니까?

*✎*

**10** 음악실의 방음벽은 소리가 잘 ( 전달되는 / 전달되지 않는 ) 물질을 벽에 붙여 소음을 줄입니다.

*✎*

\* 배점이 표시되어 있지 않은 문제는 문제당 4점입니다.

**01** 다음과 같이 소리가 나는 물체에 손을 대 보았을 때 알 수 있는 사실에 맞게 ☐ 안에 들어갈 알맞은 말을 쓰시오.

7종 공통

◐ 소리가 나는 트라이앵글

◐ 소리가 나는 스피커

> 소리가 나는 물체들은 ☐ 은/는 공통점이 있습니다.

(                    )

**02** 다음 중 소리가 나는 소리굽쇠를 물에 대었을 때 나타나는 현상으로 옳은 것은 어느 것입니까?······ (       )

천재, 금성, 김영사, 동아, 지학사

① 물이 튀어 오른다.
② 소리굽쇠의 떨림이 바로 멈춘다.
③ 소리굽쇠의 소리가 점점 커진다.
④ 소리굽쇠의 소리가 작아졌다가 커진다.
⑤ 아무 일도 일어나지 않는다.

**03** 다음 중 소리가 나는 소리굽쇠를 소리가 나지 않게 하는 방법으로 옳은 것은 어느 것입니까?·············· (       )

천재, 금성, 김영사, 비상

① 소리굽쇠를 세게 흔든다.
② 소리굽쇠를 차갑게 한다.
③ 소리굽쇠를 물속에 넣는다.
④ 소리굽쇠를 손으로 세게 움켜잡는다.
⑤ 소리굽쇠를 단단한 물체로 더 세게 친다.

**04** 다음 중 소리의 세기에 대해 옳게 말한 친구를 쓰시오.

7종 공통

> 영우: 소리의 높고 낮은 정도를 말해.
> 혜진: 소리의 크고 작은 정도를 말해.
> 영희: 물체가 작게 떨리면 큰 소리가 나.

(                    )

**05** 오른쪽과 같이 작은북 위에 스타이로폼 공을 올려놓고 작은북을 세게 치면 작은북을 약하게 칠 때보다 어떤 소리가 나는지 쓰시오.

천재, 김영사, 동아, 비상, 아이스크림

(                    )

**서술형·논술형 문제** ✏

천재, 김영사, 동아, 비상, 아이스크림

**06** 다음은 작은북 위에 스타이로폼 공을 올려놓고 북채로 작은북을 친 모습입니다. [총 12점]

◐ 약하게 칠 때

◐ 세게 칠 때

(1) 위의 ㉠과 ㉡ 중 스타이로폼 공이 더 높게 튀어 오르는 것을 골라 기호를 쓰시오. [4점]

(                    )

(2) 위 (1)번 답에서 스타이로폼 공이 더 높게 튀어 오르는 까닭을 쓰시오. [8점]

> 작은북을 북채로 ①☐☐☐☐ 치면 북이
> ②☐☐☐☐ 떨리면서 스타이로폼 공이 높게
> 튀어 오르기 때문이다.

**07** 우리 생활에서 큰 소리를 내는 경우와 작은 소리를 내는 경우를 **보기** 에서 골라 각각 기호를 쓰시오. [6점]

7종 공통

> **보기**
> ㉠ 수업 시간에 발표할 때
> ㉡ 조용한 곡을 연주할 때
> ㉢ 멀리 있는 친구를 부를 때
> ㉣ 도서관에서 친구와 이야기할 때

| 큰 소리를 내는 경우 | 작은 소리를 내는 경우 |
| --- | --- |
| (1) | (2) |

**08** 다음 실로폰의 음판을 같은 세기로 화살표 방향으로 순서대로 칠 때 소리의 변화에 대한 설명으로 옳은 것은 어느 것입니까? ······ ( )

천재, 금성, 비상, 아이스크림

① 소리가 점점 커진다.
② 소리가 점점 작아진다.
③ 소리가 점점 높아진다.
④ 소리가 점점 낮아진다.
⑤ 소리의 높낮이는 변함이 없다.

**09** 오른쪽 팬 플루트의 ㉠~㉣ 관 중 불었을 때 가장 낮은 소리가 나는 관과 가장 높은 소리가 나는 관을 순서대로 바르게 짝지은 것은 어느 것입니까? ······ ( )

금성, 비상

① ㉠, ㉡        ② ㉠, ㉣
③ ㉡, ㉣        ④ ㉢, ㉡
⑤ ㉣, ㉠

**10** 다음 소리의 높낮이를 이용하는 경우에 맞게 줄로 바르게 이으시오.

7종 공통

(1) | 높은 소리를 이용하는 경우 | • | | • ㉠ | 합창단의 합창 노래 |

(2) | 다양한 소리의 높낮이를 이용하는 경우 | • | | • ㉡ | 위급 환자를 태운 구급차 소리 |

**11** 다음 중 고체를 통해 소리가 전달되는 경우를 두 가지 고르시오. ······ ( , )

7종 공통
중요!

①
◈ 책상을 두드리는 소리를 듣는 경우

② ◈ 잠수부가 배에서 나는 소리를 듣는 경우

③
◈ 철봉에 귀를 대고 철봉을 두드리는 소리를 듣는 경우

④
◈ 공원에서 새 소리를 듣는 경우

**12** 다음 보기 에서 액체를 통해 소리가 전달되는 경우를 골라 기호를 쓰시오.

7종 공통

보기
㉠ 교문 밖에서 종소리를 들을 때
㉡ 운동장에서 친구가 부르는 소리를 들을 때
㉢ 수중 발레 선수들이 수중 스피커로 물속에서 음악을 들을 때

( )

**13** 다음은 공기를 뺄 수 있는 장치에 소리가 나는 스피커를 넣고 공기를 빼면 소리가 작아지는 까닭입니다. □ 안에 공통으로 들어갈 알맞은 말을 쓰시오.

비상

스피커의 소리는 □ 을/를 통해 전달되는데, 펌프질을 하면 소리를 전달하는 물질인 □ 이/가 줄어들기 때문입니다.

←스피커

( )

**14** 운동장에 있는 지훈이가 교실에서 자신을 부르는 소리를 들었을 때, 소리를 전달하는 물질은 어느 것입니까?

······················································ (      )

① 흙        ② 물        ③ 돌
④ 햇빛      ⑤ 공기

**15** 오른쪽과 같은 실 전화기에
**중요!** 대한 설명으로 옳은 것을 두
가지 고르시오. [6점]

실
종이컵
클립

···················· (    ,    )

① 실의 떨림이 소리를 전달한다.
② 실을 손으로 잡고 말하면 소리가 잘 들린다.
③ 실을 팽팽하게 하고 말하면 소리가 잘 들린다.
④ 실에 물을 묻히고 말하면 소리가 잘 들리지 않는다.
⑤ 실의 길이를 짧게 하고 말하면 소리가 잘 들리지 않는다.

서술형·논술형 **문제** ✏️

**16** 다음은 소리가 여러 가지 물체에 부딪칠 때 나타나는 현상을 관찰하는 실험입니다. [총 12점]

ⓐ 나무판
ⓑ 스타이로폼판
소리가 나는 스피커

ⓐ 나무판을 들고 스피커의 소리 듣기
ⓑ 스타이로폼판을 들고 스피커의 소리 듣기

(1) 위 실험 ⓐ과 ⓑ 중 소리가 더 크게 들리는 것을 골라 기호를 쓰시오. [4점]

(                    )

(2) 위 실험을 통해 알 수 있는 점을 소리의 성질과 관련지어 쓰시오. [8점]

_____

_____

**17** 다음 중 소리의 반사에 대한 설명으로 옳은 것은 ○표, 옳지 <u>않은</u> 것은 ×표를 하시오.

(1) 메아리는 소리의 반사와 관련된 것입니다.

(      )

(2) 소리가 나아가다가 물체에 부딪쳐 되돌아오는 성질입니다.          (      )

(3) 부딪치는 물체에 상관없이 소리가 반사되는 정도는 항상 같습니다.          (      )

**18** 소리의 반사에 대한 설명에 맞게 (      ) 안의 알맞은 말에 ○표를 하시오.

> 소리는 ( 딱딱한 / 부드러운 ) 물체에서는 잘 반사되지만, ( 딱딱한 / 부드러운 ) 물체에서는 잘 반사되지 않습니다.

**19** 다음 중 소리가 반사되는 성질을 이용해 소음을 줄이는 방법으로 옳은 것은 어느 것입니까?············ (      )

① 확성기의 사용을 줄인다.
② 도로에 방음벽을 설치한다.
③ 도로에 과속 방지 턱을 설치한다.
④ 공연장 천장에 반사판을 설치한다.
⑤ 학교의 음악실에 방음벽을 설치한다.

**20** 다음 중 생활 속에서 소음을 줄이는 방법으로 적당하지 <u>않은</u> 것은 어느 것입니까?····················· (      )

① 공동 주택에서 뛰지 않는다.
② 자동차의 경적 소리를 줄인다.
③ 의자 다리에 소음 방지 덮개를 씌운다.
④ 음악을 들을 때 스피커의 소리를 크게 한다.
⑤ 확성기 소음을 줄이기 위해 확성기 사용을 줄인다.

7종 공통

**1** 다음은 소리가 나는 종과 소리가 나는 벌의 모습입니다. [총 10점]

⭕ 종을 칠 때 생기는 [　　　] 때문에 소리가 나는 종

⭕ 빠른 날개짓의 [　　　] 때문에 소리가 나는 벌

(1) 위의 [　] 안에 공통으로 들어갈 알맞은 말을 쓰시오. [4점]

(　　　　　　　　　　　)

(2) 위의 모습을 보고, 물체에서 소리가 날 때 어떤 공통점이 있는지 쓰시오. [6점]

_____

_____

천재, 금성

**3** 다음은 두 개의 종이관을 직각으로 놓은 후, 한쪽 종이관에 소리가 나는 이어폰을 넣고, 여러 가지 상황에서 소리를 들어 보는 실험입니다. [총 12점]

⭕ 아무것도 세우지 않고 소리 듣기

⭕ 스펀지를 세우고 소리 듣기

⭕ 나무판자를 세우고 소리 듣기

(1) 위 실험에서 이어폰에서 나오는 소리가 크게 들리는 순서대로 기호를 쓰시오. [4점]

(　　　　, 　　　　, 　　　　)

(2) 위 (1)의 답과 같이 쓴 까닭을 소리의 반사와 관련지어 쓰시오. [8점]

_____

_____

금성, 비상

**2** 다음은 팬 플루트를 부는 모습입니다. [총 12점]

⭕ 짧은 관을 불 때

⭕ 긴 관을 불 때

(1) 위에서 높은 소리가 날 때는 언제인지 쓰시오. [4점]

(　　　　　　　　)을 불 때

(2) 위의 팬 플루트는 관의 길이에 따라 소리가 어떻게 달라지는지 쓰시오. [8점]

_____

_____

7종 공통

**4** 다음은 소음을 줄이기 위한 시설입니다. [총 12점]

⭕ 음악실의 [　　　]

⭕ 도로 [　　　]

(1) 위의 [　] 안에 공통으로 들어갈 알맞은 말을 쓰시오. [4점]

(　　　　　　　　　　　)

(2) 위의 두 시설은 소음을 어떻게 줄이는지 쓰시오. [8점]

_____

_____

관련 단원 : 1. 재미있는 과학 탐구

**01** 다음 중 탐구 문제를 정하는 방법을 <u>잘못</u> 말한 친구의 이름을 쓰시오.

> 도윤: 이미 답을 알고 있어야 해.
> 현주: 흥미와 호기심을 가질 수 있어야 해.
> 나현: 탐구 문제를 다른 사람이 쉽게 이해할 수 있어야 해.

( )

관련 단원 : 2. 동물의 생활

**02** 다음과 같이 동물을 두 무리로 분류한 기준으로 옳은 것은 어느 것입니까? ·························· ( )

| 참새, 벌, 잠자리 | 뱀, 금붕어, 지렁이 |

① 몸이 큰가?  ② 알을 낳는가?
③ 다리가 있는가?  ④ 더듬이가 있는가?
⑤ 물속에서 살 수 있는가?

관련 단원 : 2. 동물의 생활

**03** 다음 중 땅 위와 땅속을 오가며 사는 동물을 골라 기호를 쓰시오.

◯ 다람쥐   ◯ 개미   ◯ 두더지

( )

관련 단원 : 2. 동물의 생활

**04** 다음 중 날아다니는 동물의 특징으로 옳은 것은 어느 것입니까? ······························ ( )

① 아가미로 숨을 쉰다.
② 몸이 비교적 가볍다.
③ 딱딱한 껍데기가 있다.
④ 다리에 물갈퀴가 있다.
⑤ 머리에 더듬이가 있다.

관련 단원 : 2. 동물의 생활

**05** 다음 보기 에서 낙타가 먹이가 부족한 사막에서 잘 살 수 있는 특징으로 옳은 것을 골라 기호를 쓰시오.

> 보기
> ㉠ 발바닥이 넓습니다.
> ㉡ 등에 혹이 있습니다.
> ㉢ 콧구멍을 여닫을 수 있습니다.

( )

관련 단원 : 2. 동물의 생활

**06** 오른쪽과 같은 칫솔걸이에 사용하는 흡착판은 어떤 동물의 특징을 활용하여 만든 것입니까? ······( )

흡착판

① 오리 발  ② 수리 발
③ 물총새의 부리  ④ 전복의 껍데기
⑤ 문어 다리 빨판

서술형·논술형 문제 ✏ 관련 단원 : 3. 지표의 변화

**07** 다음과 같이 운동장 흙과 화단 흙이 들어 있는 비커에 같은 양의 물을 넣고 유리 막대로 저은 뒤 잠시 놓아 두었습니다. [총 12점]

운동장 흙 →   ← 화단 흙

(1) 위의 두 흙의 물에 뜬 물질을 건졌을 때 오른쪽과 같은 모습을 볼 수 있는 흙은 어느 것인지 쓰시오. [4점]

( )

(2) 위의 실험 결과로 보아 식물이 잘 자라는 흙은 어떤 특징이 있는지 쓰시오. [8점]

_____

_____

관련 단원 : 3. 지표의 변화

**08** 다음 중 자연에서 흙이 만들어지는 과정에 대한 설명으로 옳지 <u>않은</u> 것은 어느 것입니까? [6점] …( )

① 흙은 돌이 부서져서 만들어진다.

② 흙은 바위가 부서져서 만들어진다.

③ 자연 상태에서 돌이 흙으로 변하는 데 걸리는 시간은 매우 짧다.

④ 자연 상태에서 바위가 흙으로 변하는 데 걸리는 시간은 매우 길다.

⑤ 흙이 만들어질 때 바위나 돌이 작게 부서진 알갱이와 생물이 썩어 생긴 물질들이 섞인다.

관련 단원 : 3. 지표의 변화

**09** 다음은 오른쪽의 흙 언덕 위쪽에 물을 흘려 보냈을 때의 결과를 정리한 것입니다. ( ) 안의 알맞은 말에 ◯표를 하시오.

> • 흙 언덕의 위쪽: ( 침식 / 퇴적 ) 작용이 활발하게 일어나 흙이 많이 깎입니다.
> • 흙 언덕의 아래쪽: ( 침식 / 퇴적 ) 작용이 활발하게 일어나 흙이 흘러내려 많이 쌓입니다.

관련 단원 : 3. 지표의 변화

**10** 오른쪽은 강 주변의 모습입니다. ㈎ 지역과 ㈏ 지역에서 활발하게 일어나는 흐르는 물의 작용을 줄로 바르게 이으시오.

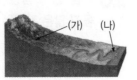

(1) | ㈎ 지역 | •     • | ㉠ | 침식 작용 |

(2) | ㈏ 지역 | •     • | ㉡ | 퇴적 작용 |

관련 단원 : 3. 지표의 변화

**11** 다음 중 바닷가 주변에서 바닷물의 퇴적 작용으로 만들어진 지형을 두 가지 고르시오. …( , )

① 절벽      ② 갯벌      ③ 동굴

④ 모래사장      ⑤ 구멍 뚫린 바위

관련 단원 : 4. 물질의 상태

**12** 다음 중 고체의 성질에 대한 설명으로 옳은 것은 어느 것입니까? ………………………( )

① 눈에 보이지 않는다.

② 손으로 잡을 수 없다.

③ 담긴 그릇을 항상 가득 채운다.

④ 담는 그릇이 바뀌면 부피가 줄어든다.

⑤ 담는 그릇이 바뀌어도 모양이 변하지 않는다.

서술형·논술형 문제 ✎    관련 단원 : 4. 물질의 상태

**13** 다음과 같이 물을 다른 모양의 그릇에 차례대로 옮겨 담으면서 물의 모양과 부피를 관찰하는 실험을 하였습니다. 이 실험을 통해 알 수 있는 점을 모양, 부피와 관련지어 쓰시오. [10점]

처음 물의 높이

_____

_____

관련 단원 : 4. 물질의 상태

**14** 다음의 축구공과 튜브를 가득 채우고 있는 물질은 고체, 액체, 기체 중에서 어떤 상태인지 쓰시오.

◎ 축구공                ◎ 튜브

( )

관련 단원 : 4. 물질의 상태

**15** 다음과 같이 바닥에 구멍이 뚫린 플라스틱 컵으로 물 위에 띄운 페트병 뚜껑을 덮은 뒤 수조 바닥까지 밀어 넣었을 때의 결과로 옳은 것을 두 가지 고르시오.
....................................................( , )

페트병 뚜껑

구멍

① 페트병 뚜껑이 내려간다.
② 페트병 뚜껑이 그대로 있다.
③ 수조 안의 물의 높이에 변화가 없다.
④ 수조 안의 물의 높이가 조금 높아진다.
⑤ 수조 안의 물의 높이가 조금 낮아진다.

관련 단원 : 4. 물질의 상태

**16** 다음은 공기의 성질에 대한 설명입니다. □ 안에 들어 갈 알맞은 말을 쓰시오.

> 자전거 타이어에 공기를 넣는 펌프나 부채, 선풍기 등은 공기가 □□□ 하는 성질을 이용한 예입니다.

( )

관련 단원 : 5. 소리의 성질

**17** 다음 중 실로폰 음판을 치면서 소리를 비교한 설명으로 옳지 <u>않은</u> 것은 어느 것입니까? ................( )

① 긴 음판을 칠수록 낮은 소리가 난다.
② 짧은 음판을 칠수록 낮은 소리가 난다.
③ 같은 음판을 세게 치면 큰 소리가 난다.
④ 같은 음판을 약하게 치면 작은 소리가 난다.
⑤ 음판의 길이에 따라 소리의 높낮이가 달라진다.

관련 단원 : 5. 소리의 성질

**18** 다음 중 소리의 전달에 대한 설명으로 옳은 것을 두 가지 고르시오. [8점]................( , )

① 소리는 고체를 통해서는 전달할 수 없다.
② 소리는 물질을 통하지 않고도 전달할 수 있다.
③ 우리 생활에서 들리는 대부분의 소리는 기체인 공기를 통해 전달된다.
④ 막대기로 철봉을 두드리면 철봉에 귀를 대고 있던 친구는 그 소리가 들리지 않는다.
⑤ 바닷속에서 잠수부가 멀리서 오는 배의 소리를 들을 수 있는 것은 소리가 물을 통해 전달되기 때문이다.

관련 단원 : 5. 소리의 성질

**19** 다음 중 소리가 반사되는 성질과 관련이 적은 것을 골라 기호를 쓰시오.

○ 텅 빈 체육관에서 손뼉을 치면 잠시 뒤에 그 소리가 다시 들림.

○ 바닷속에서 잠수부가 멀리서 오는 배의 소리를 들을 수 있음.

( )

관련 단원 : 5. 소리의 성질

**20** 다음 중 소음을 줄이는 방법으로 옳은 것에는 ○표, 옳지 <u>않은</u> 것에는 ×표를 하시오.

(1) 소리의 세기를 줄입니다. ( )
(2) 소음을 일으키는 물체의 떨림을 더 크게 합니다.
( )
(3) 도로에 방음벽을 설치해 소리를 반사시켜 보냅니다. ( )
(4) 음악실의 방음벽처럼 소리가 잘 전달되는 물질을 벽에 붙입니다. ( )

나는 그 누구보다도 실수를 많이 한다.
그리고 그 실수들 대부분에서
특허를 받아낸다.

I make more mistakes than anybody
and get a patent from those mistakes.

**토마스 에디슨**

실수는 '이제 난 안돼, 끝났어'라는 의미가 아니에요.
성공에 한 발자국 가까이 다가갔으니, 더 도전해보면 성공할 수 있다는
메시지랍니다. 그러니 실수를 두려워하지 마세요.

열공 전과목 단원평가

# 꼼꼼 풀이집 3·2

국어·수학
사회·과학

천재교육

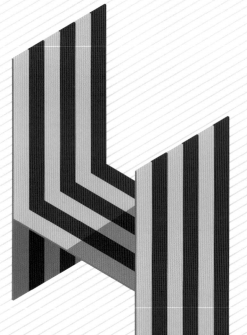

열공 전과목 단원평가

# 꼼꼼 풀이집

전과목

# 단원
# 평가

## 꼼꼼 풀이집 3·2

## 국 어

### 1. 작품을 보고 느낌을 나누어요

**쪽지시험** ❶ 표정 ❷ 몸짓 ❸ ○ ❹ ○

**01** (1) ① (2) ③　**02** (1) 예 고마워. (2) 예 미안해.
**03** (2) ○　**04** (1) ㉠ (2) ㉢　**05** (1) ❷ (2) ❶ (3) ❷
(4) ❶　**06** (1) ① (2) ③　**07** 예 서운했습니다
(짜증이 났습니다)　**08** ③　**09** ④　**10** 예 미미
야! 정말 축하해!　**11** (1) 줄거리 (2) 재미　**12** ④
**13** 거인이기 때문에 등　**14** 지렁이 **15** ④
**16** ④　**17** 진흙파이　**18** ②　**19** 친절하
고 따뜻한 마음씨 등　**20** (1) 예 눈물을 글썽이며 웃는 표
정 (2) 예 고개를 숙이는 몸짓 (3) 예 감격스럽게 떨리는 말투

**01** ❶은 고마운 마음을 전하는 상황이고, ❷는 미안한 마
음을 전하는 상황입니다.

**10** 미미를 축하해 주는 말을 다양하게 쓸 수 있습니다.

| 점수 | 채점 기준 |
|---|---|
| 8점 | **정답 키워드** 축하해<br>활짝 웃으며 박수를 치는 자두가 할 수 있는 말로 미미를 축하해 주는 말을 실감 나게 표현하여 씀. |
| 6점 | '미미를 축하한다.'와 같이 이야기의 상황에 대해서는 이해하고 있지만 자두가 할 수 있는 말을 실감 나게 쓰지 못함. |

**15** 거인인 부벨라가 땅바닥에 있는 지렁이를 보고 있으므
로 쪼그려 앉은 몸짓이 어울립니다.

**16** 지렁이는 부벨라 앞에서 당당하게 말하고 있습니다.

**18** 좋은 생각이라는 뜻으로 박수를 치거나 무릎을 치는
몸짓을 할 수 있습니다.

**20**

| 점수 | 채점 기준 |
|---|---|
| 10점 | **정답 키워드** 표정 / 몸짓 / 말투(목소리)<br>눈물을 글썽이며 기뻐하는 부벨라에게 어울리는 표정, 몸짓, 말투를 모두 구체적으로 씀. |
| 7점 | 부벨라의 표정, 몸짓, 말투 중 한 가지가 구체적이지 않거나 상황에 맞지 않음. |
| 4점 | 부벨라의 표정, 몸짓, 말투 중 한 가지만 구체적이고 상황에 맞는 경우. |

**01** (1) ③ (2) ② (3) ①　**02** ④　**03** (1) ○
**04** 예 같은 말이라도 표정, 몸짓, 말투에 따라 뜻이 다르
게 전달될 수 있기 때문이다.　**05** ④　**06** 예 기쁘
고 감격스럽다.　**07** ❶ ① ❷ ②　**08** ⑤
**09** 발레　**10** 예 깜짝 놀란 마음 **11** ⑤　**12** 행복하
고 즐거운 마음 등　**13** 지렁이 **14** ② 　**15** ②, ③,
①, ④　**16** ②　**17** (1) ① (2) ③ (3) ②　**18** (1) 예
기뻐서 활짝 웃는 표정 (2) 예 팔다리를 휘저으며 춤을 추
는 몸짓 (3) 예 크게 소리치는 말투 **19** ⑤　**20** 예 정말
맛있어. 고마워.

**04** 표정, 몸짓, 말투에 따라 전하고자 하는 뜻이 다를 수
있다는 내용으로 쓰거나 알맞은 표정, 몸짓, 말투로 말
해야 자신의 생각이나 마음을 정확하게 전할 수 있다
는 내용으로 썼으면 정답으로 합니다.

**07** 호기심에 되묻는 말은 높고 빠른 말투가 어울립니다.

**14** 부벨라는 자신을 무서워하지 않는 지렁이를 보고 궁금
하고 놀란 마음이 들었을 것입니다.

**18** 허리가 나아 하나도 아프지 않다며 소리치는 말이므로
정원사는 활짝 웃는 표정을 지었을 것입니다.

| 점수 | 채점 기준 |
|---|---|
| 10점 | **정답 키워드** 즐겁다, 기쁘다<br>정원사의 즐겁고 기쁜 마음을 표현할 수 있는 표정, 몸짓, 말투를 예시 답안과 같이 구체적으로 모두 씀. |
| 7점 | 정원사의 표정, 몸짓, 말투 중 한 가지가 구체적이지 않거나 상황에 맞지 않는 경우. |
| 4점 | 정원사의 표정, 몸짓, 말투 중 두 가지가 구체적이지 않거나 상황에 맞지 않는 경우. |

**20** 만족스러운 표정을 짓고 있는 지렁이는 부벨라가 준
진흙파이가 마음에 들었을 것입니다.

| 점수 | 채점 기준 |
|---|---|
| 10점 | 진흙파이가 마음에 든 지렁이가 할 수 있는 말로 알맞은 내용을 실감 나게 씀. |
| 6점 | '진흙파이가 맛있다.'와 같이 지렁이의 상황과 마음을 짐작하였지만 지렁이가 할 수 있는 말을 실감 나게 표현하지 않은 경우. |
| 2점 | '기분이 좋다.'와 같이 지렁이가 할 말을 쓰지 않고 지렁이의 마음을 짐작하여 쓴 경우. |

**1** (1) ⓔ 미안해하는 마음이 느껴져서 용서해 주고 싶을 것이다. (2) ⓔ 잘못을 하고도 오히려 장난치는 것 같아 화가 나고 기분이 좋지 않을 것이다.
**2** ⓔ 놀라움과 호기심을 느낀다.  **3** (1) ⓔ 눈썹을 찡그리고 불만스러운 표정 (2) ⓔ 작은 목소리로 투덜대는 말투
**4** ⓔ 저는 '자두 동생'이 아니라 미미예요. 제 이름을 불러 주시면 좋겠어요.

**1** 미안한 마음이 느껴지는 표정과 몸짓, 말투로 말하고 있는 것은 (1)입니다.

| 점수 | 채점 기준 |
| --- | --- |
| 8점 | (1)에는 미안한 마음이 느껴져서 사과를 받아 주고 싶다는 내용을, (2)에는 미안한 마음이 느껴지지 않아서 기분이 좋지 않다는 내용을 씀. |
| 4점 | 왜 그러한지 까닭을 밝히지 않고 용서하고 싶다, 혹은 용서하고 싶지 않다는 내용만 씀. |

**2** 장금이가 눈을 크게 뜨고 입을 벌리고 있다고 하였으므로 궁금한 마음을 짐작할 수 있습니다. 장금이의 궁금하고 호기심이 가득한 마음에 대해 짐작하여 썼으면 모두 정답으로 합니다.

**3** 미미의 불만스럽고 짜증이 난 마음을 표현할 수 있는 표정이나 말투를 상상해 봅니다.

| 점수 | 채점 기준 |
| --- | --- |
| 8점 | 불만스럽고 짜증이 난 미미의 표정과 말투를 구체적으로 씀. |
| 5점 | 불만스럽고 짜증이 난 미미의 마음에 대해서는 알고 있지만 표정이나 말투가 구체적이지 않음. |

**부족한 답안** (1) 불만스러운 표정  (2) 불만스러운 말투
　　　　　 얼굴을 찌푸리며　　　 작게 투덜대는
➡ 어떤 표정이나 말투가 불만스럽고 짜증스러운지 보다 구체적으로 쓰는 것이 좋아요!

**4** 자신의 이름이 아닌 '자두 동생'이라고 불려서 속상한 미미의 마음을 떠올려 봅니다.

| 점수 | 채점 기준 |
| --- | --- |
| 8점 | '자두 동생'이라고 부르지 말고 미미라고 자신의 이름을 불러 달라는 말을 미미의 입장에서 실감 나게 씀. |
| 4점 | '자두 동생이라고 불려서 속상하다.'와 같이 미미가 속상한 까닭에 대해 알고 있지만 미미가 할 수 있는 말을 실감 나게 드러내지는 못한 경우. |

**1** (1) ⓔ 눈썹을 치켜세우고 화를 내는 표정 (2) ⓔ 입을 다물고 풀이 죽은 표정  **2** ⓔ 깜짝 놀란 표정으로 볏단을 떨어뜨리며(반가운 표정으로 놀란 듯이)
**3** ⓔ 활짝 미소를 짓고 있는 표정  **4** (1) ⓔ 서운하고 쓸쓸한 기분이 들어. (2) ⓔ 쓸쓸한 표정과 풀이 죽은 힘없는 말투(눈썹이 처진 슬픈 표정과 낮고 작은 목소리)

**1** 어떤 상황인지 살펴보고 인물의 표정을 떠올려 씁니다.

| 점수 | 채점 기준 |
| --- | --- |
| 8점 | 장금이를 꾸짖는 궁녀의 표정과 죄송하다고 사과하는 장금이의 표정을 모두 구체적으로 씀. |
| 4점 | 궁녀의 표정과 장금이의 표정 중 한 가지만 상황에 맞거나 구체적으로 쓴 경우. |

**2** 형은 아우를 보고 반갑게 말하고 있습니다.

| 점수 | 채점 기준 |
| --- | --- |
| 6점 | **정답 키워드** 반갑다, 기쁘다<br>반갑고 기쁜 형의 마음이 드러나는 표정이나 몸짓, 말투를 씀. |
| 3점 | 기쁘고 반가운 형의 마음은 알고 있지만 표정이나 몸짓이 구체적이지 않은 경우. |

**부족한 답안** 기쁘고 반갑게
　　　 활짝 웃는 표정으로　　 아우에게 뛰어가며
➡ 형의 마음을 드러낼 수 있는 표정과 몸짓 등을 자세하게 써 주는 것이 좋아요!

**3** 부벨라를 향해 기분 좋게 웃고 있는 지렁이의 표정에 대해 썼으면 모두 정답으로 합니다.

**4** 파리 한 마리도 해치지 못하는 부벨라는 사람들이 도망을 칠 때마다 서운하고 슬펐을 것입니다.

| 부분 배점 | | 채점 기준 |
| --- | --- | --- |
| (1) | 5점 | 서운하고 슬픈 기분이 든다는 내용을 씀. |
| | 3점 | '슬프다.'와 같이 부벨라의 기분은 알고 있으나 부벨라가 직접 하는 말로 답하지 못함. |
| (2) | 5점 | 슬프거나 쓸쓸한 부벨라의 기분을 잘 드러낼 수 있는 표정과 말투를 씀. |
| | 3점 | '슬픈 표정으로'와 같이 부벨라의 기분은 알고 있으나 말투가 빠져서 답안이 자세하지 않음. |

**부족한 답안** (2) 쓸쓸한 표정을 지으며
　　　　　　　 작은 목소리로
➡ 부벨라의 말투가 어떠한지도 써 주어야 해요!

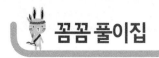 

# 2. 중심 생각을 찾아요

16~18쪽 **단원평가** 1회

**쪽지시험** 1 ○ 2 제목 3 중심 4 중심 생각

01 (1) ② (2) ① (3) ③ 02 예 단오제에서 그네뛰기를 하는 모습을 본 적이 있다. 03 (2) ○ 04 노래
05 해영 06 (2) ○ 07 ③ 08 우정 09 ②, ⑤
10 선생님 11 ㉮ 12 과학 실험 안전 수칙 등
13 게, 낙지 등 14 썰물 15 (1) ○ 16 예 어민들이 바다 생물들을 직접 키우는 일 17 예 많습니다. 18 ② 19 겨울 날씨를 나타내는 토박이말에는 '가랑눈', '진눈깨비', '함박눈', '도둑눈' 같은 말이 있다. 20 (2) ○

**02** 그네뛰기를 하는 모습을 보고 관련된 겪은 일을 떠올려 봅니다.

| 점수 | 채점 기준 |
|---|---|
| 8점 | **정답 키워드** 그네뛰기<br>'그네뛰기'와 관련하여 아는 내용이나 겪은 일을 떠올려 씀. |
| 5점 | 전통 놀이와 관련하여 아는 내용이나 겪은 일을 떠올려 씀. |
| 3점 | '그네뛰기' 외에 '한복, 명절' 등 사진에 나온 사물을 보고 관련된 아는 내용이나 겪은 일을 씀. |

**03** 누가 더 높은 줄을 넘을 수 있는지 겨루는 놀이이므로 두 팔을 든 높이까지 줄을 뛰어넘은 사람이 이겼다고 볼 수 있습니다.

**08** 우정이가 닭싸움이라는 이름이 어떻게 하여 지어졌는지 새롭게 안 내용에 대해 말하였습니다.

**09** 과학 실험을 하면서 호기심이 생기고 평소에 품었던 궁금증을 해결합니다.

**16**

| 점수 | 채점 기준 |
|---|---|
| 7점 | **정답 키워드** 바다 생물을 키우는 일<br>어민들이 바다 생물들을 직접 키우는 일이라는 내용으로 씀. |
| 5점 | 어민들이 바다 생물들을 직접 키우는 일이라는 내용으로 썼으나 다소 틀린 글자가 있음. |

**18** '많다'는 '수나 양, 정도 등이 일정한 기준을 넘다.'는 뜻입니다.

19~21쪽 **단원평가** 2회

01 동훈 02 앞으로 뛰기, 손 엇걸어 뛰기, 이단 뛰기
03 (1) × (2) ○ 04 (1) 장난 (2) 책상 05 안전
06 예 알코올램프가 바닥에 떨어지면 과학실에 화재가 발생할 수도 있다는 것을 알게 되었다. 07 ㉠
08 ① 09 (1) ○ 10 ①, ③, ④ 11 중심 문장 12 외래어 13 가람 14 ③ 15 ①
16 올서리 17 예 건들바람이 부는 걸 보니 가을이 온 것 같다. 18 (1) ㉡ (2) ㉢ (3) ㉠ 19 예 몰라 20 (1) 옛날 (2) 오늘날

**01** 씨름은 우리나라 전통 놀이입니다.

**06**

| 점수 | 채점 기준 |
|---|---|
| 8점 | 글의 내용과 관련하여 새롭게 안 내용을 씀. |
| 5점 | 글에서 알 수 있는 내용과 알 수 없는 내용을 포함하여 새롭게 안 내용으로 씀. |
| 1점 | 글에 나오지 않은 내용을 새롭게 안 내용으로 씀. |

**07** ㉠은 갯벌이 주는 도움과 관련이 없습니다.

**08** 어민들이 바다 생물들을 직접 키우는 일을 양식이라고 합니다.

**09** 갯벌이 주는 여러 가지 다른 도움에 대해 소개하는 내용이 이어질 것으로 짐작할 수 있습니다.

**13** 날씨를 나타내는 토박이말에 대해 소개하려는 글로 짐작할 수 있습니다.

**15** '무서리'는 '물+서리'의 짜임이라고 하였습니다.

**16** 올서리는 다른 해보다 일찍 생기는 서리이고 된서리는 늦가을에 생기는 서리이므로 올서리가 먼저 생기는 서리입니다.

**17** 이 글에 나온 가을 날씨를 나타내는 토박이말을 살펴보고 그와 어울리는 문장을 써 봅니다.

| 점수 | 채점 기준 |
|---|---|
| 10점 | **정답 키워드** 건들바람, 건들장마, 무서리, 올서리, 된서리<br>가을 날씨와 관련된 토박이말을 넣어 문장을 씀. |
| 6점 | 가을 날씨를 나타내는 토박이말을 넣어 문장을 썼으나 문장의 내용이 다소 어색함. |
| 2점 | 가을 날씨를 나타내는 토박이말을 넣어 쓰지 않았으나 가을 날씨와 관련된 문장을 씀. |

**1** 예 나는 체육 시간에 친구들과 함께 달팽이 놀이를 신나게 한 적이 있다.

**2** (1) 예 쉬웠다 (2) 예 줄넘기 놀이를 한 적이 있어서 줄넘기 놀이를 하는 방법이 떠올랐기 때문이다.

**3** 예 날씨를 나타내는 토박이말이 많이 있으니 알고 자주 사용하자. / 우리말과 우리글을 사랑하는 마음으로 날씨를 나타내는 토박이말을 많이 사용하자.

**1** 진하와 같이 자신은 어떤 전통 놀이를 한 경험이 있는지 떠올려 써 봅니다.

| 점수 | 채점 기준 |
|---|---|
| 8점 | 🔑정답 키워드 씨름, 제기차기, 윷놀이, 달팽이 놀이 등 전통 놀이를 한 경험을 떠올려 씀. |
| 3점 | 진하의 말을 그대로 따라 씀. |
| 1점 | 전통 놀이를 한 경험이 아닌 다른 놀이를 한 경험을 씀. |

**2** 아는 내용이나 겪은 일과 관련하여 글을 이해하기 쉬웠거나, 사전 지식이 없어 글을 이해하기 어려웠던 자신의 경험을 떠올려 봅니다.

| 점수 | 채점 기준 |
|---|---|
| 10점 | (1)에 '쉬웠다', '어려웠다' 중 하나를 고르고 (2) 고른 까닭을 자신의 경험과 관련하게 타당하게 씀. |
| 6점 | (1)에 '쉬웠다', '어려웠다' 중 하나를 고르고 (2) 고른 까닭을 자신의 경험과 관련하여 썼으나, 다소 타당하지 않은 부분이 있음. |
| 1점 | (2)에 그 까닭이 자신의 경험과 관련이 없거나 타당하지 않은 내용을 씀. |

**3** '날씨를 나타내는 토박이말'이라는 제목, 계절별 날씨를 나타내는 말을 소개하는 중심 문장, 계절과 관련된 사진을 살펴봅니다.

| 점수 | 채점 기준 |
|---|---|
| 10점 | 🔑정답 키워드 날씨, 토박이말<br>날씨를 나타내는 토박이말이 많이 있으니 많이 알고 쓰자는 내용으로 씀. |
| 6점 | 토박이말을 많이 쓰자는 내용으로 씀. |

**부족한 답안** 토박이말을 많이 알고 쓰자.
　　　　　　　↑
　　　　날씨를 나타내는
➡ 글의 제목과 중심 문장을 보아 날씨를 나타내는 토박이말을 많이 알고 쓰자는 내용으로 쓰는 것이 좋아요.

**1** (1) 예 ① (2) 예 화학 물질 냄새를 직접 맡거나 맛을 보면 안 된다.

**2** 예 실험을 하다가 자리를 비우지 않는다.

**3** (1) 예 신분에 따라 옷차림이 달랐다. (2) 예 합성 섬유로 옷을 만드는 경우가 많다.

**4** 예 가격에 비해 양이 너무 적다.

**1** ①, ④ 학생은 화학 물질 냄새를 직접 맡거나 맛을 보았고, ③ 학생은 과학실 안에서 음식을 먹었습니다. ⑤ 학생과 같이 뛰거나 장난을 치면 안 됩니다.

| 부분 배점 | | 채점 기준 |
|---|---|---|
| (1) | 2점 | ①, ③, ④, ⑤ 중 하나를 씀. |
| | 0점 | ②를 씀. |
| (2) | 6점 | 어떤 점을 지키지 않았는지 바르게 찾아 씀. |
| | 1점 | 지키지 않은 안전 수칙이 (1)에 고른 학생이 잘못한 점과 관련이 없음. |

**2** 과학 실험 중 지켜야 할 규칙을 떠올려 봅니다.

| 점수 | 채점 기준 |
|---|---|
| 8점 | 과학 실험 중 지켜야 안전 수칙으로 알맞은 내용을 씀. |
| 4점 | '과학 실험 안전 수칙'에 나온 내용을 조금 바꾸어 씀. |

**3** 신분과 옷감 종류에 따라 옛날과 오늘날의 옷차림이 어떻게 달랐는지 정리해 봅니다.

| 점수 | 채점 기준 |
|---|---|
| 10점 | (1)에 신분에 따라 옷차림이 달랐다는 내용을 쓰고, (2)에 합성 섬유로 만든 옷이 많다는 내용으로 씀. |
| 5점 | 한 가지만 바르게 씀. |

**4** '많다'의 반대말은 '적다'입니다.

| 점수 | 채점 기준 |
|---|---|
| 8점 | 🔑정답 키워드 적다<br>'적다'를 활용하여 문장을 씀. |
| 5점 | '적다'가 들어간 문장을 썼으나 문장의 내용이 다소 어색함. |

**부족한 답안** 요즘에는 해외여행을 가는 경우가 적다.
　　　　　　　　　　　　　　　　　　 ↑
　　옛날　　　　　　　　　　　 적었다
➡ '적다'를 넣어 문장의 내용을 자연스럽게 쓰는 것이 좋아요.

# 3. 자신의 경험을 글로 써요

쪽지시험 **1** × **2** 띄어쓰기 **3** 뒤 **4** ○

**01** ③    **02** (2) ○    **03** ㉢, ㉣    **04** 예 수영 **05** 예 송편
**06** 규영    **07** (1) ○    **08** 어디에서      **09** ㉢
**10** (3) ×    **11** (1) **4** (2) **1**      **12** 예 아팠다.
**13** 예 동생이 아팠던 일을 쓰고 싶다.      **14** (1) ○
**15** 예 느낌, 생각    **16** 동생(주혁)    **17** 마음이
아팠다. 동생이 얼른 나았으면 좋겠다.
**18** 누나,∨나 아파.    **19** (1) ○    **20** ④, ⑤

**02** 감을 따는 일이 평소와 달리 특별히 겪은 일이라 기억에 남았기 때문일 것입니다.

**05** 송편을 만들고 있는 모습으로 짐작할 수 있습니다.

**06** 기억에 남는 일을 정리하면 기억에 남는 일을 자세히 떠올릴 수 있고 글로 쓸 수 있습니다.

**08** '학교 운동장'은 장소를 나타내는 말입니다.

**09** 겪은 일을 떠올려 보고 쓸 내용을 정합니다.

**10** 어떤 마음이 들었는지도 생각해 정리합니다.

**12** 그림을 보아 한밤중에는 동생이 아팠던 것으로 짐작할 수 있습니다.

**13** 서연이가 겪은 일과 자신이 겪은 일을 비교해 써 봅니다.

| 점수 | 채점 기준 |
|---|---|
| 8점 | 서연이가 겪은 일 다섯 가지 중 한 가지를 골라 자신이 쓰고 싶은 일로 씀. |
| 2점 | 번호만 간단히 씀. |
| 1점 | 그림을 보고 알 수 없는 서연이가 겪은 일을 쓰고 싶은 일로 씀. |

**15** 평소와 다른 특별한 일이나 자신의 생각이나 느낌이 달라진 일을 골라 쓸 수 있습니다.

**17** 글쓴이는 동생이 아파서 마음이 아팠고 동생이 얼른 나았으면 좋겠다고 생각했습니다.

| 점수 | 채점 기준 |
|---|---|
| 7점 | 마음이 아팠고 동생이 얼른 나았으면 좋겠다는 글쓴이의 마음을 나타낸 부분을 찾아 씀. |
| 4점 | 마음을 나타낸 부분과 아닌 부분을 포함하여 씀. |

**01** ❷    **02** ❸    **03** (1) 예 학교 운동장 (2) 예 즐거
웠다.    **04** 예 학교에 갈 준비를 했다. / 친구와 축구
를 했다.    **05** ❺    **06** ②    **07** 영지    **08** ㉢
**09** 이/가    **10** (1) ㉡, ㉢ (2) ㉠    **11** 예쁜 신 한 켤레를
샀다.    **12** (2) ○    **13** (1) ○    **14** 고쳐쓰기
**15** (1) 예 봄 (2) 예 바닷가    **16** 예 사과를 땄다.
**17** ③    **18** 희망 목장    **19** ③, ④ **20** ⑤

**03** (1)에는 장소를 나타내는 말을 쓰고, (2)에는 생각이나 느낌을 나타내는 말을 씁니다.

**04** 서연이가 겪은 일은 무엇인지 그림을 잘 살펴봅니다.

**06** 동생이 아프니까 잘 못해 준 것이 생각나서 미안한 마음이 들었을 것입니다.

**09** 낱말과 낱말 사이는 띄어 쓰되, '이/가'는 앞말에 붙여 쓰므로 '주혁이가'와 '눈물이' 사이를 띄어 씁니다.

**10** ㉠은 수를 나타내는 말과 단위를 나타내는 말 사이를 띄어 써야 합니다.

**11** '한'과 '켤레' 사이를 띄어 씁니다.

| 점수 | 채점 기준 |
|---|---|
| 8점 | '한'과 '켤레' 사이를 띄어 씀. |
| 5점 | '한'과 '켤레' 사이를 띄어 쓰고, 다른 부분도 띄어 씀. |
| 1점 | ㉡, ㉢을 고쳐 씀. |

**12** 더워서 목이 마른 모습이므로 물을 달라고 하는 표현이 알맞습니다.

**13** 아이가 오리를 보고 있습니다.

**15** (1)은 봄에 있었던 일이므로 봄과 관련된 때를 쓰고, (2)에 바닷가와 같은 장소를 나타내는 말을 씁니다.

**16** 가을에 사과를 딴 일을 그림으로 표현하였습니다.

| 점수 | 채점 기준 |
|---|---|
| 6점 | 그림과 어울리는 주혁이가 한 일을 씀. |
| 3점 | 주혁이가 한 일과 겪은 일에 대한 생각을 포함하여 씀. |
| 1점 | 그림의 내용과 어울리지 않는 일을 씀. |

**17** 어려운 표현보다는 이해하기 쉬운 표현을 씁니다.

**20** 글의 내용을 가장 잘 나타낼 수 있는 제목을 고릅니다.

## 31쪽 · 서술형 · 논술형 문제 1회

**1** (1) ㉔ 친구들과 학교 근처 공원으로 봄 소풍을 간 일
  (2) ㉔ 가족들과 해외여행을 간 일
  (3) ㉔ 농촌으로 현장 체험학습을 가서 벼 베기 체험을
   한 일
  (4) ㉔ 눈이 많이 와서 학교에 지각을 한 일
**2** (1) ㉔ 벼 베기 체험 (2) ㉔ 10월 (3) ㉔ 강화도
  (4) ㉔ 노랗게 익은 벼도 직접 만져 보고 직접 벼도 베었다.
  (5) ㉔ 까끌까끌한 벼를 직접 만져 보니 신기하기도 했고,
   벼 베는 일이 힘들어서 쌀을 소중히 여기게 되었다.
**3** (1) ㉔ 학교 (2) ㉔ 학교, 교실 (3) ㉔ 축구, 운동 (4) ㉔ 책,
  동화책 (5) ㉔ 아팠다. / 아파서 걱정을 했다.
**4** (1) ㉔ 친구와 축구를 하며 재미있게 놀았던 일
  (2) ㉔ 집에서 책을 읽은 일

**1** 지난 일 년 동안 겪은 일을 떠올려 봅니다.

| 점수 | 채점 기준 |
|---|---|
| 12점 | 계절과 어울리는 자신이 겪은 일을 떠올려 씀. |
| 9점 | 세 가지를 바르게 씀. |
| 6점 | 두 가지를 바르게 씀. |

**2** 1에 쓴 일 중 가장 기억에 남는 일을 자세히 씁니다.

| 점수 | 채점 기준 |
|---|---|
| 15점 | 1에 쓴 네 가지 일 중 한 가지를 골라 각 틀에 어울리는 내용을 바르게 씀. |
| 10점 | 1에서 떠올린 일은 아니지만 각 틀에 어울리는 내용을 바르게 씀. |
| 5점 | 틀과 어울리지 않는 내용이 세 가지 이상임. |

**3** 그림을 보고 어떤 일을 하고 있는 장면인지 써 봅니다.

| 점수 | 채점 기준 |
|---|---|
| 10점 | 예시 답안에 준하여 다섯 가지 모두 그림과 어울리는 내용을 씀. |
| 6점 | 세 가지를 어울리는 내용으로 씀. |
| 2점 | 한 가지를 어울리는 내용으로 씀. |

**4** 서연이가 겪은 일과 자신이 겪은 일을 비교해 봅니다.

| 점수 | 채점 기준 |
|---|---|
| 10점 | 서연이가 겪은 일을 바탕으로 비슷한 일과 다른 일을 씀. |
| 6점 | 한 가지를 바르게 씀. |

## 32쪽 · 서술형 · 논술형 문제 2회

**1** (1) 아이고, 배야. (2) 아빠, 무슨 일이에요? (3) 누나, 나
아파.
**2** ㉔ 동생이 아파요
**3** (1) ㉔ 9월 (2) ㉔ 국립과학관으로 현장 체험학습을 갔다.
**4** ㉔ 2학기에도 우리 모둠이 재미있는 독서 활동을 많이
했으면 좋겠다.

**1** 쉼표 뒤에 오는 말을 띄어 씁니다.

| 점수 | 채점 기준 |
|---|---|
| 12점 | 세 문장 모두 쉼표 뒤에 오는 말을 바르게 띄어 씀. |
| 8점 | 두 문장을 바르게 띄어 씀. |
| 4점 | 한 문장을 바르게 띄어 씀. |

**2** 글의 내용에 어울리는 제목을 떠올려 봅니다.

| 점수 | 채점 기준 |
|---|---|
| 8점 | 동생이 아팠던 일과 관련하여 글의 내용과 어울리는 제목을 지어 씀. |
| 4점 | 글의 내용이 잘 드러나는 제목이지만 다소 길게 씀. |
| 1점 | 글의 내용과 어울리지 않는 제목을 씀. |

**부족한 답안** 내 동생
주혁이가 아파요
➡ 글의 내용이 좀 더 잘 드러나는 내용으로 제목을 쓰는 것이 좋아요.

**3** 자신의 반에서 있었던 일 중 기억에 남는 일을 써 봅니다.

| 점수 | 채점 기준 |
|---|---|
| 10점 | 우리 반에 있었던 일을 떠올려 알맞은 내용을 씀. |
| 4점 | (2)에 우리 반 소식지로 만들기에 다소 부족한 내용을 씀. |
| 1점 | (2)에 우리 반에 있었던 일이 아닌 자신에게만 있었던 일을 씀. |

**부족한 답안** 교실에서 공부를 했다.
앉아서 하는 피구를
➡ 우리 반 소식지를 쓰기에 알맞은 내용을 쓰는 것이 좋아요.

**4**

| 점수 | 채점 기준 |
|---|---|
| 10점 | 겪은 일에 대한 생각이나 느낌이 드러나게 씀. |
| 5점 | 생각이나 느낌을 썼으나 겪은 일과 다소 어울리지 않은 내용을 씀. |

## 꼼꼼 풀이집

### 4. 감동을 나타내요

**쪽지시험** ❶ 감각적 표현 ❷ ○ ❸ 시

**01** ②     **02** (2) ○    **03** (1) ② (2) ① (3) ③    **04** ⑤
**05** 예 마치 유리를 만지는 것처럼 매끈매끈하다. / 공처럼 둥글다. **06** 지영   **07** ③, ④   **08** ①    **09** 불덩이
**10** ③     **11** ③     **12** ⑤     **13** 굼질굼질
**14** ②    **15** ①, ⑤   **16** 풀잎   **17** ③    **18** 예 '내'가 색깔을 설명해 주면 아저씨는 색깔을 떠올리고 자신의 느낌을 연주하는 놀이를 하였다.   **19** 우르르 쿵쾅
**20** ⑤

**03** 가에서는 꽃을 보았고 나에서는 필통을 흔들어 보고 소리를 들었습니다. 다에서는 상자 안의 물건을 만져 보았습니다.

**05** 사과를 손으로 만져 본 경험을 떠올려 봅니다.

| 점수 | 채점 기준 |
|---|---|
| 10점 | 사과를 손으로 만질 때의 느낌을 감각적 표현을 사용하여 씀. |
| 5점 | '매끈매끈하다.', '둥글다.'와 같이 사과를 손으로 만진 느낌을 썼지만 감각적 표현을 사용하지 않음. |
| 2점 | 손으로 만진 느낌을 쓰지 않고 맛, 냄새 등을 씀. |

**09** 감기에 걸려 몸에서 열이 나는 상태를 불덩이가 들어왔다고 표현하였습니다.

**13** '굼질굼질'은 느리게 조금씩 움직이는 모양을 흉내 내는 말입니다.

**14** 모래의 움직임을 지구가 움직이는 것으로 생각하였습니다.

**16** "가장 초록색인 것은 맨발로 걸을 때 발가락 사이로 살살 삐져나오는 촉촉한 풀잎이에요."라고 하였습니다.

**18** '나'와 아저씨가 무엇을 하여야 하는 놀이인지 각각 썼으면 정답으로 합니다.

| 점수 | 채점 기준 |
|---|---|
| 10점 | **정답 키워드** 색깔 / 연주<br>'나'와 아저씨가 한 일을 모두 씀. |
| 5점 | '내'가 한 일이나 아저씨가 한 일 중 한 가지 내용만 드러나게 씀. |

**01** 가     **02** (1) 눈 (2) 공    **03** 예 뻥   **04** 예 공처럼 둥그스름한 귤    **05** ③     **06** ②, ③
**07** 예 힘 없는 목소리 **08** ②     **09** ③
**10** 모래밭 등      **11** ②    **12** 색깔   **13** 옆집 수영장에서 헤엄치는 것 등       **14** ③    **15** 풀밭
**16** ③     **17** '나'는 피아노 연습을 많이 하였다. 등
**18** 블링크 아저씨   **19** 고슴도치 등     **20** ②, ⑤

**01** 곰 인형을 만질 때의 느낌을 나타낸 표현입니다.

**03** 공이나 아이들의 모습에 어울리는 감각적 표현을 생각하여 봅니다.

**04** 흉내 내는 말을 사용하거나 다른 대상에 빗대어 표현하여 봅니다.

| 점수 | 채점 기준 |
|---|---|
| 10점 | 귤의 색깔, 모양, 맛, 냄새 등을 감각적 표현을 사용하여 씀. |
| 5점 | '새콤달콤' 등과 같이 간단하게 씀. |

**05** 불덩이, 몹시 추운 사람, 거북이, 잠꾸러기가 들어왔다고 하였습니다.

**07** 힘없는 목소리로 낭송하면 감기에 걸린 모습을 실감나게 나타낼 수 있습니다.

**10** 발가락으로 모래밭을 파고든 것이 말하는 이가 말한 작은 신호입니다.

**13** "가장 푸른색인 것은 옆집 수영장에서 헤엄치는 것이에요."라고 하였습니다.

**14** 토마토의 맛을 빨간색이라고 설명하였습니다.

**15** 블링크 아저씨에게 초록색을 설명하려고 풀밭으로 데리고 갔습니다.

**17** '내'가 블링크 아저씨에게 세상 모든 색을 들려주기 위해서 한 일을 찾아봅니다.

| 점수 | 채점 기준 |
|---|---|
| 10점 | **정답 키워드** 피아노 연습<br>피아노 연습을 많이 하였다는 내용으로 씀. |
| 5점 | '노력하였다.' 등과 같이 무슨 노력을 하였는지 구체적으로 쓰지 못함. |

**19** 밤송이처럼 따가운 대상을 찾아봅니다.

**1** (1) 예 발가락으로 모래밭을 파고든 것을 말한다.

(2) 예 '내' 발가락이 모래밭을 파고들자 지구가 움직였기 때문이다.

**2** 예 추석날 밤에 할머니 댁에서 풀벌레 소리를 들으니 지구가 숨 쉬는 소리 같았다.

**3** (1) 맨발로 걸을 때 발가락 사이로 살살 삐져나오는 촉촉한 풀잎 등

(2) 할아버지 밭에서 나는 토마토 맛 등

(3) 옆집 수영장에서 헤엄치는 것 등

(4) 여름에 푹 자고 열 시쯤에 일어났을 때 등

**4** (1) 예 거칠고 딱딱한 나무 기둥을 만지는 느낌

(2) 예 귤 껍질 냄새

**1**

| 점수 | 채점 기준 |
|---|---|
| 12점 | (1), (2)에 예시 답과 비슷한 내용을 씀. |
| 6점 | (1), (2) 중 한 가지만 알맞게 씀. |

**2** 자연을 체험한 경험을 떠올려 봅니다.

| 점수 | 채점 기준 |
|---|---|
| 10점 | 자연을 체험한 경험을 구체적으로 씀. |
| 6점 | '바다를 보았다.' 등과 같이 자신의 느낌이 드러나지 않음. |

**3** 글 (나)에 초록색, 붉은색, 푸른색 등을 어떻게 표현하였는지 나타나 있습니다.

| 점수 | 채점 기준 |
|---|---|
| 12점 | 글 (나)에서 말한 색깔의 느낌을 각각 알맞게 씀. |
| 5점 | '풀잎', '토마토 맛' 등과 같이 간단히 씀. |
| 3점 | 각 색깔의 느낌을 썼지만 글의 내용을 바탕으로 쓰지 않음. |

**4** 갈색, 주황색 하면 떠오르는 대상을 생각하여 봅니다.

| 점수 | 채점 기준 |
|---|---|
| 12점 | 갈색과 주황색이 떠오르는 내용을 감각적 표현을 사용하여 씀. |
| 6점 | 갈색과 주황색의 느낌을 눈으로 본 내용으로 씀. |

부족한 답안 (1) 나무 기둥

을 만지는 느낌

➡ 대상을 만진 느낌, 대상의 냄새나 맛 등으로 구체적으로 표현하여 봅니다.

**1** 예 약을 먹고 난 뒤의 몸 상태를 "느릿느릿,/거북이도 들어오고"라고 나타냈다.

**2** 예 넣고 읽을 때 더 재미있다. / 넣고 읽을 때 느낌이 생생하게 살아난다.

**3** 예 하늘 나라 아이들이 운동장으로 뛰쳐나가는 소리에 빗대어 표현하였다.

**4** 예 기차가 지나가는 소리에 빗대어 표현할 수 있다.

**5** (1) 예 자전거 (2) 예 씽씽 달리는 자전거

**1**

| 점수 | 채점 기준 |
|---|---|
| 8점 | 감각적 표현이 나타난 부분을 분명히 쓰고 그 표현의 의미를 함께 씀. |
| 6점 | 감각적 표현이 나타난 부분만 씀. |
| 3점 | '흉내 내는 말을 사용하였다.'와 같이 어떤 표현인지 쓰지 않음. |

**2** 감각적 표현을 사용하였을 때의 좋은 점과 관련지어 생각하여 봅니다.

| 점수 | 채점 기준 |
|---|---|
| 8점 | 감각적 표현을 사용하였을 때의 좋은 점과 관련지어 씀. |
| 6점 | '노래하는 듯한 느낌이 줄어든다.' 등과 같이 감각적 표현과 관련지어 쓰지 못함. |

**3** 천둥소리와 아이들이 운동장으로 뛰쳐나가는 소리는 모두 시끄럽다는 공통점이 있습니다.

| 점수 | 채점 기준 |
|---|---|
| 8점 | 하늘 나라 아이들이 운동장으로 뛰쳐나가는 소리에 빗대었다는 내용을 씀. |
| 3점 | '소리가 비슷한 대상에 빗대었다.'와 같이 빗대어 나타낸 대상을 구체적으로 쓰지 못함. |

**4**

| 점수 | 채점 기준 |
|---|---|
| 10점 | 큰 소리가 나는 대상을 씀. |
| 6점 | 소리가 아닌 다른 특징이 비슷한 대상을 씀. |

**5**

| 점수 | 채점 기준 |
|---|---|
| 12점 | 대상과 그 대상에 어울리는 흉내 내는 말을 씀. |
| 3점 | 대상과 흉내 내는 말이 잘 어울리지 않음. |

부족한 답안 (1) 거북 (2) 느릿느릿

걷는 거북

➡ 흉내 내는 말을 써서 느낌을 자세히 써 보세요.

## 5. 바르게 대화해요

43~45쪽 **단원평가** **1회**

**쪽지시험** **1** × **2** 작은 **3** ○

**01** 엄마 **02** ① **03** 수정 **04** ⑩ 자신이 할 말만 하고 전화를 끊었다. **05** ② **06** (1) 고마워. 등 (2) 고맙습니다. 등 **07** 현철 **08** ⑤ **09** 문구점 주인아저씨 **10** 나왔습니다 **11** ③ **12** 물통 **13** ③ **14** 예원 **15** 예원이 언니 **16** ③, ④ **17** ⑩ 공공장소에서 큰 목소리로 전화 통화를 하고 있다. **18** ⑤ **19** (1) 할아버지 (3) 남동생 등 **20** (1) ② (2) ①

**02** 웃어른께는 높임 표현을 사용하여야 하는데 진수는 높임 표현을 사용하지 않았습니다.

**04** 수정이가 지키지 못한 대화할 때 고려해야 할 점을 생각하여 봅니다.

| 점수 | 채점 기준 |
|---|---|
| 10점 | **정답 키워드** 전화 / 끊음<br>자신이 할 말만 하고 전화를 끊었다는 내용이나 상대의 말을 기다리지 않고 전화를 끊었다는 내용을 씀. |
| 5점 | '대화 예절을 지키지 못함.'과 같이 구체적으로 쓰지 못함. |

**11** 전화를 건 지원이가 자신이 누구인지를 밝히지 않아 민지가 전화를 건 사람이 누구인지 몰랐습니다.

**13** 지원이는 물통을 들고 학교 앞 문구점에서 미술 준비물로 산 것이라고 말했지만, 전화 통화에서는 상황을 볼 수가 없기 때문에 민지가 지원이의 말을 알아듣지 못하였습니다.

**16** 전화를 건 사람이 자신이 누구인지를 밝히지 않고 상대가 누구인지도 확인하지 않았습니다.

**17** 남자아이는 전화 대화를 하고 있는 장소가 어디인지 살펴봅니다.

| 점수 | 채점 기준 |
|---|---|
| 10점 | **정답 키워드** 공공장소(지하철 안) / 큰 목소리<br>공공장소에서 큰 목소리로 전화 통화를 하고 있다는 내용으로 씀. |
| 6점 | '너무 큰 목소리로 전화 통화를 하고 있다.'와 같이 공공장소라는 내용을 쓰지 못함. |
| 5점 | '대화 예절을 지키지 못함.'과 같이 간단하게 씀. |

46~48쪽 **단원평가** **2회**

**01** ③ **02** 민영 **03** 엄마, 할아버지 **04** ③ **05** (1) 지원 (2) 수진 **06** ④ **07** ⑩ 저는 예원이 친구 수진이예요. 예원이 좀 바꿔 주시겠어요? **08** ② **09** ① **10** 지수 **11** (1) 할머니 (2) 유진 **12** ④ **13** ⑩ 할머니께서 하실 말씀이 남아 있는데 유진이가 갑자기 전화를 끊었기 때문이다. **14** 밝은색 **15** ⑦ **16** ④ **17** ③ **18** ② **19** ④ **20** 밝은색 옷 등

**01** 남자아이는 여자아이의 기분을 생각하지 않고 부탁을 들어주지 않았습니다.

**04** '드시고 계세요'와 같이 엄마와 할아버지에게 둘 다 높임 표현을 사용하여야 합니다.

**06** ⑤는 ㈏의 수진이만 잘못한 점입니다.

**07** 예원이 언니가 한 생각을 바탕으로 수진이가 잘못한 점이 무엇인지 생각하여 봅니다.

| 점수 | 채점 기준 |
|---|---|
| 10점 | 자신이 누구인지 밝히고 상대를 확인하는 내용을 씀. |
| 5점 | 자신이 누구인지 밝히는 내용만 씀. |
| 3점 | 자신이 누구인지 밝히고 상대를 확인하는 내용으로 썼지만 높임 표현을 사용하지 않음. |

**08** 전화로 대화할 때에는 듣고 있음을 나타내는 말을 하여야 합니다.

**10** 지수는 상대의 상황을 헤아리고 상대의 말을 귀 기울여 들어야 합니다.

**13** 유진이가 한 행동을 잘 살펴봅니다.

| 점수 | 채점 기준 |
|---|---|
| 10점 | **정답 키워드** 유진 / 전화, 끊음<br>유진이가 갑자기 전화를 끊었기 때문이라는 내용으로 씀. |
| 5점 | '유진이가 전화로 대화할 때 지켜야 할 대화 예절을 지키지 못함.'과 같이 구체적으로 쓰지 못함. |

**15** 기운 없는 표정으로 보아 노란색 옷을 입기 싫어한다는 것을 알 수 있습니다.

**17** 훈이가 노란색 옷을 입은 강이를 유치원생 같다고 놀려서 속이 상했습니다.

**19** 친구를 말리듯 다급한 말투가 가장 어울립니다.

**1** (1) 예 엄마, 어제보다 많이 좋아졌어요. 내일은 학교에 갈 거예요.

(2) 예 그래. 같이 쓰자. / 나도 지금 가위를 쓰고 있어서 당장은 빌려줄 수 없어. 미안해. 금방 쓰고 빌려줄게.

**2** 예 사과주스가 사물이라 높임 표현을 사용할 수 없기 때문이다.

**3** 예 학교 앞 문구점에서 물통을 샀는데 망가져 있어.

**4** (1) 예 친구를 말리기 위해 뛰어가며 잡으려는 몸짓

(2) 예 다급한 말투

**1** 대화하는 상대나 목적, 상대방의 마음을 생각하며 알맞은 내용으로 바꾸어 봅니다.

| 점수 | 채점 기준 |
|---|---|
| 12점 | (1)에는 진수가 한 말을 높임 표현을 사용하여 바꾸어 썼고 (2)에는 여자아이의 기분을 생각하여 씀. |
| 6점 | (1), (2) 중 한 가지만 알맞게 씀. |

**2** 사과주스와 같은 사물에는 높임 표현을 사용하지 않습니다.

| 점수 | 채점 기준 |
|---|---|
| 8점 | 사물에는 높임 표현을 사용하지 않는다는 내용을 씀. |
| 6점 | '높임 표현을 사용하는 방법이기 때문이다.'와 같이 자세하게 쓰지 못함. |
| 1점 | '아이라도 손님에게는 높임 표현을 사용한다.'와 같이 '사물'과 관련지어 쓰지 못함. |

**3** 전화 통화에서는 상황을 볼 수가 없기 때문에 구체적으로 설명하여야 합니다.

| 점수 | 채점 기준 |
|---|---|
| 10점 | '미술 준비물'을 '물통'으로 바꾸어 씀. |
| 5점 | '물통이 망가졌어.' 등과 같이 간단히 씀. |

| 부족한 답안 | 학교 앞 문구점에서 ~~물감~~을 샀는데 망가져 있어. |
|---|---|
| | 물통 |

➡ 그림에 나타난 상황을 바탕으로 써야 해요.

**4** 인물의 마음을 잘 나타내는 몸짓, 말투를 써 봅니다.

| 점수 | 채점 기준 |
|---|---|
| 10점 | 인물이 처한 상황, 인물의 마음에 어울리는 몸짓과 말투를 각각 씀. |
| 5점 | (1), (2) 중 한 가지만 알맞게 씀. |

**1** (1) 예 응. 책을 사러 서점에 갔어.

(2) 예 네. 책을 사러 서점에 갔습니다.

**2** (1) 지원

(2) 예 전화를 걸고 자신이 누구인지 밝히지 않았다.

**3** (1) (할아버지,) 가장 좋아하시는 음식이 뭐예요?

(2) (민철아! 너,) 가장 좋아하는 음식이 뭐야?

**4** 예 아버지께서는 무슨 음식을 가장 좋아하세요?

**1** 각각 누구와 대화를 나누고 있는지 살펴보고 대상에 알맞은 표현을 생각하여 봅니다.

| 점수 | 채점 기준 |
|---|---|
| 10점 | (1)에는 높임 표현을 사용하지 않았고 (2)에는 높임 표현을 사용하여 씀. |
| 6점 | 높임 표현은 알맞게 사용하였지만 내용을 바꾸어 씀. |
| 5점 | (1), (2) 중 한 가지만 알맞게 씀. |

**2**

| 점수 | 채점 기준 |
|---|---|
| 12점 | (1)에 '지원'을 쓰고, (2)에 자신이 누구인지 밝히지 않았다는 내용으로 씀. |
| 6점 | (2)에 잘못한 점을 구체적으로 쓰지 못함. |

**3** 할아버지께는 높임 표현을 사용하였고 남동생에게는 높임 표현을 사용하지 않았습니다.

| 점수 | 채점 기준 |
|---|---|
| 8점 | (1), (2)에 예시 답의 내용을 씀. |
| 4점 | (1), (2) 중 한 가지만 알맞게 씀. |
| 3점 | (1)에 '높임 표현을 사용하였다.', (2)에 '높임 표현을 사용하지 않았다.'와 같이 한 말을 그대로 찾아 쓰지 못함. |

**4** 아버지는 미나보다 웃어른이므로 높임 표현을 사용하여야 합니다.

| 점수 | 채점 기준 |
|---|---|
| 8점 | 정답 키워드 좋아하는 음식<br>높임 표현을 사용하여 좋아하는 음식이 무엇인지 묻는 내용을 씀. |
| 3점 | 높임 표현을 바르게 사용하지 못한 부분이 한두 군데 있음. |
| 1점 | 높임 표현을 바르게 사용하였지만 좋아하는 음식이 무엇인지 묻지 않음. |

## 6. 마음을 담아 글을 써요

**52~54쪽** 　　　　　　　**단원평가** **1**회

**쪽지시험** **1** 마음 　**2** 생각 　**3** × 　**4** 높임

**01** (2) ○ 　**02** ③ 　**03** (1) **3** (2) **4** (3) **1** **04** 우진
**05** 예 넘어졌다 　**06** ④ 　**07** ② 　**08** ④
**09** 예 더 자고 싶은데 일어나야 해서 속상한 마음
**10** 예 늦게 가기 　**11** ③ 　**12** 놀이터 **13** ②
**14** ② 　**15** ⑤ 　**16** 졌다 　**17** (3) ○ 　**18** 예 예의
없는 　**19** ④ 　**20** 예 주은이가 말로는 사과한다
고 했지만, 표정이나 분위기, 말한 내용이나 행동이 사과
하는 것처럼 느껴지지 않았기 때문이다.

**03** 그림 **1**에는 아이가 음식을 받는 모습이, 그림 **2**에는
아이가 시계를 보며 뛰어가는 모습이, 그림 **3**에는 체
험학습을 가게 되어 기뻐하는 모습이, 그림 **4**에는 아
픈 친구를 걱정하는 모습이 나타나 있습니다.

**06** ④는 친구를 걱정하거나 위로하는 말로 알맞지 않습니다.

**07** 인물이 한 일이나 겪은 일, 인물의 생각, 말이나 행동
을 살펴보아야 마음을 짐작할 수 있습니다.

**09**

| 점수 | 채점 기준 |
|---|---|
| 10점 | '엄마께서 자꾸 깨우셔서 짜증 난 마음'과 같이 마음을 짐작한 까닭이 드러나도록 구체적으로 씀. |
| 7점 | '짜증 난다.', '속상한 마음' 등 '나'의 마음만 간단히 씀. |

**13** 사회 시간에는 불안하고 걱정스러운 마음이 들었고,
방과 후에는 반갑고 즐거운 마음이 들었습니다.

**14** 이호의 배 속에서 천둥처럼 큰 소리가 났다고 한 것으
로 보아 이호는 배가 아파서 화장실에 갔을 것입니다.

**15** 기찬이는 이호 대신 한 바퀴를 더 달렸습니다.

**17** 이호는 화장실에 가느라 달리지 못했고, 기찬이가 넘
어진 내용은 나타나 있지 않습니다.

**20**

| 점수 | 채점 기준 |
|---|---|
| 10점 | 주은이의 표정이나 말투, 분위기 등에서 미안한 마음이 느껴지지 않는다는 내용으로 씀. |
| 7점 | '주은이가 제대로 사과하지 않았기 때문이다.'와 같이 주은이가 잘못한 점이 구체적으로 드러나지 않음. |
| 1점 | 주은이가 잘못한 점과 관련 없는 내용을 씀. |

**55~57쪽** 　　　　　　　**단원평가** **2**회

**01** ③ 　**02** ④, ⑤ 　**03** (1) ㉡ (2) ㉢ 　**04** 자랑거
리 　**05** ㉠ 　**06** ④ 　**07** (1) 예 체육 시간 (2)
예 피구를 하다가 공에 맞음. (3) 예 화난 마음, 속상한 마음
**08** 음악 시간 　**09** ⑤ 　**10** (1) ② (2) ①
**11** (3) ○ 　**12** ① 　**13** 이호 　**14** ① 　**15** ⑤
**16** ② 　**17** (2) ○ 　**18** ④ 　**19** ④ 　**20** 예 지난
주에 다툰 친구에게 미안하다는 마음을 전하고 싶다.

**02** 아픈 친구에게는 걱정하는 마음이나 위로하는 마음을
전해야 합니다.

**03** 그림 **1**에는 미안한 마음을, 그림 **2**에는 걱정하는 마
음을 전하는 말이 어울립니다.

**05** 1교시가 사회 시간이었다는 내용만으로는 '나'의 마음
을 짐작하기 어렵습니다.

**07** 언제, 어떤 일이 있었고 어떤 마음이 들었는지 떠올립
니다.

| 점수 | 채점 기준 |
|---|---|
| 12점 | (1)~(3)에 모두 알맞은 내용을 씀. |
| 8점 | (1)~(3) 중에서 두 가지만 알맞게 씀. |
| 4점 | (1)~(3) 중에서 한 가지만 알맞게 씀. |

**08** 글 ㈎는 음악 시간에 있었던 일입니다.

**10** 민호는 '내'가 리코더를 가르쳐 주어서 고마웠을 것이
고, '나'는 친구를 도와주어서 뿌듯했을 것입니다.

**13** 기찬이의 다음 차례는 이호였습니다.

**14** 백군의 마지막 선수와 같이 달리고 있는 기찬이를 보
고 기찬이가 이기고 있다고 착각을 했습니다.

**15** 주은이가 딱지치기를 하다가 원호에게 예의 없는 말과
행동을 해서 원호가 화가 났습니다.

**17** 부드러운 말투로 미안한 마음을 전한 것은 (2)입니다.

**19** 손 편지를 써서 전하자는 의견이 많았습니다.

**20**

| 점수 | 채점 기준 |
|---|---|
| 11점 | 마음을 전하고 싶은 사람, 있었던 일, 전하고 싶은 마음이 모두 드러나게 씀. |
| 8점 | 누구에게 어떤 마음을 전하고 싶은지만 간단히 씀. |
| 5점 | 전하고 싶은 마음만 간단히 씀. |

| 58쪽 | 서술형·논술형 문제 1회 |

**1** 예 민호에게 리코더를 가르쳐 주었다. / 민호의 리코더 선생님이 되었다.

**2** (1) 리코더 (2) 예 민호가 가르쳐 준 대로 잘 따라 해서 뿌듯한 마음

**3** 예 원호가 자신의 예의 없는 말과 행동에 화가 났기 때문이다.

**4** 예 네게 미안하다는 말을 하려고 했는데, 쑥스러운 마음이 많이 들어서 그런 행동을 했나 봐. 미안해.

**1**

| 점수 | 채점 기준 |
|---|---|
| 8점 | 예시 답안과 같이 민호에게 리코더를 가르쳐 주었다는 내용이 드러나게 씀. |
| 6점 | '리코더를 불었다.' 등 음악 시간에 한 일이지만 리코더를 가르쳐 주었다는 내용이 드러나지 않게 씀. |

**2** 민호와 규리가 한 일이나 말을 보고 마음을 짐작할 수 있습니다.

| 점수 | 채점 기준 |
|---|---|
| 10점 | (1)에 '리코더'를 쓰고 (2)에 규리가 겪은 일에서 짐작할 수 있는 규리의 마음을 구체적으로 씀. |
| 8점 | (1)에 알맞은 답을 썼지만 (2)에 규리의 마음을 나타내는 말만 간단히 씀. |
| 5점 | (1)과 (2) 중에서 한 가지만 알맞게 씀. |

**3**

| 점수 | 채점 기준 |
|---|---|
| 8점 | '딱지치기를 할 때 주은이가 말을 함부로 해서 원호가 화가 났기 때문이다.' 등 주은이가 어떤 행동이나 말을 했고 그것 때문에 원호의 마음이 어땠는지 구체적으로 씀. |
| 6점 | 원호가 화가 난 까닭이 구체적으로 드러나지 않게 씀. |
| 1점 | 주은이가 한 말과 행동 때문이라는 원인을 쓰지 않고 원호가 화를 냈다는 결과만 드러나게 씀. |

**4** 주은이가 전하고 싶은 마음을 부드러운 말투로 씁니다.

| 점수 | 채점 기준 |
|---|---|
| 10점 | 전하고 싶은 마음을 구체적으로 씀. |
| 6점 | 미안한 마음을 나타내는 말만 간단히 씀. |

**부족한 답안** 미안해.
제대로 사과하지 않아서
➡ 왜 그런 마음이 들었는지 구체적으로 쓰는 것이 좋아요.

| 59쪽 | 서술형·논술형 문제 2회 |

**1** (1) 달리기 (2) 예 아이들이 이야기를 나누고 있다.

**2** 예 많이 아프면 내가 가방을 들어 줄게.

**3** 예 운동회 때 누구나 한 경기씩 나갈 수 있도록 하기 위해서이다.

**4** (1) 예 이어달리기 쪽지를 뽑아서 속상한 마음 (2) 예 기찬이 때문에 이어달리기에서 질까 봐 걱정스러운 마음

**5** (1) 예 친구 현지 (2) 예 고마운 마음 (3) 예 어려운 수학 문제를 풀 수 있도록 가르쳐 주어서 고마워. (4) 예 모르는 것이나 궁금한 것이 있으면 언제든지 가르쳐 줄게.

**1** 그림 **1**에는 여러 명이 달리기를 하다가 한 명이 넘어진 상황이, 그림 **2**에는 아이들이 이야기를 하며 걸어가는 상황이 나타나 있습니다.

| 점수 | 채점 기준 |
|---|---|
| 7점 | (1)과 (2)에 모두 알맞은 내용을 씀. |
| 4점 | (1)과 (2) 중에서 한 가지만 알맞게 씀. |

**2** 넘어진 친구를 걱정하거나 위로하는 말을 씁니다.

| 점수 | 채점 기준 |
|---|---|
| 8점 | '다친 데는 없니?', '넘어져서 아프겠다.' 등 달리기를 하다가 넘어진 친구를 걱정하는 마음과 위로하는 마음이 드러나게 씀. |
| 4점 | '이제 넘어지지 마.'와 같이 그림의 상황에서 할 수 있는 말이지만 친구를 걱정하는 마음이 정확하게 드러나지 않음. |

**3**

| 점수 | 채점 기준 |
|---|---|
| 6점 | 운동회 때 누구나 한 경기씩 나갈 수 있도록 하기 위해서라는 내용으로 씀. |
| 4점 | 운동회에 나갈 선수를 뽑기 위해서라는 내용만 간단하게 씀. |

**4**

| 점수 | 채점 기준 |
|---|---|
| 12점 | (1)과 (2)에 마음을 짐작한 까닭이 드러나도록 인물의 마음을 구체적으로 씀. |
| 8점 | (1)과 (2)에 인물의 마음만 간단히 씀. |
| 6점 | (1)과 (2) 중에서 한 가지만 씀. |

**5** 마음을 전하고 싶은 사람과 있었던 일, 자신의 기분을 솔직하게 쓰고 진심을 담아 상대에게 하고 싶은 말을 쓰면 정답으로 합니다.

## 7. 글을 읽고 소개해요

**61~63쪽** 　단원평가 **1**회

쪽지시험 1 정리　2 노랫말　3 ×　4 중요한

**01** ①　**02** 가로　**03** ②　**04** ①, ⑤　**05** 예 상대가 굴린 공에 맞거나 무릎을 한쪽이라도 펴서 일어나는 자세가 되거나 공이 벽에 닿기 전에 잡으면 밖으로 나간다.
**06** (1) ○ (2) ○　　**07** 메이플시럽
**08** ⑤　**09** ⑤　**10** (1) 독사 (2) 독수리　**11** ②, ③
**12** 열세　**13** ⑤　**14** 『바위나리와 아기별』
**15** ⑤　**16** ㉣　**17** 예 책에서 모든 내용이나 사건을 다 쓰지 않고 중요한 내용이나 사건을 중심으로 쓴다.
**18** 음악　**19** ④　**20** (1) ×

**03** 규칙은 피구와 같지만 앉은 자세로 합니다.

**05**

| 점수 | 채점 기준 |
|---|---|
| 12점 | 공에 맞거나, 일어서거나, 공이 벽에 닿기 전에 잡는 행동을 모두 씀. |
| 8점 | 공에 맞거나, 일어서거나, 공이 벽에 닿기 전에 잡는 행동 중에서 두 가지만 씀. |
| 4점 | 피구장 밖으로 나가는 행동을 한 가지만 씀. |

**06** 글을 읽고 소개하면 새로운 사실을 알려 줄 수 있고, 읽은 글을 잘 정리할 수 있습니다.

**08** 캐나다에 설탕단풍 나무가 많이 자라서 캐나다 국기에 설탕단풍 나무의 잎을 그려 넣었습니다.

**10** 아즈텍족은 독사를 물고 날아가는 독수리가 선인장 위에 앉으면 그곳에 도시를 세우라는 계시를 받았습니다.

**13** 주가 생길 때마다 국기의 별이 하나씩 늘어났는데 지금은 주가 오십 개라서 별도 오십 개가 되었습니다.

**15** 가장 기억에 남는 부분이 인상 깊은 장면입니다.

**17**

| 점수 | 채점 기준 |
|---|---|
| 11점 | 책 내용을 빠짐없이 쓰는 것이 아니라, 중요한 내용이나 사건을 중심으로 써야 한다는 내용으로 씀. |
| 7점 | 책의 줄거리를 길게 쓰지 않는다는 내용으로 간단히 씀. |
| 2점 | 책 내용을 소개하는 것과 관련 없는 독서 감상문의 특징을 한 가지 씀. |

**18** '나'는 음악을 좋아해서 음악에 대한 책을 자주 찾습니다.

**20** 마라카스는 흔들어서 소리를 냅니다.

**64~66쪽** 　단원평가 **2**회

**01** 앉아서 하는 피구　**02** ⑤　**03** 가위바위보
**04** 도윤 **05** (3) ○　　**06** 예 내가 좋아하는 놀이는 숨바꼭질이다. 가위바위보를 하여 진 사람이 술래가 되고, 술래가 숨어 있는 친구들을 모두 찾으면 놀이가 끝난다.
**07** ㉡　**08** 멕시코　**09** ③　**10** 주　**11** ③
**12** ①　**13** (1) ② (2) ③ (3) ①　　**14** 예 멕시코와 미국, 우리나라의 국기를 친구에게 보여 주면서 새롭게 안 내용을 소개하고 싶다.　　**15** ④　**16** 그림 **17** ②
**18** ②, ④　　**19** (1) 간호하다 (2) 예 다쳤거나 앓고 있는 환자나 노약자를 보살피고 돌보다.　　**20** 미나

**04** 공을 던져서 맞히면 밖으로 나가지 않고, 공이 벽에 닿기 전에 잡으면 밖으로 나가야 합니다.

**06** 놀이 이름, 준비할 내용, 규칙 등을 씁니다.

| 점수 | 채점 기준 |
|---|---|
| 10점 | '나는 스무고개를 좋아한다. 내가 낱말을 하나 생각하면 질문을 해서 그 낱말이 무엇인지 알아맞히는 놀이이다. 질문은 스무 개까지만 할 수 있다.'와 같이 놀이 이름과 규칙 등을 구체적으로 소개함. |
| 7점 | '나는 달팽이 놀이를 좋아한다. 친구들과 함께 하면 재미있기 때문이다.'와 같이 좋아하는 놀이와 좋아하는 까닭만 간단히 씀. |
| 5점 | '나는 술래잡기를 좋아한다.'와 같이 좋아하는 놀이 이름만 소개함. |

**07** 글을 읽고 소개한다고 해서 글의 내용을 빨리 외울 수는 없습니다.

**10** 처음 나라를 세울 때 주가 열세 개였다는 것을 뜻합니다.

**12** 일본이 태극기 사용을 금지해서 태극기를 마음대로 사용하지 못했습니다.

**14**

| 점수 | 채점 기준 |
|---|---|
| 9점 | 책 소개 방법 중에서 한 가지를 골라 어떤 내용을 소개하고 싶은지 설명하여 씀. |
| 3점 | '책갈피를 만들어 소개하기'와 같이 책을 소개하는 방법만 쓰고 어떤 내용을 소개하고 싶은지 쓰지 못함. |

**17** 글쓴이가 책 내용을 소개한 부분입니다.

**19** '간호하'에 '-다'를 붙여 기본형을 만듭니다.

**20** 독서 감상문에는 책 내용 중에서 필요한 내용만 골라 쓸 수 있습니다.

1 예 학급 친구 전체를 두 편으로 나눈다.
2 (1) 예 앉은 자세로 해야 한다. (2) 예 상대를 맞힐 때에는 공을 바닥에 굴려서 맞혀야 한다.
3 예 캐나다에 많이 자라는 설탕단풍 나무의 잎이 국기에 그려져 있기 때문이다.
4 예 책에서 읽은 타악기 가운데에서 마라카스가 가장 기억에 남는다고 했다.

1 첫 번째 문단에 놀이를 하기 전에 준비할 내용이 나타나 있습니다.

| 점수 | 채점 기준 |
|---|---|
| 6점 | 학급 친구 전체를 두 편으로 나눈다는 내용을 명확하게 씀. |
| 4점 | 편을 나눈다는 내용만 간단히 씀. |

2

| 점수 | 채점 기준 |
|---|---|
| 9점 | (1)에 앉아서 놀이를 한다는 내용과 (2)에 공을 바닥에 굴려 상대를 맞힌다는 내용을 씀. |
| 7점 | (1)에 '앉아서 한다.' (2)에 '공을 굴린다.'와 같이 앉아서 놀이를 한다는 내용과 공을 바닥에 굴린다는 내용을 간추려 씀. |
| 5점 | (1)과 (2) 중에서 한 가지만 알맞게 씀. |

3

| 점수 | 채점 기준 |
|---|---|
| 10점 | 캐나다에 설탕단풍 나무가 많이 자라고 그 잎을 국기에 넣었다는 내용을 구체적으로 씀. |
| 8점 | 국기에 단풍잎이 그려져 있다는 내용은 썼지만 캐나다에 설탕단풍 나무가 많이 자라기 때문이라는 까닭은 드러나지 않게 씀. |

부족한 답안 단풍나무가 많기 때문이다.
캐나다에 ___ 때문에 국기에 단풍잎을 그려 넣었다.
➡ 국기에 단풍잎이 그려져 있다는 특징과 관련 지어 써야 해요.

4 두 번째 문단에 인상 깊은 부분이 나타나 있습니다.

| 점수 | 채점 기준 |
|---|---|
| 8점 | 글쓴이가 인상 깊게 읽은 부분을 알맞게 씀. |
| 6점 | 글쓴이가 인상 깊은 부분에 대해 쓴 문장을 그대로 옮겨 씀. |
| 4점 | '마라카스'와 같이 글쓴이가 가장 기억에 남는다고 한 악기 이름만 씀. |

1 예 달팽이 놀이를 하는 방법을 읽고 친구들에게 소개해서 재미있게 한 적이 있다.
2 예 일본에 나라를 빼앗겨서 일본이 태극기를 사용하지 못하게 했기 때문이다.
3 예 태극기의 흰색에 우리나라 사람들의 평화를 사랑하는 마음이 담겨 있다는 것을 알게 되었다.
4 (1) 예 책을 읽게 된 까닭 (2) 예 책 내용 (3) 예 인상 깊은 부분 (4) 예 책을 읽은 뒤에 든 생각이나 느낌

1 꼭 책이 아니더라도 생활 정보지나 잡지, 신문, 제품 설명서, 블로그 등을 읽은 경험을 떠올려 봅니다.

| 점수 | 채점 기준 |
|---|---|
| 8점 | 어떤 글을 소개했는지, 글의 내용이나 자신의 생각과 느낌 등 소개한 내용은 무엇이었는지를 구체적으로 씀. |
| 6점 | '여러 가지 직업에 대한 책을 읽고 소개했다.'와 같이 소개한 글이 무엇인지만 간단히 쓰고 무슨 내용을 소개했는지는 쓰지 못함. |

2

| 점수 | 채점 기준 |
|---|---|
| 7점 | 일본에 나라를 빼앗겨서 일본이 태극기를 사용하지 못하게 했다는 내용이 드러나게 씀. |
| 4점 | '일본에 나라를 빼앗겨서'와 같이 일본이 사용을 금지했다는 내용이 명확하게 드러나지 않음. |

3 글의 내용과 관련하여 새롭게 안 내용을 써 봅니다.

| 점수 | 채점 기준 |
|---|---|
| 8점 | '태극기가 지금과 같은 모양으로 정해진 것이 1949년이라는 것을 알게 되었다.' 등 글을 읽고 자신이 새롭게 안 내용을 정리하여 씀. |
| 4점 | 자신이 새롭게 안 내용을 정리하지 못하고 글의 내용을 그대로 옮겨 씀. |
| 1점 | 우리나라 태극기와 관련된 내용을 썼으나 그 내용이 글에 나타나 있지 않음. |

4

| 점수 | 채점 기준 |
|---|---|
| 12점 | (1)에 책을 읽게 된 까닭, (2)에 책 내용, (3)에 인상 깊은 부분, (4)에 책을 읽은 뒤에 든 생각이나 느낌을 모두 알맞게 씀. |
| 9점 | (1)~(4) 중에서 세 가지를 알맞게 씀. |
| 6점 | (1)~(4) 중에서 두 가지를 알맞게 씀. |
| 3점 | (1)~(4) 중에서 한 가지를 알맞게 씀. |

## 8. 글의 흐름을 생각해요

**70~72쪽** 　　　　　　　단원평가 **1회**

쪽지시험 **1** 시간　　**2** 차례　　**3** ×

**01** ③　　**02** 작아졌다 등　　**03** 예 '커졌다 작아졌다' 마법 열매를 먹었기 때문이다.　　**04** '커졌다 작아졌다' 마법 열매　　**05** ①　　**06** ②　　**07** 실 팔찌 만드는 방법　　**08** ③, ⑤　　**09** ④　　**10** ③　　**11** 감기약　　**12** ㉰　　**13** 물　　**14** 예 감기약은 끝까지 먹는 게 좋다.　　**15** 고창(전라북도 고창)　　**16** ②　　**17** 고인돌 박물관　　**18** 날개　　**19** ⑤　　**20** 몸 색깔, 큰턱

**03** 할아버지 몸이 작아진 까닭은 '커졌다 작아졌다' 마법 열매를 먹었기 때문입니다.

| 점수 | 채점 기준 |
|---|---|
| 10점 | 정답 키워드 **마법 열매**<br>'커졌다 작아졌다' 마법 열매를 먹었기 때문이라는 내용을 명확하게 씀. |
| 5점 | 마법 열매를 먹었기 때문이라고 씀. |
| 2점 | 열매를 먹었기 때문이라고 씀. |

**04** 할아버지에게 생긴 일은 몸이 작아진 것이고, 이 일을 해결하려면 '커졌다 작아졌다' 마법 열매를 한 알 더 먹어야 합니다.

**06** 일하는 차례로 보아 처음에 할 일을 나타내는 부분이므로 '첫 번째, 첫째, 우선, 일단' 등의 말과 바꾸어 쓸 수 있습니다.

**09** ㉯는 일 차례에 따라 내용을 간추릴 때 중요한 내용이 아닙니다.

**12** 이 글은 어떤 일을 할 때의 주의할 점을 알려 주는 글로, 일을 하는 차례는 드러나 있지 않습니다.

**14** 감기약은 끝까지 먹는 것이 좋습니다.

| 점수 | 채점 기준 |
|---|---|
| 10점 | 감기약을 끝까지 먹는 것이 좋다는 중요 내용을 자연스러운 문장으로 씀. |
| 4점 | '끝까지 먹는다.'와 같이 무엇을 먹는지에 대한 내용을 쓰지 않음. |

**16** 이 글은 여행한 장소의 흐름에 따라 쓴 글이므로 장소 변화와 각 장소에서 한 일에 주의하며 간추리는 것이 좋습니다.

---

**73~75쪽** 　　　　　　　단원평가 **2회**

**01** ③　　**02** ⑤　　**03** 배　　**04** ④　　**05** ②　　**06** 서연　　**07** 차례　　**08** 예 실이 굵을수록 실 팔찌를 엮기 쉽기 때문이다.　　**09** 부담　　**10** 열대 조류관　　**11** 야행관　**12** ④　　**13** ⑷ ×　　**14** ④　　**15** ㉣　　**16** 소품 설계관　　**17** 소방관 체험　　**18** 예 열한 시에 제빵 학원에서 제빵사 체험을 했다.　　**19** ①　　**20** ⑷

**02** 「개미와 베짱이」 이야기에서 베짱이는 놀기만 좋아하는 게으른 곤충으로 나옵니다.

**05** '다음 날 밤'과 같이 시간을 나타내는 말에 주의하며 글을 읽으면 글의 흐름을 파악할 수 있습니다.

**06** 할아버지가 '너같이 솜씨 좋고 부지런한 베짱이'라고 했으므로 베짱이를 칭찬하는 내용일 것입니다.

**07** 글 ㉮와 ㉯ 모두 일하는 방법을 알려 주는 글인데, 글 ㉮는 일하는 차례를 알려 주고, 글 ㉯는 일할 때 주의할 점을 알려 주므로 차례가 정해져 있지 않습니다.

**08** 실이 굵을수록 실 팔찌를 엮기 쉽습니다.

| 점수 | 채점 기준 |
|---|---|
| 10점 | 실이 굵을수록 엮기 쉽기 때문이라는 내용을 명확하게 씀. |
| 4점 | '실이 굵을수록 좋기 때문이다.'와 같이 실이 굵어야 좋은 까닭을 구체적으로 쓰지 않음. |
| 2점 | '굵은 실이 좋아서'와 같이 씀. |

**09** 감기약을 두 배 먹는다고 효과도 두 배로 좋아지지는 않고 오히려 몸에 부담이 됩니다.

**13** 올빼미는 열대 조류관에서 본 새입니다.

**15** ㉠~㉢은 장소를 나타내는 말로 장소 변화를 알 수 있는 부분입니다.

**18** 시간, 장소, 한 일을 포함하여 씁니다.

| 점수 | 채점 기준 |
|---|---|
| 10점 | 예시 답안과 같이 '열한 시', '제빵 학원', '제빵사 체험' 등 시간, 장소, 한 일을 모두 포함하여 자연스러운 문장으로 씀. |
| 6점 | 시간, 장소, 한 일을 모두 넣어 썼으나 문장이 자연스럽지 않음. |
| 4점 | 시간, 장소, 한 일 중에서 두 가지를 넣어 씀. |

1 ⓔ (베짱이가 짜 준) 베를 쥐들이 가진 마법 열매와 바꾸기 위해서이다.

2 ⓔ 할아버지는 쥐들에게서 얻은 마법 열매를 먹고 몸이 본래대로 다시 커졌다.

3 ⓔ 일을 하는 방법을 알려 주는 글이다.

4 (1) ⓔ 물건을 만드는 차례를 알려 준다.(차례가 정해져 있다.)  (2) ⓔ 일할 때 주의할 점을 알려 준다.(차례가 정해져 있지 않다.)

1 할아버지는 베짱이가 짜 준 베를 마법 열매와 바꾸기 위해서 쥐들을 찾아갔습니다.

| 점수 | 채점 기준 |
|---|---|
| 8점 | 정답 키워드 마법 열매<br>예시 답안과 같이 베를 마법 열매와 바꾼다는 내용을 포함하여 올바른 문장으로 씀. |
| 6점 | '마법 열매를 얻으려고'와 같이 써서 베를 마법 열매와 바꾼다는 내용이 드러나지 않음. |
| 3점 | '열매가 필요해서'와 같이 구체적인 상황이 잘 드러나니 않게 씀. |

2 할아버지는 마법 열매를 먹고 다시 몸이 본래대로 커졌습니다.

| 점수 | 채점 기준 |
|---|---|
| 12점 | 예시 답안과 같이 '할아버지가 무엇을 먹고 어떻게 되었는지'를 자연스러운 문장으로 씀. |
| 9점 | '할아버지가 몸이 다시 커졌다.'와 같이 써서 몸이 커지게 된 구체적인 과정이 잘 드러나지 않음. |

3 일을 하는 방법을 알려 주는 글입니다.

| 점수 | 채점 기준 |
|---|---|
| 10점 | 정답 키워드 일, 방법<br>예시 답안과 같이 '일을 하는 방법을 알려 주는 글'이라고 씀. |
| 5점 | '일을 알려 주는 글' 또는 '설명하는 글'과 같이 간단히 씀. |

4

| 점수 | 채점 기준 |
|---|---|
| 12점 | 예시 답안과 같이 (1)에 '차례가 있다.'는 의미를 나타내고, (2)에는 '차례가 없다.'는 의미를 나타냄. |
| 8점 | (1)에는 '실 팔찌 만드는 방법을 알려 준다.', (2)에는 '감기약 먹는 방법을 설명한다.'와 같이 글의 직접적인 내용을 씀. |

1 ⓔ 장소 변화와 그곳에서 한 일을 중심으로 간추린다.

2 ⓔ 동림 저수지에 가서 물 위로 날아오르는 가창오리들을 구경했다.

3 ⓔ 열한 시에 제빵 학원에서 제빵사 체험을 하고, 오후 한 시에 소방서에서 소방관 체험을 했다.

4 ⓔ 자신에게 딱 맞는 직업을 찾기 위해서이다.

1 장소 변화와 그곳에서 한 일을 중심으로 간추립니다.

| 점수 | 채점 기준 |
|---|---|
| 8점 | 정답 키워드 장소, 한 일<br>예시 답안과 같이 여행 장소 변화와 각 장소에서 한 일에 주의하며 간추린다는 내용을 씀. |
| 5점 | 여행 장소의 변화에 따라 한 일이라는 점이 잘 드러나지 않음. |
| 3점 | '장소 변화'에 관련된 내용을 쓰지 않고 '한 일을 잘 간추린다.'와 같이 씀. |

2 동림 저수지에서 가창오리들을 구경했습니다.

| 점수 | 채점 기준 |
|---|---|
| 12점 | 예시 답안과 같이 장소와 그곳에서 한 일을 자연스러운 문장으로 씀. |
| 3점 | 장소와 그곳에서 한 일 중에서 한 가지를 씀. |

3 열한 시에 제빵 학원에서 제빵사 체험을 하고 오후 한 시에 소방서에서 소방관 체험을 했습니다.

| 점수 | 채점 기준 |
|---|---|
| 12점 | 두 곳(제빵 학원, 소방서)에서 한 일을 시간, 장소 모두 포함해서 자연스러운 문장으로 연결하여 씀. |
| 8점 | 두 곳(제빵 학원, 소방서)에서 한 일을 시간, 장소 모두 포함해서 썼으나 문장이 자연스럽지 않음. |
| 5점 | 한 곳에서 한 일만 썼거나 시간, 장소, 한 일에서 일부를 빠뜨리고 씀. |

4 직업 체험활동을 하면 자신에게 맞는 직업을 찾는 데 도움이 됩니다.

| 점수 | 채점 기준 |
|---|---|
| 8점 | 정답 키워드 직업, 찾기<br>'자신에게 맞는 직업을 찾기 위해서'라는 내용을 명확하게 씀. |
| 5점 | '직업을 찾기 위해서'와 같이 써서 '자신에게 맞는 직업'이라는 점이 잘 드러나지 않음. |

# 9. 작품 속 인물이 되어

쪽지시험 **1** 성격 **2** ○ **3** 몸짓

**01** 아래 **02** (2) × **03** ⑤ **04** ③, ⑤ **05** ⑩ 짜증
나는 표정과 화나는 말투로 말했을 것이다. **06** ⑤
**07** ③ **08** 줄다리기 **09** ④, ⑤ **10** 산속
**11** (개) **12** ② **13** ⑩ 배고프고 답답해서 궤짝 밖
으로 나가고 싶다. **14** ③ **15** ⑩ 열어 달라는
**16** ① **17** ② **18** 토끼 **19** ④ **20** ⑤

**03** 여러 번 인사를 해도 투루가 대답을 안 해서 무툴라는
화가 났을 것입니다.

**04** ⓒ은 투루가 몸집이 작은 무툴라를 무시하고 잘난 체
하며 한 말입니다.

**05**

| 점수 | 채점 기준 |
|---|---|
| 11점 | 예시 답안과 같이 '짜증 나는 표정과 화나는 말투'와 비슷한 내용을 씀. |
| 6점 | 예시 답안과 비슷하게 썼으나 표정과 말투 중에서 한 가지만 씀. |

**07** 무툴라는 밧줄을 당길 준비가 되면 휘파람을 분다고
했으므로 ⊙은 밧줄을 당기라는 뜻입니다.

**09** 하루 종일 줄다리기를 하는 투루와 쿠부는 지기 싫어
하고 쉽게 포기하지 않는 성격입니다.

**11** 글 (개)에 무대의 모습이 나타나 있습니다.

**13** 호랑이는 나가고 싶어서 머리로 문을 밀었습니다.

| 점수 | 채점 기준 |
|---|---|
| 11점 | 예시 답안과 같이 답답해서 궤짝 밖으로 나가고 싶다는 내용을 자연스러운 문장으로 씀. |
| 7점 | '답답하다.' 또는 '나가고 싶다.'와 같이 간단하게 씀. |
| 4점 | '궤짝이 좁다.'와 같이 써서 궤짝 밖으로 나가고 싶다는 마음을 잘 드러내지 않음. |

**16** 호랑이는 궤짝 문을 열어 달라고 부탁하고 있으므로
간절한 말투로 말하는 것이 어울립니다.

**17** 나그네는 순진해서 남을 잘 믿고 도와주며 호랑이에게
도 높임말을 쓰는 예의 바르고 친절한 사람입니다.

**20** 토끼는 호랑이를 속여 다시 궤짝 속에 가둘 만큼 꾀가
많고 지혜롭습니다.

**01** ⑤ **02** 아침잠 **03** ⑤ **04** ⑤ **05** 영미
**06** ⑩ "휘이이익!" 하고 휘파람을 불겠다고 했다.
**07** 덤불숲 **08** ①, ③ **09** (1) ③ (2) ③ (3) ① **10** ④
**11** ③ **12** ⑩ 불쌍한 표정과 두 손을 비비는 공손한
몸짓, 간절한 말투가 어울린다. **13** ⑩ 잡아먹으려고
**14** ④ **15** ② **16** 호랑이 **17** (2) ○ **18** (1) 내(나
그네) (2) 호랑이 **19** ⑤ **20** 나그네

**01** 쿠부가 계속 자신을 무시하며 아무 말도 하지 않아서
무툴라는 화가 나 크게 소리친 것입니다.

**03** 몸집이 큰 쿠부에게도 이길 수 있다고 큰소리를 치는
무툴라는 자신만만한 성격을 가졌습니다.

**04** 무툴라를 꼬맹이라고 무시하며 비웃고 있으므로 가소
롭다는 듯이 웃는 말투가 어울립니다.

**05** 투루와 쿠부는 둘 다 반대편에 무툴라가 있는 줄로만
알고 밧줄을 당기고 있습니다.

**06**

| 점수 | 채점 기준 |
|---|---|
| 8점 | 정답 키워드 휘파람 휘파람을 불겠다는 내용을 포함하여 씀. |
| 6점 | '휘파람' 또는 '휘이이익'이라고만 씀. |

**09** 투루와 쿠부를 속인 무툴라는 꾀가 많고, 투루와 쿠부
는 어리석고 지기 싫어합니다.

**12**

| 점수 | 채점 기준 |
|---|---|
| 10점 | 예시 답안과 비슷한 내용으로 표정, 몸짓, 말투를 모두 씀. |
| 7점 | 호랑이의 표정, 몸짓, 말투 중에서 두 가지만 씀. |
| 4점 | 호랑이의 표정, 몸짓, 말투 중에서 한 가지만 씀. |

**14** 호랑이가 약속을 어기고 자기를 잡아먹으려고 덤비는
상황이므로 놀라고 당황스러울 것입니다.

**15** 호랑이의 태도로 보아 은혜와 고마움을 모르며 믿음성
이 없는 뻔뻔한 성격입니다.

**19** 호랑이는 토끼가 말귀를 못 알아듣는 것 같아 답답해
하며 화를 내고 있습니다.

**20** 토끼는 호랑이를 다시 궤짝 속에 가둠으로써 나그네
편을 들어 주었습니다.

**1** ⓔ 상대를 무시하고 남이 하는 말을 잘 듣지 않는다. / 거만한 성격이다. / 잘난 체한다. / 예의가 없다.

**2** ⓔ 자신만만한 표정과 크고 당당한 말투로 말했을 것이다.

**3** (1) ⓔ 은혜를 모른다. / 뻔뻔하다.

　(2) ⓔ 자기를 살려 준 나그네와 한 약속을 지키지 않고 잡아먹으려고 했기 때문이다.

**4** ⓔ 뻔뻔한 표정과 크고 당당한 말투로 말했을 것이다.

**1**

| 점수 | 채점 기준 |
| --- | --- |
| 8점 | 예시 답안과 비슷하게 상대를 무시하고 예의가 없으며 거만한 성격과 관련된 내용을 씀. |
| 4점 | '성격이 별로 안 좋다.'와 같이 구체적인 내용을 쓰지 않음. |
| 2점 | 상대를 무시하는 태도나 거만하고 무례한 성격과 관련 없는 내용을 씀. |

**2** 무툴라는 자신감 있게 말하고 있습니다.

| 점수 | 채점 기준 |
| --- | --- |
| 10점 | '자신감 있는 표정과 당당한 말투'와 비슷한 내용을 올바른 문장으로 씀. |
| 8점 | 예시 답안과 비슷한 내용을 썼으나 문장이 자연스럽지 않음. |
| 5점 | 표정과 말투 중에서 한 가지만 간단히 씀. |

**3** 호랑이는 나그네와의 약속을 지키지 않은 것으로 보아 은혜와 고마움을 모르고 뻔뻔한 성격입니다.

| 점수 | 채점 기준 |
| --- | --- |
| 12점 | (1)에 '은혜를 모르고 뻔뻔하다.'와 비슷한 내용을 쓰고, (2)에 자기를 살려 준 나그네와의 약속을 지키지 않고 나그네를 잡아먹으려고 했기 때문이라는 점을 명확하게 씀. |
| 8점 | (1)에 예시 답안과 비슷한 내용을 쓰고, (2)에는 '성격이 나쁘다.'와 같이 구체적인 내용을 쓰지 않음. |
| 5점 | (1)에 예시 답안과 비슷한 내용을 쓰고, (2)에는 호랑이의 성격을 제대로 쓰지 않음. |

**4** 뻔뻔하게 말하는 내용에 어울리는 표정과 말투를 씁니다.

| 점수 | 채점 기준 |
| --- | --- |
| 6점 | 예시 답안과 비슷하게 '뻔뻔한 표정과 당당한 말투로 말했을 것이다.'와 같이 씀. |
| 3점 | 표정과 말투 중에서 한 가지만 간단히 씀. |

**1** ⓔ 투루와 쿠부를 속인 것이 즐거워서 웃었어요. / 상대도 모르고 무조건 밧줄을 당기는 투루와 쿠부가 어리석게 보여서 우스웠어요.

**2** ⓔ 꾀가 많고 지혜롭다.

**3** (1) ⓔ 사람들은 소나무를 마구 꺾고 베어 버리기 때문이다. (2) ⓔ 사람들은 고맙다는 말도 없이 코를 풀고 침을 뱉기 때문이다.

**4** ⓔ 호랑이 편을 드는 소나무와 길이 야속했을 것이다. / 호랑이를 구해 준 것을 후회했을 것이다. / 소나무와 길에게 물어본 것을 후회했을 것이다.

**1**

| 점수 | 채점 기준 |
| --- | --- |
| 10점 | 예시 답안과 같이 투루와 쿠부가 속은 것을 재미있어하는 내용과 비슷하게 씀. |
| 8점 | 투루와 쿠부가 속은 것을 재미있어하는 내용을 썼으나 무툴라가 대답하는 말투로 쓰지 않음. |
| 4점 | '즐거워서 웃었어요.'와 같이 투루와 쿠부가 속은 것을 재미있어하는 점이 잘 드러나지 않음. |

**2** 투루와 쿠부를 속여 하루 종일 줄다리기를 하게 만든 무툴라는 꾀가 많습니다.

| 점수 | 채점 기준 |
| --- | --- |
| 8점 | 예시 답안과 같이 무툴라는 꾀가 많고 지혜롭다는 내용을 명확하게 씀. |
| 3점 | '무툴라가 투루와 쿠부를 속였다.'와 같이 무툴라의 성격이 아닌 행동을 씀. |

**3** 사람들은 나무를 마구 꺾고 베어 버리며, 길에 코를 풀고 침을 뱉는 행동을 했습니다.

| 점수 | 채점 기준 |
| --- | --- |
| 12점 | (1)과 (2)에 각각 예시 답안과 같이 소나무와 길이 사람들에 대해서 한 말을 씀. |
| 8점 | (1)에 '나무를 꺾어서', (2)에 '고맙다고 하지 않아서'와 같이 사람들의 행동을 구체적으로 쓰지 않음. |
| 6점 | (1)과 (2) 중에서 한 가지만 알맞은 내용으로 씀. |

**4**

| 점수 | 채점 기준 |
| --- | --- |
| 10점 | 호랑이나 소나무, 길에 대한 마음이나 자신의 행동에 대한 후회 등 나그네가 생각을 구체적으로 씀. |
| 6점 | '속상하다.' 등과 같이 나그네의 마음을 나타내는 말만 간단히 씀. |

87~89쪽 **2학기 총정리 1회**

**01** 지렁이 **02** ③ **03** ① **04** 수산물 **05** ⑤
**06** 예 갯벌이 주는 좋은 점을 알고 소중한 갯벌을 잘 보존해야 한다. **07** ㉢ **08** ④ **09** 잠꾸러기
**10** ③ **11** 나왔습니다 **12** (1) ② (2) ①
**13** 예 친구와 다투고 난 다음 날 그 친구에게 미안한 마음을 전하였다. **14** 앉아서 하는 피구 **15** ①, ②, ⑤
**16** (2) ○ **17** ② **18** ① **19** ㉣ **20** ㉠

**02** 자신이 지렁이보다 훨씬 크기 때문에 무서워할 것이라고 생각하였습니다.

**05** 작은 생물들이 오염 물질 분해를 돕는다고 하였습니다.

**06** 제목과 중심 문장을 보고 중심 생각을 찾아봅니다.

| 점수 | 채점 기준 |
|------|----------|
| 10점 | 갯벌이 주는 좋은 점을 알고 소중한 갯벌을 잘 보존해야 하는 내용을 씀. |
| 5점 | 중심 생각을 썼지만 불필요한 내용도 씀. |
| 2점 | 글의 중심 생각이 아니라 문단의 중심 문장을 씀. |

**07** 낱말과 낱말 사이는 띄어 쓰고 마침표( . )나 쉼표( , ) 뒤에 오는 말은 띄어 씁니다. 수를 나타내는 말과 단위를 나타내는 말 사이도 띄어 씁니다.

**08** 감기에 걸려 몸에서 열이 나는 상태를 불덩이가 들어왔다고 하였습니다.

**10** 웃어른과 대화하고 있으므로 높임 표현을 사용하여야 합니다.

**11** 사과주스는 사물이므로 높임 표현을 사용하지 않습니다.

**13** 미안한 마음이 들었던 경험을 생각하여 봅니다.

| 점수 | 채점 기준 |
|------|----------|
| 10점 | 미안한 마음을 전하였던 경험을 구체적으로 씀. |
| 5점 | '친구에게 사과한 적이 있다.'와 같이 간단하게 씀. |

**14** '앉아서' 한다는 내용이 포함되어 있어야 정답으로 합니다.

**16** 어느 한 편의 친구 모두가 밖으로 나가면 놀이가 끝납니다.

**19** '먼저, 두 번째, 세 번째'가 차례를 나타내는 말입니다.

**20** ㉡은 의심하는 말투, ㉢은 당당한 말투가 어울립니다.

90~92쪽 **2학기 총정리 2회**

**01** (1) ❷ (2) ❶ **02** ① **03** ② **04** ㉠, ㉡
**05** (1) ㉠ (2) ㉡, ㉢ **06** 물 **07** ② **08** ①
**09** ㉡ **10** 초록색 **11** ⑤ **12** ⑤ **13** 예 안녕하세요? 저는 예원이 친구 수진이예요. 예원이 있나요?
**14** ① **15** ③, ⑤ **16** 『바위나리와 아기별』
**17** (2) ○ **18** 예 동림 저수지 **19** ⑤ **20** 예 거들먹거리는 말투와 귀찮다는 듯이 찌푸린 표정

**01** 그림 ❶에는 친구를 위해 문을 잡아 주는 상황이, 그림 ❷에는 우유를 엎지른 상황이 나타나 있습니다.

**03** 미안하다는 말은 진지한 말투로 하는 것이 어울립니다.

**04** 표정, 몸짓, 말투에 주의하며 말하면 자신의 생각이나 느낌을 잘 전달할 수 있습니다.

**05** ㉠은 중심 문장, ㉡과 ㉢은 뒷받침 문장입니다.

**06** '무더위'의 '무'도 '물'을 뜻합니다.

**09** ㉡은 '이번 가을에만 두 번째네.'로 띄어 씁니다.

**10** '내'가 아저씨를 풀밭에 데려가 걷자 아저씨는 딱 초록색인 곡을 연주했습니다.

**13** 전화를 건 사람은 자신이 누구인지 밝히고 상대가 누구인지도 확인해야 합니다.

| 점수 | 채점 기준 |
|------|----------|
| 11점 | 전화를 건 사람이 수진이라는 것을 밝히고, 전화를 받은 사람이 누구인지 확인하는 내용으로 씀. |
| 6점 | 자기가 누구인지 밝히는 것과 상대를 확인하는 것 중 한 가지만 씀. |

**15** 발표할 차례가 다가와서 불안하고 걱정스러웠습니다.

**17** 글 (가)에 책을 읽게 된 까닭을, 글 (나)에 책 내용을 썼습니다.

**18** 글쓴이는 철새 떼를 보고 싶어서 동림 저수지 야생 동식물 보호 구역에 갔습니다.

**20**

| 점수 | 채점 기준 |
|------|----------|
| 10점 | 아침 식사를 방해받은 상황에 알맞은 표정이나 몸짓, 말투를 구체적으로 씀. |
| 5점 | '화를 내며 읽는다.' 등과 같이 투루의 표정이나 몸짓, 말투를 간단히 씀. |
| 2점 | 투루의 기분을 나타내는 말만 씀. |

# 수 학

## 1. 곱셈

**01** 242    **02** (위부터) 32, 32

**03** 20×7에 ○표    **04** (위부터) 3, 6, 0 ; 1, 6, 0, 2

**05** (1) (위부터) 1 ; 4, 2, 6   (2) (위부터) 2, 1 ; 1, 8, 9, 2

**06** (1) 810 (2) 1720    **07** (1) 696 (2) 3055

**08** 1971    **09** (1) ㉡ (2) ㉠ (3) ㉢

**10** 1311    **11** 5, 2375

**12** <    **13** (위부터) 238, 272

**14** 40×30=1200 ; 1200명

**15** (1) 5 (2) 3    **16** 963, 3852

**17** ⑩ 53에서 5는 십의 자리 숫자이므로 ;
곱하는 수의 십의 자리 계산은
86×50=4300인데 430으로 잘못
계산했습니다.

$$\begin{array}{r} 8\ 6 \\ \times\ 5\ 3 \\ \hline 2\ 5\ 8 \\ 4\ 3\ 0\ 0 \\ \hline 4\ 5\ 5\ 8 \end{array}$$

**18** (위부터) 3, 6, 4, 6

**19** ⑩ 어떤 수를 □라 하면 □+70=162,
□=162−70, □=92입니다.
따라서 바르게 계산하면 92×70=6440입니다.
; 6440

**20** 3888

---

**09** (1) 14×30=420 (2) 19×20=380 (3) 12×40=480

**10**
$$\begin{array}{r} 5\ 7 \\ \times\ 2\ 3 \\ \hline 1\ 7\ 1 \\ 1\ 1\ 4\ 0 \\ \hline 1\ 3\ 1\ 1 \end{array}$$

**11** 475를 5번 더했으므로 475×5
로 구할 수 있습니다.

**12** 304×2=608, 211×3=633
➡ 608<633

**13** 7×34=238, 8×34=272

**14**

| 점수 | 채점 기준 |
| --- | --- |
| 4점 | 식 40×30=1200을 쓰고 답을 바르게 구했음. |
| 2점 | 식 40×30만 썼음. |
| 2점 | 답 1200명만 썼음. |

**15** (1) □×4의 일의 자리 숫자가 0이 되는 경우는 □가
0 또는 5일 때입니다.
➡ 340×4=1360, 345×4=1380이므로
□=5입니다.

---

**16** 321×3=963, 963×4=3852

**17**

| 점수 | 채점 기준 |
| --- | --- |
| 6점 | 🔑정답 키워드 86×50=4300<br>잘못된 곳을 찾아 이유를 쓰고 바르게 계산함. |
| 3점 | 잘못된 곳을 찾아 이유만 바르게 썼음. |
| 3점 | 계산만 바르게 했음. |

**18**
$$\begin{array}{r} ㉡\ 8 \\ \times\ \ 9\ ㉠ \\ \hline 2\ 2\ 8 \\ 3\ ㉢\ 2\ 0 \\ \hline 3\ ㉣\ 4\ 8 \end{array}$$

· ㉡8×90=3㉢20이므로
㉡=3, ㉢=4입니다.
· 38×㉠=228이므로
㉠=6입니다.
· 2+4=㉣, ㉣=6

**19**

| 점수 | 채점 기준 |
| --- | --- |
| 8점 | 🔑정답 키워드 □+70=162 / 92×70=6440<br>어떤 수를 구한 다음 바르게 계산한 값을 구했음. |
| 4점 | 어떤 수는 구했지만 바르게 계산한 값을 구하지 못함. |
| 2점 | 답만 맞음. |

**20** 한 자리 수에 가장 큰 수를 놓고 나머지 수 카드로 가장
큰 세 자리 수를 만들면 되므로 432×9=3888입니다.

**01** (위부터) 6 ; 6, 0, 30 ; 400 ; 8, 7, 2

**02** (위부터) 1700, 10    **03** 6, 260, 78, 338

**04** (1) (위부터) 1 ; 4, 3, 0 (2) (위부터) 2 ; 9, 8, 1

**05** (1) (위부터) 1, 2 ; 6, 0 ; 7, 2
    (2) (위부터) 3, 0 ; 1, 5, 0 ; 1, 8, 0

**06** (1) 697 (2) 4088    **07** 4734

**08**
$$\begin{array}{r} 5\ 7 \\ \times\ 4\ 6 \\ \hline 3\ 4\ 2 \\ 2\ 2\ 8\ 0 \\ \hline 2\ 6\ 2\ 2 \end{array}$$

**09** 1200, 1500, 2700

**10** <

**11** 375, 3000

**12** ㉢, ㉠, ㉡

**13** 2920일    **14** 43×27=1161 ; 1161

**15** 1050개    **16** 231×3=693 ; 693대

**17** (위부터) 7, 9, 5, 2    **18** 1428개

**19** ⑩ (낙지 수)=48×27=1296(마리)
(문어 수)=36×37=1332(마리)
1296<1332이므로 문어가 더 많습니다. ; 문어

**20** 2666

**14**

| 점수 | 채점 기준 |
|---|---|
| 4점 | 식 $43 \times 27 = 1161$을 쓰고 답을 바르게 구했음. |
| 2점 | 식 $43 \times 27$만 썼음. |
| 2점 | 답 1161만 썼음. |

**16**

| 점수 | 채점 기준 |
|---|---|
| 4점 | 식 $231 \times 3 = 693$을 쓰고 답을 바르게 구했음. |
| 2점 | 식 $231 \times 3$만 썼음. |
| 2점 | 답 693대만 썼음. |

**17**

```
      ㉡ 8
  ×   2 ㉠
  ─────────
    7 0 2
  1 ㉢ 6 0
  ─────────
  2 ㉣ 6 2
```

- $8 \times$ ㉠의 일의 자리 숫자가 2이므로 ㉠은 4 또는 9입니다.
  ㉠=4일 때
  ㉡$8 \times 4 = 702$인 ㉡은 없습니다.
  ㉠=9일 때
  ㉡$8 \times 9 = 702$, ㉡=7입니다.
- $78 \times 20 = 1560$에서 ㉢=5입니다.
- $7 + 5 = 12$에서 ㉣=2입니다.

**18** (상자에 담긴 주사위 수)=$70 \times 20 = 1400$(개)
➡ (전체 주사위 수)=$1400 + 28 = 1428$(개)

**19**

| 점수 | 채점 기준 |
|---|---|
| 10점 | 🔑정답 키워드 $48 \times 27 = 1296$ / $36 \times 37 = 1332$ <br> 낙지 수와 문어 수를 구하여 더 많은 것을 바르게 구했음. |
| 4점 | 낙지 수와 문어 수 중 하나만 바르게 구했음. |
| 2점 | 답만 맞음. |

**20** 계산 결과가 크려면 십의 자리에 큰 수를 놓아야 합니다.
십의 자리에 큰 수 6, 4를 놓고 곱셈식을 만들면
$63 \times 42 = 2646$, $62 \times 43 = 2666$이므로 계산 결과가 가장 큰 곱셈식은 $62 \times 43 = 2666$입니다.

---

101~103쪽     **단원평가**   3회

**01** (왼쪽부터) 800, 40, 2 ; 842
**02** 134, 2, 268     **03** (위부터) 3200, 100
**04** (위부터) 1, 1, 7, 3 ; 7, 8, 20 ; 8, 9, 7
**05** (1) 375 (2) 868     **06** (1) 312 (2) 516
**07** (위부터) 5600, 6300, 4900
**08** 269, 6, 1614     **09** 2187
**10** 2184     **11** (1) ㉡ (2) ㉠ (3) ㉢

---

**12** >            **13** ㉢, ㉠, ㉡
**14** $30 \times 50 = 1500$ ; 1500개
**15** 8, 4          **16** 1488권
**17** $54 \times 60 = 3240$ ; 3240번     **18** 6216개
**19** 예 (옥수수의 수)=$38 \times 54 = 2052$(개)
(고구마의 수)=$40 \times 50 = 2000$(개)
$2052 > 2000$이므로 옥수수가 $2052 - 2000 = 52$(개)
더 많습니다. ; 옥수수, 52개
**20** 490

**12** $968 \times 7 = 6776$, $76 \times 89 = 6764$ ➡ $6776 > 6764$
**13** ㉠ $3 \times 27 = 81$ ㉡ $5 \times 14 = 70$ ㉢ $8 \times 12 = 96$
➡ $\underset{㉢}{96} > \underset{㉠}{81} > \underset{㉡}{70}$

**14**

| 점수 | 채점 기준 |
|---|---|
| 4점 | 식 $30 \times 50 = 1500$을 쓰고 답을 바르게 구했음. |
| 2점 | 식 $30 \times 50$만 썼음. |
| 2점 | 답 1500개만 썼음. |

**15**

```
        7
  ×   ㉡ ㉠
  ─────────
    5 8 8
```

- $7 \times$ ㉠의 일의 자리 숫자가 8이므로 ㉠=4입니다.
- $7 \times$ ㉡=$58 - 2$이므로 $7 \times$ ㉡=$56$, ㉡=8입니다.

**16** $3 \times 496 = 496 \times 3 = 1488$(권)

**17** 1시간=60분

| 점수 | 채점 기준 |
|---|---|
| 6점 | 식 $54 \times 60 = 3240$을 쓰고 답을 바르게 구했음. |
| 3점 | 식 $54 \times 60$만 썼음. |
| 3점 | 답 3240번만 썼음. |

**18** (하루에 만드는 곰 인형 수)=$111 \times 8 = 888$(개)
(일주일 동안 만드는 곰 인형 수)=$888 \times 7$
$= 6216$(개)

**19**

| 점수 | 채점 기준 |
|---|---|
| 10점 | 🔑정답 키워드 $38 \times 54 = 2052$ / $40 \times 50 = 2000$ <br> 옥수수와 고구마의 수를 구하여 어느 것이 몇 개 더 많은지 바르게 구했음. |
| 4점 | 옥수수와 고구마의 수 중 하나만 바르게 구했음. |
| 2점 | 답만 맞음. |

**20** 계산 결과가 작으려면 십의 자리에 작은 수를 놓아야 합니다. 십의 자리에 작은 수 1, 3을 놓고 곱셈식을 만들면 $14 \times 35 = 490$, $15 \times 34 = 510$입니다. $490 < 510$이므로 계산 결과가 가장 작은 곱셈식은 $14 \times 35 = 490$입니다.

---

**104쪽** · **서술형·논술형 문제 1회**

**1** 29, 29, 1363 ; 1363개
**2** ⑩ 15일 동안 한 윗몸 일으키기는 $18 \times 15 = 270$(회)이고 23일 동안 한 윗몸 일으키기는 $25 \times 23 = 575$(회)입니다. 따라서 상혁이가 38일 동안 한 윗몸 일으키기는 모두 $270 + 575 = 845$(회)입니다. ; 845회
**3** (1) $50 \times 70 = 3500$ ; 3500원
　(2) $240 \times 9 = 2160$ ; 2160원
　(3) $90 \times 13 = 1170$ ; 1170원
　(4) 3330원　(5) 170원

**1**
| 점수 | 채점 기준 |
|---|---|
| 8점 | 풀이 과정을 완성하여 배와 사과가 모두 몇 개인지 바르게 구했음. |
| 5점 | 풀이 과정을 완성했지만 일부가 틀림. |
| 2점 | 답만 맞음. |

**2**
| 점수 | 채점 기준 |
|---|---|
| 10점 | 정답 키워드 $18 \times 15 = 270$ / $25 \times 23 = 575$ <br> 15일 동안과 23일 동안 한 윗몸 일으키기 횟수를 각각 구하여 모두 몇 회인지 바르게 구했음. |
| 4점 | 15일 동안과 23일 동안 한 윗몸 일으키기 횟수 중 하나만 바르게 구했음. |
| 2점 | 답만 맞음. |

**3** (4) $2160 + 1170 = 3330$(원)
　(5) $3500 - 3330 = 170$(원)

| 점수 | 채점 기준 |
|---|---|
| 24점 | 정답 키워드 $50 \times 70 = 3500$ / $240 \times 9 = 2160$ / $90 \times 13 = 1170$ <br> (1), (2), (3), (4), (5)를 모두 바르게 구했음. |
| 각 3점 | (1), (2), (3)에서 식을 바르게 썼으면 3점, 답을 바르게 구했으면 3점을 부여함. |
| 각 3점 | (4), (5)를 바르게 구했음. |

---

**105쪽** · **서술형·논술형 문제 2회**

**1** ⑩ (준수가 넣은 돈) $= 50 \times 80 = 4000$(원)
　(도현이가 넣은 돈) $= 50 \times 90 = 4500$(원)
　따라서 두 사람이 넣은 돈은 모두
　$4000 + 4500 = 8500$(원)입니다. ; 8500원
**2** ⑩ (색 테이프 12장의 길이의 합) $= 35 \times 12$
　　　　　　　　　　　　　　 $= 420$ (cm)
　(겹쳐진 부분의 길이의 합) $= 5 \times 11 = 55$ (cm)
　➡ (이은 색 테이프의 전체 길이) $= 420 - 55$
　　　　　　　　　　　　　　 $= 365$ (cm)
　; 365 cm
**3** (1) $93 \times 74 = 6882$ ; 6882
　(2) $743 \times 9 = 6687$ ; 6687　(3) 가은

**1**
| 점수 | 채점 기준 |
|---|---|
| 10점 | 정답 키워드 $50 \times 80 = 4000$ / $50 \times 90 = 4500$ <br> 준수가 넣은 돈과 도현이가 넣은 돈을 각각 알아보고 합을 바르게 구했음. |
| 8점 | 준수가 넣은 돈과 도현이가 넣은 돈을 구했지만 합을 구하는 과정에서 실수가 있어서 답이 틀림. |
| 4점 | 준수가 넣은 돈과 도현이가 넣은 돈 중 하나만 바르게 구함. |

**2** 색 테이프 12장을 이었을 때 겹쳐진 부분은 11군데입니다.

| 점수 | 채점 기준 |
|---|---|
| 15점 | 정답 키워드 $35 \times 12 = 420$ / $5 \times 11 = 55$ <br> 색 테이프 12장의 길이의 합과 겹쳐진 부분의 길이의 합을 이용하여 이은 색 테이프의 전체 길이를 바르게 구했음. |
| 12점 | 색 테이프 12장의 길이의 합과 겹쳐진 부분의 길이의 합을 구했지만 이은 색 테이프의 전체 길이를 구하는 과정에서 실수가 있어서 답이 틀림. |
| 6점 | 색 테이프 12장의 길이의 합과 겹쳐진 부분의 길이의 합 중 하나만 바르게 구함. |

**3**
| 점수 | 채점 기준 |
|---|---|
| 23점 | 정답 키워드 $93 \times 74 = 6882$ / $743 \times 9 = 6687$ <br> (1), (2), (3)을 모두 바르게 구했음. |
| 각 5점 | (1), (2)에서 식을 바르게 썼으면 5점, 답을 바르게 구했으면 5점을 부여함. |
| 3점 | (3)을 바르게 구했음. |

## 2. 나눗셈

**01** 20            **02** 17, 1

**03** (1) 376 (2) 96···4      **04** 18, 3

**05** 4에 ×표             **06** >

**07** 24, 2 ; 3, 24, 2, 74    **08** (    )( ○ )(    )

**09** ㉡, ㉢, ㉣, ㉠       **10** ③

**11** 10개             **12** 92÷4=23 ; 23명

**13** 18봉지           **14** (위부터) 3, 2, 7, 2, 1

**15** 15칸             **16** 15개

**17** 5, 60, 60, 8, 4, 8, 4 ; 8명, 4자루    **18** 25개

**19** 예) 88÷6=14···4 ➡ 6개씩 14바구니에 담고 남는 4개도 담아야 하므로 바구니는 적어도 14+1=15(개) 필요합니다. ; 15개       **20** 39, 2

**12**

| 점수 | 채점 기준 |
|---|---|
| 4점 | 식 92÷4=23을 쓰고 답을 바르게 구했음. |
| 2점 | 식 92÷4만 썼음. |
| 2점 | 답 23명만 썼음. |

**14**

```
      1 ㉠
   7 ) 9 ㉡
      ㉢
    ──────
      2 2
     ㉣ ㉤
    ──────
        1
```

· 22에서 ㉡=2입니다.

· 7×1=㉢, ㉢=7

· 22−㉣㉤=1, ㉣=2, ㉤=1

· 7×㉠=21, ㉠=3

**15** 72÷5=14···2

➡ 5권씩 14칸에 꽂고 남는 2권도 꽂아야 하므로 책꽂이는 적어도 14+1=15(칸) 필요합니다.

**16** (전체 달걀 수)=30×3=90(개) ➡ 90÷6=15(개)

**17**

| 점수 | 채점 기준 |
|---|---|
| 6점 | 풀이 과정을 완성하여 나누어 줄 수 있는 사람 수와 남는 연필의 수를 바르게 구했음. |
| 3점 | 풀이 과정을 완성했지만 일부가 틀림. |

**18** (간격의 수)=(도로의 길이)÷(가로등 사이의 간격)
           =120÷5=24(군데)
(필요한 가로등의 수)=(간격의 수)+1
                =24+1=25(개)

**19**

| 점수 | 채점 기준 |
|---|---|
| 8점 | 🔖 정답 키워드 88÷6=14···4, 14+1=15<br>알맞은 나눗셈식을 세워서 몫보다 1 큰 수를 구해 필요한 바구니의 수를 바르게 구했음. |
| 4점 | 알맞은 나눗셈식을 세웠지만 필요한 바구니의 수를 구하는 과정에서 실수가 있어서 답이 틀림. |

**20** 어떤 수를 □라 하면 □÷4=68···3입니다.
4×68=272 ➡ 272+3=□, □=275이므로 어떤 수는 275입니다.
따라서 바르게 계산하면 275÷7=39···2입니다.

**01** (1) 24···2 (2) 38···3     **02** 18, 2

**03** ③               **04** ( ○ )(    )

**05** (1) ㉡ (2) ㉠ (3) ㉢    **06** (1) 14 (2) 13

**07** (    )( ○ )(    )

**08** (1) ㉢ (2) ㉡ (3) ㉠     **09** ②, ⑤

**10** 10             **11** 108÷9=12 ; 12대

**12** 27자루, 3자루      **13** 6

**14** 48             **15** 25개

**16** (위부터) 6, 4, 6, 7, 2, 4

**17** 2, 56, 56, 56, 4, 14 ; 14 cm

**18** 115개           **19** 3개

**20** 예) 1시간=60분이므로 1시간 20분은 60+20=80(분)입니다. 따라서 한 쪽을 푸는 데 걸리는 시간은 80÷5=16(분)입니다. ; 16분

**11**

| 점수 | 채점 기준 |
|---|---|
| 4점 | 식 108÷9=12를 쓰고 답을 바르게 구했음. |
| 2점 | 식 108÷9만 썼음. |
| 2점 | 답 12대만 썼음. |

**14** ㉠이 가장 큰 수가 되려면 □ 안에 들어갈 나머지는 6이 되어야 합니다. 따라서 7×6=42, 42+6=48이므로 ㉠=48입니다.

**15** (간격의 수)=(호수의 둘레)÷(화분 사이의 간격)
           =150÷6=25(군데)
호수 둘레를 따라 걸으면 시작점과 끝점이 만나므로 화분의 수는 간격의 수와 같습니다. 따라서 화분을 모두 25개 놓았습니다.

**16**

$$\begin{array}{r} 1\,\fbox{㉠} \\ \fbox{㉡}\,\big)\,\fbox{㉢}\,7 \\ \hline 4\phantom{0} \\ \hline 2\,\fbox{㉣} \\ \fbox{㉤}\,\fbox{㉥} \\ \hline 3 \end{array}$$

- ㉢−4=2에서 ㉢=6입니다.
- ㉡×1=4에서 ㉡=4입니다.
- ㉣=7이므로 27−㉤㉥=3에서
  ㉤=2, ㉥=4입니다.
- ㉡×㉠=㉤㉥이므로
  4×㉠=24, ㉠=6입니다.

**17**

| 점수 | 채점 기준 |
|---|---|
| 6점 | 풀이 과정을 완성하여 정사각형의 한 변의 길이를 바르게 구했음. |
| 3점 | 풀이 과정을 완성했지만 일부가 틀림. |

**19** (전체 수박의 수)=8×9=72(개)

수박 72개를 한 상자에 6개씩 담으려면 상자는
72÷6=12(개)가 필요합니다.
처음에 상자가 9개 있었으므로 상자는 12−9=3(개)
더 필요합니다.

**20**

| 점수 | 채점 기준 |
|---|---|
| 8점 | 🔔정답 키워드 80분, 80÷5=16<br>1시간 20분이 몇 분인지 구한 다음 알맞은 나눗셈식을 세워서 답을 바르게 구했음. |
| 4점 | 1시간 20분이 몇 분인지 구했지만 알맞은 나눗셈식을 세우지 못하여 답이 틀림. |

**113~115쪽**　　　　**단원평가** **3회**

**01** (1) 17　(2) 13…6　**02** (1) ㉡　(2) ㉠　(3) ㉢
**03** ( ○ )(　　)　**04** 21, 7
**05** 28…2 ; 7×28=196, 196+2=198
**06** (1) ㉠　(2) ㉢　(3) ㉡　**07** ③
**08** 6　**09** ㉠, ㉣, ㉢, ㉡
**10** 0, 5　**11** 12개
**12** 97÷5=19…2 ; 19, 2　**13** 27개, 5 cm
**14** 52장
**15** 25, 6, 25, 175, 175, 181, 181 ; 181
**16** 28명, 4권　　　**17** 12자루
**18** 예 (끈의 길이)=(삼각형의 세 변의 길이의 합)
　　　　　　　 =32×3=96 (cm)
　　따라서 정사각형은 네 변의 길이가 모두 같으므로 한
　　변의 길이는 96÷4=24 (cm)입니다. ; 24 cm
**19** (위부터) 9, 5, 7, 5, 4, 4, 5
**20** 50그루

**10**

$$\begin{array}{r} 1\,\blacktriangle \\ 5\,\big)\,7\,\fbox{} \\ \hline 5\phantom{0} \\ \hline 2\,\fbox{} \\ 2\,\fbox{} \\ \hline 0 \end{array}$$

➡ 5×▲=2□이어야 합니다.
5×4=20, 5×5=25이므로 □ 안에
0, 5를 넣으면 나누어떨어집니다.

**12**

| 점수 | 채점 기준 |
|---|---|
| 4점 | 식 97÷5=19…2를 쓰고 답을 바르게 구했음. |
| 2점 | 식 97÷5만 썼음. |
| 2점 | 답 19, 2만 썼음. |

**15**

| 점수 | 채점 기준 |
|---|---|
| 6점 | 풀이 과정을 완성하여 어떤 수를 바르게 구했음. |
| 3점 | 풀이 과정을 완성했지만 일부가 틀림. |

**17** (연필 수)=12×3=36(자루)
(연필과 볼펜 수의 합)=36+24=60(자루)
➡ 60÷5=12(자루)

**18**

| 점수 | 채점 기준 |
|---|---|
| 8점 | 🔔정답 키워드 32×3=96, 96÷4=24<br>끈의 길이가 몇 cm인지 구한 다음 알맞은 나눗셈식을 세워서 답을 바르게 구했음. |
| 4점 | 끈의 길이가 몇 cm인지 구했지만 알맞은 나눗셈식을 세우지 못하여 답이 틀림. |

**19**

$$\begin{array}{r} 1\,\fbox{㉠} \\ \fbox{㉡}\,\big)\,9\,\fbox{㉢} \\ \hline \fbox{㉣} \\ \hline \fbox{㉤}\,7 \\ \fbox{㉥}\,\fbox{㉦} \\ \hline 2 \end{array}$$

- ㉢=7
- 7−㉦=2, ㉦=5
- 몫의 십의 자리 숫자가 1이므로
  ㉡=5, 6, 7, 8, 9가 될 수 있고,
  ㉡×㉠=㉥5이므로 ㉡=5, 7, 9가
  될 수 있습니다.
- ㉡=7, 9일 때 식은 성립하지 않고
  ㉡=5일 때 ㉣=5, 9−5=㉤,
  ㉤=4입니다.
- 4−㉥=0, ㉥=4
- 5×9=45이므로 ㉠=9입니다.

**20** (간격의 수)=(산책로의 길이)÷(가로수 사이의 간격)
　　　　　 =192÷8=24(군데)
(산책로의 한쪽 가로수의 수)=(간격의 수)+1
　　　　　　　　　　　　 =24+1=25(그루)
(산책로의 양쪽 가로수의 수)
＝(산책로의 한쪽 가로수의 수)×2
＝25×2=50(그루)

**1** ⓔ 나머지가 나누는 수와 같으므로 잘못되었습니다. ;

$$\begin{array}{r} 1\,4 \\ 4\,)\overline{\,5\,6} \\ 4\phantom{0} \\ \hline 1\,6 \\ 1\,6 \\ \hline 0 \end{array}$$

**2** ⓔ $75 \div 6 = 12 \cdots 3$ ➡ 6자루씩 필통 12개에 넣고 남는 3자루도 넣어야 하므로 필통은 적어도 $12 + 1 = 13$(개) 필요합니다. ; 13개

**3** ⓔ 서울: $84 \div 4 = 21$ (mm), 인천: $57 \div 3 = 19$ (mm) 따라서 서울이 $21 - 19 = 2$ (mm) 더 많이 내렸습니다. ; 서울, 2 mm

**4** ⓔ 어떤 수를 □라 하면 □$\div 6 = 19 \cdots 3$입니다. $6 \times 19 = 114$ ➡ $114 + 3 =$□, □$= 117$이므로 어떤 수는 117입니다. 따라서 바르게 계산하면 $117 \div 8 = 14 \cdots 5$입니다. ; 14, 5

**1**

| 점수 | 채점 기준 |
|---|---|
| 6점 | 🔑정답 키워드 **나머지가 나누는 수와 같음**<br>잘못된 이유를 쓰고 바르게 계산했음. |
| 3점 | 잘못된 이유를 쓰거나 바르게 계산하는 것 중 하나만 바르게 함. |

**2**

| 점수 | 채점 기준 |
|---|---|
| 6점 | 🔑정답 키워드 $75 \div 6 = 12 \cdots 3$<br>알맞은 나눗셈을 세워서 몫보다 1 큰 수를 구해 필요한 필통의 수를 바르게 구했음. |
| 3점 | 알맞은 나눗셈식을 세웠지만 필요한 필통의 수를 구하는 과정에서 실수가 있어서 답이 틀림. |

**3**

| 점수 | 채점 기준 |
|---|---|
| 8점 | 🔑정답 키워드 $84 \div 4 = 21$, $57 \div 3 = 19$, $21 - 19 = 2$<br>서울과 인천에 한 시간 동안 내린 비의 양을 각각 구한 다음 알맞은 뺄셈식을 세워서 답을 바르게 구했음. |
| 4점 | 서울과 인천에 한 시간 동안 내린 비의 양을 구했지만 알맞은 뺄셈식을 세우지 못하여 답을 구하지 못함. |

**4**

| 점수 | 채점 기준 |
|---|---|
| 10점 | 🔑정답 키워드 $6 \times 19 = 114$, $114 + 3 = 117$, $117 \div 8 = 14 \cdots 5$<br>어떤 수를 구한 다음 알맞은 나눗셈식을 세워서 답을 바르게 구했음. |
| 5점 | 어떤 수를 구했지만 알맞은 나눗셈식을 세우지 못하여 답을 구하지 못함. |

**1** ⓔ 사탕이 243개 있습니다. 사탕을 한 명에게 9개씩 나누어 주면 몇 명에게 나누어 줄 수 있습니까? ; 27명

**2** ⓔ 굴비 4두름은 굴비 $20 \times 4 = 80$(마리)입니다. 따라서 한 명이 가질 수 있는 굴비는 $80 \div 5 = 16$(마리)입니다. ; 16마리

**3** ⓔ (닭의 다리 수)$= 2 \times 12 = 24$(개) (돼지와 소의 다리 수의 합)$= 124 - 24 = 100$(개) (돼지와 소의 수의 합)$= 100 \div 4 = 25$(마리) 따라서 모두 $12 + 25 = 37$(마리)입니다. ; 37마리

**4** ⓔ 전체 색 테이프의 길이를 □ cm라 하면 □$\div 5 = 32 \cdots 4$입니다. $5 \times 32 = 160$ ➡ $160 + 4 =$□, □$= 164$이므로 전체 색 테이프의 길이는 164 cm입니다. 따라서 $164 \div 7 = 23 \cdots 3$이므로 7 cm씩 자르면 23도막이 되고, 3 cm가 남습니다. ; 23도막, 3 cm

**1**

| 점수 | 채점 기준 |
|---|---|
| 6점 | 문제를 만들고 답을 바르게 구했음. |
| 3점 | 문제를 만들거나 나눗셈의 몫을 구하는 것 중 하나만 바르게 함. |

**2**

| 점수 | 채점 기준 |
|---|---|
| 8점 | 🔑정답 키워드 $20 \times 4 = 80$, $80 \div 5 = 16$<br>굴비의 수가 몇 마리인지 구한 다음 알맞은 나눗셈식을 세워서 답을 바르게 구했음. |
| 4점 | 굴비의 수가 몇 마리인지 구했지만 알맞은 나눗셈식을 세우지 못하여 답이 틀림. |

**3**

| 점수 | 채점 기준 |
|---|---|
| 10점 | 🔑정답 키워드 $2 \times 12 = 24$, $124 - 24 = 100$, $100 \div 4 = 25$, $12 + 25 = 37$<br>닭의 다리 수를 이용하여 돼지와 소의 수의 합을 구해 답을 바르게 구했음. |
| 5점 | 닭의 다리 수를 이용하여 돼지와 소의 수의 합을 구했지만 알맞은 덧셈식을 세우지 못하여 답을 구하지 못함. |

**4**

| 점수 | 채점 기준 |
|---|---|
| 10점 | 🔑정답 키워드 $5 \times 32 = 160$, $160 + 4 = 164$, $164 \div 7 = 23 \cdots 3$<br>전체 색 테이프의 길이를 구한 다음 알맞은 나눗셈식을 세워서 답을 바르게 구했음. |
| 5점 | 전체 색 테이프의 길이를 구했지만 알맞은 나눗셈식을 세우지 못하여 답을 구하지 못함. |

## 3. 원

**01** (왼쪽부터) 중심, 지름　　**02** 2 cm

**03** ㉢　　**04** 2

**05** 예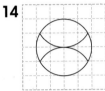

**06** 6 cm

**07** ㉢

**08** 4 cm, 2 cm

**09** 15 cm

**10** 찬열

**11**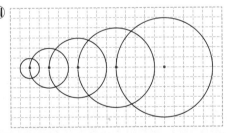

**12** 3군데

**13** 3, 6, 3, 6, 18
; 18 cm

**14**

**15** 5 cm

**16** 예 원의 지름은 정사각형의 한 변의 길이와 같습니다.
(원의 지름)=64÷4=16 (cm)
➡ (원의 반지름)=(원의 지름)÷2
=16÷2=8 (cm) ; 8 cm

**17** ㉢, ㉠, ㉡　　**18** 80 cm

**19** 예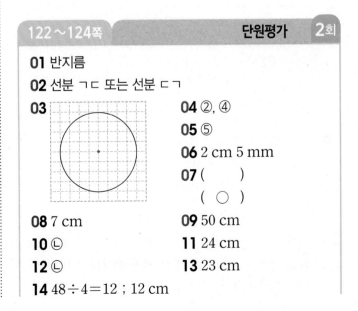

예 반지름이 모눈 한 칸씩 늘어나고, 원의 중심이 오른
쪽으로 2칸, 3칸, 4칸……씩 옮겨지는 규칙입니다.

**20** 14 cm

**04** (원의 지름)=(원의 반지름)×2

**07** ㉠ 한 원에서 지름은 무수히 많습니다.
㉡ 한 원에서 원의 중심은 1개입니다.

**12**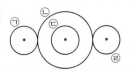

원 ㉡과 원 ㉢의 중심은 같으므로 컴퍼스의 침을 꽂아
야 할 곳은 모두 3군데입니다.

**13**

| 점수 | 채점 기준 |
|---|---|
| 5점 | 풀이 과정을 완성하여 선분 ㄱㄴ의 길이를 바르게 구했음. |
| 2점 | 풀이 과정을 완성했지만 일부가 틀림. |

**16**

| 점수 | 채점 기준 |
|---|---|
| 6점 | 🔑 정답 키워드 64÷4=16, 16÷2=8<br>정사각형의 한 변의 길이가 원의 지름임을 알고 반지름의 길이를 바르게 구했음. |
| 3점 | 정사각형의 한 변의 길이가 원의 지름임을 알았으나 답을 구하지 못함. |

**18** • 가로는 4 cm의 6배이므로 4×6=24 (cm)입니다.
• 세로는 4 cm의 4배이므로 4×4=16 (cm)입니다.
➡ (직사각형의 네 변의 길이의 합)
=24+16+24+16=80 (cm)

**19**

| 점수 | 채점 기준 |
|---|---|
| 8점 | 규칙을 바르게 쓰고, 그 규칙에 알맞게 원을 1개 그렸음. |
| 4점 | 규칙은 바르게 썼으나 규칙에 맞게 원을 그리지 못함. |
| 4점 | 원은 바르게 그렸으나 규칙을 쓰지 못함. |

**20** (삼각형의 한 변의 길이)=84÷3=28 (cm)
삼각형의 한 변의 길이는 반지름의 4배이므로
(원의 반지름)=28÷4=7 (cm)입니다.
➡ (원의 지름)=7×2=14 (cm)

**01** 반지름

**02** 선분 ㄱㄷ 또는 선분 ㄷㄱ

**03**

**04** ②, ④

**05** ⑤

**06** 2 cm 5 mm

**07** (　　)
(　○　)

**08** 7 cm

**09** 50 cm

**10** ㉡

**11** 24 cm

**12** ㉡

**13** 23 cm

**14** 48÷4=12 ; 12 cm

**15**

**16** 36 cm

**17** 10, 5, 10, 5, 30 ; 30 cm

**18** 예 선분 ㄱㄴ과 선분 ㄴㄷ은 각각 큰 원의 반지름과 같고 선분 ㄱㄹ과 선분 ㄷㄹ은 각각 작은 원의 반지름과 같습니다.
➡ (사각형 ㄱㄴㄷㄹ의 네 변의 길이의 합)
$=12+12+9+9=42$ (cm) ; 42 cm

**19** 12 cm

**20** 16 cm

**07** 반지름이 3 cm인 원 → 지름이 6 cm
➡ $6>5$이므로 지름이 5 cm인 원이 더 작습니다.

**09** 1 m=100 cm, $50+50=100$이므로 원의 반지름은 50 cm입니다.

**10** ㉠, ㉢, ㉣ 원의 중심을 옮겨 가며 그린 모양

**14** 정사각형의 한 변의 길이는 원의 반지름의 4배와 같습니다.

| 점수 | 채점 기준 |
|---|---|
| 4점 | 식 $48÷4=12$를 쓰고 답을 바르게 구했음. |
| 2점 | 식 $48÷4$만 썼음. |
| 2점 | 답 12 cm만 썼음. |

**17**

| 점수 | 채점 기준 |
|---|---|
| 6점 | 풀이 과정을 완성하여 직사각형 ㄱㄴㄷㄹ의 네 변의 길이의 합을 바르게 구했음. |
| 3점 | 풀이 과정을 완성했지만 일부가 틀림. |

**18**

| 점수 | 채점 기준 |
|---|---|
| 10점 | 정답 키워드 $12+12+9+9=42$<br>각 변의 길이를 구한 다음 길이의 합을 바르게 구했음. |
| 5점 | 각 변의 길이를 구했으나 길이의 합을 구하지 못함. |

**19** 가장 작은 원의 반지름이 3 cm이므로 지름은 6 cm입니다. 가장 큰 원의 반지름이 $3+2+2+2=9$ (cm)이므로 지름은 18 cm입니다.
➡ $18-6=12$ (cm)

**20** (선분 ㄱㅇ)+(선분 ㄴㅇ)=$28-12=16$ (cm)이고 (선분 ㄱㅇ)=(선분 ㄴㅇ)=(원의 반지름)이므로 원의 지름은 16 cm입니다.

---

**1** 2, 7, 2, 14 ; 14 cm

**2** $6×4=24$ ; 24 cm

**3** 예 원의 지름은 6 cm이고 정사각형의 한 변의 길이는 원의 지름의 3배이므로 $6×3=18$ (cm)입니다.
➡ (정사각형의 네 변의 길이의 합)
$=18×4=72$ (cm) ; 72 cm

**4**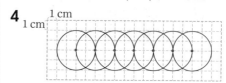

예 반지름이 2 cm인 원을 오른쪽으로 2칸씩 원의 중심을 옮겨 가면서 그렸습니다.

**1**

| 점수 | 채점 기준 |
|---|---|
| 6점 | 풀이 과정을 완성하여 원의 지름을 바르게 구했음. |
| 3점 | 풀이 과정을 완성했지만 일부가 틀림. |

**2** (선분 ㄱㄴ)=(선분 ㄴㄷ)=(선분 ㄷㄹ)=(선분 ㄹㄱ)
$=3×2=6$ (cm)

| 점수 | 채점 기준 |
|---|---|
| 6점 | 식 $6×4=24$를 쓰고 답을 바르게 구했음. |
| 3점 | 식 $6×4$만 썼음. |
| 3점 | 답 24 cm만 썼음. |

**3**

| 점수 | 채점 기준 |
|---|---|
| 8점 | 정답 키워드 $6×3=18$, $18×4=72$<br>정사각형의 한 변의 길이를 구한 다음 네 변의 길이의 합을 바르게 구했음. |
| 5점 | 정사각형의 한 변의 길이를 구했으나 네 변의 길이의 합을 구하지 못함. |
| 2점 | 정사각형의 한 변의 길이를 구하는 방법은 알았으나 계산을 바르게 하지 못함. |

**4**

| 점수 | 채점 기준 |
|---|---|
| 8점 | 정답 키워드 반지름이 2 cm, 오른쪽으로 2칸<br>규칙을 바르게 쓰고, 그 규칙에 알맞게 원을 2개 그렸음. |
| 4점 | 규칙은 바르게 썼으나 규칙에 맞게 원을 그리지 못함. |
| 4점 | 원은 바르게 그렸으나 규칙을 쓰지 못함. |

1 ⑴ 26 cm, 36 cm, 40 cm, 30 cm

⑵ 예 친구들이 먹은 피자의 지름을 비교하면
40 cm＞36 cm＞30 cm＞26 cm입니다. 따라서 큰 피자를 먹은 사람부터 순서대로 구하면 아라, 민우, 선규, 송이입니다. ; 아라, 민우, 선규, 송이

2 예 (정사각형의 한 변의 길이)＝(큰 반원의 지름)
＝(선분 ㄱㄴ의 길이)×4
➡ (선분 ㄱㄴ의 길이)＝32÷4＝8 (cm)
; 8 cm

3 예 선분 ㄱㄴ과 선분 ㄴㄷ은 각각 큰 원의 반지름과 같고 선분 ㄷㄹ과 선분 ㄹㄱ은 각각 작은 원의 반지름과 같습니다.
➡ (선분 ㄱㄴ)＋(선분 ㄴㄷ)＋(선분 ㄷㄹ)＋(선분 ㄹㄱ)
＝11＋11＋7＋7＝36 (cm) ; 36 cm

1 ⑴ 민우가 먹은 피자의 지름: $18 \times 2 = 36$ (cm)
아라가 먹은 피자의 지름: $20 \times 2 = 40$ (cm)

| 점수 | 채점 기준 |
|---|---|
| 10점 | 📍정답 키워드 40 cm＞36 cm＞30 cm＞26 cm ⑴의 각 피자의 지름과 ⑵의 풀이 과정과 답을 모두 바르게 썼음. |
| 8점 | ⑴의 각 피자의 지름을 바르게 구했으나 ⑵의 풀이 과정에서 일부를 틀림. |
| 6점 | ⑴의 각 피자의 지름을 바르게 구했으나 ⑵의 답만 맞음. |
| 4점 | ⑴의 답만 바르게 구함. |

2

| 점수 | 채점 기준 |
|---|---|
| 8점 | 📍정답 키워드 $32 \div 4 = 8$ 정사각형의 한 변이 큰 반원의 지름인 것을 알고 선분 ㄱㄴ의 길이를 바르게 구했음. |
| 3점 | 정사각형의 한 변이 큰 반원의 지름인 것은 알았으나 선분 ㄱㄴ의 길이를 바르게 구하지 못함. |

3

| 점수 | 채점 기준 |
|---|---|
| 10점 | 📍정답 키워드 $11 + 11 + 7 + 7 = 36$ 각 변의 길이를 구한 다음 길이의 합을 바르게 구했음. |
| 5점 | 각 변의 길이를 구했으나 길이의 합을 구하지 못함. |
| 3점 | 각 변의 일부만 구함. |

## 4. 분수

01 $\frac{5}{6}$   02 $\frac{3}{10}$

03 예  ; $\frac{2}{5}$

04 9 cm   05 $\frac{1}{4}$, $\frac{2}{3}$, $\frac{5}{8}$, $\frac{4}{7}$에 ○표

06 (왼쪽부터) $\frac{4}{3}$, $\frac{5}{3}$, $\frac{7}{3}$, $\frac{8}{3}$

07 예 ▢▢▢ ; $\frac{13}{5}$

08 ⑴ $\frac{17}{5}$ ⑵ $\frac{32}{7}$   09 ⑴ $7\frac{5}{6}$ ⑵ $12\frac{3}{4}$

10 $\frac{6}{9}$, $\frac{7}{9}$, $\frac{8}{9}$   11 ⑴ ＜ ⑵ ＞   12 ㉢

13 $\frac{2}{3}$, $\frac{3}{3}$, $\frac{2}{3}$, $\frac{5}{3}$, $\frac{5}{3}$ ; $\frac{5}{3}$개

14 (위부터) $2\frac{1}{7}$, $\frac{13}{7}$   15 7개   16 6개

17 예 $\frac{3}{5}$은 전체를 똑같이 5묶음으로 나눈 것 중 3묶음입니다. 30을 5묶음으로 나누면 한 묶음은 6이므로 3묶음은 18입니다. 따라서 이웃집에 준 사과는 18개입니다. ; 18개

18 4, 5, 6, 7   19 6, 36, 36, 36, 4, 3, 27 ; 27

20 4개

13

| 점수 | 채점 기준 |
|---|---|
| 6점 | 풀이 과정을 완성하여 태진이가 먹은 사과가 몇 개인지 가분수로 바르게 나타냈음. |
| 3점 | 풀이 과정을 완성했지만 일부가 틀림. |
| 1점 | 답만 맞음. |

17

| 점수 | 채점 기준 |
|---|---|
| 8점 | 📍정답 키워드 5묶음으로 나눈 것 중 3묶음 30의 $\frac{3}{5}$을 알고 이웃집에 준 사과의 개수를 바르게 구했음. |
| 4점 | 전체를 똑같이 5묶음으로 나누어 몇 묶음인지 구했으나 답이 틀림. |
| 2점 | 답만 맞음. |

**18** $\dfrac{7}{★}$이 가분수이려면 ★은 7, 6, 5, 4, 3, 2이고,

$\dfrac{★}{4}$이 가분수이려면 ★은 4, 5, 6, 7, 8……입니다.

따라서 ★이 될 수 있는 수는 4, 5, 6, 7입니다.

**19**

| 점수 | 채점 기준 |
|---|---|
| 8점 | 풀이 과정을 완성하여 어떤 수의 $\dfrac{3}{4}$을 바르게 구했음. |
| 4점 | 풀이 과정을 완성했지만 일부가 틀림. |
| 2점 | 답만 맞음. |

**20** $\dfrac{12}{5}=2\dfrac{2}{5}$이므로 $2\dfrac{2}{5}$보다 작고 자연수 부분이 1인

대분수는 $1\dfrac{2}{5}$, $1\dfrac{3}{5}$, $1\dfrac{4}{5}$이고, 자연수 부분이 2인 대

분수는 $2\dfrac{1}{5}$입니다. ➡ 4개

**131 ~ 133쪽** **단원평가** **2회**

**01** 6, 5  **02** 예 ; $\dfrac{3}{4}$

**03** $\dfrac{9}{5}$ $\dfrac{3}{7}$ $\dfrac{10}{10}$ $\dfrac{1}{7}$ $\dfrac{5}{3}$

**04** ④  **05** (1) $\dfrac{37}{5}$ (2) $7\dfrac{4}{9}$

**06** (1) 6개 (2) 14개 예

**07** (1) <  (2) <  **08** $\dfrac{20}{11}$, $\dfrac{17}{11}$에 ◯표

**09** $\dfrac{8}{2}$, $\dfrac{8}{3}$, $\dfrac{8}{4}$, $\dfrac{8}{5}$, $\dfrac{8}{6}$, $\dfrac{8}{7}$, $\dfrac{8}{8}$  **10** 2, 3, 4, 5, 6, 7

**11** 15개  **12** $\dfrac{121}{4}$ kg, $\dfrac{122}{4}$ kg

**13** 5, 4, 80 ; 80 cm  **14** 7

**15** $1\dfrac{1}{4}$, $3\dfrac{1}{2}$ ; 예 사과를 예린이는 $1\dfrac{1}{4}$개, 훈정이는 $3\dfrac{1}{2}$ 개 가지고 있습니다.

**16** ㉠  **17** 28명

**18** $\dfrac{3}{7}$  **19** $4\dfrac{1}{2}$

**20** 4, 1, 8, 5, $4\dfrac{1}{7}$, $8\dfrac{5}{7}$, 5, 6, 7, 8, 5, 6, 7, 8, 26 ; 26

**12** $30=\dfrac{120}{4}$이므로 가은이의 몸무게는 $\dfrac{120}{4}$ kg이고,

$30\dfrac{3}{4}=\dfrac{123}{4}$이므로 영아의 몸무게는 $\dfrac{123}{4}$ kg입니

다. 따라서 상혁이의 몸무게는 $\dfrac{121}{4}$ kg, $\dfrac{122}{4}$ kg이

될 수 있습니다.

**13**

| 점수 | 채점 기준 |
|---|---|
| 6점 | 풀이 과정을 완성하여 몇 cm인지 바르게 구했음. |
| 3점 | 풀이 과정을 완성했지만 일부가 틀림. |
| 1점 | 답만 맞음. |

**15**

| 점수 | 채점 기준 |
|---|---|
| 6점 | 정답 키워드 $1\dfrac{1}{4}$, $3\dfrac{1}{2}$<br>가분수를 모두 대분수로 나타내고, 문장을 바르게 만들었음. |
| 3점 | 가분수를 모두 대분수로 나타내고, 문장을 만들었으나 어색함. |
| 1점 | 가분수를 모두 대분수로 나타내기만 했음. |

**16** ㉠ 35의 $\dfrac{3}{5}$은 21이므로 철사는 21 m입니다.

㉡ 24의 $\dfrac{5}{6}$는 20이므로 노끈은 20 m입니다.

**17** 40의 $\dfrac{3}{10}$은 12이므로 남학생은 12명입니다.

따라서 여학생은 40-12=28(명)입니다.

**18** 전체는 42÷6=7(모둠)이고 학생 18명은 3모둠입니

다. 따라서 학생 18명은 전체의 $\dfrac{3}{7}$입니다.

**19** 가장 큰 가분수가 되려면 분모는 가장 작은 수, 분자는

가장 큰 수여야 하므로 $\dfrac{9}{2}$입니다.

➡ $\dfrac{9}{2}$ → ($\dfrac{8}{2}$과 $\dfrac{1}{2}$) → (4와 $\dfrac{1}{2}$) → $4\dfrac{1}{2}$

**20**

| 점수 | 채점 기준 |
|---|---|
| 8점 | 풀이 과정을 완성하여 조건에 맞는 자연수의 합을 바르게 구했음. |
| 4점 | 풀이 과정을 완성했지만 일부가 틀림. |
| 2점 | 답만 맞음. |

**단원평가** 3회

**01** 6  **02** 3개  **03** $\dfrac{3}{10}$

**04** $\dfrac{8}{3}$, $\dfrac{7}{7}$, $\dfrac{7}{2}$ 에 ○표  **05** (1) ⓒ (2) ⓐ (3) ⓑ

**06** (1) $8\dfrac{4}{7}$  (2) $\dfrac{32}{9}$

**07**

**08** (예) 0 1 2 3 4 5 6 7 8 9 10 11 12 ; 10칸

**09** ⓒ  **10** 15분

**11** (1) ⓒ (2) ⓐ (3) ⓑ  **12** 1, 2, 3, 4

**13** $\dfrac{4}{9}$  **14** $\dfrac{3}{8}$, 12, 32, 12, 20 ; 20개  **15** $\dfrac{22}{9}$

**16** $4\dfrac{4}{5}$  **17** $\dfrac{5}{6}$, 35, $\dfrac{4}{7}$, 24, 노란 ; 노란색 색종이

**18** $\dfrac{20}{8}$  **19** 11개

**20** (예) $3\dfrac{1}{9}$, $3\dfrac{2}{9}$, $3\dfrac{3}{9}$, $3\dfrac{4}{9}$, $3\dfrac{5}{9}$, $3\dfrac{6}{9}$, $3\dfrac{7}{9}$, $3\dfrac{8}{9}$, $4\dfrac{1}{9}$, $4\dfrac{2}{9}$, $4\dfrac{3}{9}$, $4\dfrac{4}{9}$, $4\dfrac{5}{9}$, $4\dfrac{6}{9}$ 으로 14개입니다. ; 14개

**14**

| 점수 | 채점 기준 |
|---|---|
| 6점 | 풀이 과정을 완성하여 먹고 남은 초콜릿이 몇 개인지 바르게 구했음. |
| 3점 | 풀이 과정을 완성했지만 일부가 틀림. |
| 1점 | 답만 맞음. |

**15** 가장 작은 대분수는 $2\dfrac{4}{9}$ 입니다.

➡ $2\dfrac{4}{9}$ → (2와 $\dfrac{4}{9}$) → ($\dfrac{18}{9}$과 $\dfrac{4}{9}$) → $\dfrac{22}{9}$

**16** 합이 29, 차가 19인 두 수는 24와 5입니다.

➡ $\dfrac{24}{5}$ → ($\dfrac{20}{5}$과 $\dfrac{4}{5}$) → (4와 $\dfrac{4}{5}$) → $4\dfrac{4}{5}$

**17**

| 점수 | 채점 기준 |
|---|---|
| 8점 | 풀이 과정을 완성하여 더 많이 사용한 색종이가 어느 색인지 바르게 구했음. |
| 4점 | 풀이 과정을 완성했지만 일부가 틀림. |
| 2점 | 답만 맞음. |

**18** $1\dfrac{5}{8} = \dfrac{13}{8}$, $2\dfrac{1}{8} = \dfrac{17}{8}$ 이므로

$\dfrac{13}{8} < \dfrac{15}{8} < \dfrac{17}{8} < \dfrac{20}{8}$ 입니다.

**19** $\dfrac{54}{7} = 7\dfrac{5}{7}$ 이므로 $7\dfrac{6}{7}$, $8\dfrac{2}{7}$, $8\dfrac{3}{7}$, $8\dfrac{4}{7}$, $8\dfrac{5}{7}$, $8\dfrac{6}{7}$, $9\dfrac{2}{7}$, $9\dfrac{3}{7}$, $9\dfrac{4}{7}$, $9\dfrac{5}{7}$, $9\dfrac{6}{7}$ 으로 모두 11개입니다.

**20**

| 점수 | 채점 기준 |
|---|---|
| 10점 | (정답 키워드) $3\dfrac{1}{9}$, ……, $3\dfrac{8}{9}$, $4\dfrac{1}{9}$, ……, $4\dfrac{6}{9}$ <br> 조건에 맞는 대분수를 찾아 답을 바르게 구했음. |
| 6점 | 조건에 맞는 대분수의 개수를 구하는 과정에서 실수하여 몇 개를 빠뜨림. |
| 3점 | 답만 맞음. |

**서술형·논술형 문제** 1회

**1** (예) 12를 똑같이 4묶음으로 나눈 것 중의 3묶음은 9이므로 9칸에 색칠합니다.

(예)

**2** 5, $5\dfrac{6}{8}$, $5\dfrac{6}{8}$, 5, 6, 4, 3, 5, 1, 5, 6, 나비 ; 나비

**3** (1) (예) 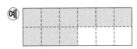, 30, 30 ; 30개

(2) $\dfrac{22}{36}$, $\dfrac{11}{18}$

**1**

| 점수 | 채점 기준 |
|---|---|
| 6점 | (정답 키워드) 똑같이 4묶음으로 나눈 것 중의 3묶음 분수만큼은 얼마인지 구해 바르게 색칠했음. |
| 3점 | 9칸에 색칠만 함. |

**2**

| 점수 | 채점 기준 |
|---|---|
| 6점 | 풀이 과정을 완성하여 날개 길이가 가장 긴 곤충을 바르게 구했음. |
| 3점 | 풀이 과정을 완성했지만 일부가 틀림. |
| 1점 | 답만 맞음. |

**3**

| 점수 | 채점 기준 |
|---|---|
| 10점 | (1)의 풀이 과정을 완성하여 답을 바르게 구했고, (2)에서 두 가지로 바르게 나타냄. |
| 6점 | (1)의 답과 (2)만 바르게 구했음. |
| 4점 | (2)만 바르게 구했음. |

**138쪽** 서술형·논술형 문제 **2회**

**1** (1) 분자, 분모, $\dfrac{6}{9}$, $\dfrac{3}{7}$, $\dfrac{8}{9}$, $\dfrac{5}{7}$ ; $\dfrac{6}{9}$, $\dfrac{3}{7}$, $\dfrac{8}{9}$, $\dfrac{5}{7}$

(2) 분자, 분모, 분모, $\dfrac{9}{7}$, $\dfrac{9}{9}$, 자연수, 진분수, $1\dfrac{3}{7}$

; $\dfrac{9}{7}$, $\dfrac{9}{9}$, $1\dfrac{3}{7}$

(3) $1\dfrac{3}{7}$

**2** (1) 예 ②는 ① 2개, ③은 ① 4개로 덮을 수 있습니다. 여우를 만드는 데 ①은 5개, ②는 2개, ③은 1개 사용했으므로 ①은 모두 13개 필요합니다. ; 13개

(2) 예 $\dfrac{1}{8}$이 13개이면 $\dfrac{13}{8}$이고, $\dfrac{13}{8}=1\dfrac{5}{8}$이므로 색종이는 $1\dfrac{5}{8}$장 필요합니다. ; $1\dfrac{5}{8}$장

**1**

| 점수 | 채점 기준 |
|---|---|
| 10점 | (1), (2)의 풀이 과정을 완성하여 답을 바르게 구했고, (3)의 답을 바르게 구했음. |
| 8점 | (1), (2)의 풀이 과정 일부가 틀리고, (3)의 답을 바르게 구했음. |

(3) ⓒ을 지나간 분수는 $\dfrac{9}{7}$, $\dfrac{9}{9}$, $1\dfrac{3}{7}$입니다.

$\dfrac{9}{7}=1\dfrac{2}{7}$, $\dfrac{9}{9}=1$이고 $1\dfrac{3}{7}>1\dfrac{2}{7}>1$이므로 $1\dfrac{3}{7}$이 가장 큰 수입니다.

**2** (1) ②가 2개인 것은 ①이 $2+2=4$(개)인 것이고, ③이 1개인 것은 ①이 4개인 것입니다. 따라서 여우를 만드는 데 ①은 $5+4+4=13$(개) 필요합니다.

| 점수 | 채점 기준 |
|---|---|
| 10점 | 정답 키워드 ②는 ① 2개, ③은 ① 4개 / $\dfrac{1}{8}$이 13개 <br> (1), (2)의 풀이 과정과 답을 바르게 구했음. |
| 5점 | (1)의 풀이 과정과 답만 바르게 구했음. |
| 2점 | (1)에서 일부가 잘못되어 (2)는 구하지 못했음. |

# 5. 들이와 무게

**140~142쪽** 단원평가 **1회**

**01** 2 리터 700 밀리리터　　**02** ㉠, ㉢, ㉣, ㉡

**03** 1, 600　　**04** 1, 800, 1000, 800, 1800

**05** (1) 6, 100 (2) 7045　　**06** ✕

**07** g

**08** kg

**09** (1) < (2) >　　**10** ③

**11** (1) 5 L 800 mL (2) 2 L 100 mL

**12** (1) 8 kg 600 g (2) 4 kg 100 g

**13** 3, 600　　**14** ③

**15** 4 kg 600 g－3 kg 200 g＝1 kg 400 g

; 1 kg 400 g

**16** 10 kg 500 g, 4 kg 700 g

**17** 많은, 7, ㉣ ; ㉣ 그릇　　**18** 5 L 200 mL

**19** 54 kg 900 g

**20** 예 가 그릇에 물을 가득 담아 수조에 4번 붓습니다.

**13** 4900 mL－1300 mL＝3600 mL＝3 L 600 mL

**15**

| 점수 | 채점 기준 |
|---|---|
| 5점 | 식 4 kg 600 g－3 kg 200 g＝1 kg 400 g을 쓰고 답을 바르게 구했음. |
| 3점 | 식 4 kg 600 g－3 kg 200 g만 썼음. |
| 2점 | 답 1 kg 400 g만 썼음. |

**16** 합: 2 kg 900 g＋7 kg 600 g

　＝9 kg 1500 g＝10 kg 500 g

차: 7 kg 600 g－2 kg 900 g

　＝6 kg 1600 g－2 kg 900 g＝4 kg 700 g

**17**

| 점수 | 채점 기준 |
|---|---|
| 6점 | 풀이 과정을 완성하여 들이가 더 많은 그릇을 바르게 구했음. |
| 4점 | 풀이 과정을 완성했지만 일부가 틀림. |
| 2점 | 답만 맞음. |

**18** 2 L 900 mL＋1 L 800 mL＋500 mL

　＝3 L 1700 mL＋500 mL

　＝4 L 700 mL＋500 mL

　＝4 L 1200 mL＝5 L 200 mL

**19** (은미와 민희의 몸무게의 합)
  =34 kg 400 g+25 kg 200 g=59 kg 600 g
  (어머니의 몸무게)=59 kg 600 g−4 kg 700 g
                  =54 kg 900 g

**20** 나 그릇에 물을 가득 담아 수조에 1번 붓고 수조에서 가 그릇에 물을 가득 담아 2번 덜어 냅니다. 등 여러 가지 방법이 있습니다.

| 점수 | 채점 기준 |
|---|---|
| 10점 | 🔑 정답 키워드 가 그릇, 4번<br>가 그릇 또는 나 그릇을 이용하여 방법을 바르게 설명함. |
| 6점 | 가 그릇 또는 나 그릇을 이용하여 방법을 설명하였으나 부족한 부분이 있음. |
| 2점 | 키워드는 바르게 썼으나 문장을 완성하지 못함. |

**143~145쪽**  **단원평가** **2회**

**01** 주전자   **02** 1900 g
**03** (1) 5000  (2) 4, 300   **04** (1) 2, 800  (2) 3080
**05** (1) kg  (2) g   **06** (1) <  (2) >
**07** 8400, 8, 400   **08** 유진   **09** 1 t
**10** (1) 8 L 300 mL  (2) 5 L 600 mL
**11** 사과, 5개
**12** (1) 12 kg 500 g  (2) 3 kg 800 g
**13** 가   **14** 9 kg 500 g   **15** 돼지고기
**16** 12 L 500 mL−7 L 300 mL=5 L 200 mL
   ; 5 L 200 mL
**17** 승우   **18** 10 L 200 mL
**19** 11, 11, 13 ; 13 kg
**20** 예 물탱크에 들어 있는 물의 양은
   15 L+12 L 500 mL=27 L 500 mL입니다.
   따라서 더 부어야 하는 물의 양은 30 L 800 mL−
   27 L 500 mL=3 L 300 mL입니다.
   ; 3 L 300 mL

**11** 귤: 바둑돌 10개, 사과: 바둑돌 15개
  사과가 귤보다 바둑돌 15−10=5(개)만큼 더 무겁습니다.

**13** 부은 컵의 수가 적을수록 들이가 더 많은 컵입니다.
  ➡ 들이가 더 많은 컵은 가입니다.

**14** 6 kg 700 g+2800 g=6 kg 700 g+2 kg 800 g
           =8 kg 1500 g=9 kg 500 g

**16**

| 점수 | 채점 기준 |
|---|---|
| 5점 | 식 12 L 500 mL−7 L 300 mL=5 L 200 mL를 쓰고 답을 바르게 구했음. |
| 3점 | 식 12 L 500 mL−7 L 300 mL만 썼음. |
| 2점 | 답 5 L 200 mL만 썼음. |

**18** 1 L 500 mL+5 L 800 mL+2 L 900 mL
   =7 L 300 mL+2 L 900 mL=10 L 200 mL

**19**

| 점수 | 채점 기준 |
|---|---|
| 10점 | 풀이 과정을 완성하여 현주가 딴 사과의 무게를 바르게 구했음. |
| 5점 | 풀이 과정을 완성했지만 일부가 틀림. |
| 2점 | 답만 맞음. |

**20**

| 점수 | 채점 기준 |
|---|---|
| 10점 | 🔑 정답 키워드 30 L 800 mL−27 L 500 mL<br>=3 L 300 mL<br>들이의 덧셈식과 뺄셈식을 이용하여 답을 바르게 구했음. |
| 5점 | 들이의 덧셈식과 뺄셈식을 이용하였으나 계산이 틀림. |
| 2점 | 답만 맞음. |

**146~148쪽**  **단원평가** **3회**

**01** (     )( ◯ )(     )
**02** © **03** 1, 600, 1000, 600, 1600
**04** (1) 4200  (2) 7100   **05** 지우개
**06** 트럭   **07** (1) <  (2) >
**08** 9 리터 10 밀리리터
**09** ④, ⑤   **10** 9900, 9, 900
**11** (1) 4 kg 800 g  (2) 7 kg 300 g **12** 7, 800
**13** 12 L 600 mL, 6 L 800 mL  **14** ③
**15** 6 kg 500 g+2 kg 200 g=8 kg 700 g
   ; 8 kg 700 g
**16** 10 L 700 mL−4 L 800 mL=5 L 900 mL
   ; 5 L 900 mL
**17** 준성, 2 kg 300 g
**18** 7 kg 900 g   **19** 2 kg 100 g
**20** 예 500 mL+500 mL+500 mL+500 mL
   +500 mL=2500 mL=2 L 500 mL입니다.
   따라서 4 L 200 mL−2 L 500 mL
   =1 L 700 mL입니다. ; 1 L 700 mL

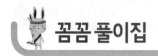 

**07** (1) 1200 mL＝1 L 200 mL
➡ 1 L＜1 L 200 mL

(2) 6850 mL＝6 L 850 mL
➡ 6 L 850 mL＞6 L 800 mL

**08** 8900 mL＝8 L 900 mL
➡ 9 L 10 mL＞8900 mL＞8 L 85 mL

**09** ① 7050 g＝7 kg 50 g
② 4005 g＝4 kg 5 g
③ 3600 g＝3 kg 600 g

**14** 2 L 500 mL＋3 L 200 mL＝5 L 700 mL

**15**

| 점수 | 채점 기준 |
|---|---|
| 5점 | 식 6 kg 500 g＋2 kg 200 g＝8 kg 700 g을 쓰고 답을 바르게 구했음. |
| 3점 | 식 6 kg 500 g＋2 kg 200 g만 썼음. |
| 2점 | 답 8 kg 700 g만 썼음. |

**16**

| 점수 | 채점 기준 |
|---|---|
| 5점 | 식 10 L 700 mL－4 L 800 mL ＝5 L 900 mL를 쓰고 답을 바르게 구했음. |
| 3점 | 식 10 L 700 mL－4 L 800 mL만 썼음. |
| 2점 | 답 5 L 900 mL만 썼음. |

**17** 7 kg 500 g－5 kg 200 g＝2 kg 300 g

**18** (어제 사용하고 남은 보리쌀의 양)
＝10 kg 300 g－500 g＝9 kg 800 g
(오늘 사용하고 남은 보리쌀의 양)
＝9 kg 800 g－1 kg 900 g＝7 kg 900 g

**19** 300 g＋300 g＋300 g＋300 g＋300 g＋300 g ＋300 g＝2100 g＝2 kg 100 g

**20** 4 L 200 mL－2 L 500 mL
＝3 L 1200 mL－2 L 500 mL
＝1 L 700 mL

| 점수 | 채점 기준 |
|---|---|
| 10점 | 정답 키워드 4 L 200 mL－2 L 500 mL ＝1 L 700 mL 들이의 덧셈식과 뺄셈식을 이용하여 답을 바르게 구함. |
| 5점 | 들이의 덧셈식과 뺄셈식을 이용하였으나 계산이 틀림. |
| 2점 | 답만 맞음. |

**1** 600, 3000, 3600 ; 3600 g

**2** 가 ; 가, 가득 채워지지 않습니다.

**3** 예 ⓒ 2 kg 500 g＝2500 g
㉠ 2400 g, ⓒ 2500 g, ⓒ 2040 g 중에서 가장 가벼운 것은 ⓒ입니다. ; ⓒ

**4** 예 2000원으로 주스 2병을 살 수 있습니다. 은주가 살 수 있는 주스의 양은
600 mL＋600 mL
＝1200 mL＝1 L 200 mL ; 1 L 200 mL

**1**

| 점수 | 채점 기준 |
|---|---|
| 6점 | 풀이 과정을 완성하여 바구니에 담긴 고구마의 무게를 바르게 구했음. |
| 3점 | 풀이 과정을 완성했지만 일부가 틀림. |
| 2점 | 답만 맞음. |

**2** 나에 물을 가득 채워 가에 옮겼을 때 가득 채워지지 않으므로 들이가 더 많은 것은 가입니다.

| 점수 | 채점 기준 |
|---|---|
| 6점 | 답을 바르게 구하고 이유도 바르게 완성함. |
| 3점 | 답을 바르게 구했으나 이유 완성에서 일부가 틀림. |
| 2점 | 답만 맞음. |

**3** 단위를 통일한 후 무게를 비교합니다.

| 점수 | 채점 기준 |
|---|---|
| 7점 | 정답 키워드 2500 g, 가장 가벼운 것 무게의 단위를 통일하여 답을 바르게 구함. |
| 3점 | 무게의 단위를 통일하였으나 답이 틀림. |
| 2점 | 답만 맞음. |

**4** 주스 1병 값이 1000원이므로 2000원으로 주스 2병을 살 수 있습니다.

| 점수 | 채점 기준 |
|---|---|
| 7점 | 정답 키워드 주스 2병, 600 mL＋600 mL 들이의 덧셈식을 이용하여 답을 바르게 구함. |
| 3점 | 들이의 덧셈식을 이용하였으나 계산이 틀림. |
| 2점 | 답만 맞음. |

## 서술형 · 논술형 문제 2회

**150쪽**

**1** 아니오 ; 500, 다르기

**2** ⑩ 눈금을 읽으면 1 L 400 mL입니다.

1700 mL=1 L 700 mL

1 L 400 mL+1 L 700 mL=3 L 100 mL

; 3 L 100 mL

**3** ⑩ 왼쪽 저울의 눈금을 읽어 보면 2 kg 300 g,

오른쪽 저울의 눈금을 읽어 보면 1 kg 700 g

입니다.

(빈 상자의 무게)=2 kg 300 g−1 kg 700 g

=600 g ; 600 g

**4** ⑩ 물을 부은 횟수가 많을수록 컵의 들이가 더 적습니다. 컵의 들이가 가장 적은 것은 ㉠입니다. ; ㉠

**1**

| 점수 | 채점 기준 |
|---|---|
| 6점 | 답을 바르게 구하고 이유도 바르게 완성함. |
| 3점 | 답을 바르게 구했으나 이유 완성에서 일부가 틀림. |
| 2점 | 답만 맞음. |

**2**

| 점수 | 채점 기준 |
|---|---|
| 7점 | 🔑정답 키워드 1 L 400 mL, 1 L 400 mL+1 L 700 mL 들이의 덧셈식을 이용하여 답을 바르게 구함. |
| 3점 | 들이의 덧셈식을 이용하였으나 계산이 틀림. |
| 2점 | 답만 맞음. |

**3**

| 점수 | 채점 기준 |
|---|---|
| 8점 | 🔑정답 키워드 2 kg 300 g, 1 kg 700 g 무게의 뺄셈식을 이용하여 답을 바르게 구함. |
| 5점 | 무게의 뺄셈식을 이용하였으나 계산이 틀림. |
| 2점 | 답만 맞음. |

**4** 물을 부은 횟수가 많을수록 컵의 들이가 더 적습니다.

| 점수 | 채점 기준 |
|---|---|
| 10점 | 🔑정답 키워드 물을 부은 횟수 물을 부은 횟수를 이용하여 답을 바르게 구함. |
| 6점 | 물을 부은 횟수를 이용하였으나 답이 틀림. |
| 2점 | 답만 맞음. |

## 6. 자료의 정리

### 단원평가 1회

**152~154쪽**

**01** 8, 4, 6, 5, 23    **02** 떡볶이

**03**

좋아하는 간식

| 간식 | 떡볶이 | 피자 | 치킨 | 햄버거 | 합계 |
|---|---|---|---|---|---|
| 여학생 수(명) | 6 | 1 | 3 | 1 | 11 |
| 남학생 수(명) | 2 | 3 | 3 | 4 | 12 |

**04** 떡볶이, 햄버거    **05** 그림그래프

**06** 26개    **07** 호재

**08** 예솔

**09** 140−25−36−34=45 ; 45개

**10**

가게별 팔린 아이스크림의 수

| 가게 | 아이스크림 수 |
|---|---|
| 가 | ●●○○○○○ |
| 나 | ●●●●○○○○○ |
| 다 | ●●○○○○○○ |
| 라 | ●●●○○○○ |

● 10개
○ 1개

**11** 나 가게    **12** 가 가게

**13** 51명

**14**

유진이네 고장 사람들의 직업

| 직업 | 사람 수 |
|---|---|
| 사무업 | ●●●●○○ |
| 판매업 | ●●●●○ |
| 운수업 | ●●○○○○ |
| 기타 | ●●●●●○○○ |

● 10명
○ 1명

**15**

유진이네 고장 사람들의 직업

| 직업 | 사람 수 |
|---|---|
| 사무업 | ◎◎◎◎○○ |
| 판매업 | ◎○ |
| 운수업 | ◎●●●○○○○ |
| 기타 | ◎●○○○ |

◎ 50명
● 10명
○ 1명

**16**

과수원별 배 생산량

| 과수원 | 생산량 |
|---|---|
| 가 | ◎◎◎◎● |
| 나 | ◎◎◎●○○○ |
| 다 | ◎◎◎◎○○ |
| 라 | ◎◎◎◎◎○ |

◎ 100 kg
● 50 kg
○ 10 kg

**17** 예 라 과수원의 배 생산량이 가장 많습니다.
/ 예 가 과수원의 생산량은 나 과수원의 생산량보다
70 kg 더 많습니다.
**18** 10명　　　　　　　　　**19** 2개, 1개
**20** 42, 21, 2, 1, 다 ; 다 마을

**05** 알려고 하는 수를 그림으로 나타낸 그래프를 그림그래프라고 합니다.

**06** ♥이 2개, ♡이 6개이므로 26개입니다.

**07** 호재가 32개로 놀이딱지를 가장 많이 가지고 있습니다.

**08** 예솔이가 21개로 놀이딱지를 가장 적게 가지고 있습니다.

**09** 합계에서 나 가게를 제외한 나머지 가게에서 팔린 아이스크림 수를 뺍니다.

| 점수 | 채점 기준 |
|---|---|
| 4점 | 식 $140-25-36-34=45$를 쓰고 답을 바르게 구했음. |
| 2점 | 식 $140-25-36-34$만 썼음. |
| 2점 | 답 45개만 썼음. |

**11** 나 가게가 45개로 가장 많이 팔렸습니다.

**12** 가 가게가 25개로 가장 적게 팔렸습니다.

**13** $200-42-44-63=51$(명)

**15** ⬤ 5개를 ◎ 1개로 바꿔 그립니다.

**16** 다: $1760-450-380-510=420$ (kg)

**17**
| 점수 | 채점 기준 |
|---|---|
| 6점 | 그림그래프를 보고 알 수 있는 내용 2가지를 바르게 썼음. |
| 3점 | 그림그래프를 보고 알 수 있는 내용 1가지를 바르게 썼음. |

**18** 가 마을에 사는 초등학생이 35명이고 😊 1개가 1명을 나타내므로 😊 3개는 30명을 나타냅니다.
따라서 🙂은 초등학생 10명을 나타냅니다.

**19** 가, 나, 라 마을의 초등학생 수의 합은
$35+42+22=99$(명)입니다.
다 마을의 초등학생은 $120-99=21$(명)이므로 😊
은 2개, 🙂은 1개를 그려야 합니다.

**20**
| 점수 | 채점 기준 |
|---|---|
| 10점 | 풀이 과정을 완성하여 초등학생 수가 나 마을의 $\frac{1}{2}$인 마을을 바르게 구했음. |
| 5점 | 풀이 과정을 완성했지만 일부가 틀림. |
| 2점 | 답만 맞음. |

**155～156쪽**　　　　　　　**단원평가** 2회

**01** 10명　　　　**02** 41명　　　　**03** 4명
**04** 예 가족 수가 6명인 학생은 12명입니다.
**05** 35개　　　　　　　　　**06** 가 도시, 18개
**07** 260, 130 /

수확한 도토리의 양

| 마을 | 도토리의 양 |
|---|---|
| 가 | ◎◎○○○○○○ |
| 나 | ◎◎◎○○ |
| 다 | ◎◎◎◎◎○○○○○○ |
| 라 | ◎○○○ |

◎ 100 kg　○ 10 kg

**08** 10명　　　　　　　　　**09** 2반
**10** 22, 21, 1, 1 ; 1반

**11**

과수원별 옥수수 수확량

| 과수원 | 수확량 |
|---|---|
| 가 | ◎◎◎◎◎◎○○ |
| 나 | ◎◎◎◎◎◎◎○○○○○○ |
| 다 | ◎◎◎○○○○○○○○○ |
| 라 | ◎◎◎◎◎○○○○ |

◎ 10자루　○ 1자루

**12** 예

과수원별 옥수수 수확량

| 과수원 | 수확량 |
|---|---|
| 가 | ◎◎◎◎◎◎○○ |
| 나 | ◎◎◎◎◎◎⬤○○○ |
| 다 | ◎◎◎◎◎⬤○○○○ |
| 라 | ◎◎◎◎◎⬤○ |

◎ 10자루　⬤ 5자루　○ 1자루

**13** 1680개

**04**
| 점수 | 채점 기준 |
|---|---|
| 6점 | 그림그래프를 보고 알 수 있는 내용을 바르게 썼음. |
| 3점 | 그림그래프를 보고 알 수 있는 내용을 썼으나 미흡함. |

---

**05** ◎ 3개, ● 1개이므로 35개입니다.

**06** 가 도시가 18개로 신호등 수가 가장 적습니다.

**07** 나: 320 kg이므로 ◎ 3개, ○ 2개를 그립니다.
다: 480 kg이므로 ◎ 4개, ○ 8개를 그립니다.

**08** 1반의 남학생 수가 21명이고 ☺ 1개가 1명을 나타내므로 ☺ 2개는 20명을 나타냅니다. 따라서 ☺은 남학생 10명을 나타냅니다.

**09** 1반: 21명, 2반: 22명, 3반: 18명, 4반: 16명
➡ 2반>1반>3반>4반

**10**

| 점수 | 채점 기준 |
|---|---|
| 10점 | 풀이 과정을 완성하여 현주의 반을 바르게 구했음. |
| 5점 | 풀이 과정을 완성했지만 일부가 틀림. |
| 2점 | 답만 맞음. |

**11** 라: $225-52-68-49=56$(자루)
➡ ◎ 5개, ○ 6개를 그립니다.

**12** ○ 5개를 ● 1개로 바꿔 그립니다.

**13** 라 과수원의 옥수수 수확량은 56자루이므로 수확한 옥수수는 $56×30=1680$(개)입니다.

### 157쪽 서술형·논술형 문제 1회

**1** (1) 8, 고기, 1, 나물
(2) ㉶ 고기 / ㉶ 가장 많은 학생이 좋아하는 반찬이 고기이므로 고기가 학교 급식으로 자주 나오면 좋을 것 같습니다.

**2** (1) 3명
(2) ㉶ 가장 많은 학생이 주로 이용하는 교통수단은 승용차입니다. / ㉶ 기차를 이용하는 학생보다 버스를 이용하는 학생이 더 많습니다.

**1** (2) 학교 급식으로 자주 나오면 좋을 반찬으로 선택한 이유가 타당해야 합니다. 선택한 반찬과 이유가 서로 타당하다면 모두 정답으로 인정합니다.

| 점수 | 채점 기준 |
|---|---|
| 14점 | (1)의 빈칸을 모두 바르게 채우고, (2)의 답과 이유를 바르게 썼음. |
| 7점 | (1)의 빈칸을 모두 바르게 채우고, (2)의 이유를 썼으나 미흡함. |
| 4점 | (1)의 빈칸만 모두 바르게 채웠음. |

**2**

| 점수 | 채점 기준 |
|---|---|
| 14점 | (1)의 답, (2)의 알 수 있는 내용 2가지를 바르게 썼음. |
| 9점 | (1)의 답, (2)의 알 수 있는 내용 1가지를 바르게 썼음. |
| 4점 | (1)의 답만 바르게 구했음. |

### 158쪽 서술형·논술형 문제 2회

**1** (1) 축구
(2) ㉶ 가장 적은 학생이 참여하는 방과 후 교실은 바이올린입니다. / ㉶ 축구 교실에 참여하는 학생이 공예 교실에 참여하는 학생보다 1명 더 많습니다.

**2** (1) ㉶ 그림그래프에서 바다 도서관의 책은 140권이므로 하늘 도서관의 책을 □권이라 하면
$120+220+□+140=680$,
$680-120-220-140=□$, $□=200$입니다.
; 200권
(2)

각 도서관에 있는 책의 수

| 도서관 | 책의 수 |
|---|---|
| 한빛 | ◎○○ |
| 바람 | ◎◎○○ |
| 하늘 | ◎◎ |
| 바다 | ◎○○○○ |

◎ 100권
○ 10권

**1** (1) 23명의 학생이 참여하는 방과 후 교실은 축구입니다.

| 점수 | 채점 기준 |
|---|---|
| 14점 | (1)의 답, (2)의 알 수 있는 내용 2가지를 바르게 썼음. |
| 9점 | (1)의 답, (2)의 알 수 있는 내용 1가지를 바르게 썼음. |
| 4점 | (1)의 답만 바르게 구했음. |

**2** (2) 한빛 도서관은 표에서 120권이므로 ◎ 1개, ○ 2개를 그리고, 하늘 도서관은 200권이므로 ◎ 2개를 그립니다.

| 점수 | 채점 기준 |
|---|---|
| 15점 | 정답 키워드 바다 도서관 140권<br>(1)의 풀이 과정과 답, (2)의 그림그래프를 바르게 그렸음. |
| 10점 | (1)의 풀이 과정에서 일부가 틀렸으나 (2)의 그림그래프를 바르게 그렸음. |
| 5점 | (2)의 그림그래프만 바르게 그렸음. |

**01** 600, 20, 8 ; 628   **02** 15

**03** 선분 ㄴㄷ, 선분 ㄴㄹ, 선분 ㄴㅂ   **04** $\frac{1}{3}$

**05** (1) 5500 (2) 2, 80   **06** (1) 3, 70 (2) 7

**07** 9명   **08** ①, ②

**09** ④   **10** (1) $\frac{23}{5}$ (2) $8\frac{5}{7}$

**11** (1) 14 L 100 mL (2) 7 L 600 mL

**12** 20

**13**

```
    6 7
  × 5 4
───────
  2 6 8
3 3 5 0
───────
3 6 1 8
```

; ⑳ 67×50의 계산에서 자리를 잘못 맞추어 써서 틀렸습니다.

**14** $\frac{45}{7}$, $3\frac{1}{7}$, $2\frac{2}{7}$, $\frac{15}{7}$   **15** 1400원

**16** $\frac{7}{10}$

**17** ⑳ 3 kg 100 g−2 kg=1 kg 100 g
; 홍관, 1 kg 100 g

**18** 9 cm

**19** 12, 1, 12, 4, 57, 3, ㉡, ㉢, ㉠ ; ㉡, ㉢, ㉠

**20** 80

---

**05** (1) 5 L 500 mL=5000 mL+500 mL
　　　　　　　　=5500 mL
　　(2) 2080 mL=2000 mL+80 mL
　　　　　　　=2 L 80 mL

**06** (1) 3070 g=3000 g+70 g=3 kg+70 g
　　　　　　=3 kg 70 g
　　(2) 1000 kg=1 t이므로 7000 kg=7 t입니다.

**07** 우유를 먹는 학생 수가 가장 많은 반은 4반으로 22명이고 가장 적은 반은 1반으로 13명입니다.
　　➡ 22−13=9(명)

**08** 나누는 수는 나머지보다 커야 하므로 나누는 수가 6이거나 6보다 작은 수인 식을 찾습니다.

**09** ① 지름: 7×2=14 (cm)
　　② 지름: 9×2=18 (cm)
　　④ 지름: 10×2=20 (cm)

---

**10** (1) $4\frac{3}{5}$ → (4와 $\frac{3}{5}$) → ($\frac{20}{5}$과 $\frac{3}{5}$) → $\frac{23}{5}$

　　(2) $\frac{61}{7}$ → ($\frac{56}{7}$과 $\frac{5}{7}$) → (8과 $\frac{5}{7}$) → $8\frac{5}{7}$

**12** 60×30=1800
9×□=18 ➡ 90×□0=1800
9의 단 곱셈구구에서 곱이 18인 경우를 찾으면
9×2=18입니다.

**13**

| 점수 | 채점 기준 |
|---|---|
| 6점 | 🔑 정답 키워드 67×50, 자리를 잘못 맞추어<br>계산이 잘못된 곳을 찾아 바르게 고치고 이유를 설명함. |
| 3점 | 계산이 잘못된 곳을 찾아 바르게 고치고 이유를 설명했으나 설명이 미흡함. |

**14** $2\frac{2}{7}=\frac{16}{7}$, $3\frac{1}{7}=\frac{22}{7}$

**15** 450×8=3600(원) ➡ 5000−3600=1400(원)

**16** 두 사람이 먹은 초콜릿은 3+4=7(개)이므로 전체 10개 중의 7개입니다.
➡ $\frac{7}{10}$

**17**

| 점수 | 채점 기준 |
|---|---|
| 6점 | 식 3 kg 100 g−2 kg=1 kg 100 g을 쓰고 답을 바르게 구했음. |
| 3점 | 식 3 kg 100g−2 kg만 썼음. |
| 3점 | 답만 썼음. |

**18** (선분 ㄱㄷ)=(1유로의 반지름)+(1펜스의 지름)
　　　　　　=3+6=9 (cm)

**19**

| 점수 | 채점 기준 |
|---|---|
| 8점 | 풀이 과정을 완성하여 나머지가 큰 것부터 차례로 기호를 바르게 썼음. |
| 4점 | 풀이 과정을 완성했지만 일부가 틀림. |
| 2점 | 답만 썼음. |

**20** 나머지는 나누는 수보다 작아야 하므로 나머지가 될 수 있는 수 중에서 가장 큰 수는 2입니다.
□÷3=26…2
➡ 3×26=78, 78+2=□
➡ □=80

**01** ③, ⑤  **02** (1) 2300 (2) 4, 40

**03** $\dfrac{5}{8}$

**04**
$$
\begin{array}{r}
3\,9\,7 \\
\times\qquad 5 \\
\hline
\boxed{3\,5}\ \cdots\ (\boxed{7}\times 5) \\
\boxed{4\,5\,0}\ \cdots\ (90\times\boxed{5}) \\
\boxed{1\,5\,0\,0}\ \cdots\ (300\times\boxed{5}) \\
\hline
\boxed{1\,9\,8\,5}
\end{array}
$$

**05** (　)(　○　)(　)

**06** (1) > (2) <  **07** 1500원

**08** 3반  **09** ㉠, ㉢, ㉡

**10** 15…2 / 6×15=90 ➡ 90+2=92

**11** (1) > (2) <  **12** >

**13** 4 L 800 mL−2 L 500 mL=2 L 300 mL
　; 2 L 300 mL

**14** 3 kg 650 g  **15** 38일

**16** 9 cm

**17** 98÷6=16…2 ; 16개, 2개

**18** $\dfrac{5}{2}$  **19** ⑩ 72×53=3816

**20** ⑩ 삼각형의 한 변의 길이는 원의 지름과 같습니다.
　➡ 8×2=16 (cm)
　삼각형의 세 변의 길이가 모두 같으므로 삼각형의 세 변의 길이의 합은 16+16+16=48 (cm)입니다.
　; 48 cm

---

**07** 50원짜리 동전이 10개씩 3줄 있으므로 10×3=30(개) 있습니다.
따라서 모두 50×30=1500(원)입니다.

**08** 1반: 11+16=27(명)
2반: 15+12=27(명)
3반: 14+14=28(명)

**09** ㉠ 564×6=3384 ㉡ 48×62=2976
㉢ 776×4=3104
➡ 3384 > 3104 > 2976

**10**
$$
\begin{array}{r}
1\,5 \\
6\,)\overline{9\,2} \\
6 \\
\hline
3\,2 \\
3\,0 \\
\hline
2
\end{array}
$$
확인 6×15=90 ➡ 90+2=92

**11** (1) $\dfrac{22}{3}=7\dfrac{1}{3}$ ➡ $7\dfrac{1}{3}>6\dfrac{2}{3}$

(2) $3\dfrac{5}{8}=\dfrac{29}{8}$ ➡ $\dfrac{29}{8}<\dfrac{31}{8}$

**12** 516÷4=129, 896÷7=128 ➡ 129 > 128

**13**

| 점수 | 채점 기준 |
|---|---|
| 6점 | 식 4 L 800 mL−2 L 500 mL=2 L 300 mL를 쓰고 답을 바르게 구했음. |
| 3점 | 식 4 L 800 mL−2 L 500 mL만 썼음. |
| 2점 | 답 2 L 300 mL만 썼음. |

**14**
$$
\begin{array}{r}
2\ \text{kg}\ 600\ \text{g} \\
+\ 1\ \text{kg}\ \ \,50\ \text{g} \\
\hline
3\ \text{kg}\ 650\ \text{g}
\end{array}
$$

**15** $4\dfrac{2}{9}$를 가분수로 나타내면 $\dfrac{38}{9}$이고 하루에 $\dfrac{1}{9}$씩 먹으면 38일 동안 먹을 수 있습니다.

**16** (선분 ㄱㄷ)=6 cm, (선분 ㄴㄷ)=3 cm,
(선분 ㄷㄹ)=3 cm
➡ (선분 ㄱㄹ)=(선분 ㄱㄷ)+(선분 ㄷㄹ)
　　　　　=6+3=9 (cm)

**17** 6봉지에 16개씩 담고 2개가 남습니다.

| 점수 | 채점 기준 |
|---|---|
| 6점 | 식 98÷6=16…2를 쓰고 답을 바르게 구했음. |
| 3점 | 식 98÷6=16…2만 썼음. |
| 3점 | 답만 썼음. |

**18** 분모와 분자의 합이 7인 가분수를 찾으면 $\dfrac{5}{2}$, $\dfrac{4}{3}$입니다. 이 중 분모와 분자의 차가 3인 것은 $\dfrac{5}{2}$입니다.

**19** 두 자리 수의 십의 자리에 큰 수를 각각 씁니다.
72×53=3816, 73×52=3796

**20**

| 점수 | 채점 기준 |
|---|---|
| 10점 | 정답 키워드 삼각형의 한 변, 원의 지름 풀이 과정을 쓰고 삼각형의 세 변의 길이의 합을 바르게 구함. |
| 5점 | 풀이 과정을 썼지만 일부가 틀림. |
| 3점 | 답만 썼음. |

## 꼼꼼 풀이집

## 사 회

### 1.❶ 우리 고장의 환경과 생활 모습

| 167쪽 | | | 쪽지시험 |
|---|---|---|---|
| **01** 비 | **02** 사람 | **03** 전망대 | **04** 바다 |
| **05** 에어컨 | **06** 가을 | **07** 겨울 | **08** 바다 |
| **09** 산이 많은 고장 | | **10** 자연 | |

| 168~170쪽 | | | 단원평가 |
|---|---|---|---|
| **01** ㉠, ㉣ | **02** ④, ⑤ | **03** ③ | **04** ③ | **05** (1) ○ |

**06** (1) 바다 (2) 예 해수욕장  **07** 봄  **08** ①

**09** (1) 겨울 (2) 예 춥고 눈이 많이 온다.  **10** ①, ③

**11** ②  **12** ①, ⑤  **13** (2) ○  **14** ㉡

**15** 예 버섯을 재배한다. 약초를 캔다. 산비탈에 논과 밭을 만들어 농사를 짓는다.  **16** ②  **17** ㉠, ㉢

**18** ①  **19** 현정  **20** ④

**01** 눈과 우박은 날씨에 영향을 주는 자연환경입니다.

**02** 하천의 물을 생활용수나 공업용수로 이용하거나, 주변에 공원을 만들어 이용합니다.

**03** 인문환경은 사람이 만든 환경입니다.

**04** 산에 산림욕장이나 등산로를 만듭니다.

**05** 들에 논과 밭을 만들어 농사를 짓기도 합니다.

**06** 바다에서 물고기를 잡고 해수욕장에서 물놀이를 합니다.

| 점수 | | 채점 기준 |
|---|---|---|
| (1) | 3점 | '바다'라고 정확히 씀. |
| (2) | 5점 | '해수욕장'이라고 정확히 씀. |

**07** 날이 따뜻해지는 봄에는 모내기, 꽃구경 등을 합니다.

**08** 여름에는 더위를 피하기 위해 해수욕을 즐기고, 에어컨을 사용합니다.

**09** 춥고 눈이 내리기도 하는 겨울에는 난로나 온풍기를 사용해 몸을 따뜻하게 하고 눈썰매나 스키 등을 탑니다.

| 점수 | | 채점 기준 |
|---|---|---|
| (1) | 3점 | '겨울'이라고 정확히 씀. |
| (2) | 7점 | 🔑 정답 키워드 춥다 / 눈 <br> '춥고 눈이 많이 온다.' 등 겨울철 날씨를 알맞게 씀. |

**10** 가을에는 논과 밭에서 곡식이나 열매를 수확하고, 단풍 구경을 갑니다.

**11** 바다가 있는 고장 사람들은 주로 고기잡이, 해산물 잡기, 배 고치기 등 바다와 관련된 일을 하며 살아갑니다.

**12** 원권이네 고장은 넓은 들에 강이 흐릅니다.

**13** 넓은 들이 있는 고장 사람들은 주로 들에 논과 밭을 만들어 농사를 지으며 살아갑니다.

**14** 민주네 고장은 산이 많은 고장입니다.

**15** 산이 많은 고장의 사람들은 숲에서 목재를 얻고 나물이나 약초 캐기, 버섯 재배 등을 하며 살아갑니다.

| 점수 | 채점 기준 |
|---|---|
| 10점 | 🔑 정답 키워드 버섯 재배 / 약초 캐기 <br> '버섯을 재배한다.', '약초를 캔다.' 등 산이 많은 고장 사람들이 주로 하는 일을 알맞게 씀. |
| 5점 | 산이 많은 고장 사람들이 주로 하는 일을 썼으나 구체적이지 않음. |

**16** 도시에 사는 사람들은 공장에서 물건 만들기, 회사에서 일하기, 마트에서 물건 팔기 등 주로 인문환경을 이용한 일을 합니다.

**17** 여가 생활은 스스로 즐거움을 얻고자 남는 시간에 하는 자유로운 활동입니다.

**18** 서핑은 보드를 타고 파도 속을 요리조리 빠져나가며 즐기는 놀이입니다.

**19** 영화관과 선사 유적 박물관은 인문환경입니다.

**20** 면담 시 녹음을 할 때에는 상대방의 동의를 얻어야 합니다.

| 171쪽 | 서술형·논술형 문제 |
|---|---|

**1** (1) 산  (2) 예 논을 만들어 농사를 짓는다. 도로를 만든다. 건물을 짓는다.

**2** (1) 가을  (2) 예 단풍 구경을 간다. 논에서 벼를 수확한다.

**3** (1) 바다  (2) 예 사람들은 주로 고장의 환경과 관련된 일을 하며 살아가는데 서하네 고장과 예림이네 고장의 자연환경과 인문환경이 다르기 때문이다.

**4** (1) 민우  (2) 예 서영이는 인문환경을 이용해 여가 생활을 즐겼지만 주원이와 민우는 자연환경을 이용해 여가 생활을 즐겼다.

**1** 연후와 서아가 누리 소통망에 올린 사진을 보면 연후네 고장 사람들은 산에 공원이나 등산로를 만들어 이용하고 있으며 서아네 고장 사람들은 들에 논을 만들어 농사를 짓는다는 것을 알 수 있습니다.

| 점수 | | 채점 기준 |
|---|---|---|
| (1) | 3점 | '산'이라고 정확히 씀. |
| (2) | 7점 | 🔑정답 키워드 논 / 도로 / 건물<br>'논을 만들어 농사를 짓는다.', '도로를 만든다.', 건물을 짓는다.' 등 들을 이용하는 모습을 알맞게 씀. |

**2** 가을에는 단풍이 들고 곡식이 익습니다.

| 점수 | | 채점 기준 |
|---|---|---|
| (1) | 3점 | '가을'이라고 정확히 씀. |
| (2) | 7점 | 🔑정답 키워드 단풍 구경 / 벼 / 수확<br>'단풍 구경을 간다.', '논에서 벼를 수확한다.' 등 가을철 생활 모습을 알맞게 씀. |

**3** 사람들은 주로 고장의 환경과 관련 있는 일을 하며 살아갑니다. 해산물 음식 팔기, 물고기 잡기, 김 기르기는 바다와 관련된 일이고, 계단 모양 논에서 농사짓기, 버섯 재배하기는 산을 이용해 하는 일입니다.

| 점수 | | 채점 기준 |
|---|---|---|
| (1) | 3점 | '바다'라고 정확히 씀. |
| (2) | 7점 | 🔑정답 키워드 고장 / 자연환경 / 인문환경 / 다르다<br>'사람들은 주로 고장의 환경과 관련된 일을 하며 살아가는데 서하네 고장과 예림이네 고장의 자연환경과 인문환경이 다르기 때문이다.'라고 정확히 씀. |

부족한 답안 (2) 자연환경과 인문환경이 다르기 때문이다.
사람들은 주로 고장의 환경과 관련된 일을 하며 살아가는데 서하네 고장과 예림이네 고장의
➡ 사람들이 하는 일은 고장의 환경과 관련이 있다는 것을 써 주는 것이 좋습니다.

**4** 영화관은 인문환경, 바다와 산은 자연환경입니다. 사람들은 고장의 자연환경과 인문환경을 이용해 여가 생활을 즐깁니다.

| 점수 | | 채점 기준 |
|---|---|---|
| (1) | 3점 | '민우'라고 정확히 씀. |
| (2) | 7점 | 🔑정답 키워드 인문환경 / 자연환경<br>'서영이는 인문환경을 이용해 여가 생활을 즐겼지만 주원이와 민우는 자연환경을 이용해 여가 생활을 즐겼다.'라는 내용을 정확히 씀. |

## 1.❷ 환경에 따른 의식주 생활 모습

| 173쪽 | | | 쪽지시험 |
|---|---|---|---|
| **01** 의식주 | **02** 식생활 | **03** 겨울 | **04** 덥고 습한 |
| **05** 산 | **06** 열대 과일 | **07** 홍수 | **08** 눈 |
| **09** 물 | **10** 이글루 | | |

| 174~176쪽 | | | 단원평가 |
|---|---|---|---|
| **01** ㉡, ㉣ | **02** ㉢, ㉤ | **03** ⑤ | **04** ① 예 더위 ② 예 반팔 |
| **05** (2) ○ | **06** ③, ④ | **07** 덥고 습한 고장 | **08** (1) ○ |

**09** 예 고장의 환경에 따라 옷의 재료나 두께가 다르다.
**10** ② **11** 바다 **12** ㉠ **13** (1) ㉡ (2) ㉠
**14** ② **15** 우데기 **16** 예 울릉도에서는 겨울에 눈이 많이 내리기 때문에 눈이 많이 와도 집 안을 자유롭게 다닐 수 있도록 우데기를 만들었다. **17** ⑤ **18** ③
**19** (2) ○ **20** 소정

**01** 식생활은 먹는 음식과 관련된 생활입니다.

**02** 집은 안전하고 편하게 쉴 수 있는 장소입니다.

**03** 옷은 피부를 보호하고 몸의 온도를 유지합니다.

**04** 여름에는 바람이 잘 통하는 재료로 만든 반팔 옷과 반바지를 입고, 햇볕을 막는 모자를 쓰기도 합니다.

| 점수 | 채점 기준 |
|---|---|
| 8점 | ① '더위'와 ② '반팔'을 모두 정확히 씀. |
| 4점 | ① '더위'와 ② '반팔' 중 한 가지만 정확히 씀. |

**06** 사막의 뜨거운 햇볕과 모래바람을 막기 위해 몸 전체를 감싸는 옷을 입습니다.

**07** 덥고 습한 고장에서는 바람이 잘 통하는 긴 옷을 입고 챙이 넓은 모자를 써 햇볕과 비를 막습니다.

**09** 고장의 환경에 따라 다양한 의생활 모습이 나타납니다.

| 점수 | 채점 기준 |
|---|---|
| 10점 | 🔑정답 키워드 고장 / 환경 / 재료 / 두께 / 다르다<br>'고장의 환경에 따라 옷의 재료나 두께가 다르다.' 등 세계 여러 고장 사람들의 의생활 모습을 보면서 알 수 있는 점을 알맞게 씀. |
| 5점 | 세계 여러 고장 사람들의 의생활 모습을 보면서 알 수 있는 점을 썼으나 구체적이지 않음. |

**10** 전주에서는 쌀과 채소를 쉽게 구할 수 있어 비빔밥이 발달했습니다.

**11** 서산은 주변 바닷가에서 굴이 많이 납니다.

**12** 산이 많은 고장에서는 산나물, 버섯 등이 많이 납니다.

**13** 산지에서 젖소를 키우는 고장은 젖소를 키워 얻은 우유로 음식을 만들어 먹었고, 바다가 있는 고장은 해산물이 많이 잡혀 해산물을 이용한 음식이 발달했습니다.

**14** 덥고 습한 고장에서는 주변에서 쉽게 구할 수 있는 망고, 파인애플과 같은 과일을 이용한 음식이 많습니다.

**15** 우데기는 집의 바깥쪽에 지붕의 끝에서부터 땅에 닿는 부분까지 둘러친 벽입니다.

**16** 눈이 많이 내리는 울릉도에서는 눈이 많이 쌓여도 집 안을 자유롭게 다니기 위해 우데기를 만들었습니다.

| 점수 | 채점 기준 |
|---|---|
| 10점 | 🔑 정답 키워드 겨울 / 눈 / 많이 / 다니다<br>'울릉도에서는 겨울에 눈이 많이 내리기 때문에 눈이 많이 와도 집 안을 자유롭게 다닐 수 있도록 우데기를 만들었다.'라는 내용을 알맞게 씀. |
| 5점 | 울릉도에서 우데기를 만든 까닭을 썼으나 구체적이지 않음. |

**17** 홍수로 물에 잠길 위험이 있는 집을 보호하기 위해 땅 위에 터를 돋우어 집을 지었습니다.

**18** 춥고 눈이 많이 내리는 고장에서는 사냥을 나왔을 때 추위를 피하려고 눈과 얼음으로 이글루를 지었습니다.

**19** 게르는 나무로 뼈대를 만들고 그 위에 동물의 털로 짠 두꺼운 천이나 가죽을 덮어서 만든 몽골의 가옥입니다.

**20** 물 위에 높게 지은 집은 바람이 잘 통하고 벌레를 피할 수 있습니다.

---

### 177쪽  서술형·논술형 문제

**1** (1) ㉡   (2) 예 피부를 보호하고 몸의 온도를 유지하기 위해서이다.

**2** (1) ㉡   (2) 예 뜨거운 햇볕과 모래바람을 막으려고 몸 전체를 감싸는 긴 옷을 입고 머리를 천으로 감싼다.

**3** (1) 갯벌   (2) 예 서산 근처 바닷가에서 굴이 잘 자라기 때문이다.

**4** (1) 게르   (2) 예 고장의 환경을 이용하거나 극복하는 모습이 다르기 때문이다.

---

**1** 의식주는 입는 옷, 먹는 음식, 잠을 자는 집과 관련된 생활을 통틀어 이르는 말입니다. 음식은 살아가는 데 필요한 영양분을 얻기 위해서, 옷은 몸을 더위와 추위로부터 보호하기 위해서, 집은 안전하고 편안하게 쉬고 잠을 자기 위해서 필요합니다.

| 점수 | 채점 기준 | |
|---|---|---|
| (1) | 3점 | '㉡'이라고 정확히 씀. |
| (2) | 7점 | 🔑 정답 키워드 피부 / 보호 / 온도 / 유지<br>'피부를 보호하고 몸의 온도를 유지하기 위해서이다.' 등 의생활이 필요한 까닭을 정확히 씀. |

**2** 햇볕이 뜨겁고 모래바람이 많이 부는 고장은 햇볕과 모래바람을 막을 수 있는 긴 옷을 입고 머리를 천으로 감쌉니다.

| 점수 | 채점 기준 | |
|---|---|---|
| (1) | 3점 | '㉡'이라고 정확히 씀. |
| (2) | 7점 | 🔑 정답 키워드 뜨거운 햇볕 / 모래바람 / 긴 옷 / 머리 / 천<br>'뜨거운 햇볕과 모래바람을 막으려고 몸 전체를 감싸는 긴 옷을 입고 머리를 천으로 감싼다.'라는 내용을 정확히 씀. |

> 부족한 답안 뜨거운 햇볕과 모래바람을 막기 위한 옷차림을 한다.
>
> ~~위해~~ 몸 전체를 감싸는 긴 옷을 입고 머리를 천으로 감싼다
>
> ➡ 뜨거운 햇볕과 모래바람을 막기 위한 옷차림을 자세히 써 주는 것이 좋습니다.

**3** 고장에서 나는 재료가 다르므로 각 고장 사람들이 즐겨 먹는 음식도 조금씩 다릅니다. 각 고장을 대표하는 음식은 주변 환경에서 쉽게 구할 수 있는 재료로 만들어집니다.

| 점수 | 채점 기준 | |
|---|---|---|
| (1) | 3점 | '갯벌'이라고 정확히 씀. |
| (2) | 7점 | 🔑 정답 키워드 바닷가 / 굴 / 자라다<br>'서산 근처 바닷가에서 굴이 잘 자라기 때문이다.'라는 내용을 정확히 씀. |

**4** 고장의 환경에 따라 집을 짓는 데 사용하는 재료나 집을 짓는 방법이 다릅니다.

| 점수 | 채점 기준 | |
|---|---|---|
| (1) | 3점 | '게르'에 ○표를 함. |
| (2) | 7점 | 🔑 정답 키워드 고장 / 환경 / 이용 / 극복 / 다르다<br>'고장의 환경을 이용하거나 극복하는 모습이 다르기 때문이다.' 등 고장마다 집의 모양이 다른 까닭을 정확히 씀. |

## 2. ① 옛날과 오늘날의 생활 모습

| 179쪽 | | 쪽지시험 |
|---|---|---|

**01** 주먹 도끼 　**02** 모여 　**03** 例 무기, 장신구
**04** 철 　**05** 쟁기 　**06** 반달 돌칼 　**07** 토기
**08** 例 전기밥솥 　**09** 쉽게 　**10** 오늘날

| 180~182쪽 | | 단원평가 |
|---|---|---|

**01** ④ 　**02** ㉠ 　**03** ④ 　**04** ⑤ 　**05** ④, ⑤
**06** ① 例 도구 ② 농사 　**07** ② 　**08** ③ 　**09** (1) ○
**10** ④ 　**11** ④ 　**12** 例 철로 만든 무거운 솥 안의
열기가 잘 빠져나가지 않았기 때문이다. 　**13** 희주
**14** ③ 　**15** (1) 베틀 (2) 例 베틀에 실을 올리고 서로 엇
갈리게 엮는다. 　**16** ④ 　**17** ① 　**18** ③
**19** ㉠, ㉣ 　**20** ②

**01** 옛날 사람들의 생활 모습을 재현한 장소에는 박물관, 유적지, 민속촌 등이 있습니다.

**02** 농사를 짓기 시작한 시대는 돌을 갈아서 도구를 만들었던 시대입니다.

**03** 돌을 깨뜨려 만든 주먹 도끼는 사냥, 음식 손질, 도구 제작 등 다양한 용도로 사용되었습니다.

**04** 옛날 사람들은 빗살무늬 토기와 같이 흙으로 그릇을 만들어 음식을 담아 보관했습니다.

**05** 사람들은 청동으로 만든 도구를 사용하기 시작했지만, 농사를 지을 때나 일상생활에서는 여전히 돌과 나무로 만든 도구가 사용되었습니다.

**06**

| 점수 | 채점 기준 |
|---|---|
| 8점 | ① '도구'와 ② '농사'를 모두 정확히 씀. |
| 4점 | ① '도구'와 ② '농사' 중 한 가지만 정확히 씀. |

**07** 철로 만든 농사 도구를 사용해 더 많은 곡식을 수확할 수 있었습니다.

**08** 철을 이용하면 돌에 비해서 용도에 따라 다양한 모양의 도구를 만들 수 있었습니다.

**09** 탈곡기는 곡식을 수확할 때 사용하는 도구입니다.

**10** 오늘날에는 과학 기술의 발달로 다양한 기계를 사용해 농사를 짓습니다.

**11** 옛날 사람들은 토기에 재료를 넣고 끓여서 음식을 요리했습니다.

**12** 옛날 사람들은 철로 만든 가마솥에 열을 가해 요리를 했습니다.

| 점수 | 채점 기준 |
|---|---|
| 8점 | 🔑 정답 키워드 철 / 무거운 / 열기<br>'철로 만든 무거운 솥 안의 열기가 잘 빠져나가지 않았기 때문이다.' 등의 내용을 씀. |
| 4점 | 가마솥을 이용해 요리를 할 때 음식이 잘 익을 수 있었던 까닭을 썼으나 구체적이지 않음. |

**13** 오늘날 사람들은 요리를 할 때 믹서, 전기밥솥 등을 이용해 빠르고 편리하게 요리를 합니다.

**14** 재봉틀은 바느질을 해 주는 기계로, 재봉틀을 이용하면 빠르고 정확하게 옷감을 꿰맬 수 있습니다.

**15**

| | 점수 | 채점 기준 |
|---|---|---|
| (1) | 3점 | '베틀'이라고 정확히 씀. |
| (2) | 7점 | 🔑 정답 키워드 실 / 엇갈리게<br>'베틀에 실을 올리고 서로 엇갈리게 엮는다.' 등의 내용을 정확히 씀. |

**16** 방직기는 실을 옷감으로 만드는 기계로, 오늘날에는 방직기의 발달로 다양한 종류의 옷을 쉽고 빠르게 만들 수 있게 되었습니다.

**17** 움집은 추위와 비바람을 막아주는 역할을 했습니다.

**18** 초가집은 볏짚이 썩기 쉬워 매년 지붕을 새로 덮어야 했습니다.

**19** 철근과 콘크리트로 만든 오늘날의 집은 나무와 흙으로 만든 집보다 튼튼해서 여러 층으로 높게 지을 수 있습니다.

**20** 온돌은 방바닥 아래에 있는 구들장을 따뜻하게 데우는 난방 방법입니다.

| 183쪽 | 서술형 · 논술형 문제 |
|---|---|

**1** (1) ㈏ 　(2) 例 청동으로 무기, 장신구, 제사 도구를 만들었다. 농사를 지을 때는 돌과 나무를 사용했다.

**2** 例 곡식을 수확할 때 사용하는 농사 도구이다.

**3** (1) 가락바퀴 　(2) 例 식물의 줄기를 꼬아 실을 만들 때 사용했다.

**4** (1) ㉠ 　(2) 例 가족이 함께 식사를 준비하고, 거실에서 이야기를 나눈다.

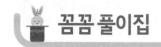 

**1** ㉠은 돌을 깨뜨려 만든 도구를 사용한 시대, ㉡은 청동으로 만든 도구를 사용한 시대의 도구입니다. 돌로 만든 도구를 사용하던 사람들은 점차 청동과 같은 금속으로 비파형 동검, 청동 거울 등을 만들어 사용했습니다.

| 점수 | | 채점 기준 |
|---|---|---|
| (1) | 3점 | '(나)'를 정확히 씀. |
| (2) | 7점 | 🔑 정답 키워드 청동 / 무기 / 농사 / 돌과 나무<br>'청동으로 무기, 장신구, 제사 도구를 만들었다.', '농사를 지을 때는 돌과 나무를 사용했다.' 등의 내용을 정확히 씀. |

**2** 곡식을 수확하는 도구는 반달 돌칼에서 낫, 탈곡기, 콤바인 순으로 변화했습니다. 곡식을 수확하는 도구가 변화하면서 이전보다 많은 양의 곡식을 얻을 수 있게 되었습니다.

| 점수 | 채점 기준 |
|---|---|
| 8점 | 🔑 정답 키워드 곡식 / 수확<br>'곡식을 수확할 때 사용하는 농사 도구이다.' 등의 내용을 정확히 씀. |
| 4점 | '곡식을 수확하는 도구이다.', '농사 도구이다.' 등의 내용을 썼으나 구체적이지 않음. |

**3** 옛날 사람들은 가락바퀴로 뽑은 실을 가지고 동물 가죽을 꿰매 튼튼한 옷을 만들 수 있었습니다.

| 점수 | | 채점 기준 |
|---|---|---|
| (1) | 3점 | '가락바퀴'에 정확히 ○표를 함. |
| (2) | 7점 | 🔑 정답 키워드 식물의 줄기 / 실<br>'식물의 줄기를 꼬아 실을 만들 때 사용했다.' 등의 내용을 정확히 씀. |

**부족한 답안** (2) 옷을 <u>만들</u> 때 사용했다.
<u>식물의 줄기를 꼬아 실을</u>
➡ 식물의 줄기라는 재료를 이용해 실을 만들었다고 구체적으로 써야 정확한 답입니다.

**4** 자연에서 얻은 재료로 만든 기와집은 여자들이 생활했던 안채와 남자들이 생활했던 사랑채 등으로 이루어져 있었습니다. 아파트와 같은 오늘날의 집은 거실과 주방이 연결되어 있고, 화장실이 집 안에 있습니다.

| 점수 | | 채점 기준 |
|---|---|---|
| (1) | 3점 | '㉠'을 정확히 씀. |
| (2) | 7점 | 🔑 정답 키워드 함께 / 식사 준비<br>'가족이 함께 식사를 준비하고, 거실에서 이야기를 나눈다.' 등의 내용을 정확히 씀. |

## 2.❷ 옛날과 오늘날의 세시 풍속

| 185쪽 | | 쪽지시험 |
|---|---|---|
| 01 세시 풍속 | 02 맞습니다 | 03 정월 대보름 |
| 04 성묘 | 05 예 씨름, 그네뛰기 | 06 수확 |
| 07 동지 | 08 복조리 | 09 농사 |
| 10 예 직업 | | |

| 186~188쪽 | | | | 단원평가 |
|---|---|---|---|---|
| 01 ② | 02 (1) ○ | 03 ㉠, ㉣ | 04 ① | 05 ㉠ |
| 06 ④ | 07 ① 예 더위 ② 예 시원하게 | | | 08 ③ |
| 09 ④ | 10 ⑤ | 11 예 나쁜 기운을 쫓기 위해서이다. | | |
| 12 신발 | 13 ② | 14 ⑤ | 15 ② | 16 ④ |
| 17 동석 | 18 ① | 19 여름 | 20 예 직업이 다양해져 | |

농사를 짓는 사람들이 많이 줄어들었기 때문이다.

**01** 세시 풍속은 명절날과 같은 특별한 날에만 되풀이합니다.

**02** 세시 풍속에는 입는 옷, 하는 놀이, 하는 일, 먹는 음식 등이 포함됩니다.

**03** 옛날 사람들은 농사의 풍년과 건강을 기원하며 계절과 시기에 따라 다양한 세시 풍속을 즐겼습니다.

**04** 설날은 음력 1월 1일로, 설날에는 새해를 맞아 복을 빌며 다양한 풍속을 즐겼습니다.

**05** 수리취떡은 단오에 먹었던 음식입니다.

**06** 삼짇날은 음력 3월 3일로, 농사를 새로 시작하며 한 해의 풍년을 기원했던 날입니다.

**07**

| 점수 | 채점 기준 |
|---|---|
| 8점 | ① '더위'와 ② '시원하게'를 모두 정확히 씀. |
| 4점 | ① '더위'와 ② '시원하게' 중 한 가지만 정확히 씀. |

**08** 여름철 가장 더운 시기인 삼복에는 더위를 이겨 내기 위한 다양한 풍속이 있었습니다.

**09** 쥐불놀이는 정월 대보름에 나쁜 기운을 쫓기 위해 행해졌던 세시 풍속입니다.

**10** 중양절에는 서로의 건강을 기원하기 위해 국화로 만든 술과 떡을 먹었습니다.

**11** 옛날 사람들은 붉은 팥이 나쁜 기운을 쫓는다고 믿어 동짓날이 되면 팥죽을 만들어 먹고, 대문이나 벽에 팥죽을 뿌리기도 했습니다.

| 점수 | 채점 기준 |
|---|---|
| 8점 | **정답 키워드** 나쁜 기운 / 쫓다<br>'나쁜 기운을 쫓기 위해서이다.' 등의 내용을 씀. |
| 4점 | 동지에 팥죽을 먹는 까닭을 썼으나 구체적이지 않음. |

**12** 옛날 설날에는 오늘날보다 다양한 모습을 볼 수 있었습니다.

**13** 옛날과 오늘날 모두 설날에 가족들이 함께 모여 떡국을 먹습니다.

**14** 옛날 사람들은 추석에 풍년을 빌며 올게심니를 기둥에 매달고, 소먹이놀이 같은 민속놀이를 즐겼습니다.

**15** 복조리는 쌀알을 가려내는 도구인 조리처럼 복을 얻는다는 뜻을 지닙니다.

**16** 옛날에는 설날에 복을 기원하고 나쁜 기운을 몰아내는 세시 풍속이 많았습니다.

**17** 오늘날에는 옛날보다 간단한 세시 풍속만 이어져 오고 그 의미도 약해졌습니다.

**18** 옛날 사람들은 농사가 잘되기를 바라며 때에 따라 농사와 관련된 다양한 세시 풍속을 즐겼습니다.

**19** 옛날의 세시 풍속은 주로 한 해의 풍년을 바라고, 조상들께 감사드리는 세시 풍속이 많았습니다.

**20** 오늘날에는 농사와 관련된 세시 풍속이 많이 사라졌습니다.

| 점수 | 채점 기준 |
|---|---|
| 8점 | **정답 키워드** 직업 / 다양 / 농사<br>'직업이 다양해져 농사를 짓는 사람들이 많이 줄어들었기 때문이다.' 등의 내용을 씀. |
| 4점 | 오늘날 세시 풍속이 옛날과 달라진 까닭을 썼으나 구체적이지 않음. |

| **189쪽** | 서술형·논술형 문제 |
|---|---|

**1** (1) 추석    (2) **예** 명절과 같이 일정한 시기에 되풀이하여 행해 온 고유의 생활 모습이다.

**2** (1) 한식    (2) **예** 한식은 농사를 시작하는 시기이므로 한 해 동안 농사가 잘되기를 바랐기 때문이다.

**3** **예** 마을에 나쁜 일이 생기지 않고 농사가 잘되기를 바랐다.

**4** **예** 오늘날에는 세시 풍속에 담긴 의미가 변하기도 했다.

**1** 매년 같은 시기에 반복되는 날을 세시라고 하고, 옛날부터 전해 내려오는 생활 습관을 풍속이라고 합니다. 사람들은 추석이 되면 차례를 지내고, 송편을 먹으며, 보름달을 보고 소원을 빌기도 합니다. 이처럼 추석 때 사람들이 되풀이하는 특별한 생활 모습도 세시 풍속 중 하나입니다.

| 점수 | | 채점 기준 |
|---|---|---|
| (1) | 3점 | '추석'이라고 정확히 씀. |
| (2) | 7점 | **정답 키워드** 일정한 / 되풀이 / 생활 모습<br>'명절과 같이 일정한 시기에 되풀이하여 행해 온 고유의 생활 모습이다.' 등의 내용을 정확히 씀. |

**2** 한식은 동지에서 105일째 되는 날로, 씨를 뿌리는 시기인 양력 4월 5일 무렵입니다. 한식에는 불을 사용하지 않고 찬 음식을 먹는 풍속이 있었습니다.

| 점수 | | 채점 기준 |
|---|---|---|
| (1) | 3점 | '한식'이라고 정확히 씀. |
| (2) | 7점 | **정답 키워드** 농사 / 시작<br>'한식은 농사를 시작하는 시기이므로 한 해 동안 농사가 잘되기를 바랐기 때문이다.' 등의 내용을 정확히 씀. |

**부족한 답안** (2) 한 해 동안 농사가 잘되기를 바랐기 때문이다. 한식은 농사를 시작하는 시기이므로
➡ 한식의 시기를 언급하며 한식에 성묘를 했던 까닭을 구체적으로 써야 정확한 답입니다.

**3** 옛날 사람들은 물에 사는 거북이 농사에 중요한 물을 상징하고, 오래 사는 동물이라 귀한 동물로 여겼습니다.

| 점수 | 채점 기준 |
|---|---|
| 8점 | **정답 키워드** 마을 / 나쁜 일 / 농사<br>'마을에 나쁜 일이 생기지 않고 농사가 잘되기를 바랐다.' 등의 내용을 정확히 씀. |
| 4점 | 거북놀이에 담긴 의미를 썼으나 구체적이지 않음. |

**4** 윷놀이는 설날과 정월 대보름 사이에 여럿이 함께 즐기던 놀이입니다.

| 점수 | 채점 기준 |
|---|---|
| 8점 | **정답 키워드** 의미 / 변하다<br>'오늘날에는 세시 풍속에 담긴 의미가 변하기도 했다.' 등의 내용을 정확히 씀. |
| 4점 | 옛날과 오늘날 윷놀이의 차이를 보고 알 수 있는 오늘날 세시 풍속의 특징을 썼으나 구체적이지 않음. |

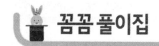 

## 3. ❶ 가족의 구성과 역할 변화

| 191쪽 | | 쪽지시험 |
|---|---|---|
| 01 다양하기 | 02 한복 | 03 반지 |
| 04 예 가족, 부부 | 05 확대 가족 | 06 핵가족 |
| 07 남자 | 08 구성원 모두 | 09 평등 | 10 예 역할 |

| 192~194쪽 | | | | 단원평가 |
|---|---|---|---|---|

01 ⑤ 　　02 희수 　03 ② 　04 (1) ○ 　05 ①
06 ① 예 결혼 ② 예 축하 　　07 ① 확대 가족 ② 많은
08 ⑤ 　　09 희원 　10 예 자녀 교육을 위해 가족이
이동하기도 한다. 　11 재희 　12 (1) ㉠, ㉢ (2) ㉡, ㉢
13 예 가족회의 　　14 ④ 　15 ③, ④ 　16 ㉢
17 (1) ○ 　18 ⑤ 　19 예 서로 배려하고 협력한다. 가족
구성원으로서 나의 역할을 알고 실천한다. 　　20 ④

**01** 옛날에는 주로 신부의 집에서 혼례를 치렀습니다.

**02** 오늘날에는 다양한 형태의 결혼식이 많아졌습니다.

**03** 집안 어른들이 신부의 치마에 던져 주는 대추와 밤을 많이 받을수록 자식을 많이 낳고 행복한 가정을 이룬다고 믿었습니다.

**04** 옛날에는 평생 자기 짝을 지키는 기러기처럼 부부가 행복하게 살자는 의미를 담아 신랑이 신부에게 나무 기러기를 주었습니다.

**06** 결혼식의 모습과 과정은 달라져도 그 속에 담긴 의미는 변함없이 이어져 오고 있습니다.

| 점수 | 채점 기준 |
|---|---|
| 8점 | ① '결혼'과 ② '축하'를 모두 정확히 씀. |
| 4점 | ① '결혼'과 ② '축하' 중 한 가지만 정확히 씀. |

**07** 확대 가족은 주로 옛날에 많았던 가족 형태입니다.

**08** 옛날에는 농사를 짓기 위해 가족이 한곳에 모여 살아 주로 확대 가족이 많았습니다.

**10** 오늘날에는 사회의 변화에 따라 교육, 취업 등의 이유로 가족이 이동하여 핵가족이 많아졌습니다.

| 점수 | 채점 기준 |
|---|---|
| 10점 | 🔑 정답 키워드 교육 / 이동<br>'자녀 교육을 위해 가족이 이동하기도 한다.' 등의 내용을 정확히 씀. |
| 5점 | 오늘날에 핵가족이 많아진 까닭을 자녀 교육과 연관 지어 썼으나 구체적이지 않음. |

**11** 옛날에는 주로 집안일을 여자가 하고 바깥일은 남자가 했습니다.

**12** 옛날에는 남자와 여자가 하는 일이 달랐지만, 오늘날에는 남자와 여자가 하는 일에 구분이 없습니다.

**13** 오늘날에는 집안의 중요한 일을 가족 구성원 모두가 함께 의논합니다.

**14** 오늘날에는 남녀가 평등하다는 의식이 높아지면서 가족 구성원의 역할도 변화했습니다.

**15** 오늘날에는 나이나 성별에 따라 사람을 차별하지 않고 동등하게 대우하는 것이 중요하다고 생각하는 사회가 되어 가족 구성원의 역할이 변화했습니다.

**16** 가족 구성원의 생각이 다르고 각자의 역할을 하지 않아 갈등이 생기기도 합니다.

**17** 한비는 공원에 가기로 한 약속을 소중하게 생각하지 않는 가족들의 태도로 속상해하고 있습니다.

**18** 가족 구성원 간의 갈등은 대화를 통해 해결해야 합니다.

**19** 가족 구성원이 자신이 맡은 일을 하고, 자기가 할 수 있는 일을 스스로 찾아서 하려는 자세가 필요합니다.

| 점수 | 채점 기준 |
|---|---|
| 10점 | 🔑 정답 키워드 배려 / 협력 / 나의 역할<br>'서로 배려하고 협력한다.', '가족 구성원으로서 나의 역할을 알고 실천한다.' 등의 내용을 정확히 씀. |
| 5점 | 가족이 행복하게 생활하기 위해 필요한 태도에 관해 썼으나 구체적이지 않음. |

**20** 가족 구성원으로서 내가 할 수 있는 일을 정해서 계획을 세우고 실천해 볼 수 있습니다.

| 195쪽 | 서술형·논술형 문제 |
|---|---|

**1** (1) ㉢ 　(2) 예 신랑과 신부는 결혼식을 마치고 신부의 집에서 며칠을 지낸 후 신랑의 집으로 갔다.

**2** (1) ㉡ 　(2) 예 직장을 구하기 위해 도시로 가면서 가족과 떨어져 사는 사람들이 많아졌기 때문이다.

**3** (1) ① 바깥일 ② 없습니다 　(2) 예 성별과 관계없이 누구나 교육을 받을 수 있기 때문이다.

**4** (1) 은수 　(2) 예 신발 정리하기, 강아지 산책시키기

**1** 결혼식을 마치고 신혼여행을 가는 것은 오늘날의 혼인 풍습입니다. 옛날에는 주로 혼례가 끝난 뒤 부부가 신부의 집에서 며칠을 지낸 후 신랑의 집으로 가서 신랑의 집에서 살았습니다.

| 점수 | | 채점 기준 |
|---|---|---|
| (1) | 3점 | '㉢'이라고 정확히 씀. |
| (2) | 7점 | 🔑 정답 키워드 신부의 집 / 며칠 / 신랑의 집<br>'신랑과 신부는 결혼식을 마치고 신부의 집에서 며칠을 지낸 후 신랑의 집으로 갔다.' 등의 내용을 정확히 씀. |

**2** 오늘날에는 산업이 발달하면서 도시가 만들어지고 다양한 일자리가 생겨나면서 가족의 형태도 변화했습니다.

| 점수 | | 채점 기준 |
|---|---|---|
| (1) | 3점 | '㉡'이라고 정확히 씀. |
| (2) | 7점 | 🔑 정답 키워드 직장 / 도시 / 교육<br>'직장을 구하기 위해 도시로 가면서 가족과 떨어져 사는 사람들이 많아졌기 때문이다.', '자녀 교육을 위해 이사하는 사람이 많아졌기 때문이다.' 등의 내용을 정확히 씀. |

| 부족한 답안 | (2) 이사하는 사람이 많아졌기 때문이다. |
|---|---|
| | ⎣ 자녀 교육을 위해 |

➡ 오늘날에 핵가족이 많아진 까닭을 구체적으로 써야 정확한 정답입니다.

**3** 오늘날에는 나이나 성별에 따라 사람을 차별하지 않고 동등하게 대우하는 것이 중요하다고 생각하는 사회가 되어 가족 구성원의 역할도 변화했습니다.

| 점수 | | 채점 기준 |
|---|---|---|
| (1) | 4점 | ① '바깥일', ② '없습니다'에 모두 ○표를 함. |
| (2) | 6점 | 🔑 정답 키워드 성별 / 누구나 / 사회 활동 / 평등<br>'성별과 관계없이 누구나 교육을 받을 수 있기 때문이다.', '누구나 원한다면 사회 활동에 참여할 수 있기 때문이다.', '남녀가 평등하다는 의식이 높아졌기 때문이다.' 등의 내용을 정확히 씀. |

**4** 행복한 가족생활을 위해 내가 할 수 있는 일을 찾아보고 스스로 실천하는 것이 중요합니다.

| 점수 | | 채점 기준 |
|---|---|---|
| (1) | 3점 | '은수'라고 정확히 씀. |
| (2) | 7점 | 🔑 정답 키워드 정리 / 산책<br>'신발 정리하기', '강아지 산책시키기', '동생과 번갈아 가며 컴퓨터 사용하기' 등의 내용을 정확히 씀. |

## 3. ❷ 다양한 가족이 살아가는 모습

| 197쪽 | | 쪽지시험 |
|---|---|---|
| **01** 재혼 | **02** 다문화 가족 | **03** 이산가족 |
| **04** 변화했기 | **05** 입양 | **06** 예 반려동물 |
| **07** 다양합니다 | **08** 나쁘게 | |
| **09** 변하지 않습니다 | **10** 예 존중 | |

| 198～200쪽 | | | 단원평가 |
|---|---|---|---|
| **01** ④ | **02** 재혼 가족 | **03** ② | **04** 이산가족 |
| **05** ㉠ | **06** ① 다른 ② 결혼 | **07** ① | **08** ⑵ ○ |
| **09** ㉣ | **10** 예 신문 기사 | **11** ④ | **12** 정민 |
| **13** ⑤ | **14** 예 표현하고 싶은 가족의 모습을 자유롭고 재미있게 표현할 수 있다. | | **15** 다양하게 |
| **16** ⑤ | **17** ① | **18** ④ | **19** ④ | **20** 예 다른 가족의 생활 모습을 이상하다고 생각하지 않는다. |

**01** 오늘날에는 다양한 형태의 가족들이 있으며 가족의 형태는 상황에 따라 달라질 수 있습니다.

**02** 경민이가 최근에 아빠와 동생이 생겼다는 예나의 말을 통해 경민이네 가족이 재혼 가족임을 알 수 있습니다.

**03** 입양 가족은 부모님이 아이를 낳는 대신 입양하여 기르는 가족입니다.

**06** 다문화 가족 내에서 자란 자녀는 서로 다른 문화와 말을 이해하고 배우며 자랄 수 있습니다.

| 점수 | 채점 기준 |
|---|---|
| 8점 | ① '다른'과 ② '결혼'을 모두 정확히 씀. |
| 4점 | ① '다른'과 ② '결혼' 중 한 가지만 정확히 씀. |

**07** 오늘날에는 혼자 사는 사람들이 많아지면서 1인 가구를 위한 제품과 서비스가 늘어나고 있습니다.

**08** 오늘날 가족의 형태는 상황에 따라 달라집니다.

**09** 혼자 아이를 키운다는 말을 통해 태원 씨의 가족이 한부모 가족이라는 것을 알 수 있습니다.

**10** 다양한 가족의 생활 모습은 도서 자료, 뉴스나 신문 기사, 영상 자료 등에서 찾아볼 수 있습니다.

**11** 엄마의 고향이 베트남이라는 일기의 내용을 통해 동훈이네 가족이 다문화 가족이라는 것을 알 수 있습니다.

**12** 가족마다 생활 모습은 다양하지만, 서로를 아끼고 사랑하는 마음은 같습니다.

**13** 어떤 형태의 가족을 표현할지, 어떤 생활 모습을 표현할지 등을 먼저 결정한 후에 역할극을 만들어 다양한 가족의 생활 모습을 표현할 수 있습니다.

**14** 다양한 가족의 생활 모습을 그림을 그려 표현할 수 있습니다.

| 점수 | 채점 기준 |
|---|---|
| 10점 | **정답 키워드** 자유롭고 / 재미있게<br>'표현하고 싶은 가족의 모습을 자유롭고 재미있게 표현할 수 있다.' 등의 내용을 정확히 씀. |
| 5점 | 그림을 통해 다양한 가족의 생활 모습을 표현할 때 좋은 점에 관해 썼으나 구체적이지 않음. |

**15** 다양한 가족 형태가 잘 드러나는 그림 문자를 그려 가족의 모습을 표현할 수 있습니다.

**16** 부부가 따로 살게 되어 어머니와 아버지 중 어느 한 분과 자녀가 사는 가족을 한 부모 가족이라고 합니다.

**17** 다양한 가족의 생활 모습을 만화로 표현할 수 있습니다.

**18** 가족의 형태와 생활 모습이 달라져도 가족이 지닌 의미는 변하지 않습니다.

**19** 가족의 의미를 다양한 것에 빗대어 표현하여 가족의 소중함을 나타낼 수 있습니다.

**20** 가족의 모습이 다를 수 있음을 인정하고 서로를 존중하는 태도를 가져야 합니다.

| 점수 | 채점 기준 |
|---|---|
| 10점 | **정답 키워드** 있는 그대로<br>'다른 가족의 생활 모습을 이상하다고 생각하지 않는다.', '우리 가족과 다른 생활 모습을 있는 그대로 바라본다.' 등의 내용을 정확히 씀. |
| 5점 | 다양한 가족의 생활 모습을 존중하는 태도를 실천하는 방법에 관해 썼으나 구체적이지 않음. |

---

**201쪽** **서술형·논술형 문제**

**1** (1) ㉠   (2) 예 다양한 가족을 대하는 사회의 모습이 변화하기 때문이다.

**2** (1) 예 반려동물
(2) 예 동물을 끝까지 보살피는 책임감을 가져야 한다.

**3** (1) 다문화 가족   (2) 예 다양한 가족의 생활 모습을 실감 나게 표현할 수 있다.

**4** (1) 진우   (2) 예 가족 안에서 사회생활에 필요한 규칙과 예절을 배울 수 있다.

---

**1** 다양한 형태의 가족들이 점차 늘어나면서 사회의 인식도 함께 변화해 가고 있습니다. 오늘날에는 사회의 여러 분야에서 다양한 문화를 가진 사람들이 활동하기도 하고, 가족이 없는 아이들에게 가족이 되어 주고 싶어 하는 사람들이 많아져 입양하는 사람들이 늘어나기도 합니다.

| 점수 | | 채점 기준 |
|---|---|---|
| (1) | 3점 | '㉠'이라고 정확히 씀. |
| (2) | 7점 | **정답 키워드** 사회 모습 / 변화<br>'다양한 가족을 대하는 사회의 모습이 변화하기 때문이다.' 등의 내용을 정확히 씀. |

**2** 반려동물이나 친한 친구와 한집에서 사는 것은 사전적 의미의 가족이 아니지만, 가족의 개념이 변화하는 사회적인 현상을 반영하고 있습니다.

| 점수 | | 채점 기준 |
|---|---|---|
| (1) | 3점 | '반려동물', '애완동물' 등의 내용을 정확히 씀. |
| (2) | 7점 | **정답 키워드** 동물 / 책임감<br>'동물을 끝까지 보살피는 책임감을 가져야 한다.' 등의 내용을 정확히 씀. |

**3** 역할극을 통해 다양한 가족의 역할을 표현하면서 가족의 상황과 가족 구성원의 마음을 이해하고 존중할 수 있습니다.

| 점수 | | 채점 기준 |
|---|---|---|
| (1) | 3점 | '다문화 가족'이라고 정확히 씀. |
| (2) | 7점 | **정답 키워드** 생활 모습 / 실감 나게<br>'다양한 가족의 생활 모습을 실감 나게 표현할 수 있다.' 등의 내용을 정확히 씀. |

**부족한 답안** (2) 다양한 가족의 생활 모습을 ~~표현할 수 있다.~~
실감 나게
➡ 역할극으로 다양한 가족의 생활 모습을 표현할 때 좋은 점을 구체적으로 써야 정확한 정답입니다.

**4** 나에게 가족이 소중한 만큼 다른 사람에게도 가족이 소중하다는 것을 생각하고 다양한 가족을 존중하는 마음을 가져야 합니다.

| 점수 | | 채점 기준 |
|---|---|---|
| (1) | 3점 | '진우'라고 정확히 씀. |
| (2) | 7점 | **정답 키워드** 사회생활 / 규칙과 예절<br>'가족 안에서 사회생활에 필요한 규칙과 예절을 배울 수 있다.' 등의 내용을 정확히 씀. |

202~204쪽 **2학기 총정리**

**01** ③, ⑤　**02** ⑤　　**03** ③　　**04** ④　　**05** 민주
**06 예** 생선, 조개 등과 같은 해산물이 많이 잡히기 때문
이다.　**07** ③　　**08** ①　　**09** (1) ㉠ (2) ㉡
**10** ㉠, ㉡, ㉢　　**11** (1) 초가집 (2) **예** 마당에서 농
사와 관련된 일을 했다.　**12** ⑤　　**13** ㉠
**14** ③　　**15** ⑤　　**16 예** 옛날에는 주로 농사를 많이
지었기 때문에 일손이 많이 필요해서 확대 가족이 많았다.
**17** ②　　**18** ⑤　　**19** 다문화 가족　　**20** ②

**01** 인문환경은 사람들이 만들어 낸 환경을 말합니다. 사람들은 고장의 자연환경을 이용해 논과 밭, 과수원, 공원, 다리, 도로, 공장, 항구 등을 만듭니다.

**02** 사람들은 바다에서 물고기나 조개를 잡고 염전을 만들어 소금을 얻으며, 해수욕장을 만들어 물놀이를 합니다.

**03** 산이 많은 고장의 사람들은 숲에서 목재를 얻고 나물이나 약초 캐기, 버섯 재배 등을 하며 살아갑니다. 고기잡이, 해산물 식당 운영하기, 해산물 따기는 바다를 이용하며 살아가는 모습입니다.

**04** 덥고 비가 많이 내리는 고장에서는 바람이 잘 통하는 긴 옷을 입고 챙이 넓은 모자를 씁니다.

**05** 전주는 주변의 넓은 들에서 쌀과 채소를 쉽게 구할 수 있어 비빔밥이 발달했습니다.

**06** 바다로 둘러싸인 고장은 바다에서 얻은 해산물을 이용한 음식이 많습니다.

| 점수 | 채점 기준 |
|---|---|
| 8점 | **정답 키워드** 해산물 / 많이 / 잡히다<br>'생선, 조개 등과 같은 해산물이 많이 잡히기 때문이다.'와 같이 바다로 둘러싸인 고장에서 해산물을 이용한 음식이 발달한 까닭을 정확히 씀. |
| 4점 | 바다로 둘러싸인 고장에서 해산물을 이용한 음식이 발달한 까닭을 썼으나 구체적이지 않음. |

**07** 미얀마 등과 같이 덥고 습한 고장 사람들은 땅 위에서 올라오는 열기와 해충을 피하려고 수상 가옥을 지어 생활했습니다.

**08** 철로 만든 농사 도구를 사용하면서 농업이 크게 발달했고, 철로 만든 무기를 가진 사람들이 전쟁에서 쉽게 이길 수 있었습니다.

**09** 옛날부터 사람들은 실을 만드는 도구, 옷감을 만들고 꿰매는 도구를 만들어 이용했습니다.

**10** 음식을 만드는 도구는 토기 → 가마솥 → 전기밥솥 순으로 발달했습니다. 음식을 만드는 도구의 발달로 다양한 음식을 빨리 만들 수 있게 되었습니다.

**11** 초가집은 볏짚으로 지붕을 덮어 만든 집입니다.

| 점수 | | 채점 기준 |
|---|---|---|
| (1) | 3점 | '초가집'이라고 정확히 씀. |
| (2) | 7점 | **정답 키워드** 마당 / 농사일<br>'마당에서 농사와 관련된 일을 했다.' 등과 같이 초가집에 살았던 사람들의 생활 모습을 알맞게 씀. |

**12** 정월 대보름은 음력 1월 15일로, 한 해의 건강과 풍년을 빌며 부럼을 깨 먹고, 오곡밥과 나물을 먹었습니다.

**13** 추석에는 마을 사람들이 모여 줄다리기를 하고, 보름달 아래에서 강강술래를 하며 풍년을 기원했습니다.

**14** 오늘날에는 교통과 통신, 과학 기술의 발달로 직업이 다양해져 농사를 짓는 사람들이 많이 줄어들었기 때문에 농사와 관련된 세시 풍속이 많이 사라졌습니다.

**15** 결혼식의 모습과 과정은 옛날과 달라졌지만, 그 속에 담긴 의미는 변함없이 이어져 오고 있습니다.

**16** 옛날에는 사람들이 대부분 농사를 지으며 생활했습니다. 농사를 지으려면 일손이 많이 필요했기 때문에 가족들이 한곳에 모여 살았습니다.

| 점수 | 채점 기준 |
|---|---|
| 10점 | **정답 키워드** 농사 / 일손<br>'옛날에는 주로 농사를 많이 지었기 때문에 일손이 많이 필요해서 확대 가족이 많았다.' 등과 같이 옛날에 확대 가족이 많았던 까닭을 정확히 씀. |
| 5점 | 옛날에 확대 가족이 많았던 까닭을 썼으나 구체적이지 않음. |

**17** 오늘날에는 여자도 바깥에서 일하고, 남자도 집안일과 육아를 맡습니다.

**18** 한 부모 가족은 어머니와 아버지 어느 한 분과 자녀가 사는 가족입니다. 여러 가지 이유로 부부가 따로 살게 되는 경우도 있습니다.

**19** 다문화 가족은 다른 나라 사람과 우리나라 사람의 결혼으로 이루어진 가족입니다. 서로 다른 문화와 말을 이해하고 배우며 자랄 수 있습니다. 조손 가족은 할머니, 할아버지가 손주와 함께 사는 가족으로 할머니, 할아버지가 따뜻한 사랑과 보살핌으로 가족을 지킵니다.

**20** 서로의 다름을 인정하고 나와 다른 생활 모습을 가진 모든 가족을 존중하는 태도를 가져야 합니다.

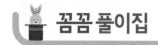
# 과 학

## 1. 재미있는 과학 탐구

| 207쪽 | | 쪽지시험 |
|---|---|---|
| 01 ㉠ 궁금 | 02 ㉠ 기록 | 03 적당하지 않습니다 |
| 04 계획 | 05 같게 | 06 겹친 회전판의 개수 |
| 07 반복 | 08 발표 자료 | 09 ㉠ 그림 10 ㉠ 질문 |

| 208~209쪽 | | 단원평가 |
|---|---|---|
| 01 ㉠ 기록 | 02 ① | 03 (1) × (2) ○ |
| 04 ㉢ → ㉠ → ㉡ | 05 ② | 06 회전판의 크기, |
| 회전판의 모양 | 07 ②, ③ | 08 ① ㉠ 다르게 한 것 |
| ② ㉠ 바뀌는 것 | 09 ㉣ | 10 ①, ④ 11 ⑤ |
| 12 전시회 | 13 (1) ㉠ 사진, 그림, 표 등 (2) ㉠ 탐구 순서, | |
| 탐구 결과, 탐구를 하여 알게 된 것 등이 들어가야 한다. | | |
| 14 ⑤ | 15 문제, 계획, 실행 | |

**01** 탐구 문제는 수업 시간에 배운 내용 등에서 궁금했던 것을 기록하고, 궁금한 것 중에서 한 가지를 골라 정합니다.

**02** 스스로 탐구할 수 있고, 관찰과 실험이 가능한 탐구 문제를 정해야 합니다.

**05** 탐구 계획은 다른 사람이 실행해도 같은 결과가 나올 수 있도록 자세하게 작성해야 합니다.

**08**

| | 점수 | 채점 기준 |
|---|---|---|
| | 10점 | ① '다르게 한 것', ② '바뀌는 것'을 모두 정확히 씀. |
| | 5점 | ① '다르게 한 것', ② '바뀌는 것' 중 한 가지만 정확히 씀. |

**10** 탐구를 실행하기 전에 탐구 계획서를 확인하여 빠진 것이 없는지 확인해야 합니다.

**13**

| | 점수 | 채점 기준 |
|---|---|---|
| (1) | 4점 | '사진, 그림, 표' 등을 정확히 씀. |
| (2) | 8점 | 🔑 정답 키워드 탐구 순서 / 탐구 결과 / 탐구를 하여 알게 된 것 등<br>'탐구 순서, 탐구 결과, 탐구를 하여 알게 된 것 등이 들어가야 한다.'와 같이 내용을 정확히 씀. |
| | 4점 | 탐구 발표 자료에 들어가야 할 내용을 두 가지만 정확히 씀. |

**14** 탐구 결과를 발표하고, 친구들의 질문에 대답합니다.

## 2. 동물의 생활

| 211쪽 | | | 쪽지시험 |
|---|---|---|---|
| 01 참새 | 02 네(4) | 03 ㉠ 분류 | 04 적당하지 |
| 않습니다 | 05 두더지 | 06 물방개 | 07 지느러미 |
| 08 날개 | 09 귀 | 10 발 | |

| 212~214쪽 | | | | 단원평가 |
|---|---|---|---|---|
| 01 ②, ③ | 02 ② | 03 ⑤ | 04 ① | 05 ④ |
| 06 예림 | 07 (1) 땅속 (2) ① ㉠ 앞발 ② ㉠ 땅속 | | | |
| 08 (1) – ㉠ (2) – ㉠ (3) – ㉡ | | 09 ③ | 10 ㉣ | |
| 11 ④ | 12 ㉡ | 13 ① | 14 ⑤ | 15 ㉣ |
| 16 ① | 17 미정 | 18 (1) ㉠ (2) ㉠ 콧구멍을 여닫을 | | |
| 수 있어서 모래바람이 불어도 콧속으로 모래가 잘 들어가지 | | | | |
| 않기 때문이다. | | 19 ㉠ | 20 ㉠ 수리 | |

**01** 참새와 까치는 주로 나무나 화단에서 볼 수 있습니다.

**02** 거미는 다리가 4쌍이 있고, 몸이 머리가슴과 배로 구분되며, 거미줄에 매달려 있습니다.

**03** 달팽이는 등에 딱딱한 껍데기가 있고, 미끄러지듯이 움직입니다.

**04** 개미, 토끼, 비둘기, 소금쟁이는 다리가 있는 동물입니다.

**05** 달팽이, 벌, 잠자리는 더듬이가 있는 동물이고, 참새, 지렁이, 금붕어는 더듬이가 없는 동물입니다.

**06** 땅에서 사는 동물 중에는 뱀이나 개미처럼 땅 위와 땅속을 오가며 사는 동물도 있습니다.

**07**

| | 점수 | 채점 기준 |
|---|---|---|
| (1) | 4점 | '땅속'이라고 정확히 씀. |
| (2) | 8점 | ① '앞발', ② '땅속'을 모두 정확히 씀. |
| | 4점 | ① '앞발', ② '땅속' 중 한 가지만 정확히 씀. |

**08** 땅에서 사는 동물 중 다리가 있는 동물은 걷거나 뛰어 다니고, 다리가 없는 동물은 기어 다닙니다.

**09** 땅에서 사는 동물 중 뱀이나 지렁이처럼 다리가 없는 동물은 기어 다닙니다.

**10** 물속에 사는 동물 중 붕어와 같은 물고기의 특징입니다.

**11** 상어, 전복, 고등어, 오징어 등은 바닷속에서 사는 동물입니다.

**12** 전복의 몸은 둥근 모양의 딱딱한 껍질로 둘러싸여 있고, 바위에 붙어서 기어 다닙니다.

**13** 전복은 배발이 있어서 물속 바위에 붙어서 기어 다닙니다.

**14** 오징어는 몸이 세모 모양이며, 머리에 다리 10개가 있습니다.

**15** 직박구리와 제비는 새이며, 몸이 깃털로 덮여 있고, 날개를 이용하여 날아다닙니다. ㄹ은 곤충에서 주로 볼 수 있는 특징입니다.

**16** 매미와 벌은 날개가 2쌍이 있고, 다리는 3쌍이 있습니다.

**17** 박새, 까치, 직박구리와 같은 새나 매미, 나비, 잠자리와 같은 곤충은 날개가 있어 날아다닐 수 있습니다.

**18**

| 점수 | | 채점 기준 |
|---|---|---|
| (1) | 4점 | '㉠'이라고 정확히 씀. |
| (2) | 8점 | **정답 키워드** 콧구멍 / 여닫다<br>'콧구멍을 여닫을 수 있어서 모래바람이 불어도 콧속으로 모래가 잘 들어가지 않기 때문이다.'와 같이 내용을 정확히 씀. |
| | 4점 | '콧속으로 모래바람이 들어가지 않기 때문이다.'와 같이 낙타 생김새의 특징을 연결지어 설명하지 못함. |

**19** 북극곰은 몸집이 크고, 귀와 꼬리가 작고 뭉특하며, 몸이 털로 촘촘하게 덮여 있습니다.

**20** 집게 차는 수리 발의 특징을 활용해 만든 것입니다.

---

### 215쪽　서술형·논술형 문제

**1** (1) 예 화단　(2) 예 등에 딱딱한 껍데기가 있다. 등

**2** (1) ・다리가 있는 동물: 다람쥐, 토끼　・다리가 없는 동물: 지렁이　(2) 예 다리가 있는 동물은 걷거나 뛰어 다니고, 다리가 없는 동물은 기어 다닌다.

**3** (1) 붕어　(2) 예 지느러미가 있어서 물속에서 헤엄을 잘 칠 수 있다. 몸이 부드러운 곡선 형태라서 물속에서 빨리 헤엄쳐 이동할 수 있다. 등

**4** (1) 북극곰　(2) 예 몸집이 크다. 몸에 털이 촘촘하게 나 있다. 귀와 꼬리가 작고 뭉특하다. 등

---

**1**

| 점수 | | 채점 기준 |
|---|---|---|
| (1) | 4점 | '화단'이라고 정확히 씀. |
| (2) | 8점 | **정답 키워드** 등 / 딱딱한 껍데기 등<br>'등에 딱딱한 껍데기가 있다.' 등과 같이 내용을 정확히 씀. |
| | 4점 | 달팽이의 특징을 썼지만 표현이 부족함. |

**2** 다람쥐와 토끼는 걷거나 뛰어다니고, 지렁이는 기어 다닙니다.

| 점수 | | 채점 기준 |
|---|---|---|
| (1) | 4점 | 다리가 있는 동물에 '다람쥐, 토끼', 다리가 없는 동물에 '지렁이'라고 정확히 씀. |
| (2) | 8점 | **정답 키워드** 다리가 있는 동물 / 걷거나 뛰다 / 다리가 없는 동물 / 기다<br>'다리가 있는 동물은 걷거나 뛰어다니고, 다리가 없는 동물은 기어 다닌다.'와 같이 내용을 정확히 씀. |
| | 4점 | 다리가 있는 동물과 다리가 없는 동물 중 한 가지만 옳게 씀. |

**부족한 답안** (2) 다리가 있는 동물은 걷거나 뛰어 다닌다.
　　　　　　니고, 다리가 없는 동물은 기어 다닌다.
➡ '다리가 없는 동물은 기어 다닌다.'는 내용을 포함하여 써야 정확한 답입니다.

**3**

| 점수 | | 채점 기준 |
|---|---|---|
| (1) | 4점 | '붕어'라고 정확히 씀. |
| (2) | 8점 | **정답 키워드** 지느러미 / 부드러운 곡선 / 헤엄을 잘 치다 등<br>'지느러미가 있어서 물속에서 헤엄을 잘 칠 수 있다.', '몸이 부드러운 곡선 형태라서 물속에서 빨리 헤엄쳐 이동할 수 있다.' 등과 같이 내용을 정확히 씀. |
| | 4점 | 단순히 '물속에서 헤엄을 잘 칠 수 있는 특징을 가지고 있다.'라고만 씀. |

**4**

| 점수 | | 채점 기준 |
|---|---|---|
| (1) | 4점 | '북극곰'이라고 정확히 씀. |
| (2) | 8점 | **정답 키워드** 몸집 / 크다 / 털 / 촘촘하게 나다 / 귀와 꼬리 / 작고 뭉특하다 등<br>'몸집이 크다.', '몸에 털이 촘촘하게 나 있다.', '귀와 꼬리가 작고 뭉특하다.' 등과 같이 내용을 정확히 씀. |
| | 4점 | 단순히 '추위에 잘 견딜 수 있는 특징을 가지고 있다.'라고만 씀. |

## 3. 지표의 변화

| 217쪽 | | 쪽지시험 |
|---|---|---|
| 01 운동장 흙 | 02 느리게 | 03 부식물 |
| 04 화단 흙 | 05 예 작아, 생김 | 06 흙 |
| 07 위 | 08 퇴적 작용 | 09 강 상류 |
| 10 침식 | | |

| 218~220쪽 | | 단원평가 |
|---|---|---|

01 ㉠　　02 ②, ⑤　　03 (1) 다릅니다. (2) ① 예 알갱이의 크기 ② 예 작기　　04 ③　　05 ④　　06 (1) ○
07 ①　　08 ②, ⑤　　09 흙　　10 물　　11 ④
12 (1) ㈎ (2) ㈏　　13 ㉠ 위㈎ ㉡ 아래㈏　　14 강 상류
15 ②, ⑤　　16 침식 작용　　17 서서히　　18 ①, ③
19 (1) 침식 작용 (2) 예 바닷물의 침식 작용에 의해 바위가
깎이면서 구멍이 뚫렸기 때문이다.　　20 ③

**01** 화단 흙을 손으로 만지면 부드럽고 축축한 느낌이 듭니다.

**02** 운동장 흙은 연한 노란색이고 알갱이가 비교적 크며, 만졌을 때 꺼끌꺼끌한 느낌이 듭니다.

**03**

| 점수 | | 채점 기준 |
|---|---|---|
| (1) | 4점 | '다릅니다.'라고 정확히 씀. |
| (2) | 8점 | ① '알갱이의 크기', ② '작기'를 모두 정확히 씀. |
| | 4점 | ① '알갱이의 크기', ② '작기' 중 한 가지만 정확히 씀. |

**04** 흙의 종류만 다르게 하고 나머지는 모두 같게 합니다.

**05** 화단 흙과 운동장 흙의 물에 뜬 물질의 양을 비교합니다.

**06** 화단 흙에는 식물의 뿌리나 줄기, 마른 나뭇가지, 마른 잎, 죽은 곤충 등 물에 뜬 물질이 많지만, 운동장 흙에는 물에 뜬 물질이 거의 없습니다.

**07** 화단 흙에는 부식물이 많아 식물이 잘 자라고, 운동장 흙에는 부식물이 적어 식물이 잘 자라지 않습니다.

**08** 각설탕이 든 플라스틱 통을 흔들면 알갱이의 크기가 작아지고, 가루가 생깁니다.

**09** 오랜 시간에 걸쳐 물이나 나무 뿌리 등에 의해서 바위가 부서지고 잘게 부서진 알갱이와 생물이 썩어 생긴 물질들이 섞여서 흙이 됩니다.

**10** 바위틈에 있는 물이 얼었다 녹았다를 반복하면서 바위가 부서지기도 합니다.

**11** 흙 언덕 위쪽에 색 모래와 색 자갈을 놓는 것은 물이 흐르면서 흙이 어떻게 이동하는지 쉽게 보기 위해서입니다.

**12** 흙 언덕 위쪽(㈎)은 경사가 급해 흙이 많이 깎이고, 흙 언덕 아래쪽(㈏)은 경사가 완만해 흙이 많이 쌓입니다.

**13** 흐르는 물이 흙 언덕 위쪽의 흙을 깎고 운반해 아래쪽에 쌓았기 때문에 흙 언덕의 모습이 변했습니다.

**14** ㉠ 지역은 강 상류이고, ㉡ 지역은 강 하류입니다.

**15** 강 하류는 강폭이 넓고, 강의 경사가 완만하며 모래를 많이 볼 수 있습니다.

**16** 강 상류에서는 퇴적 작용보다 침식 작용이 활발하게 일어납니다.

**17** 오랜 시간에 걸쳐 흐르는 강물은 지표의 모습을 서서히 변화시킵니다.

**18** 갯벌과 모래사장은 바닷물의 퇴적 작용으로 만들어졌습니다.

**19**

| 점수 | | 채점 기준 |
|---|---|---|
| (1) | 4점 | '침식 작용'이라고 정확히 씀. |
| (2) | 8점 | 🔑 정답 키워드 침식 작용 / 깎이다 / 구멍이 뚫리다<br>'바닷물의 침식 작용에 의해 바위가 깎이면서 구멍이 뚫렸기 때문이다.'와 같이 내용을 정확히 씀. |
| | 4점 | 단순히 '바위에 구멍이 뚫렸기 때문이다.'라고만 씀. |

**20** 바닷물의 침식 작용과 퇴적 작용으로 만들어진 다양한 바닷가 지형은 오랜 시간에 걸쳐서 만들어졌습니다.

| 221쪽 | 서술형·논술형 문제 |
|---|---|

**1** (1) 돋보기 (2) 예 화단 흙은 알갱이의 크기가 비교적 작고, 운동장 흙은 알갱이의 크기가 비교적 크다.

**2** (1) ㉠ (2) 예 물에 뜬 물질이 많다. 부식물이 많다. 등

**3** (1) ㉠ (2) 예 흐르는 물은 바위나 돌, 흙 등을 깎아 낮은 곳으로 운반해 쌓아 놓는다.

**4** (1) ㉡ (2) 예 ㉠은 바닷물의 퇴적 작용으로 만들어졌고, ㉡은 바닷물의 침식 작용으로 만들어졌다.

1 화단 흙은 운동장 흙에 비해 알갱이의 크기가 비교적 작습니다.

| 점수 | | 채점 기준 |
|---|---|---|
| (1) | 4점 | '돋보기'라고 정확히 씀. |
| (2) | 8점 | 정답 키워드 화단 흙 / 알갱이 작다 / 운동장 흙 / 알갱이 크다<br>'화단 흙은 알갱이의 크기가 비교적 작고, 운동장 흙은 알갱이의 크기가 비교적 크다.'와 같이 내용을 정확히 씀. |
| | 4점 | '화단 흙은 알갱이의 크기가 작다.' 또는 '운동장 흙은 알갱이의 크기가 크다.'라고만 씀. |

2

| 점수 | | 채점 기준 |
|---|---|---|
| (1) | 4점 | 'ㄱ'이라고 정확히 씀. |
| (2) | 8점 | 정답 키워드 물에 뜬 물질(부식물) / 많다 등<br>'물에 뜬 물질이 많다. 부식물이 많다.' 등과 같이 내용을 정확히 씀. |
| | 4점 | 화단 흙의 특징을 한 가지 썼지만 표현이 부족함. |

3 흐르는 물이 경사진 곳의 지표를 깎고, 깎인 흙은 운반되어 경사가 완만한 곳에 쌓입니다.

| 점수 | | 채점 기준 |
|---|---|---|
| (1) | 4점 | 'ㄱ'이라고 정확히 씀. |
| (2) | 8점 | 정답 키워드 바위나 흙, 돌 / 깎다 / 낮은 곳 / 운반하다 / 쌓다<br>'흐르는 물은 바위나 돌, 흙 등을 깎아 낮은 곳으로 운반해 쌓아 놓는다.'와 같이 내용을 정확히 씀. |
| | 4점 | '흐르는 물은 바위나 돌, 흙 등을 쌓아 놓는다.'와 같이 내용의 일부만 씀. |

부족한 답안 (2) 흐르는 물은 바위나 돌, 흙 등을 쌓아 놓는다.

깎아 낮은 곳으로 운반해

➡ '바위나 돌, 흙 등을 깎아 낮은 곳으로 운반한다.'는 내용을 포함하여 써야 정확한 답입니다.

4

| 점수 | | 채점 기준 |
|---|---|---|
| (1) | 4점 | 'ㄴ'이라고 정확히 씀. |
| (2) | 8점 | 정답 키워드 퇴적 작용 / 침식 작용<br>'ㄱ은 바닷물의 퇴적 작용으로 만들어졌고, ㄴ은 바닷물의 침식 작용으로 만들어졌다.'와 같이 내용을 정확히 씀. |
| | 4점 | ㄱ과 ㄴ 중 한 가지 내용만 옳게 씀. |

## 4. 물질의 상태

| 223쪽 | | 쪽지시험 |
|---|---|---|
| 01 나무 막대 | 02 변하지 않습니다 | 03 고체 |
| 04 부피 | 05 식초 | 06 작아집니다 | 07 공간(부피) |
| 08 채우는 | 09 예 늘어난다. | 10 있습니다 |

| 224~226쪽 | | 단원평가 |
|---|---|---|

01 물　02 ④　03 나윤　04 ㄴ
05 ① 예 모양 ② 예 부피　06 ③　07 ②
08 ㄷ　09 ④　10 ②, ⑤　11 (가)　12 ㉠
13 예 공간(부피)　14 ②, ④　15 ①, ⑤
16 (1) 공기 (2) 예 주사기와 비닐관 안에 들어 있는 공기가 다른 쪽 주사기로 이동하여 스타이로폼 공이 움직인다.
17 ②, ④　18 ㉠　19 ⑤　20 (1) ○ (2) × (3) ○

01 물은 투명하고 흐르는 성질이 있으며, 흔들면 출렁거립니다.

02 나무 막대를 여러 가지 모양의 투명한 그릇에 넣었을 때 막대의 모양과 크기가 변하지 않습니다.

03 쌓기나무와 플라스틱 블록은 담는 그릇이 달라져도 모양과 부피가 변하지 않습니다.

04 주스는 담는 그릇에 따라 부피가 변하지 않는 액체이므로, 처음 사용한 그릇에 다시 옮겨도 주스의 높이가 처음과 같습니다.

05

| 점수 | 채점 기준 |
|---|---|
| 10점 | ① '모양', ② '부피'를 정확히 씀. |
| 5점 | ① '모양', ② '부피' 중 한 가지만 정확히 씀. |

06 우유를 다른 모양의 컵에 옮겨 담아도 부피는 변하지 않으므로 부피가 250 mL로 같습니다.

07 꿀, 간장, 식용유, 바닷물, 설탕물은 액체이고 돌, 책상, 소금, 설탕은 고체입니다.

08 고체인 나무 막대는 담는 그릇에 따라 모양이 변하지 않지만, 액체인 주스는 담는 그릇에 따라 모양이 변합니다.

09 우리 주변에 공기가 있다는 것을 확인할 수 있는 현상입니다.

**10** 페트병 입구에서 공기 방울이 생겨 위로 올라오고, 보글보글 소리가 나는 것을 관찰할 수 있습니다.

**11** ㈎에서는 페트병 뚜껑이 내려가고, ㈏에서는 페트병 뚜껑이 그대로 있습니다.

**12** 바닥에 구멍이 뚫린 플라스틱 컵을 수조 바닥까지 밀어 넣으면 물의 높이에 변화가 없습니다.

**13** 공기가 공간을 차지하는지 알아보는 실험입니다.

**14** 튜브와 구명조끼는 공기가 공간을 차지하는 성질을 이용한 것입니다.

**15** 공기는 일정한 모양과 부피가 없고, 손으로 만질 수 없습니다.

**16**

| 점수 | | 채점 기준 |
|---|---|---|
| (1) | 4점 | '공기'를 정확히 씀. |
| (2) | 8점 | **정답 키워드** 비닐관 / 공기의 이동<br>'주사기와 비닐관 안에 들어 있는 공기가 다른 쪽 주사기로 이동하여 스타이로폼 공이 움직인다.'와 같이 정확히 씀. |
| | 4점 | '스타이로폼 공이 움직인다.'와 같이 까닭을 쓰지 못함. |

**17** 축구공과 물놀이용 튜브는 공기가 공간을 차지하는 성질을 이용한 예입니다.

**18** 공기 주입 마개를 많이 누를수록 페트병의 무게는 늘어납니다.

**19** 공기 주입 마개를 눌러 페트병에 공기를 더 넣을수록 페트병의 무게는 늘어납니다.

**20** 기체는 담는 그릇에 따라 모양과 부피가 변하고 무게가 있으며 다른 곳으로 이동할 수 있습니다.

---

**227쪽** **서술형·논술형 문제**

**1** (1) ㉠ 고체 ㉡ 액체
(2) 예 나뭇조각은 모양과 부피가 변하지 않지만, 주스는 모양이 변하고 부피가 변하지 않는다.
**2** (1) 공기
(2) 예 공기는 눈에 보이지 않지만 우리 주변에 있다.
**3** (1) 예 높아진다.
(2) 예 공기가 공간을 차지하여 페트병 안의 공기의 부피만큼 물이 밀려 나오기 때문이다.
**4** (1) 20번 (2) 예 공기는 무게가 있다.

---

**1** 고체는 담는 그릇이 바뀌어도 모양과 부피가 일정하고, 액체는 담는 그릇에 따라 모양이 변하지만 부피는 변하지 않습니다.

| 점수 | | 채점 기준 |
|---|---|---|
| (1) | 4점 | ㉠ '고체', ㉡ '액체'를 정확히 씀. |
| (2) | 8점 | **정답 키워드** 나뭇조각 / 주스 / 모양 / 부피 / 변하다 / 변하지 않다<br>'나뭇조각은 모양과 부피가 변하지 않지만, 주스는 모양이 변하고 부피가 변하지 않는다.'와 같이 정확히 씀. |
| | 4점 | 나뭇조각과 주스 중 한 가지에 대해서만 정확히 씀. |

**2** 페트병 입구에 생기는 공기 방울을 통해 우리 주변에 공기가 있음을 알 수 있는 실험입니다.

| 점수 | | 채점 기준 |
|---|---|---|
| (1) | 2점 | '공기'를 정확히 씀. |
| (2) | 8점 | **정답 키워드** 공기 / 보이지 않다 / 주변에 있다<br>'공기는 눈에 보이지 않지만 우리 주변에 있다.'와 같이 정확히 씀. |
| | 4점 | '공기는 우리 주변에 있다.'와 같이 공기의 성질을 포함하여 쓰지 못함. |

**3**

| 점수 | | 채점 기준 |
|---|---|---|
| (1) | 4점 | '높아진다.'라고 정확히 씀. |
| (2) | 8점 | **정답 키워드** 공기 / 공간을 차지 / 공기의 부피 / 물이 밀려 나오다<br>'공기가 공간을 차지하여 페트병 안의 공기의 부피만큼 물이 밀려 나오기 때문이다.'와 같이 정확히 씀. |
| | 4점 | '공기가 물을 밀어내기 때문이다.'와 같이 공기의 성질을 포함하여 쓰지 못함. |

**4** 공기 주입 마개를 많이 누를수록 페트병에 공기가 더 많이 들어가서 무게가 늘어납니다.

| 점수 | | 채점 기준 |
|---|---|---|
| (1) | 4점 | '20번'을 정확히 씀. |
| (2) | 8점 | **정답 키워드** 공기 / 무게<br>'공기는 무게가 있다.'와 같이 정확히 씀. |
| | 4점 | 공기의 성질을 썼지만 설명이 부족함. |
| **부족한 답안** | | (2) 공기는 ~~무겁다~~. → 무게가 있다. |

➡ 공기는 무게가 있다고 써야 정확한 답입니다.

## 5. 소리의 성질

| 229쪽 | | | 쪽지시험 |
|---|---|---|---|

**01** 예 떨린다  **02** 작게, 작은  **03** 세기, 높낮이
**04** 짧을, 높은  **05** (1) 고체 (2) 액체  **06** 공기
**07** 팽팽  **08** 반사  **09** 딱딱한 물체
**10** 전달되지 않는

| 230~232쪽 | | | 단원평가 |
|---|---|---|---|

**01** 예 떨린다  **02** ①  **03** ④  **04** 혜진
**05** 큰 소리  **06** (1) ㉡ (2) ① 세게 ② 크게
**07** (1) ㉠, ㉢ (2) ㉡, ㉣  **08** ③  **09** ⑤
**10** (1) ㉡ (2) ㉠  **11** ①, ③  **12** ㉢  **13** 공기
**14** ⑤  **15** ①, ③  **16** (1) ㉠ (2) 예 딱딱한 물체가
부드러운 물체보다 소리가 잘 반사된다.  **17** (1) ○
(2) ○ (3) ×  **18** 딱딱한, 부드러운  **19** ②  **20** ④

**01** 소리가 나는 트라이앵글이나 스피커에 손을 대면 떨림이
느껴집니다.

**02** 소리가 나는 소리굽쇠의 떨림 때문에 물이 튀어 오릅
니다.

**03** 소리가 나는 물체를 떨리지 않게 하면 더 이상 소리가
나지 않습니다.

**04** 소리의 세기란 소리의 크고 작은 정도를 말합니다.

**05** 작은북을 북채로 세게 치면 약하게 칠 때보다 큰 소리가
납니다.

**06**

| 점수 | | 채점 기준 |
|---|---|---|
| (1) | 4점 | '㉡'을 정확히 씀. |
| (2) | 8점 | ① '세게', ② '크게'를 정확히 씀. |
| | 4점 | ① '세게', ② '크게' 중 한 가지만 정확히 씀. |

**07** 공공장소에서 이야기할 때는 작은 소리를 내야 합니다.

**08** 실로폰은 음판의 길이가 짧을수록 높은 소리가 납니다.

**09** 팬 플루트는 관의 길이가 짧을수록 높은 소리가 납니다.

**10** 합창 노래는 높은 소리와 낮은 소리를 함께 이용하는
예입니다.

**11** ①과 ③은 각각 나무, 철과 같은 고체 상태의 물질을
통해 소리가 전달되는 경우입니다.

**12** ㉠과 ㉡은 공기(기체 상태)를 통해 소리가 전달되는
경우입니다.

**13** 소리를 전달하는 공기가 줄어들어 소리가 작아집니다.

**14** 목의 떨림이 주변의 공기를 떨리게 하고, 그 공기의
떨림이 우리 귀까지 도달해 소리가 전달됩니다.

**15** 실 전화기는 실의 떨림이 소리를 전달하고, 실을 팽팽
하게 하거나 실에 물을 묻히거나 실의 길이를 짧게 하면
소리가 더 잘 들립니다.

**16**

| | 점수 | 채점 기준 |
|---|---|---|
| (1) | 4점 | '㉠'을 정확히 씀. |
| (2) | 8점 | 🎤 정답 키워드 딱딱한 물체 / 잘 반사되다 / 부드러운 물체 / 잘 반사되지 않다<br>딱딱한 물체가 부드러운 물체보다 소리가 잘 반사된다.'와 같이 정확히 씀. |
| | 4점 | '소리를 잘 반사하기 때문이다.'라고만 쓰고, 두 물체의 소리의 반사 정도를 비교하지 못함. |

**17** 소리의 반사는 부딪치는 물체에 따라 다릅니다.

**18** 딱딱한 물체에는 소리가 잘 반사되지만, 부드러운 물체
에는 소리가 잘 반사되지 않습니다.

**19** 도로 방음벽은 자동차 소음을 도로 쪽으로 반사시켜
소음을 줄입니다.

**20** 음악을 들을 때 소리를 줄이거나 이어폰을 사용하면
소음을 줄일 수 있습니다.

| 233쪽 | | 서술형·논술형 문제 |
|---|---|---|

**1** (1) 예 떨림 (2) 예 물체가 떨린다.
**2** (1) 짧은 관
　 (2) 예 팬 플루트의 짧은 관을 불면 높은 소리가 나고, 긴
　　 관을 불면 낮은 소리가 난다.
**3** (1) ㉢, ㉡, ㉠
　 (2) 예 나무판자와 같이 딱딱한 물체에는 소리가 잘 반사
　　 되지만, 스펀지와 같이 부드러운 물체에는 소리가
　　 잘 반사되지 않기 때문이다.
**4** (1) 방음벽
　 (2) 예 음악실의 방음벽은 소리가 잘 전달되지 않는 물질을
　　 벽에 붙였고, 도로 방음벽은 소리를 반사시킨다.

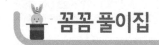 

**1**

| 점수 | | 채점 기준 |
|---|---|---|
| (1) | 4점 | '떨림'을 정확히 씀. |
| (2) | 6점 | 정답 키워드 떨리다<br>'물체가 떨린다.'와 같이 정확히 씀. |
| | 3점 | '물체가 변한다.'와 같이 물체에서 소리가 날 때 공통점을 썼지만 표현이 부족함. |

**2** 팬 플루트는 관의 길이가 짧을수록 높은 소리가 납니다.

| 점수 | | 채점 기준 |
|---|---|---|
| (1) | 4점 | '짧은 관'이라고 정확히 씀. |
| (2) | 8점 | 정답 키워드 짧은 관 / 높은 소리 / 긴 관 / 낮은 소리<br>'팬 플루트의 짧은 관을 불면 높은 소리가 나고, 긴 관을 불면 낮은 소리가 난다.'와 같이 정확히 씀. |
| | 4점 | 소리가 어떻게 달라지는지 썼지만 표현이 부족함. |

부족한 답안 (2) 높은 소리가 나고, 낮은 소리가 난다.
팬 플루트의 짧은 관을 불면  긴 관을 불면
➡ 팬 플루트의 관의 길이에 따라 소리의 높낮이가 어떻게 달라지는지 구체적으로 써야 정확한 답입니다.

**3** 소리가 반사될 때 반사하는 물체에 따라 반사된 소리의 크기는 다르게 들립니다.

| 점수 | | 채점 기준 |
|---|---|---|
| (1) | 4점 | 'ⓒ, ⓛ, ㉠'을 순서대로 정확히 씀. |
| (2) | 8점 | 정답 키워드 나무판자 / 딱딱한 물체 / 스펀지 / 부드러운 물체 / 소리의 반사<br>'나무판자와 같이 딱딱한 물체에는 소리가 잘 반사되지만, 스펀지와 같이 부드러운 물체에는 소리가 잘 반사되지 않기 때문이다.'와 같이 정확히 씀. |
| | 4점 | '소리를 잘 반사하기 때문이다.'라고만 쓰고, 반사하는 정도를 비교하여 쓰지 못함. |

**4**

| 점수 | | 채점 기준 |
|---|---|---|
| (1) | 4점 | '방음벽'이라고 정확히 씀. |
| (2) | 8점 | 정답 키워드 음악실 방음벽 / 소리가 잘 전달되지 않는 물질 / 도로 방음벽 / 반사<br>'음악실의 방음벽은 소리가 잘 전달되지 않는 물질을 벽에 붙였고, 도로 방음벽은 소리를 반사시킨다.'와 같이 정확히 씀. |
| | 4점 | 음악실의 방음벽과 도로 방음벽 중 한 가지 경우만 정확히 씀. |

**01** 도윤   **02** ③   **03** ⓛ   **04** ②   **05** ⓛ
**06** ⑤   **07** (1) 화단 흙 (2) 예 식물의 뿌리나 죽은 곤충, 나뭇잎 조각 등의 물에 뜨는 물질이 많다. 부식물이 많다. 등   **08** ③   **09** 침식, 퇴적   **10** (1) ㉠ (2) ⓛ   **11** ②, ④   **12** ⑤   **13** 예 물은 담는 그릇에 따라 모양이 달라지지만, 담는 그릇이 달라져도 부피는 변하지 않는다.   **14** 기체   **15** ②, ③   **16** 예 이동
**17** ②   **18** ③, ⑤   **19** ⓛ   **20** (1) ○ (2) × (3) ○ (4) ×

**03** 개미는 땅 위와 땅속을 오가며 사는 동물입니다.

**07**

| 점수 | | 채점 기준 |
|---|---|---|
| (1) | 4점 | '화단 흙'을 정확히 씀. |
| (2) | 8점 | 정답 키워드 부식물 / 물에 뜨는 물질 / 많다<br>'식물의 뿌리나 죽은 곤충, 나뭇잎 조각 등의 물에 뜨는 물질이 많다.', '부식물이 많다.' 등을 정확히 씀. |
| | 4점 | '섞여 있는 물질이 많다.'와 같이 정확히 어떤 물질이 섞여 있는지는 쓰지 못함. |

**08** 자연 상태에서 바위나 돌이 부서져 흙이 되는 데에는 오랜 시간이 걸립니다.

**12** 담는 그릇이 바뀌어도 모양과 부피가 일정한 물질의 상태를 고체라고 합니다.

**13** 액체는 담는 그릇에 따라 모양이 변합니다.

| 점수 | 채점 기준 |
|---|---|
| 10점 | 정답 키워드 물 / 담는 그릇 / 모양 변하다 / 부피 변하지 않다<br>'물은 담는 그릇에 따라 모양이 달라지지만, 담는 그릇이 달라져도 부피는 변하지 않는다.'라는 내용을 정확히 씀. |
| 5점 | 실험을 통해 알 수 있는 점을 모양과 부피 중 한 가지만 씀. |

**18** 소리는 물질을 통해서 전달되고, 나무나 철과 같은 고체를 통해서도 전달됩니다.

**20** 소음을 줄이기 위해 소음을 일으키는 물체의 떨림을 작게 하거나 음악실의 방음벽처럼 소리가 잘 전달되지 않는 물질을 벽에 붙입니다.

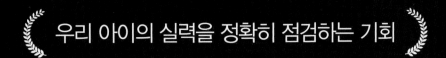

우리 아이의 실력을 정확히 점검하는 기회

40년의 역사
전국 초·중학생 213만 명의 선택

# HME 학력평가
## 해법수학 · 해법국어

**응시 학년**
수학 | 초등 1학년 ~ 중학 3학년
국어 | 초등 1학년 ~ 초등 6학년

**응시 횟수**
수학 | 연 2회 (6월 / 11월)
국어 | 연 1회 (11월)

주최 **천재교육** | 주관 **한국학력평가 인증연구소** | 후원 **서울교육대학교**

*응시 날짜는 변동될 수 있으며, 더 자세한 내용은 HME 홈페이지에서 확인 바랍니다.

정답은
이안에
있어！